중국 과학 고고학의 흥기

1928년~1949년 역사언어연구소 고고학사

진홍파(陈洪波) 저

이영남 옮김

국학자료원

서 문

근대적 시각에서 보면 중국의 과학연구는 그 시작이 늦은 편이다. 그 중 비교적 빨리 시작된 지질학 연구도 100년의 역사밖에 안 될 정도로 학문분야의 연구는 늦게 시작되었다. 지질학의 영향으로 시작된 고고학 연구는 그로부터 10여년이 지나서였다. 근대 과학의 뚜렷한 특징은 '시스템을 구축하고 규모를 갖춘 연구를 하는 것'으로, 이는 바로 베이컨이 말하는 '그룹연구'이다. 중국이 근대사회로 접어들면서 과학연구분야에서 가장 휘황한 성과를 이룩한 것이 바로 지질학과 고고학이다. 국가 전문연구기구인 중국 지질조사소(1916년)와 중앙연구원 역사언어연구소(1928년)가 설립되면서 지질학과 고고학은 짧은 시간에 중국의 자연과학과 인문과학 분야에서 눈부신 명주가 될 수 있었다.

지질조사소의 설립자인 정문강丁文江 선생은 "등산은 정상까지 올라가야 하고, 조사는 발품을 아껴서는 안 된다(登山必到顶峰, 调查不要代步)"라고 하였다. 역사언어연구소의 설립자인 부사년傅斯年 선생도 비슷한 명언을 남겼는데, "가파른 절벽을 오르고 황천길을 내려가면서 실천을 통해 발굴해야 한다(上穷碧落下黄泉, 动手动脚找东西)"라는 말로 고고학자가 갖추어야 할 자세에 대하여 설명하였다. 즉, 스스로 노력하고, 주어진 길을 따라 열심히 가면서 실증자료들을 찾아 발굴해야 한다는 것이다. 역사언어연구소는 바로 이러한 학문정신을 계승하였기 때문에 21년(1928~1949)이라는 짧은 시간에 무려 15차에 달하는 은허殷墟 발굴작업을 할 수 있었고,

상商나라 말기 청동문화의 뛰어난 성과를 세상에 내놓을 수 있었다. 뿐만 아니라 성자바위(城子崖), 양성진兩城鎭 등 용산문화유적(龙山文化遗址)을 발굴함으로써 중국 동부평원지역의 상나라문화와 밀접한 관계가 있었던 신석기말 문화의 존재를 증명할 수 있었다. 그리고 전쟁연대에는 중국 서남부와 서북지역에서 힘들고 험난한 현지답사를 견지하면서 서양 학자들이 이미 결론을 지은 감청(甘靑, 감숙성과 청해성)지역 선사시대문화 관련내용에 존재하는 문제들을 수정함으로써 국제 학계의 주목을 받기도 하였다. 이처럼 역사언어연구소는 과학적인 연구태도를 견지하였을 뿐만 아니라, 괄목할만한 성과도 이룩함으로써, 과학고고학이 중국에서 홍기할 수 있는 하나의 이정표가 되었다.

역사언어연구소는 1949년 초, 대만으로 옮겨갔다. 연구소 성원들은 자신의 선택에 따라 거취를 결정하였는데, 그 중 일부만 대만으로 떠나가고 나머지 사람들은 계속 대륙에 남아 연구활동을 견지하였다. 부사년을 대신하여 연구소 사무를 주관한(1947년 6월 26일부터 1948년 8월 20일까지 부사년선생이 미국에서 병을 치료하던 기간) 하내夏鼐선생은 나중에 중국과학원 고고학연구소(1977년 중국사회과학원에 귀속) 소장을 역임하면서 35년간 대륙의 고고학 연구활동을 이끌었다. 그가 구축한 중국고고학연구소 학술연구전통은 실질적인 내용에 있어서 역사언어연구소와 많은 차이를 보였지만 사실상 역사언어연구소의 전통을 계승하였다.

이로부터 보면 중국 당대 고고학 연구는 대만에 옮겨가기 전까지 대륙에서 이룩한 역사언어연구소의 21년간의 연구에서 비롯되었다고 할 수 있다. 예를 들면 중국고고학 연구의 역사학적 경향, 이론보다 자료에 치중한 중국고고학 학자들의 학문전통, 그리고 중국 문명의 기원에 대한 중국고고학계의 편향적인 연구와 지난 세기 1990년대 중기부터 국내외 학자들이 공동으로 진행한 유적지 답사, 중앙 연구기관과 지역 학술단체 사이에 존재하는 모순과 같은 많은 문제들이 당시 역사언어연구소의 현장 답사와 실천과정에서 이미 시작되었다.

역사언어연구소는 중국 근대고고학이 흥기하게 된 역사적 이정표라고 할수 있다. 따라서 역사언어연구소의 고고학 연구는 바야흐로 시작된 중국고고학이나 근대에 이르러 겨우 걸음마를 타기 시작한 중국 과학의 생생한 모습 그 자체라고 할 수도 있다. 진홍파陳洪波선생은 이 책에서 대량의 문헌자료들에 대한 검토를 통하여 역사언어연구소가 걸어온 초기 20여년간의 힘들고 어려운 연구과정을 전면적이고 세밀하게 분석, 설명하고 있다. 진홍파선생은 이미 출판된 여러 관련 자료들을 읽었을 뿐만 아니라 대북台北시 남강南崗에 위치한 역사언어연구소를 직접 방문해 대량의 자료를 검색하였으며, 당시 은허를 비롯한 역사유적에서 출토된 많은 문물들을 직접 확인하였다. 따라서 그는 여건이 안 좋은 상황에서 이룩한 학계

선배들의 성공과 실패, 명예와 좌절을 느낄 수 있었고, 특정된 역사적 환경에서 '학문적 수양에 따른 동정심(了解之同情)'을 가지게 되었으며 독특한 시각으로 비교적 객관적이고 공정한 평가를 내릴 수 있었다. 물론 이와 같은 견해에 대하여 모든 사람들이 무조건 수용한다고는 보기 어렵다.

대륙에서의 역사언어연구소의 고고학을 연구대상으로 한 이 저서는 저자의 박사학위논문을 보완한 것이다. 고고학사를 박사학위 논문제목으로 선정한 것은 내가 학업에 매진하던 지난 세기 1980년대 말까지만 해도 매우 드문 경우였다. 지금은 관련 박사논문이 많아졌다고 하지만 몇 십편도 되지 않는다. 특정 연구단체의 특정 시기의 연구를 논의한 것은 진흥파선생의 논문이 가장 대표적이며, 지금까지 처음이자 유일하다고 할 수 있다. 그가 지금까지 읽은 자료는 내가 읽은 자료에 비해 엄청나게 많았으며, 학문적으로 새로운 견해를 내세워 그 수준이 선배들을 능가하였다. 저자의 총명과 학문에 대한 근면, 그리고 '기세가 사람을 초월하는(形式比人强)' 방대한 자료작업이 있었기에 이 책은 내용이 풍부하고 구성이 엄밀하여 빛을 발할 수 있었다. 아마 독자들도 나처럼 이 책을 드는 순간 손에서 놓고 싶지 않을 것이며, 단숨에 다 읽어 내려갈 것이라 믿는다.

나와 저자의 인연은 글을 통하여 이루어졌다. 저서가 곧 출판되는 시점에서 나는 누구보다 먼저 이 책을 읽을 수 있는 영광을 가지게 되었고, 그 기쁨과 홍분을 몇 글자로 적을 수 있게 되었다. 본 저서의 출판이 중국고고학계의 이론구축에 있어서 매우 중요한 역할을 할 것임을 나는 확신한다.

(서문 저자는 중국 사회과학원 고고학 연구소 부소장이며, 연구원이다. 동시에 중국 사회과학원 대학원 고고학과 교수, 박사지도교수로 재직 중이다.)

목 차

서 론

제1장 1928년 이전의 중국고고학

서 론

1. 중국 현대고고학 학파 및 변화양상

중국 현대고고학 학파 및 학술전통에 대하여 고고학계에는 오랫동안 부동한 인식과 견해가 존재하고 있었다. 이런 현상은 학자들의 서로 다른 지식구조에서 비롯된 것으로, 우여곡절과 흥망성쇠를 겪은 국내외 사회사조가 학술발전에 영향을 끼쳤음을 말해주기도 한다. 과거에 대한 인식이 앞으로의 발전방향을 선택하는 데 있어서 결정적인 역할을 하기 때문에 관련 분야에 대한 연구는 큰 의미를 가지게 된다.

따라서 본 연구의 목적은 중국 현대고고학 학술전통의 역사적 형성 원인을 찾아내는 것이다. 그리고 역사발전의 과정 속에 깊이 숨겨져 있는 원인을 찾아 정리함으로써 역사를 복원해 가는 것이 본 연구의 기본 사고 방식이다.

학술전통의 차이는 부동한 학파에서 비롯된다. 중국 현대고고학이 형성에서부터 오늘에 이르기까지 각종 학파의 존재와 소멸 그리고 변화와 대체과정을 겪어왔다는 것은 이미 객관적인 사실로 인식되고 있으나 정치적인 이유와 복잡한 인간관계로 말미암아 관련연구를 회피하는 경우가 많다. 즉, 고고학 연구에 있어서 형성, 발전, 향상과 같은 단계적 표현을 자주 사용한 반면, 여러 학파에 대한 구체적인 언급은 피하고 있다. 그러나 고고학 사상사에 대한 연구가 이루어지려면, 각 학파들 사이의 차이점과 연관성을 밝혀내야 할 뿐만 아니라 각 학파의 형성과정과 시대배경 및 역사적 원인도 함께 밝혀내야 한다.

중국고고학의 발전과정을 살펴보면, 각 단계마다 뚜렷한 특징을 가진 학파들이 출현하였다. 이들을 학파라 부를 수 있었던 것은 이론, 연구방법, 기술 및 고고학 해석 등에서 나름대로의 특징을 가지고 있기 때문이다. 이는 서로 다른 사회적 배경과 역사적 전통 그리고 지식체계 및 연구특징에서 비롯되는데, 그 중 사회적 배경은 주된 요인으로 고고학, 특히 고고학적 해석의 가장 기본적인 특징을 규정하며, 동일한 사회적 배경 하에서는 각자가 수용한 사상이나 영향을 받은 사회사조가 학술특징을 결정짓는 중요한 요인이 된다.

중화민국 시기(1912~1949)[1]의 중국고고학, 즉 중국 학자들로 이루어진 고고학 연구학파는 다음과 같이 세 가지로 나누어 볼 수 있다.

첫째, 이제李済를 대표로 하는 과학고고 연구학파이다. 이들의 연구는 주로 중앙연구원역사언어연구소(中央研究院历史语言研究所, 역사언어연구소로 약칭)에서 진행되었으며, 당시 역사언어연구소 소장을 맡고 있던 부사년傅斯年은 중국의 신사학新史学과 고고학의 개척자라고 할 수 있다. 이제와 부사년은 오랜 친구로서 동일한 학술사상을 가지고 있었을 뿐만 아니라 함께 고고학 연구에 종사하였다. 이들의 학술적 특징은 바로 과학을 숭상하는 것이었는데, 이는 '5·4정신(五四精神)'[2]의 연속이기도 하다. 이들의 취지는 과학주의(scientism)였기 때문에 후세 학자들은 이들을 '과학주의 사학파'라고 불렀다. 이들 대부분은 유학생들로서, 세계적인 안목과 교류능력을 가지고 있었으며 '서양고고학'이라는 근대학과를 중국에 도입하기도 하였다. 뿐만 아니라 이들은 전통교육을 받은 세대로서, 전통적인 학술연구의 가치를 충분히 이해하고 있었으며, 과학과 전통이 결합된

---

1) 본 연구에서 중화민국에 대한 시대구분은 중화인민공화국 학자들이 보통 사용하는 1912년부터 1949년까지로 정했다. – 필자

2) 5·4정신(五四精神): 중국 신문화운동을 배경으로 하고 있으며, 1919년 학생들의 애국적인 시위에서 비롯된 것이다. 부사년은 5·4운동의 주도자 중 한 명이다. – 역주.

특색있는 중국고고학 연구학파를 형성하였다. 이들은 열정이 넘치는 애국자들이었으며 인격의 독립과 자유로운 사상을 추구했던 지식인들이었기에 역사언어연구소의 학풍은 자유와 민족정신으로 충만되었다. 역사언어연구소를 대표로 하는 '과학고고 연구학파'는 고고학 연구의 새로운 시대를 연 학파로서, 연구할 가치가 매우 크기 때문에 끊임없는 연구와 고찰이 필요하다. 현재 많은 학자들이 이미 관련 분야에 관심을 보이고 있는데 이는 새로운 사회적 환경과 시대적 수요에 따른 것이라고 볼 수 있다. 역사언어연구소가 새롭게 개척한 학문전통은 중국고고학 발전의 주류였으며, 이제 또한 명실상부한 '중국고고학의 창시자'로 평가받고 있다.3)

둘째, 전통고고 연구학파이다. 당시 학자들은 중앙연구원 역사언어연구소(그 외에 지질조사연구소가 있었음)를 제외한 기타 모든 연구기구나 학자들의 고고학 연구는 '비과학'적인 것이라고 여겼다. 이는 학문적 가치에 대한 폄하보다는 서양의 과학을 배우지 못한 이들이 '과학적 연구방법'을 몰랐기 때문이다. 전통고고학의 대표적인 연구활동으로 북경대학의 고고학 연구를 들 수 있으며, 당대 저명한 금석金石학자였던 마형马衡이 대표적인 학자이다. 이들은 중국 최초의 고고학 연구기구인 북경대학 국학문고고 연구실北京大学国学门考古学研究室과 중국고고학회中国考古学会를 설립하고 고고학 관련 연구를 진행하였다. 하지만 이들의 지위와 명성에 비해 역사에 남긴 공적은 그리 크지 않는데 그 원인은 다음과 같다. 첫째, 나중에 설립된 역사언어연구소의 단단한 조직구조와 훌륭한 연구조건에 비해 이들은 조직적이지 못하였고 역량도 약하였다. 둘째, 현대학문의 보편적인 시각에서 보면, 이들은 '과학고고학 연구방법'에 대하여 모르고

---

3) 장광직(张光直), 「고고학과 중국 역사학(考古学和中国历史学)」, 『고고 및 문물(考古与文物)』 1995년3기, 1~10쪽. 진성찬(陈星灿)이 World Archaeology, Volume 13, No. 2 (October 1981)으로부터 번역, 장광직의『중국고고학 논문집』에 수록, 생활 · 독서 · 신지 삼련서점(生活 · 读书 · 新知三联书店), 1999, 10~30쪽.

있었고, 현대 고고학에 조예가 깊은 인재가 부족하였다. 셋째, 일본학자들과의 협력에서 실패한 것이 구체적인 원인이다. 당시 북경대학교 국학문北京大学国学门 외에도 북평연구원 사학회北平研究院史学会, 하문대학교 국학원厦门大学国学院, 광주 황화고고학원广州黄花考古学院 등 '비과학적인 고고학' 연구기구와 학자들이 적지 않았는데, 당시 학계가 고고학에 열광했던 것은 그 연구가치에 대한 기대가 컸기 때문이다. 많은 연구자들 중 가장 대표적인 인물로 소병기苏秉琦를 들 수 있다. 그는 이제李济나 양사영梁思永처럼 유학하여 고고학 관련지식을 계통적으로 공부한 경험이 없지만 전란 속에서 홀로 투계대斗鸡台와 관련된 발굴자료들을 정리함으로써, 획기적인 성과를 이룩하였기 때문에 그의 경력이 우리에게 시사하는 바가 매우 크다.

셋째, 마르크스주의(Marxism) 고고연구학파이다. 많은 학자들이 중화민국 시기에 마르크스주의 고고학이 이미 존재했음을 인정하지 않을 수 있다. 물론 현장조사(田野活动)의 측면에서 보면 맞는 말이다. 하지만 고고학 해석考古学解释의 측면에서 보면 인식이 달라진다. 곽말약郭沫若과 윤달尹达은 고고학 자료에 근거하여 고대사회를 연구한 바 있는데, 이는 마르크스주의를 적용하여 사회관계를 연구한 새로운 연구방법이라고 할 수 있다. 소병기는 "중국고고학 연구에 마르크스주의를 활용한 것은 중국고고학의 형성과 때를 같이 하였다."라고 말했는데4) 이는 곽말약의 고대사회 연구를 가리킨다. 1930년에 간행된 곽말약의 저서『중국 고대사회 연구』는 당시 사학계와 사회발전에 결정적인 추진역할을 하였으며5) 학문적인

---

4) 소병기, 「중국고고학 창립에서 개척에 이르기까지—오랜 고고학자의 회고(中国考古学从初创到开拓——一个考古老兵的自我回顾)」,『고고학문화 논문집(考古学文化论集)』(제2권), 문물출판사, 1989년, 371~372쪽. 소병기는 글에서 중국고고학이 시작될 때 다음과 같은 세 가지 특징을 가지고 있다고 적고 있다. 1. 금석학에 대한 계승; 2. 고고학 창립 초기 대표 인물들의 전기적 경력; 3. 고고학 창립 초기에 이미 마르크스주의를 활용.

차원에서 볼 때, 역사언어연구소를 중심으로 한 과학고고 연구학파에 대한 반성과 반박이기도 하다. 저서에서는 주요하게 각명학銘刻学 자료를 참고하였으며 고고발굴에 대해서는 별로 언급하지 않았다. 이와 같은 고고학 해석방법은 당시(중화민국)에는 주목받지 못했지만, 곽말약과 윤달을 대표로 하는 학파가 이미 마르크스주의 학술사조의 영향을 받았음을 보여준다. 1949년 후부터 이 학파는 이데올로기의 영향으로 인해 가장 큰 학술정통으로 자리잡게 되었다.

중화민국 시기의 역사는 '거의 고착된(半凝固化)' 역사로서 시대적 거리감이 있기 때문에 어느 정도 객관적 평가를 내리기 쉬웠다. 하지만 중화인민공화국 성립 이후의 고고학에 대하여 학자들은 보통 조심스럽게 접근하거나 관망하는 태도를 보이고 있다. 이는 정치적인 문제와 인사人事 문제를 고려하였기 때문일 뿐만 아니라 고고학의 연구 역사가 길지 않았다는 데도 그 원인이 있다. 『아메리카 고고학 역사(A History of American Archaeology 3rd Edition)』의 저자인 고든 R. 윌리Gordon R. Willey와 사블로프Jeremy A. Sabloff의 관점에 따르면 당대의 고고학사 연구가 어려운 이유는 현대와 '너무 가까이에 있기 때문이다'.

중화민국으로부터 중화인민공화국의 성립에 이르기까지 중국은 천지개벽의 변화를 겪었으며 학술적으로 보면, 역사학 또는 고고학에는 마르크스주의 연구방법이 전면적으로 작용하고 있었다. 많은 학자들이 마르크스주의를 수용하였으며 의식영역에서 새로운 모습을 보여주었다. 이 시기에도 전통에 대한 계승은 지속되었으며, 중화민국 시기의 '역사언어연구소전통'은 여전히 중국고고학 연구의 기본내용이 되었다.

중화인민공화국이 성립된 후, 고고학 연구의 기본특징은 마르크스주

---

5) 윤달은 몇 년 후에도 학창시절에 이 책을 읽을 때의 기쁨을 잊을 수 없었다. 윤달, 「곽말약과 고대사회 연구(郭沫若与古代社会研究)」, 『윤달사학논집선집(尹达史学论著选集)』, 인민출판사, 1989, 415쪽.

의를 지도사상으로 하고, 사회주의건설을 위해 이바지하는 것이었다.[6] 학술전통과 새로운 환경, 새로운 사조의 영향으로 인해 중국고고학계에는 양대 학파가 형성되었는데, 그 대표인물로 하내夏鼐와 소병기를 들 수 있다. 이들이 이룩한 학술사상 및 성과는 당대 중국고고학의 주요내용이 되었다. 장충배张忠培는 이 두 학자를 "중화인민공화국의 고고학 발전에 큰 영향을 미친 거장"[7] 이라고 평가하였다.

역사언어연구소의 하내는 '역사언어연구소전통' 학파의 대표적인 학자이다. 그는 중화인민공화국 고고학의 창시자였고 인솔자였으며, 1985년에 세상을 뜨기 전까지 30여년 간 중국 문박고고文博考古 사업을 책임지고 있었다. 마르크스주의를 신봉한 하내는 중국고고학 연구의 학문적 지위와 이론방법에 대해 명확한 인식을 가지고 있었는데, 이는 그가 원칙성이 강했음을 보여주는 부분이기도 하다. 하내 본인도 중화인민공화국의 고고학 연구는 '역사언어연구소전통'을 계승한 것이라고 인정하였다시피, 그의 학문정신은 '역사언어연구소'에서 비롯된 것이라고 할 수 있다. 하내의 연구에서 보여지는 주된 특징은 고고학 연구에 있어서 마르크스주의를 지침으로 삼고, 현장조사와 실천을 강조하면서 전통적인 사학과 구금석학旧金石学의 전통을 받아들이는 학문적 자세와 자연과학 연구방법 및 동서양 교류사 연구를 중시하고 해외 학술연구의 새로운 변화에 주목하며, 공론을 배제하고 실증을 중시하는 학문태도에 있다.[8] 이 중에서 마르크스주의를 지침으로 삼은 것만 제외하면, 그의 학술사상은 '역사언어연

---

6) 즉, 장광직(张光直)이 말하는 사회주의 중국의 고고학.
7) 장충배는 중국고고학의 기본과정에 영향을 준 것은 어떤 외래의 인물과 사상인 것이 아니라, 바로 하내와 소병기라고 말한 바 있다. 장충배, 「고고학에서 논의된 몇 가지 문제(考古学当前讨论的几个问题)」, 『역사의 진실에 다가가는 길(走近历史真实之道)』, 과학출판사, 2004, 223쪽.
8) 강파(姜波), 「하내선생의 학술사상(夏鼐先生的学术思想)」, 『화하고고(华夏考古)』, 2003. 제 1기, 100~112쪽.

구소'가 주장했던 '과학주의(科学主义)'와 '세계주의(世界主义)' 정신에 대한 계승과 변화를 주요 내용으로 하고 있다. 장광직은 "학술연구가 이데올로기에 의해 좌우되던 시기, 다수의 고고학발굴 보고서와 논문에는 사료 및 사료분석, 정치술어들이 함께 공존했으나, 이들은 서로 섞이지도 영향을 미치지도 않았다"[9]고 하였다. 또한 당제근唐际根에 의하면, 당시 사회사 연구풍조의 영향으로 인해 많은 고고학 관련 보고의 소결에서 학자들이 자신의 견해를 피력하였는데, 고고간행물의 책임자인 하내는 이러한 주관적인 견해를 삭제함으로써 고고학 자료의 객관성을 유지했다"[10]고 한다. 이는 하내가 부사년과 이제가 논했던 '공론을 배제하고', '의미없는 주관식 표현을 하지 않는다'[11]는 학술풍조를 계승하였음을 보여줄 뿐만아니라 과학연구방법에 대한 하내의 인식과 이해를 잘 보여주는 부분이라고 할 수 있다.[12]

장광직은 "중국고고학에 대한 하내와 소병기 두 학자의 견해가 근본적으로 모순된다고 말하는데 만약 사실이라면 이를 어떻게 설명해야 하는가?"라는 질문을 던진 적이 있다.[13] 두 학자의 견해가 서로 모순된다고 한 것은 이들이 서로 다른 학술전통과 학파를 대표하였기 때문이다. 만약 하내가 '역사언어연구소전통'의 대표적인 학자였다면, 소병기는

9) 강파(姜波), 「하내선생의 학술사상(夏鼐先生的学术思想)」, 『화하고고(华夏考古)』, 2003. 제1기, 100~112쪽.
10) 당제근, 「고고학증사 경향 민족주의(考古学证史倾向民族主义)」, 『독서(读书)』, 2002. 제1기, 42~51쪽.
11) 이제, 「서음촌 선사시기 유물(西阴村史前的遗存)」, 이광모(李光谟) 편, 『이제와 청화(李济与清华)』, 청화대학(清华大学)출판사, 1994. 36쪽.
12) 하지만 장광직은 20세기 후반기의 중국고고학에 대하여 비판적인 태도를 가지고 있었다. 그는 자료정리의 객관성을 중요시하였지만, 고고에 대한 해석은 여전히 30~40년대의 수준에 머물러 있었다. 「20세기 후반기의 중국고고학(二十世纪后半的中国考古学)」, 『고금논형(古今论衡)』 창간호, 39~43쪽.
13) 장광직, 「서(序)」, 진성찬(陈星灿)의 『중국 선사시기 고고학사 연구 1895~1949(中国史前考古学史研究1895~1949)』에 수록, 생활 · 독서 · 신지 삼련서점, 1997. 4쪽.

'중국학파'의 대표적인 학자라고 할 수 있다.14) 20세기 1950년대 말에 시작된 '중국학파'는 다른 학파를 따라잡고, 중국고고학계를 주름잡은 주류학파가 되었다.15)

'중국학파'의 창시자인 소병기선생은 중국 대학교에 처음으로 고고학을 도입하였으며, 처음으로 대학교에 고고학 전공인 '북경대학교 역사학과 고고학 전공'을 설립하였다. 20세기 1950년대 초부터 중국의 고고학계 즉, 고고발굴과 문물관리 및 박물관과 대학교 등 부문에서 활약했던 학자와 전문인재들 대부분은 직접 혹은 간접적으로 소병기선생의 가르침을 받았다. 실로 소병기선생은 '문하생들이 천하에 가득하다'16)고 할 만하다.

'중국학파'가 학문의 정통으로 불리던 '역사언어연구소 전통'을 대체하고, 이른바 '소병기시대'라는 '중국고고학의 새시대'를 열고17) 중국고고학의 주류학파가 될 수 있었던 것은 많은 학자를 육성하고 대대로 전해내려온 대학교 고고학 교육과정이 있었기 때문에 가능했을 뿐만 아니라 시대적 배경과 역사적 원인이 작용하였기 때문이다. 이 점에 관해서는 '중국

---

14) 1981년 6월, 북경역사학회에서 개최한 중국 공산당 탄생 60주년 보고회의에서 소병기는 고고학 '중국학파'의 개념을 처음으로 제시하였다. 소병기, 「중화인민공화국 창립이래 중국고고학의 발전(建国以来中国考古学的发展)」, 『소병기고고학 논술선집(苏秉琦考古学论述选集)』에 수록, 문물출판사, 1984. 229~305쪽.

15) 유위초와 장충배의 『『소병기고고학 논술선집』 편집후기(「苏秉琦考古学论述选集」 编后记)」에는 매우 완곡한 표현이 있다. "이 학문(중국고고학)은 황하(黄河)나 장강(长江)처럼 여러 갈래의 수원(源头)이 모여 형성된 것과 마찬가지이다. 한 개인이 고고학의 여러 방면에 대하여 연구하기는 힘들다. 근원에는 대소(大小)가 있고 주차(主次)가 있다." 이처럼 유위초와 장충배는 하내와 소병기를 대표로 하는 학술 유파가 실제 존재하였고, 중국고고학의 발전과정에서의 위치와 역할이 달랐음을 함축적으로 지적하였다. 『소병기고고학 논술선집』, 문물출판사, 1984. 306쪽.

16) 장충배, 「중국고고학의 중요한 창시자와 중국고고학 새시대의 개척자(中国考古学的重要奠基人和中国考古学新时代的开创者)」, 『역사의 진실에 다가가는 길』, 과학출판사, 2004. 54~55쪽.

17) 같은 책 59쪽.

학파'의 특징에 대한 분석과 '역사언어연구소 전통'과의 비교를 통하여 해답을 찾고자 한다. 이를 통하여, 중국고고학 학술전통의 변화발전과정에 대하여 잘 이해할 수 있다.

장충배와 유위초俞偉超는 '중국학파'의 특징에 대하여 다음과 같이 전반적으로 해석하였다.

'중국학파'의 특징은 무엇인가?
우리의 이해에 따르면, 첫째, 마르크스·레닌주의(Marxism-Leninism)와 모택동사상(毛泽东思想)을 지침으로 하고, 고고학 자료에 입각한 고고학 연구방법으로 고고현상에 나타난 모순된 문제들에 대하여 자세히 살펴보는 것이며, 중국 경내에 있는 고고학 문화들에 나타난 생산력과 생산관계, 경제기초와 상부구조 등 사회면모와 사회발전의 단계성에 대하여 연구하는 것이다.

둘째, 과학적인 문물 발굴에 기초하고, 중국 학자들이 발전시킨 고고유형학(考古类型学)에 근거한 지역, 계통별 유형학으로 고고학 문화의 발전과정을 연구하며, 또한 중국고고학 문화의 계보에 대한 고찰을 통해 한족을 주체로 하는 다민족국가의 형성과정을 연구하고, 전반과정에서 고고학 문화들 사이의 연관성 및 발전의 불균형성에 대하여 연구하는 것이다.

셋째, 이러한 연구는 역사 본연의 모습을 재현하는 것을 목적으로 하는데, 민중들이 유물주의 역사관을 세우고, 애국주의와 글로벌 의식, 민족화합의 감정을 불러일으키는 데 촉진작용을 하였다.

이처럼 사상적 지침과 방법론 및 목적성이 결합된 고고학 연구방법은 중화인민공화국에서만 볼 수 있는 특수한 연구방법이다. ……

수많은 사람들이 피와 땀을 흘린 덕분에 '중국학파'가 탄생하게 되었다.18)

---

18) 유위초, 장충배, 『「소병기고고학 논술선집」 편집 후기』, 『소병기고고학 논술선집』에 수록, 문물출판사, 1984. 317쪽.

‘중국학파’와 ‘역사언어연구소 전통’은 모두 마르크스주의를 표방하였다. 이는 시대가 부여한 정치적 색채이지만 구체적인 학문방법과 방향에 있어서 양자는 확연히 구별된다. ‘역사언어연구소 전통’에 비해 ‘중국학파’는 다음과 같은 뚜렷한 특징을 가지고 있다. 하나는 유형학 연구방법을 특별히 중시하는 것이고, 다른 하나는 사회사社会史 연구를 특별히 강조하는 것이다. 이는 ‘역사언어연구소 전통’학파의 가장 취약한 부분이었다. 이와 같은 연구특징은 당시의 역사조건, 사회배경과 시대사조에 부합되었기 때문에 중국고고학계의 학자들은 대부분 ‘중국학파’의 관점을 인정하고 수용하였으며, 따라 배우게 되었다.

고고유형학이 중국에서 충분한 발전을 이룩하고 최고의 지위에 오를 수 있었던 이유는 무엇일까? 첫째는 기술적인 원인이다. 예를 들어, 지역별 고고학 문화서열文化序列 수립이라는 단계적인 수요, 중국 과학기술 교육의 낙후와 고고학 전문인재의 지식구조의 한계성, 그리고 전통적인 연구방법이 고고학 연구에 미친 영향과 중국의 유물 및 유적의 복잡성, 낙후한 기술적 수단 등의 원인으로 말미암아 유형학은 마침내 가장 중요하고 믿을 만한 연구방법이 되었다. 그러나 ‘중국학파’의 설립에 있어서 기술적인 원인보다 더 중요한 것은 유형학이 사회사 연구에서 중요한 역할을 했다는 점이다. 유형학으로 인해 고고학은 연구차원이 높아졌으며 더 새롭고 고급스러운 ‘패러다임(paradigms)’을 만들어 내게 되었으며 큰 성과를 이룩할 수 있었다. 이러한 측면에서 보면 “중국의 유형학 연구는 이미 세계 고고학 연구의 선두를 차지하였다”[19]고 해도 과언이 아니다. 여기서 특히 중요한 것은 두 번째 이유 즉, ‘중국학파’가 사회사 연구를 중시한 점이다. 이는 1950년대 말, 대변혁을 겪은 중국의 시대적인 수요와 학

---

19) 장충배, 「중국고고학에 대한 사고와 전망(中国考古学的思考与展望)」, 『역사의 진실에 다가가는 길』, 과학출판사, 2004. 241쪽.

술사조 및 민중의 심리에 부합되는 것으로서 '중국학파'가 고고학 연구의 최고자리를 차지할 수 있게 하였다. 또한 '중국학파'가 중시했던 사회사 연구의 구체적인 내용은 사회발전과 환경의 변화에 따라 변하는데, 이는 시대적인 수요에 부합된 것으로서 자연스럽게 학술사조를 이끌어 나가게 된 것이다.

이 모든 것은 소병기의 공로라고 할 수 있는데, 학술에 있어서 그의 독창성은 단순히 그의 관점에서 보여지는 독창성만이 아닌 학문적인 사고에서 보여지는 독창성을 말한다. 소병기의 사유방식은 기술적인 의미에 머물러 있는 '과학'에 국한된 것이 아니라 중국 전통학문의 색채를 강하게 띠고 있는 것이 특징이다. 연구방법에 있어서 그가 이룩한 성과는 고고학을 연구하는 세계적인 대학자들에 비해 전혀 손색이 없다.

역사언어연구소의 유학파 학자들과 달리 소병기는 비록 서양 현대학술을 공부하기는 하였지만, 체계적인 과학훈련을 받지 못하였다. 하지만 그는 역사언어연구소 학자들에 비해 더 빠르고 정확하게 유형학의 맥락을 찾아냄으로써, 더욱 높은 차원에서 큰 성과를 이룩하였다. 그야말로 창의력이 대단한 학자가 아닐 수 없다.

중화민국 시기 유형학에 대한 소병기의 탐색은 본론에서 다시 서술하기로 하고, 이제 주목할 것은 20세기 1950년대 말부터 그가 고고유형학을 응용하여 사회사를 연구했던 과정이다. 이는 소병기가 중국고고학 연구사에 남긴 가장 중요한 공헌이며 세계 고고학 역사에서도 중요한 자리를 차지한다.

대략적인 여정은 유위초, 장충배의 『편집 후기』에서 살펴볼 수 있는데 그 과정은 시대적인 압력을 동력으로 바꾸어 놓는 과정이었으며, 시대의 발전을 추진해 나가는 과정이었다.

1956년 이후, 특히 1958년부터 1961년까지의 '대약진(大跃进)'시기에 정치운동이 많았는데 이러한 정치운동은 청년학생들의 합리적인 요구나 실제를 벗어난 공상 따위를 부추겼다. 소병기 선생이 책임지고 있는 북경대학 고고학 전공의 학생들은 "마르크스주의 중국고고학 체계를 구축하자"는 구호를 내걸고, 고고학 자료에 근거하여 사회관계 및 사회발전의 법칙을 연구할 것을 주장하였다. 이는 정확한 것이었지만 그들은 고고학의 기본방법을 거부하였고, 유형학을 비판하면서 도자기 발굴을 중시하는 것은 "사물만 보고 사람을 보지 못하는 것이다"라고 하면서 "이론으로 역사를 대신할 수 있다(以论代史)"는 환상을 가졌다. 가장 처음으로 이러한 비평사조의 공격을 받게 된 사람은 바로 소병기선생이었다.[20]

위 예문에서 언급한 시대배경에는 복잡한 역사적 원인과 사회적 요인이 함께 존재한다. 청년 학생들의 욕구를 무턱대고 부정해려서는 안 된다. 고고학의 발전 과정에서 이와 같은 욕구는 변혁을 가져오기도 하였다. 구소련의 '소련고고학'과 구미의 '신고고학(新考古学)'이 바로 그 예이다. 중국의 경우를 보면, 새로운 진전을 이룩한 소병기선생의 유형학 연구가 이 단계의 고고학 발전사에 나타난 변혁이다. 『편집 후기』에서는 비판 공격을 받은 후에도 소병기선생이 시종일관 고고학 발전을 위하여 전력을 다하였으며, 진리를 추구하고, 틀린 것을 바로 잡고 도리에 맞는 부분을 찾아보았다고 적고 있다.

"비판을 받은 후, 다른 사람들은 아무 일도 없다고 생각하고 있으나 나는 오랫동안 마음을 안정시킬 수 없었다. 지금까지 해 온 것 중에 부족한 것이 무엇인지, 어떻게 해야 여러 학자들의 요구에 부응할 수 있을지, 그리고 정확한 고고학체계를 어떻게 구축해야 할지 등 문제에

---

20) 유위초, 장충배, 『「소병기고고학 논술선집」 편집 후기』, 『소병기고고학 논술선집』
　　에 수록, 문물출판사, 1984. 317쪽.

대하여 오랫동안 생각해 보았다". 이처럼 소병기선생은 고민을 계속한 끝에 결국 해결방법을 찾아냈다. 1950년대 말, 그는 고고학 자료에 근거하여 동주(东周) 시기 사회모습과 그 변혁에 대하여 고찰하게 되었고, 1960년대 전기에는 앙소문화(仰韶文化)를 유형별로 나누고, 앙소유적(仰韶遺迹)에 남아있는 원시사회 후기의 사회변혁에 대하여 탐색하였다. 이런 과정을 거쳐 소병기선생은 문화서열(文化序列)을 분석하고 사회양상을 연구하는 기초작업에 유형학을 도입함으로써, 방법론의 수준을 보다 높은 단계로 끌어올렸다. '문화대혁명'을 겪은 후, 그는 지역과 계통별 유형학적 연구방법으로 한족을 중심으로 하는 다민족 국가의 형성과정에 대하여 고찰하게 되었다.[21]

유위초와 장충배는 유형학을 주요 내용으로 하는 소병기의 고고학연구를 다음과 같은 4개 단계로 구분하였다. 첫 단계는 20세기 1940년대에 투계대斗鸡台 도자기와 무덤에 대하여 진행한 간단한 형태유형학 연구이며, 두 번째 단계는 50년대 말, 고고학 자료에 근거하여 진행한 동주东周 사회 모습과 그 변혁에 대한 탐색이다. 세 번째 단계는 1960년대 전반기에 진행한 앙소仰韶문화의 유형 및 앙소유적의 유물이 보여준 원시사회 후기의 사회변혁에 대한 탐색이고, 네 번째 단계는 1970, 1980년대, 즉 전반 연구에서 가장 높은 수준을 보여준 시기로서, 지역과 계통별 유형학 연구방법을 통해 한족을 중심으로 하는 다민족 국가의 형성과정에 대하여 연구하였다. 이로써 소병기선생은 세계 고고학의 유형학 발전에 독창적인 공헌을 했다고 할 수 있다.

유위초와 장충배는 소병기선생의 연구성과에 대해 다음과 같이 평가하였다.

---

21) 같은 책, 317~318쪽.

역사의 흐름은 변증법(辯証法)을 따르기 마련이다. 비판을 통하여 유형학적 연구방법이 한층 더 성숙되었다. 소병기선생은 비판운동의 이중성(兩重性)에 대하여 정확하게 이해하였기 때문에 자신의 연구방법을 추진시킬 수 있었다. 그는 고고학 연구자료를 이용하여 마르크스주의 역사연구방법의 길을 찾기 시작하였으며 중국의 고고학 연구를 새로운 단계로 끌어올렸는데 이는 유물변증법(唯物辯証法)이 이룩한 승리이다.[22]

물론 이 평가에는 '뒷북치기' 요소가 다분하지만, '고고학 자료로 마르크스주의 역사연구를 진행하는 길을 찾았다'는 것은 이들의 인식을 보여주는 중요한 부분이다.

많은 학자들은 소병기선생이 중국고고학 문화의 계보譜系를 만들었다고 인정하지만, 이는 결코 그의 학술사상의 내재적 이론을 대표할 수 있는 것은 아니다. 소병기선생의 고고학 연구의 핵심은 고고학적 방법으로 사회사 연구를 일관성 있게 진행하는 것이다. 이는 나중에 '문명론'으로 발전했는데 결국 소병기선생이 사명감을 가지고 중국문명의 기원과 국가형성에 대한 연구를 진행하였기에 가능했던 결과이다. 중국의 역사연구와 고고연구가 주로 이와 같은 과제를 연구한 것은 사회환경과 사회사조의 변화에 따른 결과였다. 이러한 관점에서 보면 소병기의 '중국학파'가 시대발전에 따라 '역사언어연구소 전통'을 대신하고 중국고고학의 주류가 될 수 있었던 것은 시대와 역사의 필연적인 선택이라고 해도 과언이 아니다.

1980년대는 명실공히 '중국학파'의 전성기라고 할 수 있다. 하지만 사회환경의 변화에 따라 중국고고학계에도 새로운 변화가 생기기 시작하였고 하나로 뭉쳤던 '중국학파' 내부에서 치열한 논쟁이 일기 시작하였다.[23]

---

22) 같은 책, 388쪽.

우선 사회환경의 변화를 살펴보면 다음과 같다. 1949년이 중국사회 역사적 대변혁의 시기였다고 하면, 1978년 개혁개방 이후는 또 다른 역사적 대변혁의 시기로, 길게 보면, 중국사회에 미친 영향이 전자만큼이나 크다. 이에 대한 연구는 그야말로 큰 연구과제가 아닐 수 없다. 다만 본 장에서는 간단하게 취급하고 넘어가려 한다. 학술연구에 직접적으로 영향을 미친 것으로 다음과 같은 몇 가지가 있다. 첫째, 정치환경이 자유로워졌다. 학문에 대한 이데올로기의 간섭이 적을수록 학자들의 사상이 다양화될 수 있다. 둘째, 해외교류가 빈번하였다. 서양의 우수한 기술과 방법을 도입하게 되었으며, 서양의 사상과 이념이 중국 학자들에게 큰 충격을 주었다. 중국 학자들의 해외유학을 통해 국제 학술교류가 활성화되었다. 셋째, 사회경제의 성장과 과학기술의 발전 및 국력의 증강 등은 학술연구에 보다 훌륭한 기술적인 여건과 물질적인 조건을 제공하였다. 넷째, 사회환경의 변화이다. 부정부패가 심하고 빈부 격차가 커지면 사회모순이 격화될 수밖에 없으며, 민중의 신앙심이 부족하면 민족의 응집력이 떨어질 수밖에 없다.

사회환경의 변화가 학술변화에 미치는 영향, 특히 고고학과 같은 기초학과에 미치는 영향은 정체성滯后性을 띤다. 특히 고고학과 관련된 행정 집행자의 정치적 성향과 관련될 때는 그 정체성이 더 심해지는데 이러한 영향은 나중에 고고학에서 뚜렷하게 나타난다. 1990년대, 고고학계 내부에서 있었던 격렬한 논쟁이 이를 잘 보여주는데, 비록 여러가지 요인으로

23) 이상의 한계성 및 금기(禁忌)가 존재하기 때문에 20세기 1990년대 이래, 중국고고학의 변화에 대한 평론은 많지 않다. 공개적인 평론이 극히 드물었고 대부분은 비공식적으로 발표되었다. 주요 연구 성과는 다음과 같다. a. 사효영(査曉英), 「20세기말, 중국고고학의 발전방향을 논함 ― 유위초와 장충배의 관점을 중심으로(20 世紀 末关于中国考古学走向的争论――以俞伟超和张忠培的观点为中心)」, 『사천대학학보 (철학사회과학부문)(四川大学学报 哲学社会科学版)』, 2003. 제1기, 101~115쪽. 장충배, 「고고학에서 논의되고 있는 몇 가지 문제」, 『역사 진실지도로 간다』, 과학 출판사, 2004. 218~225쪽.

말미암아 논쟁은 가라앉았지만 이때부터 이미 중국고고학계에는 새로운 변화가 많이 생기기 시작하였다.[24]

이에 관하여 2005년 말, 필자는 다음과 같은 내용으로 논문을 발표한 적이 있다.

1980년대부터 서양의 고고학과 관련된 새로운 이념과 방법 그리고 기술들이 중국에 대량으로 유입되었고 이는 중국고고학의 발전에 큰 영향을 미쳤다. 일부 학자들은 중국의 고고학은 총체적으로 볼 때, 서양의 1950년대 이전 수준인 '고전' 단계에 머물러 있다고 여겼다. 하지만 중국고고학은 서양의 고고학이 걸어왔던 길을 그대로 따라 걸을 수는 없다. 중국고고학은 문화역사고고학의 발전단계에 머물러 있고, 각 지역의 고고학문화의 시간과 공간구조 및 발전계보(譜系)를 형성하고 완벽하게 하며, 대량의 기초연구 및 기본적인 자료들에 대한 대량 수집이 필요한 상황이다. 하지만 현재 중국의 고고학계는 서양고고학의 당대 연구성과의 영향을 받아 단순히 문화사에 대한 연구에만 치중하지 않고 문화시스템에 대한 연구와 함께 인류와 인류사회 등 여러 방면에 대한 연구에도 적극적인 태도를 보이고 있다. 고고학자들은 지층학(地層學)과 유형학 방법론 외에도 서양의 기술과 방법을 도입하여 다차원적인 연구를 진행하고자 한다. 이러한 추세로 인해 고고학의 연구목적과 방법이 다양화되었으며 고고학 기초연구의 발전과정이 가속화되었다. 중국고고학은 문화역사고고학의 주요특징을 가지고 있는 동시에, 과정주의고고학(Processual Archaeology)과 탈(脫)과정주의고고학(post-processual archaeology)의 요소를 많이 첨가하여 '파격적인(超常規)' 추세로 발전하고 있다. 이 모든 것은 중국고고학의 민족성과 학술독립성을 손상시키지 않았을 뿐만 아니라 오히려 중국고고학의 학술수준과 국제영향력을 향상시켜주었다.[25]

---

24) 1990 연대의 중국고고학의 발전방향에 대한 치열한 논쟁에 비해 현재 중국고고학이 주장하는 '논쟁은 내려놓고, 신중하게 일을 처리하는 방식(摸着石头过河)"이 더 의미가 있다.

25) 진홍파(陳洪波), 「당대 고고학 백과전서-『<고고학: 이론, 방법과 실천에 대하

이 글에서 '과정주의고고학'과 '탈(脫)과정주의고고학'이라는 전문용어를 사용하여 중국고고학의 새로운 변화에 대해 요약하였는데, 지금 보면 이런 용어의 사용은 결코 적절하지 못하다. 하지만 글에서 보여주다시피 중국고고학이 시대변화의 영향으로 역사적인 변화를 겪은 것은 객관적으로 존재하는 것임이 틀림없다.[26]

소병기가 창시한 북경대학의 고고학연구는 중국고고학계에서 중요한 지위를 차지하였기 때문에 당대 중국고고학 발전 진로에 대한 판단은 대표성을 띠게 된다. 2002년, 북경대학 고고학과(학부) 설립 50주년 세미나에서 북경대학 고고문박원考古文博院 조휘趙輝는 '고고학 및 역사의 재건'을 주제로 특강을 하였다. 그는 현재 중국의 고고학이 처한 역사적 단계에 대하여 다음과 같이 지적하였다. "고고학과의 발전에 따라 중국의 고고학은 물질문화사의 틀을 기본적으로 마련하였으며 역사 연구의 새로운 단계에 들어섰다." 조휘는 중국의 고고학이 '재건'에서 '새로운 단계'로 들어간 시기는 대략 1990년대로, 고고학이 비약적인 발전을 가져왔으며 선진국 수준에 이를 정도라고 보았다.[27]

1990년대에 들어, 중국의 고고학에 대하여 여러 가지 평가가 있었는데, 그중 중국사회과학원 고고연구소 왕위王巍 연구원의 관점이 가장 대표적이다.

「중국고고학의 발전 방향에 대한 생각」[28]이라는 글에서 왕위는 21세

여>를 읽고』 (一部当代考古学的百科全书――读<考古学:理论 `方法与实践有感>)」, 『중국문물보((中国文物报))』, 2005년 12월 21일 4판.

26) 사상사의 시각에서 보면, 혼란스러운 정치적 재난을 겪은 후, 1980년대에 이르러 국민들이 서양의 영향을 강하게 받으면서 교각살우(矯角殺牛)의 길을 걷기 쉬워졌다. 사회에 반영된 것은 국민들의 '서구적(西化)' 경향과 외국에 대한 숭배(崇外)였다. 대부분 국민들은 오랫동안 서양과의 교류 및 서양에 대한 관찰을 통해 냉정을 되찾았으며 민족적 자각성이 주도적 지위를 차지하게 되었다. 이러한 현상은 고고학 연구에도 분명하게 반영되고 있다.

27) http://www.pkuarch.com/forum/viewthread.php?tid=345&extra=page%3D2

기 중국고고학의 발전 방향은 "과학적이고 현대적이며 국제적이고, 대중적이다."로 개괄하였으며 그 후에 또 "과학적이고 국제적이고 대중적이다"로 요약하였다. 왕위는 글에서 21세기 중국고고학의 발전에 대하여 다루었지만 사실상 1990년 이래, 중국고고학의 발전 추세에 대하여 총괄하고 있다. 1990년대로부터 오늘에 이르기까지 중국고고학은 왕위가 제시한 특징들을 잘 나타내고 있다. 앞에서 말한 '대중화'는 이례적인 것으로 단순한 학술 범주를 넘어선 학술의 '사회화' 문제를 의미한다.

1990년대 이래, 중국고고학이 완벽한 모델이나 학파를 형성하였다고 할 수는 없지만 나름대로 새로운 특징을 가지고 있어 이전 시기 고고학 연구와는 단계적인 차이를 보여준 새로운 학술사조를 대표할 수 있다.[29]

이 새로운 사조는 '중국학파'와는 다른 뚜렷한 특징을 띠고 있다. 첫째, 다양한 방법, 특히 유형학과 지층학뿐만 아니라 과학기술적 방법을 중시하였다. 둘째, 사회사에 대한 연구 범위가 더욱 넓어졌다. 인류문명과 국가의 기원에 관한 문제 그리고 생태 환경, 농업의 기원, 인간행위 등 사회 다방면의 문제에 관심을 가짐으로써 역사학연구의 전통뿐만 아니라 인류학의 특징도 보여주었다. 셋째, 1980년대 초, '전면적인 서양화'의 사회 배경에서 비롯된 극단적인 관점을 수정하였다. 서양의 고고학 이론과 방법을 맹목적으로 수용하지 않고, 중국고고학의 정체성(本位意识)에 대한 인식을 강화하였고 강렬한 민족 자부심과 자각성을 보여주었다. 학계에서는 서구 고고학을 배울 필요는 있지만 서구의 기준으로 중국고고학을 평가하는 것은 시대착오적이라고 인정하였다. 넷째, 세계화의 시각에서 서

---

28) 왕위, 「중국고고학의 발전 방향에 대한 생각(关于中国考古学发展方向的思考)」, 『21 세기 중국고고학 및 세계 고고학(21世纪中国考古学与世界考古学)』, 중국 사회과학 출판사, 2002. 40~53쪽.

29) 이러한 학술사조의 변화에 대하여 갈조광(葛兆光)이 자세한 분석을 진행하였다. 『사상사 연구 강의록: 시야, 각도 및 방법(思想史研究课堂讲录:视野´角度´方法)』, 생활 · 독서 · 신지 삼련서점, 2005. 2~5쪽.

양을 따라 배우고 평등한 소통을 추구함으로써 세계 고고학의 일부분이 되도록 노력하였다. 학술전통의 시각에서 보면, 이런 사조의 근원은 매우 복잡한데, 주로 '중국학파'와 '역사언어연구소 전통'에 대한 비판과 계승, 발전, 그리고 서양 고고학의 일부 요소들에 대한 수용 등이다.30) 역사를 돌이켜 볼 때, 이와 같은 새로운 특징들이 또 다시 '역사언어연구소 전통'의 특징을 보이고 있다는 점에 유의해야 한다. 이는 '역사언어연구소 전통'이 새로운 시대에 소생 또는 회귀했다고 할 수 있다. 31)

당대 중국고고학의 '역사언어연구소 전통'에 대한 회귀나 '역사언어연구소 정신'의 소생은 결코 헛된 말이 아니다. 이미 타계한 중국고고학회

30) 이상 서로 다른 특징을 구분하기 위해 각 학파간의 차이를 위주로 다루었지만 학파들 사이에는 계승과 영향 관계가 존재하고 있었다. 이 점은 강조해야 할 부분이다.

31) 여기에서 양자가 시간적으로 멀리 떨어져 있지만 사회 환경의 발전에서는 같은 방향성을 나타냈다는 점이 매우 중요하다. 나지전(罗志田)은 사회 환경의 변화가 사학자들에게 끼친 영향에 대해 "오늘의 사학자들 중 자치(资治)에 마음을 가지고 있는 사람(정말로 '옛 것을 빌어여 현실을 풍자하는' 학자들을 포괄)들도 있기는 하나 극히 적다."라고 말했다. 많은 사학자들이 '순수 학술'을 추구하지만 대부분 사람들은 사학연구를 단순히 '밥술이나 뜨기 위한' 직업으로 여기고 있다(나지전,『편서(编序)』, 나지전 주필,『20세기의 중국: 학술 및 사회 · 역사학권(20世纪的中国:学术与社会 · 史学卷)』17쪽). 이런 경향은 고고학계에도 있는데, 현재 중국고고학이 추구하는 것은 가급적이면 정치적인 과학 및 객관을 멀리하는 것이다. 하지만 고고학이 번창할 수 있은 것은 "밥술이나 뜨기 위한" 역사학이 존재하듯이 "먹고 살기 위한" 고고학도 존재하였기 때문임을 인정해야 한다.
이처럼 학파풍격 특징의 형성과정 및 그 함의에 대한 분석을 통하여 학파의 형성원인에 대하여 미있는 결론을 내릴 수 있다. 이들은 구체적인 형성방식이 달라 풍부하고 다채로운 역사를 잘 보여주었지만 총체적으로 말하면 같은 요인의 영향을 받았다. 이러한 요인들에는 국제정세, 이데올로기, 정치, 사회사조, 경제와 과학기술 수준 등 거시적인 사회환경이 포함될 뿐만 아니라 학술전통, 학술자원, 과학연구 조직과 관리 등 미시적 환경도 포함되며 또한 사전(師傳), 인맥, 만남, 성씨, 교육배경과 지식구조 등 요소들도 포함되어 있다. 거시적인 사회환경은 결정적인 역할을 하고, 미시적인 환경 심지어 세부적인 것도 학술 발전의 구체적인 길(道路)과 특징에 영향을 끼쳤는데—특히 고고학은 작은 학과로서 구체적인 요인들이 결정적인 역할을 할 수 있는 확율이 더 크다. 학술특징에 영향주는 이러한 요소들에 연구가 바로 사상사연구의 주된 내용이다.

의 전임 이사장 서평방徐苹芳선생은 중국고고학에 있어서 '외국에 대한 숭배' 또는 '서양화'와 같은 풍조에 대해 역사언어연구소의 예를 거울삼아 심각하게 비판하였다.

중국 현대 고고학의 조흥(肇兴)은 유럽의 고고학을 도입하는 동시에 중국 학술전통에 대한 계승도 함께 이루어졌으며, 완전히 새로운 학과를 형성하였다. 지난 세기 20, 30년대에 중국의 일부 지식인들은 학술의 진리를 찾아 서양으로 떠났으며, 과학적이고 우수한 사상과 연구방법을 배우게 되었다.

이들 중, 부사년, 이제, 양사영, 하내와 같은 학자들은 공통된 특징이 있는데, 이들은 모두 건가학파(乾嘉学派)의 전통교육을 받았으며, 유럽의 고고학 이념과 방법을 기계적으로 모방하지 않고 중국의 실정을 고려하여 선택성있게 공부하여 중국고고학의 실제 문제들을 해결하였다. 이른바 '실제' 문제란 두 가지를 포함하는데, 하나는 중국 역사문화의 실제이고 다른 하나는 중국 고대유적지와 유물 및 그 보존에 관한 실태를 말한다. 과학적인 이념과 방법이라는 화살을 이용하여 중국 역사문화와 고고학 실제라는 과녁을 쏘아 맞힌 것은 현대고고학을 도입하는 동시에 중국특색이 있는 고고학연구의 전통을 보존하였음을 말해준다.32)

---

32) 서평방, 「중국 현대 고고학의 도입 및 그 전통(中国现代考古学的引进及其传统)」, 『중국 문물보』, 2007년 2월 9일 (제7판). 이 글에서 서평방은 계속하여 다음과 같이 말하였다. "사실 고고학뿐만 아니라, 당시의 문사학과(文史学科)도 같은 상황이었다. 이 문제에 관하여 여영시(余英时)는 삼련(三联)서점에서 새로 편집한 『문사전통과 문화 재건(文史传统与文化重建)』이라는 책에서 몇 편의 글로써 설명하고 있다. 글에서 그는 서로 다른 학과를 통하여 동서문화의 결합이라는 학술전통을 성공적으로 보여준 왕국유(王国维), 진인각(陈寅恪)과 연경대학의 홍업(洪业) 등 3명의 학자를 거론하였다. 세계화를 지향하는 과정에서 이러한 사례들은 우리가 참고할 만한 것이 아닌가." 이렇듯 새롭게 나타난 중국의 문화본위(文化本位)의 고고학 이념은 예전에 제기되었던 서양화이념(西化观)과 완전히 다른데 이는 사상사에서 주목할 만한 현상이다.

오늘날 갈수록 많은 사람들이 역사언어연구소를 회억하고 있다. 그 이유는 반세기가 넘는 지난 세월, 다사다난했던 시대에 중화민족의 위상을 떨쳐주었을 뿐만 아니라 후세의 학자들에게 무궁무진한 정신적 재부를 남겨주었기 때문이다. 오늘날 역사언어연구소에 대하여 다시 언급하는 이유는 중화민족의 휘황찬란했던 과거를 되돌아보려는 것이 아니라 새로운 역사환경에서 역사언어연구소의 전통과 학문정신이 가지는 새로운 의미를 찾았기 때문이다. '역사언어연구소 전통'이 내포하고 있는 과학주의, 민족주의, 세계주의와 자유주의 등 내용들은 오늘날 우리들에게 많은 계시를 주고 있으며, 휘황찬란했던 역사를 되돌아보는 것 역시 당대 학자들에게 새로운 사상적 자원을 제공해 줄 수 있다.

2. 20세기 상반기 중국고고학사 연구

고고학은 근대 학계에서 가장 각광받는 학문 영역으로서, 문학과 사학을 비롯한 많은 연구분야에 큰 영향을 미치고 있어 고고학과 관련된 연구에 있어서도 그 연구 영역이 넓고 복잡하다. 고고학 연구는 시대에 따라 서로 다른 연구특징을 가지고 있으며 연구자의 입장과 학문 그리고 연구개성個性의 영향을 받기도 한다. 아래에 시대별로 중화중화민국 시기 고고학, 특히 역사언어연구소의 고고학 연구역사에 대해 살펴보고자 한다. 관련된 학자와 연구성과가 매우 많기 때문에 본고는 사상사를 반영한 연구자료에 다소 치중하여 서술하려고 한다.

1) 중화민국 시기 중국고고학 연구

중화민국 초기, 중국고고학의 탄생에 직접적인 영향을 끼친 요인을 다룬 글 중에서 다음과 같은 두 편의 논문이 가장 주목을 받는다.

한 편은 왕국유王国维가 1926년 6월에 발표한 「최근 20,30년 중국의 새로운 발견에 관한 학문」[33]이다. 이 글에서 왕국유는 예로부터 새로운 문제는 모두 새로운 발견에서 비롯된다고 극력 주장하고 있으며, "서책속의 학문은 지하에 묻혀 있는 학문에서 비롯된다(纸上之学问赖于地下之学问)"는 관점에 동조하고 있다. 뿐만 아니라 그는 "중국 한나라(汉代) 이래의 학문에 대해 다음과 같은 세 가지 발견이 있다고 하였다. 하나는 공자벽중서孔子壁中书이고, 다른 하나는 급총서汲冢书[34]이며, 세 번째는 은허갑골문자殷墟甲骨文字, 돈황변경 및 서역 각 지역에 있는 한나라와 진나라 시대의 목간(汉晋木简), 돈황 천불동千佛洞에 있는 육조 및 당나라 시대의 서간, 내각대고内閣大库에 보존되어 있는 원명 이래의 서책과 공문서 등이다. 이 네 가지 중, 어느 하나라도 공자의 자택이나 급총에서 나온 책과 가치가 맞먹는다고 할 수 있다. ……" 고대사 연구에서 자료의 가치를 중히 여기는 학자들이 많았던 당시, 왕국유의 견해는 특히 중요한 의미를 가지고 있었다. 왜냐하면, 왕국유 본인이 갑골문자 연구에서 큰 공헌을 한 실천자였기 때문이다. 그의 견해는 당대 고고학계의 일반적인 관점을 대표한다고 해도 과언이 아니다. 이런 여론의 영향으로 갑골문이 출토된 안양

---

33) 왕국유, 「최근 20,30년 중국의 새로운 발견에 관한 학문(最近二三十年中国新发见之学问)」, 『왕국유유서(王国维遗书)』에 수록. (제5권), 65~69쪽.
34) 죽서기년(竹书紀年, Bamboo Annals)이라고도 한다. 사기(史记)와 더불어 중요한 고대 역사서의 하나로 원래 제목이 없기 때문에 급총기년(汲冢紀年), 급총고문(汲冢古文) 또는 급총서(汲冢书) 등으로 불리며 원서는 죽간(竹简)으로 되어 있어 죽서(竹书)라고도 하며 또한 사사(史事)를 편년체로 기술하여 기년(紀年)으로도 칭하기도 하나 일반적으로는 죽서기년(竹书紀年)이라 불린다. - 역자주

은허는 발굴능력과 인식을 가지고 있는 학술단체와 개인들이 열망하는 곳이 되었다.

다른 한 편은 1930년에 발표된 진인각의 「진원돈황겁여록서 (陈垣敦煌劫余录序)」[35]이다. 이 글은 근대 중국 지식인들의 마음속 깊은 곳에 있는 강렬한 민족주의 감정을 집중적으로 반영하였으며 국제한학汉学의 조류에 대한 신세대 지식인들의 인식을 반영하였다. 이 글은 돈황학敦煌学에 대해 논한 글이지만 돈황학을 통해 표출된 민족감정과 현대학술에 관한 이해는 발굴과 조사를 특징으로 하는 중국고고학의 탄생에 큰 공헌을 하였다.

그 외, 1926년 가을에 발표된 양계초의 「중국고고학의 과거와 미래(中国考古学之过去及将来)」라는 글도 중국고고학의 발전에 있어 중요한 의의를 가진다. 양계초에 말에 의하면 고고학이 하나의 전문적인 학문으로 인정되기 시작한 것은 북송시기로서, 중국 전통학술에 이미 고고학이 포함되어 있었으나 충분한 발전을 이룩하지 못하였다. 또한 서양의 새로운 방법과 기술은 중국의 기존 고고학의 발전에 보탬이 되었으며, 앞으로의 발전방향을 제시하였다고 했다. 학계의 수령领袖이었던 양계초의 이러한 인식은 당시 학자들의 고고학 분야의 인식수준을 반영하였으며, 오늘까지도 그 영향을 미치고 있다.

뿐만 아니라 청화대학교 국학원 출신인 위취현이 집필한『중국고고학소사(中国考古小史)』[36]와 『중국고고학사(中国考古学史)』[37]는 학술사에서 차지하는 지위가 그리 높지 않지만 현재까지 전해지고 있는데 그 이유는 이 두 책이 중화민국 시기 유일한 고고학사 전문 저서였기 때문이다.

---

35) 진인각, 「진원돈황겁여록서 (陈垣敦煌劫余录序)」는 1930년『역사언어연구소 간행물 합종본(历史语言研究所集刊)』제1권 2부에 수록.
36) 위취현,『중국고고학소사(中国考古小史)』, 상무인서관(商务印书馆), 1933.
37) 위취현,『중국고고학사(中国考古学史)』, 상무인서관, 1937.

『중국고고학소사』에는 중국고고학 단체에서 진행한 발굴 작업, 제국주의 국가의(서양) 학자들이 중국에서 진행한 고고학 활동 및 그 발견을 비롯하여 중화민국 전기의 중국고고학 상황이 자세히 기술되어 있다. 뿐만 아니라 저자가 중요시하는 고고학 관련 논문과 유물 보존에 관한 국민정부의 법규와 같은 등 귀한 자료들이 수록되어 있다. 『중국고고학사』는 고고학에 관한 양계초의 견해에 따라 주나라 시기부터 시작하여 중국고고학사를 체계적으로, 공을 들여 정리한 학술저서이다. 비록 현대 과학 고고학의 관점과 완전히 일치하지는 않지만, 엄연히 금석학에 비해서는 진보적이었다. 저자는 이 글에 기록되어 있는 발굴유물뿐 아니라 고대인류유적에 대한 조사 연구도 중요시하고 있다.

중화민국 초기, 서양의 학자들은 중국에서 많은 탐험과 고고학 관련 활동을 추진하면서 적지 않은 전문 연구저서들을 남겼다. 대부분의 저서는 중국어로 번역되어 중화민국 시기 중국고고학의 중요한 연구자료가 되었다. 그중 요한 군나르 안특생(Johan Gunnar Andersson, 1874년~1960년)의 『중화원고문화(中华远古之文化)』38)와 『감숙고고기(甘肃考古记)』,39) 스벤 헤딘(Sven Hedin, 1865년~1952)의 『아시아복지여행기(亚洲腹地旅行记)』,40) 오렐 스타인(Sir Aurel Mark Stein, 1862년~1943년)의 『스타인서역고고기(斯坦因西域考古记)』41) 등이 비교적 유명하다.

주구점周口店 발굴과 연구에 있어서는 배문중裵文中의「주구점 동굴 발

---

38) Johan Gunnar Andersson저, 원복예(袁复礼)역, 『중화원고문화(中华远古之文化)』 (지질보고 제5호 제1책), 농상부지질조사소, 1923.
39) Johan Gunnar Andersson저, 낙삼순(乐森璕)역, 『감숙고고기(甘肃考古记)』, (지질전문간행물 잡종 제5호), 실업부지질조사조, 1925.
40) Sven Hedin저, 이술예(李述礼)역, 『아시아중심여행기(亚洲腹地旅行记)』, 개명서점 (开明书店), 1936.
41) Sir Aurel Mark Stein저, 향달(向达)역, 『스타인서역고고기(斯坦因西域考古记)』, 중화서국(中华书局), 1936.

굴기」42)가 대표적이다. 저자는 자신의 경험을 바탕으로 주구점의 발굴사를 저술하였는데 북경원인(北京人)의 발견 과정, 특히 고대 생물학으로부터 고고학 연구로의 변화과정을 수록하였다. 한편 당시 사회 면모와 인류의 생활상을 생동감 있게 묘사하여 시대 배경을 살펴볼 수 있는 소중한 역사 자료가 되었다.

역사언어연구소 고고학은 중화민국 시기 중국고고학의 주체主体로서, 발표한 자료의 질과 양은 그 시기 고고학의 최고 수준을 대표한다. 자료 발표의 신속성을 전통으로 삼고 있는 역사언어연구소는 그 해의 발굴과 조사내용을 그 해 또는 이듬해에 정리, 발표하였고, 지속적인 발굴사업에 관해서는 단계적으로 총결산하여 사람들이 중요한 정보를 제때에 전면적으로 장악할 수 있게 하였다. 1928년에 설립된 역사언어연구소의 조기 간행물에 15차의 은허 발굴을 비롯한 중요한 고고학 발굴 및 조사가 비교적 전면적이고도 완벽하게 재현된 것은 참으로 주목받을 만한 일이다.43)

역사언어연구소에서 출간한 간행물에 발표된 논문들 중, 고고학과 관련 된 대표적인 글들은 다음과 같다.

가장 대표적인 것은 부사년의 「역사언어연구소 사업 취지」44)이다. 이 글은 역사언어연구소 설립지침으로 현대 학술사에 있어서도 매우 큰 의의를 가지고 있다고 할 수 있다. 글에서 보여준 과학적인 학술정신과 민족주의 정신은 바로 그 시대 지식인들의 목소리를 대변한 것이다. 이러한

---

42) 배문중(裵文中),『주구점 동굴 발굴기(周口店洞穴层采掘记)』(지질전문간행물 을종 제7호), 실업부지질조사소, 국립북평연구원지질학연구소, 1934.

43) 중화민국 시기 중앙연구원 역사언어연구소 출판물에는『안양발굴보고(安阳发掘报告)』(1–4책),『전야 고고 보고서(田野考古报告)』중국고고학보(中国考古学报)(1–4책),『성자바위(城子崖)』중국고고 보고집(中国考古报告集)(제1책), 역사언어연구소 간행물 합종본(史语所集刊) 등이 포함된다.

44) 부사년(傅斯年),「역사언어연구소 사업 취지(历史语言研究所工作旨趣)」,『중앙연구원 역사언어연구소 간행물 합종본(中央研究院历史语言研究所集刊)』제1권 제1부, 중앙연구원 역사언어연구소, 1928. 10.

역사언어연구소의 정신은 실천에서 시종일관 빛났을 뿐만 아니라 가장 큰 성과를 이룩한 영역인 고고학에서도 뚜렷이 나타나고 있다. 글에서 언급한 고고학에 관련된 일련의 세부적 설정은 훗날에 더 잘 재현되었으며 현재까지도 지속되고 있다.45) 때문에 오늘날의 중국고고학에서도 여전히 역사언어연구소의 발자취를 찾을 수 있는 것이다.

다음, 역사언어연구소의 고고학 사상에 관한 연구 중 다음과 같은 세 편의 논문이 중요한 위치를 차지하고 있다. 즉, 부사년의 「본사발굴은허의 과정(本所发掘殷墟之经过)」46)과 이제의 「현대고고학과 은허발굴(现代考古学与殷墟发掘」47) 및 동작빈(董作宾)의 「갑골문연구의 확대(甲骨文研究之扩大)」48)이다. 이 세 편의 글은 1930년 12월에 출판한 『안양발굴보고(安阳发掘报告)』 제2책 부록에 집중적으로 발표되었는데 특수한 역사배경과 의의를 지니고 있다. 3차 은허발굴 후, 중앙발굴팀과 하남지역 세력 간에 심각한 갈등이 생기면서 발굴작업을 계속할 수 없게 되었다. 부사년은 발굴팀이 지역세력에 의해 배제당한 이유를 국민들의 인식이 고고학을 '보물찾기'로 이해하는 정도에 머물고 있어 현대적 학술의미를 전혀 이해할 수 없었다는 데 두고 있었다. 하여 그는 이제, 동작빈과 함께 각자 문장을 발표했는데, 한 편으로는 지역세력에 어려움을 호소하고, 다른 한 편으로는 과학 고고학 지식을 널리 보급하였다. 이제는 부탁을 받고

---

45) 당계근(唐际根), 「중국고고학의 '부사년특징'(中国考古学的"傅斯年特征")」, 『부사년과 중국문화: 부사년과 중국 문화 국제학술토론회 논문집(傅斯年与中国文化:傅斯年与中国文化国际学术研讨会论文集)』에 수록, 천진고적출판사, 2006, 94~99쪽.

46) 부사년, 「본 연구소 은허발굴과정(本所发掘殷墟之经过)」, 『안양발굴보고』(제2권), 중앙연구원 역사언어연구소, 387~404쪽.

47) 이제(李济), 「현대고고학과 은허발굴(现代考古学与殷墟发掘)」, 『안양발굴보고(제2권), 중앙연구원 역사언어연구소, 405~410쪽.

48) 동작빈(董作宾), 「갑골문연구와 확대(甲骨文研究之扩大)」, 『안양발굴보고』(제2권), 중앙연구원 역사언어연구소, 411~422쪽.

「중국고고학의 과거와 미래」49)라는 글을 사회 간행물에 싣기도 했다. 이 몇 편의 글들은 고고학 지식을 보급하기 위한 것이었고 목적성이 강했다. 하지만 이 몇 편의 글들은 역사언어연구소의 고고학적인 사상의식을 집중적으로 반영하였으며, 당시 고고학에 대한 중국 학계의 가장 높은 인식 수준을 보여주고 있다.

마지막으로, 역사언어연구소의 단계별 고고활동에 대해 종합하고 서술한 글을 들 수 있는데, 역사언어연구소에서 간행한 출판물 중 비교적 중요한 논문들로는 동작빈의 「중화민국 17년(1929년) 10월 안양소둔 시 발굴보고서」;50) 이제의 「18년 가을 작업과정 및 중요한 발견」,51) 「최근 안양발굴보고 및 6차작업예측」;52) 석장여石璋如의 「최근 은허의 중요한 발견――부론: 소둔지층」,53) 「최근 은허의 중요한 발견――부론: 소둔지 층후기」,54) 「성자애(城子崖)」55) 등을 들 수 있다. 이러한 일차적 자료는 중국 과학 고고학이 시작에서 번영단계로, 미숙에서 성숙으로 이르는 역사과정을 완벽하게 수록한 것이라고 할 수 있다.

---

49) 이제, 「중국고고학의 과거와 미래(中国考古学之过去与将来)」, 『동방잡지(東方杂志)』 31권 7호, 1934.
50) 동작빈, 「중화민국 17년10월 안양소둔에 대한 시험발굴 보고서(中华民国十七年十月试掘安阳小屯报告书)」, 『안양발굴보고』(제1권), 중앙연구원 역사언어연구소, 3~36쪽.
51) 이제, 「18년 가을의 작업과정 및 중요 발견(十八年秋工作之经过及其重要发现)」, 『안양발굴보고』(제2권), 중앙연구원 역사언어연구소, 219~252쪽.
52) 이제, 「최근의 안양발굴보고 및 6차 작업에 대한 예측(安阳最近发掘报告及六次工作之总估计)」, 『안양발굴보고』(제4권), 중앙연구원 역사언어연구소, 559~578쪽.
53) 석장여(石璋如), 「최근 은허의 중요한 발견――부론: 소둔지층(殷墟最近之重要发现――附论小屯地层)」, 『중국고고학보』(제2권), 중앙연구원 역사언어연구소, 1~82쪽.
54) 석장여, 「최근 은허의 중요한 발견――부론: 소둔지층후기(殷墟最近之重要发现――附论小屯地层后记)」, 『중국고고학보』(제4권), 중앙연구원 역사언어연구소, 291~302쪽.
55) 부사년 등, 「성자바위(城子崖)(중국고고 보고집1(中国考古报告集之一)」, 중앙연구원 역사언어연구소, 1934.

2) 1949년 이후 국내 학계의 중국고고학 연구

중화인민공화국 건립(1949년)에서 개혁개방 초기(1970년대 말)까지 중화민국 시기의 고고학 발전사 연구, 특히 역사언어연구소 고고학에 대한 연구는 정치적 원인으로 인해 금지禁止되어 있었다. 1980년대부터 비로소 정세가 점차 완화되기 시작하였고 객관적인 평론이 가능하게 되었다. 그 후 중국의 정치, 경제 환경의 변화에 따라 고고학계의 학술 풍조에도 거대한 변화가 생기면서 중화민국 시기 중국고고학에 대한 사색과 연구가 주요한 관심사로 부상하였다. 따라서 고고학계와 사학계는 많은 연구서들의 출간과 함께 이 단계의 학술 발전에 대하여 보다 세부적인 정리, 분석을 진행하였다.

(1) 1950~1980 년대의 고고학 연구

1950 년대는 중화인민공화국 성립 후 첫 10년인 만큼 모든 사람들이 열의에 넘쳐 새로운 사회를 건설하기 위해 전력을 다 하던 시기였으며, 구 소련을 모델로 삼고, 마르크스 모택동 사상을 지도사상으로, 지난 시기(중화민국 시기)와 철저히 결별하던 연대였다. 고고학계에도 새로운 바람이 불었는데 바로 마르크스주의 고고학의 구축이다. 대부분 전문가들이 지난 시기를 지나왔기 때문에 과거의 폐해를 방지하기 위해서는 반드시 과거사에 대한 철저한 청산이 필요하였다. 따라서 학계에는 신세대 학자가 구세대 학자를 공격하거나, 구세대 학자들이 자신과 선배들에게 변화를 강요하는 이상한 현상들이 나타났다. 1950년대 후반기에 이르러서는 중화민국 시기의 고고학이 정치적으로 철저히 붕괴되었고 이제 등 학자들은 반동학자로 몰렸으며, 모택동이 지명한 호적胡適과 부사년은 인민

의 적으로 전락하였다. 이러한 혁명폭풍이 지난 후, 학계의 사상지침은 마르크스주의와 모택동사상으로 철저히 변화되었다.

하지만 중화인민공화국 창립 초기에는 아직 전통의 흔적이 남아있었다. 이는 주요하게 고고학 분야의 전문인재를 육성하기 위해 학자들이 편집한 교재에서 반영되었다. 후에 이런 교재들을 모아『고고학 기초(考古学基础)』56)를 출간했는데, 책에 반영된 기성세대와 새로운 시대 학자들의 학술사상은 훗날 북경대학교 고고학 전공의 '좌파(左派)'학생들의 공격대상이 되었다.

이 책에서 고고학 약사考古学簡史 부분은 서평방徐苹芳에 의해 저술되었다.57) 그는 중국고고학의 발전을 고대와 근대로 나누었는데 이러한 구분은 양계초와 위취현卫聚贤으로부터 영향 받았을 가능성이 크다. 그는 근대 부분에서 역사언어연구소에 대해 한 마디도 언급하지 않았으며 단지 전 중앙연구원이라는 명칭으로 스쳐 지나갔을 뿐이다. 하지만 결론부분에서 서평방은 다음과 같이 자신의 입장을 표명하였다.

　　근대 고고학은 그 형성 초기에 송청(宋 `清)시기 이래 금석학의 성과를 계승하였다. 서양 자본주의 학술사상의 영향을 받아 일련의 중요한 정리와 연구작업을 수행함으로써 금석학의 범위를 넓혀주었고, 고고학의 일부 기본 내용들이 확립될 수 있었다. 1927년 이후, 대규모의 과학발굴작업이 전개되면서 금석학 범위의 한계가 뚜렷이 나타났고, 고고학은 이미 독립적인 과학으로 발전하게 되었다.58)

---

56) 중국과학원고고연구소 편집(하내, 배문중 등 학자들이 집필),『고고학 기초(考古学基础)』, 과학출판사, 1958. 1(초판).
57)『고고학 기초』, 154~166쪽.
58) 서평방:「고고학 약사」,『고고학 기초』, 154~166쪽 참조.

여기서 보여주다시피 서평방은 1927년 이후에 진행된 중앙연구원 역사언어연구소의 발굴은 중국고고학이 과학적인 방향으로 나아간 중요한 징표라고 믿고 있었다.

중화인민공화국의 천지개벽의 변화는 구시대와 그 폐해에 대한 철저한 부정과 비평이 불가피하게 되었으며, 고고학 분야도 예외는 아니었다. 그 표현은 고고학 연구자들이 이데올로기의 영향을 받았거나, 구시대 전문가 또는 관련 연구를 경계하고 본인의 정치적 견해를 분명히 하여 자기 보호를 하려는 데서 나타난다. 당시 이러한 내용들을 반영한 글들이 매우 많았는데, 하내의 「고고학에서 보여진 호적학파의 자산계급 사상을 비판(批判考古学中的胡适派资产阶级思想)」(『고고학』 1955년 제3기), 염문유阎文儒의 「고고학에서의 자산계급사상을 논함(谈谈考古学中的资产阶级思想)」과 「우파분자 진몽가를 비판(斥右派分子陈梦家)」(『고고학』 1955년 제 4기), 하내의 「고고학에서 사용된 우파의 거짓말에 대한 폭로(用考古工作方面事实揭破右派谎言)」와 「우파분자 천몽가를 비판(斥右派分子陈梦家)」(『고고학』 1957년 제5기), 그리고 「고고학의 현재와 과거 ——두 가지 노선의 비교(考古工作的今昔——两条路线的对比)」(『고고학』 1957년 제6기), 윤달의 「고고학의 두 가지 노선의 투쟁(考古工作中两条路线的斗争)」(『고고학』 1958년 제10기) 등이 대표적이다.

이런 글들은 중화중화중화민국 시기의 고고학 사상과 방법에 대한 부정과 비난을 위주로 하였으나 자세히 살펴보면 본의 아니게 이루어진 부분들도 적지 않았다. 왜냐하면 이들은 구세대 고고학자들로서 전통적인 이념에서 완전히 벗어나지는 못하였기 때문이다.[59]

따라서 그들은 당시 청년학생들을 대표로 한 '좌파' 역량의 비판대상으로 될 수밖에 없었다. 구사회에 불만이 많고 마르크스주의 역사학과 소련

---

59) 장충배의 화현 천호촌 고고 발굴에 대한 회고(对华县泉护村考古发掘的回忆) 참조. 『「소병기 고고학논술선집」 편집후기』에 근거하였음.

고고학의 영향을 받은 당시, 새 시대 고고학자들은 시대 조류에 힘입어 모든 발언권을 독점하게 되었다. 그들의 목표는 과거와 기존의 자산계급 고고학 사상을 철저히 비판하고 소련 고고학을 본보기로 '고고학을 위한 고고학 연구'를 반대하고, '옛 것을 중시하고 오늘을 경시하는(厚古薄今)'[60] 마르크스주의 중국고고학을 설립하는 것이었다. 후세 학자들은 이들이 유형학과 같은 고고학의 기본 연구방법을 버리고 '논리적인 것으로 역사를 대체하는(以论代史)' 기로에 섰다고 평가하고 있다.

대표적인 글로는 류계익刘启益의 「고고학 연구에서의 자산계급 사상의 청산(清除考古学研究中的资产阶级思想)」(『고고학』 1955년 제2기), 구소련의 고고학자 A. 멍가이터A. Mongait의 「막다른 골목에 이른 자산계급 고고학(陷于绝境的资产阶级考古学)」(『고고학』 1956년 제3기), 장운붕张云鹏의 「호북 석가장 유적발굴의 주요 착오에 따른 구소련의 선진경험 적용 논의(由湖北石家河遗址的发掘主要错误谈学习苏联先进经验)」(『고고학』 1957년 제2기), 「소련고고학 40년」(『고고학』 1958년 제1기), 북경대학 고고학과 자산계급 학술 비평팀의 「자산계급 유물 형태학의 사이비과학——소병기의 '투계대구 동구 고분'에 대한 비판'(论资产阶级器物形态学的伪科学性——批判苏秉琦的"斗鸡台沟东区墓葬")」(『고고학』 1958년 제11기)과 「휘현 발굴 보고서로부터 본 고고학계의 자산계급방향(从辉县发掘报告看考古界的资产阶级方向)」(『고고학』 1958년 제12기) 및 「이제의 반동 학술사상에 대한 비판(批判李济的反动学术思想)」(『고고학』 1959년 제1기), 증기曾骐의 「배원중(裴文中)의 '고고학 기초' 중 '석기시대 총론'에 관한 평론(评裴文中先生在"考古学基础"中的"石器时代总论")」(『고고학』 1959년 제1기) 등이 있다. 또한 북경대학교의 고고학 전공 학생들은 고고학 혁명을

---

60) 진백달(陈伯达)의 주도하에 중국 역사학계와 고고학계는 고고학에 관한 '옛 것을 중시하고 것을 오늘의 것을 경시하는(厚古薄今)' 경향에 대한 토론을 진행하였다.

직접 행동으로 옮겼다. 그들은 총력을 다하여 짧은 시간 내에 마르크스주의를 지도사상으로 하는 중국고고학 교재를 편집함으로써 이번 혁명의 승리를 과시하였다.[61]

구 소련 고고학을 본보기로 했던 중국고고학 혁명은 그리 오래 가지 못하였다. 중국과 구 소련의 관계 악화로 인해 구 소련 고고학은 비판의 대상으로 전락되면서 역사는 또 한 번의 희비극을 보여주었다. 더욱 비참한 것은 '반우파투쟁(反右)'의 여파가 채 가시기도 전에 '문화대혁명(文化大革命)'이 시작되어 중국고고학이 오랜 기간 침체기에 빠지게 된 것이다. 문화대혁명 후기에야 비로소 중국의 고고학은 다시 발전의 기회를 가져오게 되었다.

이 시기에도 중화민국 고고학의 발전에 관해 상대적으로 객관적인 입장에서 서술한 저서들이 있는데, 호후선胡厚宣의 「은허발굴」[62]이 가장 대표적이라고 할 수 있다. 역사학의 대가이며 은허 발굴 작업에 직접 참여했던 호후선의 이 저서는 학술계의 주목과 환영을 받게 되었다.

개혁개방 이후, 긴장되었던 분위기가 점차 완화되기 시작하였다. 이때부터 고고학의 발전에 관한 검토가 시작되었는데, 고고학에 대한 중화민국 시기의 인식과 평가는 빠뜨릴 수 없는 부분이 되었다. 1979년 하내는 「5·4운동과 중국고고학의 흥기(五四运动与中国考古学的兴起)」(『고고학』1979년 제3기)라는 매우 영향력 있는 논문을 발표하였다. 이 글에서 그는 시대배경의 차원으로부터 중국 현대 고고학의 탄생 원인을 논의하였다. 비록 글에서 스승인 이제의 이름을 밝히지 않았지만 분명 역사언어연구소의 활동을 중국 현대 고고학의 주요 내용으로 인정하고 있었다.

이 시기에 이르러 정치적 환경은 이미 급속히 변하고 있었다. 『고고학』

---

61) 북경대학교 역사학부 고고학 전공 중국고고학 편집팀, 『중국고고학』(초고), 1960년7월 의견수렵본(征求意见本).

62) 호후선(胡厚宣), 『은허발굴(殷墟发掘)』, 학습생활출판사, 1955.

1982년 제3기에 발표된 왕세민王世民의 문장「이제선생의 생평과 학술공헌(李济先生的生平和学术贡献)」에 보면 이제를 중국고고학의 창시자라고 명확히 밝히고 있었다. 이는 1981년 이래, 대만에 대한 중국공산당 중앙정부의 정책 변화와 직접적인 연관이 있는데 하내와 장광직 사이에 오간 편지 내용에서도 구체적으로 알 수 있다.63)

1980년대에 이르러 소병기를 대표로 하는 '중국학파'의 영향력이 점점 커졌으나 사실상 중국고고학의 권위적인 의사표현권은 하내에게 있었다. 특히 하내는『중국 대백과전서 · 고고학편』을 집필하는 과정에서 중국고고학과 고고학의 발전에 대한 자신의 견해를 폭넓게 표현하였다. 고고학사와 관련된 주요 저서로는『고고학』(하내, 왕중수王仲殊 저),『중국고고학 약사(简史)』(왕세민 저)와『중국고고학 연대표』등이 있었다. 이 시기 고고학사에 관한 인식은 1950년대와 기본적으로 달랐으니 수천 년 동안 계속되었던 금석학은 고고학의 전신前身으로만 보았으며, 중앙연구원 역사언어연구소가 1928년에 시작한 은허발굴을 중국고고학 탄생의 징표로 인정하였다.

소병기도 고고학사에 관한 글을 발표했는데,「중국고고학의 창립에서 확장에 이르기까지」64)에서 중국고고학이 창립되던 시기의 특징에 대해 다음과 같이 설명하고 있다. 첫째는 금석학의 계승, 둘째는 고고학 창립 초기 대표적 인물들의 전설적 경력, 셋째, 창립초기 마르크스주의 응용 등이다. 이를 통해 알 수 있는 바, 소병기는 중화민국 고고학사에 대해 남다른 인식을 가지고 있었다.

역사학계에도 중국고고학의 초기 역사를 연구한 학자들이 있으니, 유

---

63) 이훼(李卉), 진성찬(陈星灿) 편,『학문 계승의 길을 걸었던 사람들—이제, 링춘성(), 고거심(), 하내와 장광직 통신집(传薪有斯人—李济´凌纯声´高去寻´夏鼐』, 생활 · 독서 · 신지 삼련서점, 2005.

64) 소병기,「중국고고학의 창립에서 확장에 이르기까지—한 늙은 고고학자의 회고」,『고고학문화 논문집』(2), 문물출판사, 1989, 371~372쪽.

단초俞旦初와 그의「20세기 초, 서양 근대 고고학 사상에 대한 소개 및 중국에 미친 영향(二十世纪初年西方近代考古学思想在中国的介绍和影响)」(『고고학과 유물』1983년 제4기)을 들 수 있는데, 이 글은 당시 학계에서 널리 인용되고 있었다.

   (2) 1990 년대 이후의 고고학 연구

  1990년대에 접어들어 중국고고학은 비약적인 발전을 이룩하였다. 이는 완화된 정치환경과 사회경제의 발전 및 향상된 종합국력이 낳은 결과이며, 중국의 고고학계와 서양 고고학계의 밀접한 교류와 합작과도 관련이 있다. 이 시기 중국고고학의 학과 성격과 위상 및 21세기 발전방향 등 중요한 문제들을 놓고 고고학계는 치열한 논쟁이 있었으며, 문제의 해결을 위해 일부 학자들은 고고학의 역사적 전통과 같은 중대한 문제에 대해 깊이있는 연구를 하게 되었다. 그 결과, 대량의 고고학 관련 연구서들이 출판되었으며, 그 중 영향력 있는 저서는 다음과 같다.
  우선, 장충배의『중국고고학의 발전에 대한 몇 가지 인식(中国考古学史的几点认识)』을 들 수 있다. 고고학의 발전단계에 대한 분류 문제는 고고학 발전연구에서 가장 기본적으로 논의되던 문제로, 학계에서 많이 논의되었다. 대표적인 견해로는 앞서 제시했던『중국대백과전서 · 고고학편』중에서 왕세민王世民이 집필한『중국고고학 약사』의 관점으로서, 시대에 따라 구분하는 것이었는데 이는 사실상 하내의 관점이기도 하였다.[65] 장충배는 이에 비해 보다 깊은 연구를 하였는데 다음과 같은 글에서 잘 보여진다.

---

[65] 하내,「중국고고학의 회고와 전망(中国考古学的回顾和展望)」,『중국문명의 기원』에 수록, 문물출판사, 1985, 1~47쪽.

중화인민공화국의 설립은 고고학의 발전에 전례없던 정치적 여건을 제공하였다. 하지만 고고학의 발전은 중화민국 시기 고고학 연구의 최고봉에서 비롯되었으며, 고고학 자체의 발전법칙에 따라 운행되고 있다. 때문에 비록 정치환경이 고고학에 큰 영향을 미치고 있으나 학과의 운행규칙까지는 바꿀 수 없으므로 고고학 발전을 구분할 수 있는 지표가 될 수 없었다.

고고학의 발전에 대한 사회사조의 영향도 정치적 배경의 경우와 비슷한데, 고고학 자체의 운행규칙에 어울리는 사회사조는 고고학의 발전을 촉진시킬 수는 있지만 그렇지 않을 경우에는 오히려 장애물이 되고 만다. ……

이상의 견해에 따라 중국고고학의 창설로부터 지금까지의 과정을 살펴보면, 다음과 같은 몇 가지 사실들이 중국고고학의 진보와 발전의 주류(主流)가 된다고 할 수 있다.

1. 1921년, 안특생이 주도한 앙소촌(仰韶村)유적 발굴.

2. 1931년, 양사영이 해석한 후강삼첩층(後崗三疊層).

3. 1948년, 소병기가 발표한 「도자기 연구」(1941, 「섬서 보계 투계대에서 발굴된 도자기에 관한 연구(陝西宝鸡斗鸡台所得瓦鬲的研究)」의 개요로서 「투계대구동구역 고분(斗鸡台沟东区墓葬)」에 수록).

4. 1959년 하내가 발표한 「고고학에서의 문화 정의에 관한 문제에 대하여(关于考古学上文化的定名问题)」, 『고고학』, 1959, 제4기.

5. 1975년 소병기가 발표한 「고고학 문화의 지역, 계통별 유형학 문제」 학술 강의(『소병기 고고학논술선집』, 문물출판사, 1984).

6. 1985년, 소병기가 발표한 「요서고문화, 고성과 고국—고고학 작업의 중요한 문제와 큰 과제(辽西古文化古城古国—试论当前考古工作重点和大课题)」 학술 강의(『요해 문물학간(辽海文物学刊)』 창간호, 1986).

이렇게 중국고고학의 발전은 이미 다섯 단계를 거쳤으며, 현재는 여섯번째 단계에 접어들었다.66)

66) 장충배, 「중국고고학 발전에 관한 몇가지 인식(中国考古学史的几点认识)」, 『중국

장충배의 인식은 시대적 변화의 영향을 받지 않고 학과 자체의 발전을 깊이 이해하는 데 주력한 것으로서, 전통적인 인식에서 벗어나 새로운 시각에서 고고학에 대한 연구가 가능하도록 하였다.

다음, 진성찬陳星燦의 『중국 선사시기 고고학사 연구』[67]를 들 수 있다. 비록 중화민국 시기의 선사 고고학 연구에만 치중하고 있지만 연구자료가 풍부하고 분석이 세밀하여 중국고고학 및 근대학술사 연구의 필독자료가 되었다.

그 외에 장충배의 「중국고고학의 세기적 회고와 전망(中国考古学世纪的回顾与前瞻)」(『문물』1998년 제3기), 엄문명(严文明)의 「21세기를 향한 중국고고학(走向21世纪的中国考古学)」(『문물』1997년 제11기), 북경대학교 고고문물박물관(考古文博)대학(조휘 집필)의 「중국고고학과 역사의 재구성」(『문물』2002년 제7기) 등 관련 연구가 있다. 이상의 논의를 통해 중국고고학의 사학계에서의 위상과 중국고고학과 세계 고고학의 관계 그리고 문명의 기원 등 중국고고학의 주요 과제들의 시대적 의의 등의 문제에 대해 학계에서는 사실상 공통된 인식을 가지게 되었다.

중화민국 시기의 고고학 연구에 대해 살펴보면, 역사학계에서 거둔 연구성과가 더욱 풍부하였다. 이는 고고학이 근대 학술사에서 극히 중요한 지위를 차지하고 있었던 것과 고고학계에 비해 역사학계가 보다 개방적인 학문 풍조를 갖추고 있었기 때문이다. 대표적인 연구성과는 다음과 같다.

우선, 『중국 근대 사학 학술사(中国近代史学学术史)』제4편에 수록된 왕우신王宇信의 「근대사학 학술성과: 고고학(近代史学学术成果:考古学)」[68]을 들 수 있다. 장기지张岂之가 편집한 『중국 근대 사학 학술사』 중에서 고고학이

고고학—역사의 진실에 다가가는 길(中国考古学—走近历史真实之道)』, 과학출판사, 2004, 61~63쪽.

67) 진성찬, 『중국 선사시기 고고학사 연구』, 생활 · 독서 · 신지 삼련서점, 1997년6월(제1판).

68) 장기지 편, 『중국근대사학학술사(中国近代史学学术史)』, 중국사회과학출판사, 1996.

차지하는 부분은 4분의 1에 달하는데 이는 역사학계에서 고고학과 역사학의 관계에 대해 매우 중시하고 있음을 보여준다. 왕우신은 근대 고고학의 발전단계를 준비단계(1840년~5·4 운동 전), 맹아단계(5·4 운동 후~1930년대 초), 형성단계(1931년~1934년)로 나누었으며, 과학적 고고학 자체의 발전뿐만 아니라 고고학 탄생의 역사적 배경, 학문적 자원(금석학, 유물학, 지질학, 서양 한(汉)학) 및 역사연구와의 관계에 대해 자세히 논술하였고, 사학자로서의 넓은 안목을 보여주고 있다.

다음, 청년학자 심송금沈頌金의 『고고학과 20세기 중국학술』[69]에 주목할 필요가 있다. 이 책은 한 권의 논문집으로서, 독보적인 견해를 보인 것은 아니지만, 관련된 학자가 많고 연구 범위가 넓을 뿐만 아니라 분석이 세밀하여 역사학계와 고고학계에서 찾아보기 힘든 저서로 평가받고 있다.

그 외에, 근대 사상사를 연구하는 많은 차세대 학자들도 중화민국의 고고학 발전에 대한 연구에서 창의성을 보이고 있다. 그 중 상병桑兵, 나지전, 구양철생欧阳哲生은 근대 학술사연구분야에서 영향력이 큰 학자들이다. 외국에서 직접 교육을 받았거나 아니면 서양 사학연구방법의 영향을 많이 받았던 이들은 새로운 시각과 방법으로 중국 근대의 학술, 문화, 사회사를 분석하였는데, 새로운 연구 사례를 도입하였거나 새로운 창조를 한 것이라 볼 수 있다. 이들의 참신한 연구성과는 장기간 침체되어 있던 근대 학술사 연구에 새로운 기운을 불어넣었다.

---

69) 심송금, 『고고학과 20세기 중국학술(考古学与二十世纪中国学术)』, 학원(学苑)출판사, 2003년제1판. 이는 논문집으로서 다음과 같은 글들이 실려 있다. 「전통금석학으로부터 근대고고학으로의 전환—마형을 중심으로 고찰」, 「양씨(梁氏)부자와 중국근대고고학의 설립과 발전」, 「정문강(丁文江)과 중국 초기고고학」, 「부사년과 중국근대고고학」, 「이제와 고사(古史)재건 운동」, 「고사변과 고고학의 관계를 시론하다」, 「항일전쟁시기의 중국고고학」, 「마레주의이론과 중국고고학 발전」, 「서욱생(徐旭生)의 고사전설 연구」, 「황문필(黃文弼), 서중서(徐中舒)의 고사 연구 성과」, 「장광직과 중국 현대고고학 연구」, 「윤달의 고고학 연구 성과」, 「신중국고고학의 발전 여정—소병기를 중심으로 고찰」.

상병의『청말민국의 국학연구(晚淸民國的国学研究)』[70)에 수록된 내용 중 많은 부분이 논문으로 발표되었으며 그의 논문들은 학계에서 큰 파장을 불러일으켰다. 중국고고학에 관련된 글들은 주로「동방 고고학 협회(东方考古学协会)」에서 찾아볼 수 있는데, 북경대학 국학문 고고학 연구의 시말始末에 대해 투철한 분석을 진행하였다. 특히 동방고고학협회와 일본과의 교류 부분은 학자들에게 심각한 인상을 남겼으며, 후세의 연구자들에게 교훈을 주고 있다는 점에서 특수한 의미를 가지고 있다. 상병은 다른 글에서 부사년의「역사언어연구소의 사업 취지」에 대한 분석을 통하여 역사언어연구소의 학문정신에 대해 설명했는데 이 글에서 그의 학문적인 통찰력을 살펴볼 수 있다. 상병, 나지전, 구양철생欧阳哲生은 많은 문장들을 발표하였는데, 이는 중국고고학의 홍기 단계에서의 사상사를 이해하는 데 큰 도움을 주고 있다.

(3) 1949년 이후 대만 지역과 해외 학자들의 연구

중화민국 시기, 중국고고학 발전에 대한 연구는 중국 대륙지역을 중심으로 이루어진 것이 아니었다. 관련 연구는 주로 대만지역 학자들에 의해 진행되었으며, 그 외에 미국지역의 대표적 학자인 장광직의 연구도 중요한 자리를 차지한다.

1949년 10여 명의 연구원만 있던 중국고고학계는 중국과 대만으로 갈라지게 되었고, 인원수는 거의 반반에 달했다. 그리고 역사언어연구소에서 그동안 발굴해왔던 주요한 자료들은 대만에 옮겨지게 되었다. 이제, 동작빈, 석장여, 고거심과 같은 학자들은 매우 어려운 여건 속에서도 지속적으로 은허발굴 자료들을 정리하여 출판하였다. 이들은 또한 자신들

---

70) 상병.『청말민국의 국학연구(晚淸民國的国学研究)』, 상해고적출판사, 2001년 제1판.

의 경험에 의해 1949년 이전의 고고학사와 관련된 논문을 발표하고 저서들을 집필하였는데, 내용이 풍부하고 객관성이 강하여 당시 대륙지역의 관련 연구에 비해 더 우수하였다. 대표적인 연구로는 다음과 같다.

이제는 저서 『안양(安阳)』[71]에서 허발굴의 역사적 배경과 과정 및 성과를 자세히 다루었다. 이는 '중국고고학의 창시자'로 불리는 이제가 직접 저술한 과학고고학의 형성과정에 대한 중요한 참고자료이다. 이제가 저술한 고고학사에 관한 논문들로는 「나와 중국고고학 사업(我与中国考古工作)」(『신시대 창간호』, 1961년, 구술자료, 이청래(李青来) 대필), 「남양 동작빈선생과 근대고고학(南阳董作宾先生与近代考古学)」(『전기문학(传记文学)』, 4.3, 1964년), 「대귀4판의 이야기(大龟四版的故事)」(『동작빈선생 서거 3주년 기념 논문집(董作宾先生逝世三周年纪念集)』, 1966년) 등을 들 수 있는데 후에 각종 문집들에 수록되었다.

역사언어연구소의 또 다른 대표적 연구로는 석장여가 지은 다량의 고고학사에 관한 논저들이다. 이 중에 저서로는 「중앙연구원 역사언어연구소 고고학 연표(中央研究院历史语言研究所考古年表)」(중앙연구원 역사언어연구소 전문간행물 35기, 1952년)가 있고, 논문으로는 「동작빈선생과 은허발굴(董作宾先生与殷墟发掘)」(『대륙잡지(大陆杂志)』 29.10, 1964년, 331~335쪽), 「고거심선생과 은허발굴(董作宾先生与殷墟发掘)」(『전야고고』, 2.2, 1991년, 3~10쪽), 「고고학 방법의 개혁자 양사영선생(考古方法改革者梁思永先生)」(『새학술의 길-중앙연구원 역사언어연구소 칠십주년기념논문집(新学术之路-中央研究院历史语言研究所七十周年纪念文集)』, 중앙연구원 역사언어연구소, 1998년, 353~366쪽), 「전야고고학의

---

71) *Anyang. Seattle*, University of Washington Press. 1977(일본어 번역본은 나오이치 역 「안양발굴」, 새일본교육도서, 1982년 참조. 중문 번역본은 소수국(苏秀菊) 등 역 「안양」, 중국사회과학출판사, 1990년 참조). 본 도서는 은허발굴 과정에 대한 자세한 기록이 부족하다는 아쉬움을 가지고 있어 호후선의 「은허발굴」을 함께 참조.

제일인자-오금정 선생(田野考古第-吳金鼎先生)」(『새학술의 길』, 631～637쪽), 「역사언어연구소에서의 나」(『새학술의 길』, 639～654쪽), 「유요 선생의 고고학에 대한 5가지 공헌(刘燿先生考古的五大贡献)」(『새학술의 길』, 655～662쪽) 등을 들 수 있다. 석장여선생은 중국의 제 1대 고고학 자들 중 가장 장수한 학자로서 104세까지 살았다. 만년에 대만 중앙연구 원 근대사연구소에서 그를 인터뷰한 후 「석장여선생 방문기록」[72]을 편 집하였다. 이는 중국고고학사를 연구함에 있어서 매우 귀중한 자료가 되 고 있다.

가령, 대만의 중국고고학의 제 1세대 연구자들의 관련 저술이 역사사 실에 대한 서술에 머물러 있었다면, 제 2세대를 대표하는 학자들은 이상 의 자료들에 근거하여 높은 수준의 이론적인 접근을 시도하였는 바, 학술 적 가치가 있는 고고학사 연구논문들을 대량 발표하였다.

그중 가장 대표적인 학자는 이제의 수제자였던 장광직을 들 수 있다.[73] 그는 후에 미국에서 지속적으로 학업에 매진했는데 중국고고학사에서 빼 놓을 수 없는 중요한 인물로서, 동서고금을 두루 통달한 다재다능한 학자 였다. 장광직은 대만에서 태어났고 미국 국적을 소유한 고고학자로서, 특 수한 시기에 중국고고학이 세계로 향할 수 있게 한 인물이었다. 그의 학 술적인 시야와 경력 및 학문수준은 동시대의 모든 중국학자들에 비해 훨 씬 뛰어났기 때문에, 1980년대 이후 중국고고학의 세계화 과정에서 장광 직을 가장 공헌이 큰 학자로 꼽고 있다. 중국고고학에 대한 그의 견해는 독특했고 그 깊이도 남달랐다. 고고학사에 있어서 장광직의 첫 공헌은 논

---

72) 『석장여선생 방문기록(石璋如先生访问记录)』, 방문자들로는 진존공(陈存恭)·진 중옥(陈仲玉)·임육덕(任育德) 등이 있다. 대만 중앙연구원(中央研究院) 근대사연 구소, 2002.

73) 이제는 하내와 장광직을 가장 우수한 제자들이라고 평가했다. 하지만 하내는 은허 의 발굴작업에 직접 참여한 인물로서 중국고고학계의 제 1시대에 속한다고 볼 수 있다. 장광직은 하내에 대해 줄곧 스승의 예를 갖추었다.

문 「고고학과 중국 역사학」74)을 들 수 있다. 이 글에서는 양계초의 영향을 받은 흔적이 보이는데, 중국고고학의 시작을 북송시기로 보고 있었다.75) 그 외 중요한 논문들로는 「인류학파 고고학자 이제선생(人类学派的古史学家李济先生)」(『역사월간』, 1988년 제 9기, 4~7쪽. 후에 「고고인류학수필(考古人类学随笔)」에 수록, 삼연서점, 1999년 6월 출판), 『이제 고고학 논문선집』의 「편집 후기」(『이제 고고학 논문선집』, 977~993쪽. 후에 『중국고고학 논집』에 수록, 삼연서점, 1996년), 「중국고고학은 어디로 가는가?―장광직선생 인터뷰 기록」(『화하고고(中国考古向何处去―张光直先生访谈录)』, 1996년 제 1기, 72~82쪽), 「장광직의 중국고고학에 존재하는 문제와 전망에 대하여(张光直谈中国考古学的问题与前景)」(『고고』, 1997년 제 9기, 85~92쪽), 「20세기 후반기의 중국고고학」(『고금논형』, 1998년 제 1기, 38~43쪽) 등을 들 수 있다.

역사언어연구소의 차세대 학자로서 두정승과 왕범삼을 들 수 있는데, 이들은 부사년이 창립한 새학술 전통의 계승자라고 자칭하면서, 본 연구소의 학술사를 연구하는 것은 본인들의 사명이라 생각하여 남들에게 전가해서는 안 된다고 여겼다. 두정승은 영향력 있는 글을 많이 발표하였는데, 「무에서 유를 창조한 업적―부사년의 사학혁명과 역사언어연구소 창설(无中生有的志业―傅斯年的史学革命与史语所的创立)」(『새학술의 길』, 27쪽), 「신 사학과 중국고고학의 발전(新史学与中国考古学的发展)」(『문물계간(文物季刊)』, 1998년 제1기) 등을 들 수 있다. 그는 역사언어연구소의

---

74) "Archaeology and Chinese historiography", *World Archaeology* 13: 156-169쪽. 진성찬(陈星灿)이 중국어로 번역했으며, 제목은 「고고학과 중국역사학」이다. 『고고과 문물』1995년 제 3기에 수록되었다. 1~10쪽 참조.

75) 그 중 일부분은 위취현의 고고학 역사관의 영향을 받고 있었다. 장광직은 위취현을 '나의 큰 사형'이라 칭하였는데, 이는 위취현이 청화국학연구원에서 공부한 것과 관계된다. 위취현은 중화민국 시기 고고학계에서 활약했던 학자로서, 그의 저술과 연구활동은 눈에 띄게 활발했다. 하지만 이제는 이 학생을 별로 인정하지 않았는데 그의 연구방법이 '과학고고학'이 아닌 전통적인 연구방법이었기 때문이다.

사상적 특징과 형성과정에 대해 생동감있고 자세한 설명을 해주었다. 특히 두 번째 글에서는 역사언어연구소 고고학의 학문특징을 현대적 시각에서 전문적으로 해석하고 있다.

왕범삼과 나지전은 프린스턴 대학교에서 여영시余英时 밑에서 동문수학한 사이였으며, 현재는 대만과 대륙지역에서 각각 근대사상과 문화사를 연구하는 대표적인 학자로 활동하고 있다. 왕범삼은 부사년에 대한 연구를 통하여 역사언어연구소의 초기 자료 및 부사년의 개인 이력에 대해 확실하게 알고 있었다. 때문에 그는 중화민국의 고고학 발전에 대한 연구에 큰 공헌을 할 수 있었다. 고고학 발전에 가장 큰 영향을 미친 그의 논문으로는 「무엇이 역사적 증거로 될 수 있는가?—근대 중국의 새 사료적 시각과 오래된 사료적 시각의 충돌」(『새사학』 8: 2, 1997, 93~132쪽.『중국 근대 사상과 학술의 계보(中国近代思想与学术的系谱)』, 하북교육출판사, 2001년 11월 호에 수록)을 들 수 있다. 논문에서는 은허의 발굴을 대상으로 하여 당대사회 각 계층의 사상과 이념의 변화에 대하여 세밀히 분석하였으며, 이념 충돌의 심층적인 원인에 대해 밝혔다.

대만 역사언어연구소의 학자들은 '역사언어연구소 정신' 또는 '역사언어연구소 전통'에 대해 비슷한 인식을 가지고 있었을 뿐만 아니라 이에 대해 부단히 반성하고 추진해 왔다. 예를 들면 왕도환의 「역사언어연구소의 체질인류학자—이제, 사록국, 오정량, 양희매, 여금천(史语所的体质人类学家—李济´史禄国´吴定良´杨希枚´余锦泉)」(『새로운 학술의 길』, 163~188쪽)을 들 수 있는데, 이는 관련 분야의 대표적인 글로 꼽히고 있다.

(4) 중국고고학사에 대한 서양학자들의 인식

서양에 비해, 중국의 과학 고고학은 비교적 늦게 시작되었으며 비록 일정한 성과가 있었다고는 하나, 여러가지 원인으로 인해 중국고고학에 대한 서양학계의 이해는 매우 제한적이었다고 할 수 있다.

글린·다니엘의 저서『고고학의 150년 역사(考古学一百五十年)』76)에서 중국에 대해 전문적으로 취급한 부분이 있는데, 안특생의 중국에서의 유적 발견, 양사영의 발굴조사와 학자들의 앙소, 용산 등 신석기시대의 문화에 대한 인식들을 다루고 있었다. 다니엘은 안특생 외에 크릴의 저서를 중화민국 시기 중국의 고고학 현황을 이해하는 주요한 자료로 인용하였다.77)

브루스 트리거의 저서『고고학사─사상과 이론(考古学思想史)』에서도 중화민국 시기의 고고학 연구에 관심을 보이고 있고, 이 시기 중국고고학은 문화역사 고고학 단계에 이르렀고, 대표적인 학자로는 이제가 있다고 저술하고 있다. 78)

이상 중화민국 시기 고고학사 연구의 주요인물과 작품 및 관점에 대하여 언급하였다. 연구에서도 보여주다시피 연구사도 시대와 환경의 변화에 따른 영향을 받고 있다. 하지만 총체적으로 보면 과거의 역사에 대한 인식은 부단히 심화되고 있었던 것이다.

---

76) (영국)Glyn Daniel 저, 황기후(黃其煦) 역,『150 Years of Archaeology』, 문물출판사, 1987.

77) Herrlee Glessner Creel(1905~1994), 미국의 뛰어난 한학(汉学)학자로서 1929년 시카고대학교 철학 박사학위 취득. 중국 조기 문명사를 전문적으로 연구하고 1931~1935년에 하버드─옌칭 연구소(Harvard─Yenching Institute)의 지원을 받아 중국으로 왔으며, 1934년 봄에 제9차 은허발굴에 참가했다. 그 후『중국의 탄생(中国之诞生)』(The Birth of China, 1936)을 출판해 서양에 안양은허(安阳殷墟)를 발굴한 가치와 중요성을 소개하였으며 많은 관심을 받았다. Glyn Daniel의 고고학역사에 관한 저서들 중, 중국을 언급한 부분은 주로 Herrlee Glessner Creel의『중국의 탄생』(1936)과『중국 조기 문화의 연구(中国早期文化之研究)』(1938)를 인용한 것이다.

78) B. G. Trigger, *A History of Archaeological Thought*. Cambridge, Cambridge, University Press, 1989, 10쪽.

3. 고고학사 연구방법론에 대한 사고

본 연구를 하게 된 데는 다음과 같은 두 가지 계기가 있다. 하나는 세계적으로 유명한 고고학자였던 브루스 트리거B. G. Trigger가 지은 『고고학사―사상과 이론』[79]의 영향을 받았고, 다른 하나는 중국 당대의 사상사와 근대 학술사 연구에 매진하는 새로운 학자 단체의 영향을 받았는데 사상사를 전문 연구하는 갈조광, 청나라 말기 중화민국 시기 역사를 연구하는 나지전, 상병과 대만학자 왕범삼王汎森이 포함된다. 이들의 연구성과와 이들에 의해 소개된 서양 학술사상에서 받은 계시는 본 연구에서 참고할 부분들이다. 예를 들면 미셀 푸코michel foucault의 지식 고고학과 프랑스 연감年鑑학파에 대한 갈조광의 소개 등이다.

브루스 트리거의 『고고학사―사상과 이론』은 세계명저로 많은 유학파 학자들에 의해 소개된 바 있다. 국내 고고학계에도 이미 널리 알려진 도서로서, 글린 다니엘Glyn Daniel의 『고고학의 150년』이 출판된 이래 가장 우수한 고고학 저서로 평가되기에 손색없다.

이 두 권의 저서는 성격이 서로 다르다. 『고고학의 150년』은 통속적인 고고학사 저서인 『신기·무덤·학자』[80]와 마찬가지로 대부분이 역사를 서술하는 형식으로 구성되어 있다. 국내에서 비교적 대표적인 고고학사 관련 저서들도 사실 이와 비슷한 표현 방법을 계승하고 있다. 예를 들면 호후선의 『은허발굴(殷墟发掘)』, 진성찬의 『중국 선사시기 고고학사 연구 1895~1949』, 왕우신의 『중국 근대 학술사상사·고고학(中国近代学术思想史·考古学)』 등이다.

---

79) B. G. Trigger, *A History of Archaeological Thought. Cambridge*, Cambridge, University Press, 1989년 초판,2006년 재판.
80) (독일)C. W. Ramesses 저, 유천원 역,『신기·무덤·학자 (神祇·坟墓·学者)』,생활·독사·신지 삼련서점, 1991.

『고고학사―사상과 이론』은 고고학사의 새로운 영역을 개척하였는데 그것은 바로 사상사라는 새로운 연구방법을 선택하였다는 것이다. 주로 세계 고고학사의 각 학파에 대해 새롭게 정리하고 이들 학파들에 영향을 끼친 사회적 배경과 사조를 탐색하였는데, 구체적인 역사사실을 서술하는 데 치중한 것이 아니라 사상 또는 사상이 배태된 역사적 원인에 중점을 두고 있다. 즉, 브루스 트리거 본인의 말을 인용한다면 '고고학사상사는 고고학을 해석하는데 영향을 미친 주요한 사상과 이러한 사상이 형성되게 된 요인을 밝히고, 고고학에 대한 해석이 다른 학과와 사회발전에 미친 영향을 연구하는 학문이다."[81] 라고 종합할 수 있다.

트리거의 연구방법은 일반적인 역사학 연구에서는 자주 볼 수 있으나 고고학 연구에 있어서는 처음 시도된 방법[82]이라고 할 수 있다. 트리거의 저술에 따르면, 사상사 연구방법의 산생에는 두 가지 요인이 있는데 하나는 콜링우드의 역사관이고 다른 하나는 쿤의 과학혁명에 관한 사상이었다.

클링우드(Robin George Collingwood, 1889~1943)는 영국의 유명한 철학자, 사학자이며 고고학자로서, 그의 사상은 현대 학계에 매우 큰 영향을 미쳤다. 클링우드의 역사이념에 대한 관점은 사실 지나치게 복잡한 것이 아니었다. 그는 자신의 관점을 아래와 같이 세 가지로 정의하였다. 첫째, "모든 역사는 사상사이다(history of thought)." 사상을 빼면 역사는 연구할 대상이 별로 없게 된다는 것은 하나의 새로운 역사이념이라고 할 수 있다. 둘째, "역사지식은 역사학자들이 현재 연구하고 있는 사상들이 자신들의 마음에서 재현된 것이다(re-enactment)." 셋째, "역사지식은 현재 사상 배경 속에 응축되어 있는 과거 사상의 재현으로서, 과거의 사상을

---

81) B. G. Trigger, *A History of Archaeological Thought*. Cambridge, Cambridge, University Press, 1989, 2쪽.
82) 고고학이 과거에 사상사의 연구 방법을 사용하지 않았다는 것은 고고학의 발전 시간이 짧고 문화 축적이 부족하다는 데 원인에 있다. 여하튼 고고학사의 심도는 보통 역사학과 비할 바가 아니다.

현재 사상과의 대조를 거쳐 또 다른 측면으로 한정시키는 것이다."[83]

역사란 사상의 역사에 지나지 않는다는 클링우드의 관점은 많은 학자들에게 영향을 끼쳤다. 트리거의 저술에서도 영향 받은 흔적이 많이 드러나는데 이는 트리거의 고고학사에 대한 관점에도 영향을 주었음을 보여준다.

트리거의 저서『고고학사-사상과 이론』은 첫 시작부터 클링우드의 명언을 언급하고 있다. "역사문제를 연구하려면 그 사상사에 대한 연구는 필수적이다. (No historical problem should be studied without studying……the history of historical thought about it.)"[84]

그렇다면, 고고학사에 나타난 트리거의 사상을 종합한 부분에 대해 살펴볼 필요가 있다. 그는 미국 과학철학자 쿤이 체계적으로 설명한 '패러다임paradigms'의 개념을 사용했는데, 중국어로 '범식(范式)' 또는 '전범(典范)'으로 해석되기도 한다. 이는 쿤이 자신의 저서『과학혁명의 구조(科學革命的结构)』[85]에서 주요하게 다룬 개념으로서,『과학혁명의 구조』(제1판)에서 그 정의를 내렸다. "패러다임이란 공인을 받는 과학성과로서,

---

83) Collingwood. R. G. 저, 진정(陈静) 역,『클링우드자전(柯林武德自传)』, 북경대학교 출판사, 2005년, 제104~107쪽. 원저는 1938년에 출판.

84) B. G. Trigger, *A History of Archaeological Thought*. Cambridge, Cambridge, University Press, 1989, 2쪽.

85) Thomas S. Kuhn. *The Structure of Scientific Revolution*. First edition and Second edition, enlarged. Chicago: The University of Chicago Press, 1962, 1970. 중역본은 다음 것들이 있다. A. Thomas Kuhn 저, 금오윤(金吾伦)´호신화(胡新和) 역『과학 혁명의 구조』(科學革命的结构), 북경대학 출판사, 2003년. B. T. S. Kuhn저, 이보항(李宝恒), 기수립(纪树立) 역,『과학 혁명의 구조』, 상하이 과학 기술 출판사, 1980년. C. Kuhn 저, 정수덕(程树德), 부대위(傅大卫), 왕도원(王道远), 전영상(钱永祥) 역,『과학 혁명의 구조』, 타이베이: 원류 출판사(台北:远流出版社), 1989년 초판, 1994년 재판. 이 책은 아마도 20세기 후반 미국의 인문과 사회학계에서 보급된 책으로 초판은 바로 38만 부가 판매되었다. 이 책을 출판했을 때에 B. G. Trigger가 미국에서 유학하고 있기 때문에 Kuhn의 영향을 받은 것은 당연한 일이 되었다.

주어진 과학자 사회의 구성원들의 문제해결의 사례에 해당하는 범례를 말한다." 그는 1970년에 출판한 제 2판[86]에서 보다 구체적인 정의를 내렸다. 이곳에서 '패러다임'은 공인되는 과학행위 규범(canon)으로서, 규칙, 이론, 응용, 수단 등을 포함하고 있는 '특정된 과학연구의 연속적인 전통'이며, 이런 전통의 유지는 "'과학공동체(scientific community)'에 의지할 수밖에 없으며 공동체가 운영하는 학술지 또는 교과서를 통해 계승된다"고 해석하였다. 즉 쿤의 과학혁명의 기본관점은 연구패러다임의 부단한 변혁을 말하는 것이다.

클링우드와 쿤의 사상에 근거하여 트리거는 자신의 고고학사의 체계를 구축하게 되었다. 트리거는 학술사에서의 고고학의 세 가지 연구방법에 대해 다음과 같이 회고하였다. 첫째는 패러다임의 변혁이고, 둘째는 지속적인 발전이며, 셋째는 무질서한 발전이다. 하지만 이 중에서 트리거는 첫 번째 방법에 치중하였다. 그는 고고학이 맹아상태에서 지금에 이르기까지 세계 범위 내에서 가장 영향력 있었던 학파를 고전고고학, 과학고고학, 문화사고고학, 소련고고학, 기능주의고고학, 신고고학으로 나누어 나열하였으며, 이런 학파들이 형성되게 된 배후의 사회사조와 역사이념에 대해서도 잘 꿰뚫어보았다. 트리거의 이러한 연구방법은 고고학 발전사에서 객관적으로 존재했던 여러 가지 사상을 체계적으로 정리해주었을 뿐만 아니라 사상이 형성될 수 있었던 내적 원인과 사회배경에 대해 해석함으로써 고고학사의 연구 시야를 최대한 넓혀주는데 큰 기여를 하였다. 그리하여 고고학사가 고고학의 발견과 기술진화의 역사를 기술하는 학문일 뿐만 아니라 사상발전을 기술하는 학문으로 되게 하였으며, 역사발전의 과정을 묘사하는 학문일 뿐만 아니라 역사발전의 심층 원인에 관심을

---

86) T. S. Kuhn, *The Structure of Scientific Revolutions*. 2nd edn. Chicago, University of Chicago Press. 1970, 10쪽.

가지게 하였다. 고고학 자체의 발전에 관심을 가지고 있을 뿐만 아니라 연구 범위를 고고학과 관련된 모든 사회적 요인에까지 확대시켰다. 고고학과 사회의 관계는 학자들이 항상 관심을 가졌던 부분이었지만 트리거에 이르러 처음으로 고고학사연구의 중심위치에 놓고 본격적으로 연구하기 시작하였다. 때문에 트리거는 "고고학사는 역사적으로 고고학과 그 사회환경 사이의 관계를 연구하는 것을 말한다"고 하였다. 87)

트리거의 고고학사와 관련된 관점들은 학자들에게 많은 계시를 주었는데 제일 중요한 것은 바로 사상사의 연구방법이라고 할 수 있다. 이는 사회과학의 발전 자체를 연구할 뿐만 아니라 사상이 생겨날 수 있도록 자극하는 역사적 환경에 대한 논의이다. 그리고 서로 다른 사회적 환경과 역사 속에서의 사상변화에 대한 논의이며, 시대와 환경 및 사조에 대한 전체적인 기술이라고 할 수 있다. 따라서 이는 전통고고학사 연구의 한계를 최대한 줄인 것이라고 할 수 있다.

구체적으로 중국고고학사의 연구에 대해 살펴보면 연구범위와 연구방법에 대한 변화는 차세대 역사학자들의 저서에서 일찍부터 나타나기 시작했다. 앞에서 서술한 상명의 동방고고학회에 대한 연구, 왕범삼의 은허 발굴에 대한 분석, 두정승의 역사언어연구소의 고고학과 새로운 사학의 관계에 대한 탐색 등 연구성과는 전통적인 고고학사와 비교하면 시야가 넓고, 연구방법이 새로우며 관점이 독특한 점 등 새로운 변화가 보인다. 또한 이는 고고학사 연구자들이 주의깊게 살펴야 할 새로운 영역이라고 할 수 있다.

하지만 트리거의 연구방법은 본 프로젝트에 하나의 계시를 가져다 주었을 뿐 그대로 따라 할 수 있는 모델은 아니다. 그 이유는 연구대상이 서

---

87) B. G. Trigger, *A History of Archaeological Thought*. Cambridge, Cambridge, University Press, 1989, 1쪽.

로 다르기 때문이다. 트리거의『고고학사－사상과 이론』에서 연구하고
있는 것은 세계 범위에서의 고고학으로서, 세계적인 일반현상과 총체적
인 추세에 대한 연구이다. "고고학사를 연구함에 있어 세계 각 지역과 각
연구학파에 대해 관심을 가져야 한다. 하지만 매우 전면적인 연구는 불가
능하기 때문에 일부 주요한 내용에 대한 연구를 통해 주요 특징들을 종합
할 수밖에 없다."[88] "고고학의 해석추세에 대한 구체적인 연구, 즉 매우
구체적인 연대학, 지리학 또는 하위학과에 대한 연구보다는 발생연대의
순서에 따라 고찰하는 해석추세에 따르는 것이다."[89] 트리거는 이처럼
의도적으로 고고학의 지역적인 다양성을 초월하려 했던 것이다.

이 문제에 대해 트리거는 다음과 같이 설명하고 있다.

> 많은 고고학자들이 고고학 해석의 가장 기본적인 특징이 지역적 다
> 양성임을 발견하였다. 데비드 클락과 레오 크레인(Leo Klein)은 고고
> 학의 발전과정에 대한 연구는 지역학 학파의 연구에 속한다고 인정하
> 였다. 클락은 최근에 들어와서야 고고학의 다양성 전통이 소멸되기
> 시작했을 뿐, 그 이전에는 모든 지역마다 자신의 이론과 자신의 방식
> 으로 표현하고 해석(interpretation)하였으며 설명(explanation)하였다
> 고 인정하였다. 주지하다시피, 고고학은 과거와 현재를 해석하는 과
> 정에서 줄곧 지역적인 전통을 가지고 있었다. 이들의 다양한 지역성
> 은 아직까지 충분한 연구가 되지 못한 상황이다. 어떤 의미에서 말하
> 면 이들은 인류를 이해하는 행위에 있어서의 조화가 불가능한 차이,
> 또는 문제 제기의 차이 혹은 부동한 술어의 배후에 존재하는 동일한
> 기본개념에 대한 인식의 차이가 아닐까 생각한다. 문화적인 차이는
> 더없이 중요한 것이라고 할 수 있다.[90]

---

88) B. G. Trigger, *A History of Archaeological Thought*. Cambridge, Cambridge, University
   Press, 1989, 2쪽.
89) 같은 책, 21쪽.
90) 같은 책 8~9쪽. 하지만 트리거의 다음과 같은 관점도 매우 중요하다. 즉, "하지만
   관찰에 따르면 민족전통이 서로 다른 조건에서 고고학자들의 해석은 대체적으로

중화민국 시기의 고고학은 당연히 지역적인 전통을 띠고 있으며, 중화민족 문화의 특성을 가지고 있다. 때문에 이러한 특성과 근원을 밝힘에 있어서 서양의 이론(예를 들면 트리거의 이론)과 연구실제를 어떻게 결합해야 하는지는 보다 세밀하게 분석해야 할 연구과제이다.

1900년, 제 1회 세계 역사학자 대회에서 모노라는 프랑스 역사학자가 개회사에서 한 다음과 같은 발언이 지금까지 전해지고 있다. "우리는 더 이상 가설의 근사성 추리에 간섭해서는 안 되며, 쓸모없는 계통 또는 논리에 간섭해서도 안 된다. 이러한 것들은 보기에는 그럴듯 하지만 표현에 그친 것으로서, 사람들을 기만하는 교조적인 것에 불과하다. 거듭 말하지만 우리는 사실을 요구한다. …… 우리는 교육과 철학이 담긴 사실 자체를 요구할 뿐이다. …… 우리는 진실을 요구한다. 모든 진실을 요구할 뿐이다. 그 외에 우리에게 필요한 것은 아무것도 없다."91)

의도적으로 편파적인 표현방식을 선택하였던 이 사조는 그 역사가 깊은데 독일의 랑케 실증주의 사학이 이와 비슷하다. 트리거 본인 역시 기존 이론 모델에 집착하지는 않았는데, "그는 여러 가지 도경을 통해 얻은 자료와 증거들을 자신의 연구에 포함시킨 후 엄격하고 동일한 심사표준을 거쳐 부동한 자료들을 심사한다. 그의 논증은 실증자료에 근거하며, 절대로 자신의 이론모식에 맞게 자료들을 가공하지 않았다."92) 이러한 평가는 트리거의 논점에 부합되는 내용이다.

다음과 같은 몇 가지 방면에 귀속된다. 그 유형을 살펴보면, 식민주의, 민족주의, 제국주의 또는 세계주의 등이다. 이러한 내용들은 세계 여러 나라들에 비슷하게 존재하는데, 정치적 환경의 변화에 따라 해당 민족의 고고학 전통도 그 유형이 새롭게 바뀔 수 있는 것이다."

91) 갈조광, 『사상사 강의록: 시야, 시각과 방법(思想史课堂讲录:视野´角度与方法)』, 생활 · 독서 · 신지 삼연서점,2005, 80쪽 재인용.
92) 갈인, 「부르스 트리거와 그의 글(布鲁斯 · 特里格的为人和为文)」, 『중국문물보(中国文物报)』 2007년 5월 18일, 7쪽.

중국의 역사학 연구에 있어서는 나지전이 이론적인 문제, 특히 서양이론의 위상에 대해 자세히 논의한 바 있다.

　　모든 학술연구에 있어서 '심오하고 깊은 사색'은 필수적일 뿐만 아니라 피할 수 없는 부분이다. 때문에 근대사를 연구함에 있어서 '허구에서 시작하여 실제 발굴에 진입하는' 방법은 역사적 자료만 중요시하고 새로운 이론이나 방법을 도입하거나 사용하는 것을 거부하려는 것이 아니다. ……

　　개인적인 생각으로는 현대의 역사학은 개방적이어야 하며, 사학연구자들도 오픈마인드로 모든 자원과 방법을 사용하여 역사를 연구해야 한다. 물론 여기에는 이론도 포함된다. ……

　　구체적인 연구에 있어서는 꼭 대응되는 이론을 도입해야만 되는 것은 아니다. 왜냐하면 그 어떤 이론이든 자체의 '이론체계'를 가지고 있기 마련이며 그에 따른 조건의 한계가 있을 수밖에 없다. 다른 시기, 다른 연구에도 꼭 들어맞는다고 할 수는 없기 때문이다. ……

　　뿐만 아니라 만약 자신의 학문적인 입각점이나 또는 기초학문에 대한 학술적인 우세가 없다면 대화가 불가능하기 때문에 중국의 사학연구는 서양의 이론을 맹목적으로 따라갈 필요가 없다. 실천적인 시각에서 보면, 서방의 역사는 발전과정에서 변화되기 때문에 이를 따라가기란 쉬운 일이 아니다. ……

　　학문의 구체적인 내용에 있어서, 새로운 방법론의 도입은 반드시 체계적인 '이론'에 입각해야 되는 것은 아니다. 많은 경우에 시각만 바꾸어도 우리 학자들의 연구시야를 충분하게 확대할 수 있다. ……

　　역사적 사건과 역사 속 인물들은 '해석에 따라 평가가 갈리는 특징'을 가지고 있다. 시각의 전환은 많은 면에서 사람들에게 새로움을 가져다 주며, 전에는 결코 주의하지 않았던 역사현실을 관찰할 수 있게 될 뿐만 아니라 더욱 중요한 것은 연구자가 이미 깊은 관심을 가지고 있던 내용에 대해 새롭게 이해함으로써, 역사에 대해 '입체적' 또는 '전방위적' 인식이 가능하게 하였다.[93)]

93) 나지전, 『근대 중국 역사학에 관한 10가지 논의(近代中国史学十论)』, 복단대학교

이상 나지전의 관점에 따르면, 같은 근대사에 대한 연구임에도 불구하고 이에 입각하여 고고학사를 연구하였을 경우, 주도면밀한 논의를 펼칠 수 있다. 본 연구에 있어서 트리거의 사상사 연구방법은 충분히 참고할 수 있는 부분인데, 모방할 수 있는 연구방법의 틀을 제공하기보다는 방법론에 새로운 계시를 주고 있다는 데 더 큰 의미를 둘 수 있다.

다음 표현방법에 대해 논의해 보도록 한다. 이 역시 본 연구에서 매우 중요한 부분으로서, 나지전의 관점에 근거하려 한다. 나지전은 근대사 연구의 표현에 있어서 현재의 추세에 대해 다음과 같이 이야기한 바 있다.

전통적인 중국사학의 패러다임은 '사건에 대한 서술'에 중점을 두고 있다. 역사적인 사실에 대한 고증 외에, 역사의 중요성을 강조하기 위한 선택은 그 전체 역사과정에서 어떤 면을 취사하여 표현하는가에 의해 결정된다. 이러한 패러다임은 기존의 '사론'에 대한 경시를 야기시킬 수 있으며 역사에 대한 논의는 '이치'에 대한 논의에 그치며, '사실'에 대해서는 짚고 넘어가는 정도에 지나지 않을 것이다. 현대 중국 사학계에도 이치에 따라 사건을 설명하는 학파가 있는데 이는 서양의 사회과학 논술방법의 영향을 크게 받았기 때문이다. 사실은 논증에 불과하며 이치에 의해 표현되는 것은, 사실은 단지 이치를 증명하기 위해 존재하는 것으로 된다. 이러한 방법에 근거하여, 먼저 이치를 말하고 다음 사실에 대해 논의하는 방법으로 역사를 연구하는 것도 독창적인 표현방법으로 될 수 있겠으나 보통 실행하기 쉽지 않다. 그 이유는 역사를 연구하는 사학자의 연구능력에 의해 성공여부가 결정되기 때문이다. 만약 사건서술능력이 뛰어나 기본적인 사건에 대한 이해를 기초로 이치를 설명하게 된다면 순수한 사건서술로 되고 마는 경우도 많기 때문이다.

하지만 이러한 연구방법은 이제 막 연구에 입문하기 시작한 초보학자들에게는 적합하지 않다. 옛날 사마천은 공자의 말을 인용하여 다

출판사, 2003, 249~255쪽.

음과 같이 말했다. "나는 빈말을 담기보다는 그 행동이나 이야기를 보고 깊이 있게 다루는 것이 더욱 분명히 알 수 있다고 생각한다."(사기 태사공 자서) 때문에 초보학자들은 자료를 수집하고, 자료에 근거하여 사건을 다루는 습관을 키우는 것이 더 적합하다고 본다. 다음 본인의 능력에 따라 사건과 이치를 함께 다룰 수 있는 방향으로 발전할 필요가 있다. 여기서 내가 요구하고 싶은 것은 자료에 근거한 사건을 서술하기 앞서 사건에 대해 명확하게 표현해야 하는데 이는 역사연구에 있어서 가장 기본적인 연구방법이기 때문이다.[94]

이에 따르면, 필자처럼 능력이 부족한 학자들에게는 '사건과 사실을 다루는 방법'이 보다 적합할 것이다. 빈말을 적게 하고, 논의를 앞세우기보다는 사실로서 문제를 해결하는 것이 정확한 선택이라고 본다. 따라서 이를 본 연구의 기본적인 표현방법으로 정하려 한다.

때문에 '사건과 사실을 다루는 방법'을 선호하게 되며, 그 이유는 사학 연구에 자주 등장하는 '영화를 거꾸로 방영하는' 방법을 경계하기 위해서이다. '영화를 거꾸로 방영하는' 방법의 우세는 결과를 먼저 알 수 있기 때문에 연구자들이 당시 당사자들이 별로 주의하지 못한 사물의 중요성에 대해 쉽게 알 수 있다는 것이다. 나중에 보게 될 결말에 대해 사전에 알기 때문에 당사자가 중요한 단서에 주의를 돌리지 못하는 이유에 대한 자세한 분석이 가능해져 마지막에 사건의 발전에 중요한 단서가 될수 있다(특정 사건의 역사적 의의를 당사자가 이해할 수 없는 이유는 무엇인지)는 것을 증명할 수 있으며, 이러한 인지능력은 사건이 역사 사실에 미치는 필연적인 원인과 필연적인 기능에 대해 비교적 큰 계발을 줄 수 있다. 하지만 이는 부작용도 있는데, '오늘의 감정으로 옛사람의 뜻을 이해하는' 오류를 범할 수 있다. 특히 무의식 중에 나중에 생겨난 개념 또는 가치적

---

94) 같은 책 256쪽.

도로 옛사람을 평가, 판단하게 되어 시대를 초월한 결과를 초래하기 쉽다는 것이다.

이렇게 나중에 생겨난 개념에 근거하여 옛사람을 평가하게 되면, 주희 朱熹가 질책했던 '설을 먼저 세운 다음 옛 사람들의 뜻에 따라 이를 설명' 하는 경우가 생기게 되고 따라서 당시 시대를 이탈한 연구결과에 이를 수 있는 위험이 존재하게 된다.[95] 좀 더 각박한 표현을 빈다면, 후세의 사람들은 당대의 사람들보다 사건의 인과관계에 대해 더 잘 알고 있기 때문에 역사사실의 필연적인 원인들을 쉽게 찾아낼 수 있으나 사건 당시의 배경에 대해서는 전면적인 이해가 불가능하게 된다. 그렇게 되면 역사적인 필연성에 대한 이해는 깊을 수 있으나 많은 우연적인 요인에 대해서는 홀대하게 되는데, 역사발전의 구체적인 과정을 살펴보면 역사발전의 구체적인 과정은 많은 경우 이런 우연한 사건들로 이루어졌을 뿐만 아니라 결정지어진다. 따라서 역사발전 과정에서 우연성이 가지는 중요성은 필연성에 비해 절대로 못하지 않으며, 심지어는 일부 필연성은 후세의 연구자들에 의해 연역 처리된 것에 지나지 않을 수도 있다. 때문에 이론성 연구에만 치중한다면 이렇게 단면적일 수 있기 때문에 '사건과 사실을 함께 다루는' 서술방법은 이러한 문제를 해결하는데 큰 도움이 될 수 있다.

'사건과 사실을 다루는' 제일 적합한 방법은 무엇일까? 만약 '사건 상황을 그대로 알아가는 것'(진인각), 즉 그 시대적 환경에 몰입하여 그 시대적 분위기와 인물들을 적절하게 느끼며, 이러한 과정들을 서술함에 있어 가급적이면 역사적 진실에 가까워야 하는 것이다. 많은 경우 역사연구에 있어서 그 가치와 의미만을 지나치게 추구해서는 안 되며, '진실을 구하는 것'만이 가장 기본적인 연구방법이다.

---

95) 나지전, 『중화민국역사연구에 나타난 '영화를 거꾸로 반영하는' 현상에 대하여(民国史硏究的"倒放电影"傾向)』, 사회과학연구(社会科学硏究), 1999, 제4기, 105~107쪽.

뿐만 아니라 논의를 전개함에 있어 글의 가독성可读性에도 주의를 기울여야 한다. 아무리 논리성이 강한 논문이라도 표현기교가 매우 중요하다. 하버드대학교 러시아사 연구대가인 펠푸스는 25%의 시간은 연구에 돌리고, 75%의 시간은 표현을 어떻게 할까에 대해 숙고하였다고 한다. 이러한 시간배분을 모든 학자들에게 적용해야 하는 것은 아니다. 하지만 '쓰기'의 중요성에 대한 그의 견해에 주목할 필요가 있다. 이는 좋은 글은 읽기에도 편하기 때문이다. 이것은 독자들에 대해서도 책임지는 태도이며, 연구자가 자신의 연구성과에 대해서도 소중하게 여기는 태도가 된다.

제1장 1928년 이전의 중국고고학

1928년은 중국고고학 연구에 있어서 중대한 의미를 가지는 한 해였다. 따라서 본 저서에서는 1928년을 연구의 분수령으로 삼는다. 1928년 국민당이 남경에서 정권을 수립함과 더불어 중앙연구원 역사언어연구소도 함께 설립되었는데 그 후로부터 중국고고학연구는 정식으로 국민당정부의 지원을 받게 되었고, 하나의 독립된 학과로서 체계적이고 규모를 갖추면서 발전하게 되었다. 따라서 중국고고학은 청나라 말기부터 중화민국 초반까지 이루어졌던 일부 외국 학자들과 몇몇 중국 학자, 그리고 제한적인 연구기관들이 분산적으로 연구에서 벗어나 새로운 단계로 진입하게 되었다.

하지만 1928년 이전에 중국의 고고학 또한 오랜 기간의 연구과정이 있었기 때문에 이를 무시해서는 안 된다. 이를테면 1928년 이전의 연구는 고고학 연구에 양호한 학술환경을 제공하였고, 역사언어연구소의 고고학자들에게 지식의 원천을 공급하였으며, 중국고고학의 발전을 위한 초석을 마련해 주었다고 할 수 있다.

1. 20세기 초 서양 고고학의 발전 및 중국에 대한 영향

다른 현대학과들과 마찬가지로 '과학성科学性'의 측면에서 보면, 중국 현대고고학 역시 서양으로부터 전파되었다. 그러므로 중국고고학의 발전 과정을 알려면 반드시 같은 시기 서양 고고학의 발전사를 함께 살펴봐야 할 것이다. '서양'이란 개념은 사실상 그 포괄범위가 넓어 여러가지 지역 적 학파를 아우른다. 상황에 따라 이런 학파들이 중국고고학에 준 영향도 그 정도가 다르다. 우선 그 당시 세계적 범위에서의 고고학 연구의 발전 상황을 살펴보기로 한다.

유럽은 전 세계 고고학 연구의 발원지이다. 영국의 유명한 고고학자 글 린 대니엘Glyn Daniel에 의하면 19세기 상반기에 덴마크와 스웨덴 학자들 이 과학적 고고학 연구의 기반을 만들었고 고물학古物學에서 고고학으로 의 혁명적인 전변을 가져왔다고 한다.[1] 1840년 덴마크 학자들이 제기한 3기 이론은 선사시기 고고학 연구의 기초를 닦아놓은 것으로 대니엘은 이를 고고학 탄생의 표지로 보고 있다. 1867년부터 1918년까지는 과학적 고고학의 중흥기이다. 방법론에서 있어 지층학과 유형학이 고고학 연구 의 가장 기본적인 방법론으로 자리매김했으며 선사시기 고고학은 체계화 되었고 자연과학의 방법론을 도입하여 현장연구(田野调查)와 발굴이 과 학화되었고 몬텔리우스Montelius와 패트리Petrie의 유형학 연구 등이 고고 학 연구의 범례가 되었다. 유럽 식민주의의 확대와 함께 고고학은 점차 유럽에서 북아프리카, 서아시아로 확대되었고 다시 동아시아와 아메리카 주로 확대되었다. 이 시기 과학의 발전과 함께 고고학은 주로 유럽학자들 에 의해 다시 한 번 혁명적인 변화를 가져왔다. 부루스 트리거Bruce G. Trigge의 관점에 의하면 진화고고학에서 문화역사 고고학으로 전변된 것 이다. '고고학 문화'라는 개념이 제기되고 '고고학 문화'를 핵심으로 하는 연구가 학술연구의 새로운 주류로 자리잡게 되었다. 1925년에 발표된 고

---

1) (영국) 글린 대니엘(Glyn 저, 황기후(黃其煦) 역, 『고고학 150년(考古学一百五十年)』, 문물출판사(文物出版社), 1987년.

든 차일드Vere Gordon Childe의 「유럽 문명의 여명(The Dawn of the European Civilization)」이라는 책은 당시 유럽학자들이 문화사文化史를 연구함에 있어서 고고학 문화를 응용한 대표적인 작품이다.

당시 세계고고학의 중심이 유럽이었기 때문에 미국이나 일본의 고고학은 사실상 유럽 학자들의 영향을 크게 받았다. 물론 이 두 나라의 고고학도 독자적이고 비교적 뚜렷한 특징을 가지고 있긴 했지만 기본적인 관점과 방법에 있어서는 유럽을 따랐다.

과학고고학의 전 세계에로의 전파와 추진은 비록 학술면에서 커다란 성과를 얻었지만 구체적인 과정에서 대부분 제국주의와 식민주의의 색채를 짙게 띠고 있었다. 대니엘Daniel은 『근동문명(近东文明)의 발견』이라는 책에서 탐험가들과 학자들이 북아프리카와 서아시아 등 지역에서 고대문명을 발견하고 연구한 것이 이 시기 과학고고학의 주요한 성과라고 대서특필하고 있다. 그러나 이러한 약소 국가 국민들의 입장에서 보면 이는 단지 총과 화포를 앞세운 침략적 행위이며 강압과 침탈을 당했던 굴욕의 역사일 뿐이다. 전 세계적으로 보면 1920년대 이전의 현대고고학은 이미 학과로서 상당히 성숙되었지만 시대적 제한성으로 인해 중국에 전파되지는 못했다. 하지만 근대 고고학과 관련된 학문적 지식의 전파는 찾아 볼 수 있는데 이에 관해서는 역사학자 유단초俞旦初가 자세히 정리했고[2] 진성찬陈星灿도 완전한 기록을 남겼다. 이 두 학자의 기록을 보면 고고학 관련 지식들은 일본을 통해 중국에 전파되었는데 당시 일본으로부터 전해온 새로운 사상과 새로운 지식 가운데 역사학을 소개하기 위한 부속내용이었다고 했다. 진성찬은 '중국의 5 · 4운동 전에 번역된 저서는 대부분 사학통론史学通论, 서양사강요西洋史纲 등 통론성적인 저서로서 고고학의

---

2) 유단초(俞旦初), 「20세기 초반 중국에서의 서양 근대고고학 사상에 대한 소개와 영향(二十世纪初年西方近代考古学思想在中国的介绍和影响)」, 『고고와 문물(考古与文物)』, 1983년 제 4기, 107~111쪽.

기본이론과 방법에 대해서는 구체적인 소개를 하지 않았다.'라는 결론을 내렸다.[3]

중국에서 본격적으로 고고학붐이 일면서 고고학 관련 책들이 대량 출간되었다. 학술계에서 고고학에 열광하게 된 것은 20세기 1930년대이다. 이 시기 안특생(安特生: 스웨덴 학자 Anderson의 중국명)의 앙소촌仰韶村 선사시기 고고 성과에 이어 이제李济의 서음촌西阴村 고고 연구가 있었으며 그 후 1928년 역사언어연구소에서 진행한 대규모적인 고고 활동이 그 열풍을 절정에 이르게 하였던 것이다. 한마디로 고고학의 실질적인 연구 성과가 고고학에 대한 학술계의 열정을 불사르게 한 것이다.

2. 새 연구자료 확충 및 갑골학 연구의 의미

20세기 초는 중국 학술계가 현대적 계몽단계로 막 진입하였기 때문에 구체적인 고고학 이론과 방법을 공부하기가 쉽지 않았다. 이러한 상황에서 학자들은 서책 지식에서 벗어나 다른 자료를 이용하는 시각적 변화, 서재를 벗어나 현장(田野)에 나가는 학습방법을 취하게 되었다. 이와 같은 이념상의 변화를 일으키게 된 데는 서양의 고고학자들의 영향이 컸는데 중국 보수 학자들 사이에서 큰 파장을 불러 일으켰다.

전통적인 학자 가문에서 태어난 이제는 중국의 전통적인 학자들의 학문연구방법에 대해 깊은 이해를 가지고 있었다. 그는 중국의 전통교육은 "정신노동을 하는 사람은 다른 사람을 통치하고, 육체노동을 하는 사람은

---

3) 진성찬(陈星灿), 『중국선사시기 고고학사(中国史前考古学史)1895~1949』, 생활 · 독서 · 신지삼련서점(生活 · 读书 · 新知三联书店), 1997년, 36~41쪽.

다른 사람의 통치를 받는다(勞心者治人,勞力者治于人)"는 맹자의 사상을 모든 사회문제를 해결하는 보편적인 원칙으로 만들었을 뿐만 아니라 지식인들이 추구하는 목표가 되게 하였는데 특히 인쇄술이 발명된 후 정신 노동은 주로 서책지식 연구에 제한되었다고 하였다.[4]

　서재에 묻혀 고서적을 읽는 것이 바로 학습이라는 생각은 중국인들의 마음속에 깊이 뿌리를 내렸다고 할 수 있다. 이러한 생각은 청나라 시기 까지줄곧 이어졌는데 서책을 통해 근거를 찾고 학문을 발전시키는 것은 책더미속 학문이다. 비록 보수 학자들은 세계 다른 나라의 학술에 별로 관심이 없었지만 시대의 변화로 인해 서양 문화를 직면할 수밖에 없다. 청나라 말부터 서양 열강의 식민지로 전락된 중국은 부득불 구미열강과 이웃나라인 일본에 문호를 개방하게 되었다. 그리하여 탐험가, 약탈자, 스파이가 들어왔을 뿐만 아니라 여러 부류의 학자들도 중국에 들어오게 되었다. 바로 이런 학자들이 중국 땅에서 중국의 고고재료를 이용하여 현장에서 거둔 새로운 발굴성과들은 중국 학술계에 큰 영향을 미치게 되었다. 연구자료의 범위가 확대되고 발굴현장 탐색방법이 학술연구의 기본 연구방법으로 채택되게 되었으며, 그 후 시대의 변화에 따라 중국 학술계 도 급변기에 접어들게 되었다.

　그 과정에서 스테인Marc Aurel Stein과 폴 펠리오Paul Pelliot의 연구활동과 파리 한학을 대표로 하는 돈황학敦煌学이 발전하였는데 이는 중국학계에 큰 파장을 불러오게 되었다. 19세기 말, 중앙 아시아는 지구상에 남은 마지막 고대문명 탐험지로서 탐험가와 보물을 찾는 사람들의 발길이 끊이지 않았다. 이른바 '외국인이 중국에서 진행한 고고활동' 중 대부분은 중국의 신강新疆, 감숙甘肅 등지의 실크로드를 따라 진행되었다. 이때 외국

---

4) 이제, 「안양(安阳)」, 『중국현대학술경전 · 이제편(中国现代学术经典 · 李济卷)』, 하북 교육출판사, 1996년, 470쪽.

인들이 수탈해간 진귀한 보물들은 부지기수였는데 그중 훗날 중국의 학술 발전에 가장 큰 영향을 준 게 두 가지가 있다. 그것은 바로 '돈황변경 및 서역 각 지역의 목간(敦煌塞上及西域各處之木簡)과 돈황 천불동 및 당나라 시기 사람들이 쓴 서권(敦煌千佛洞之及唐人写本)'이다. 이 두가지 보물에 대해 왕국유는 '중국 학문연구에서의 제일 큰 발견'이라고 하면서 그중의 하나만 얻어도 공벽孔壁(공자의 옛 자택에서 발견된 경서)과 급총汲冢(汲郡의 옛 무덤에서 발굴된 목간)에 해당하는 진귀한 연구자료라고 하였다.5)

20세기 전기의 걸출한 학자들 중 왕국유의 명성과 학식을 능가할 만한 사람은 없다. 그는 매우 독특한 인물로서 정치적 사고는 뒤떨어졌지만 학술적 사고는 참신했다. 한마디로 정치면에서나 학술면에서 멀리 내다보는 안목을 가진 인물이었다. 왕국유는 시대적 변화에 대한 체험, 특히 학술사조에 대한 판단에 있어 가장 대표적인 인물이다. 그의 서술은 당시 폐쇄적이던 북경 학술계가 새로운 연구자료에 대해 보인 태도를 잘 설명하고 있다. 돈황은 새로운 연구자료가 발견되었을 뿐만 아니라 샤반Edouard Chavannes, 폴 펠리오Paul Pelliot 등 학자들이 그 재료를 가지고 새로운 학문을 연구해냈으며 파리학파가 국제한학의 중심위치를 차지하게 하고 돈황학을 가장 주목받는 학문으로 발전시킨 것으로 그 의의가 크다. 이 또한 당시 중국의 가장 걸출한 학자들을 자극시킨 점이기도 하다. 그후 파리학파의 한학연구는 중국 신흥 학파 학자들의 본보기가 되었다.

1922년 11월, 노신은 "가짜 국학자들이 술이나 마시면서 노름을 하고 진짜 국학자들이 서재에서 열심히 고서적을 읽는 사이에 셰익스피어의 고향 사람 스테인Marc Aurel Stein 박사는 이미 감숙甘肅, 신강新疆의 사막에서 한진

---

5) 왕국유(王国维), 「최근 2,30년 중국 학문의 새로운 발견(最近二三十年中国新发见之学问)」, 『왕국유유서(王国维遗书)』(제5책), 상해고적출판사(上海古籍出版社), 1983년, 65~69쪽.

汉晉 시기 고서를 발굴해 갔을 뿐만 아니라 책까지 출판하였다"6)라는 내용의 글을 발표하였다. 이는 당시 서양 학자들이 중국 학술계에 크게 자극을 주었음을 말해준다. 이러한 자극은 주로 민족주의 정서로 표현되었지만 학술면에서는 실제로 중국사람들에게 많은 계발을 가져다 주었다.

중국 학술계 내부에도 많은 변화가 나타났다. 그중 고고학의 흥성과 직접적 연관이 있는 것은 바로 갑골학甲骨学의 출현으로써 이는 청나라 시기 장기간 축적한 고증학 성과와 서양의 새로운 학술사조의 영향으로 인한 결과이다. 중국고고학에서 갑골문 연구의 중요성은 상형문자가 고대 이집트문명과 마야문명 연구에 미치는 영향, 쐐기형 문자가 서아시아문명 연구에 미치는 영향과 견줄 만하다.

갑골문에 대한 해독과 연구가 있었기 때문에 은허 고고학을 중심으로 하는 중국의 고고학은 중국 특색을 가진 학문으로 발전될 수 있었다. 비록 서양의 과학고고 지식도 중요하지만 은나라 시기의 고고학 연구에 있어서 갑골문은 없어서는 안 될 중요한 재료이다. 갑골문에 대한 연구는 끊임없이 계속되었는데 1928년 후 은허에서 발굴된 재료를 대상으로 한 연구는 과학적인 관점의 영향으로 결국 비약적인 발전을 가져오게 되었다.

과거에 갑골문자에 대한 해독과 역사 연구의 기초가 없었다면 이러한 비약은 상상도 할 수 없을 것이다. 이 방면에 대하여 많은 학자들의 연구가 있었는데 그중 가장 대표적인 인물은 왕국유이다. 결론적으로 갑골문에 대한 전기前期의 연구성과는 은허 고고학 연구를 위해 필수적인 기초를 닦아 놓았다.

---

6) 루쉰(鲁迅), 「이른바 '국학'이란(所谓"国学")」, 『알 수 없는 음역(不懂的音译)』, 『루쉰 전집(鲁迅全集)』, 인민문학출판사(人民文学出版社), 1981년, 제1권, 388~389쪽.

3. 과학사상 및 현장연구의 도입

　돈황 고서 발굴에서 스테인과 펠리오가 계몽 역할을 했다면 그 후의 지질조사연구소와 외국 학자들과의 공동 연구에서 중국의 일부 지식인들은 이미 발굴현장에서 행동을 개시하였다.

　1900년을 전후하여 몇 십 년간, 현대적인 과학연구기구는 전 세계 범위내에서 큰 발전을 이루었고 중국도 여기에 합류하게 되었다. 1916년(1913년이라고도 함), 농상부農商部 산하의 지질조사연구소의 설립이 그 표적인 예이다.[7] 그리고 5.4운동 시기의 '민주주의'와 '과학'에 대한 열망은 서양에서 전파된 '과학'이 중국에 뿌리를 내리게 하였고 지고지상의 개념으로 자리잡게 하였다.

　새로운 지식은 과학적인 방법으로만 얻을 수 있다는 관점은 20세기에 이르러 보편적인 인식이 되었다. 특히 젊은 학자들은 과학을 전통 질서를 타파하고 중국을 부강하게 발전시키는 무기로 여겼으며 과학을 통해 나라를 구할 수 있다고 여겼다.

　그들은 중국이 서양에 비해 낙후한 원인을 과학의 결여에서 찾았다. '과학은 서양 문명의 원천이다',[8] '우리가 진정으로 새로운 문화를 발전시키려면 반드시 과학을 발전시켜야 한다'[9] 등의 관점은 새로운 지식인들 사이에 널리 퍼졌고 깊이 인식되었다. 호적胡適 역시 중국에서 과학사상을 추진할 것을 고취한 사람이다. 그는 말끝마다 '과학방법'을 이야기하고

7) (미국) 비정청(費正淸), 비유개(費維愷) 편, 『케임브리지중화민국사(劍桥中华民国史)』 하권, 중국사회과학출판사(中国社会科学出版社), 1994년, 432쪽.
8) 임홍준(任鸿隽), 「오십자술(五十自述)」, 말간문고(未刊文稿), 1938년.
9) 채원배(蔡元培), 「35년 이래 중국의 신문화(三十五年来中国之新文化)」, 『만청35년 이래 중국의 교육(晚清三十五年来之中国教育) 1897~1931』, 홍콩 용문서점(龙门书店), 1969년, 297쪽.

과학적 방법으로 나라를 다스려야 한다고 호소하였는데 그 영향력이 매우 컸다. 하지만 당시 호적과 같은 유학파들도 과학에 대한 이해정도가 개념이나 표상에만 머물러 있었다. 과학방법의 구체적인 의미와 응용 범주의 확정 등에 있어서는 인식이 부족했다. 진정으로 과학적인 사유방식을 가지고 있고 또한 과학적 방법을 알고 있는 학자는 극소수에 불과했는데 주요한 인물로는 정문강丁文江, 이제李濟 등 구미에서 자연과학을 전공한 유학생들이었다.

1916년에 설립된 농상부 지질조사연구소는 영국에서 유학한 정문강의 주도하에 중국에서 현대과학 학술을 실천하는 선구자가 되었다. 당시 대학에는 이미 지리학과 고생물학 교과과정이 개설되었고 대학생들도 '현장작업'이 일차자료를 얻을 수 있는 중요한 방법이라는 점을 알고 있었다. 문화역사 연구에 있어서 왕국유는 이중증거법을 강조하였다. 즉 연구자료를 '서책 자료'와 '지하자료' 두 가지로 구분하였는데 이는 '현장연구'의 방법이 이미 전통교육을 받은 학자들에게 영향을 주었다는 것을 충분히 설명해준다.

당시 지질조사연구소에서는 선후로 유명한 외국인 과학자들을 초빙하였다. 그중 미국 학자 그레이보Amadeus William Grabau, 스웨덴 학자 안특생(安特生: Anderson의 중국명), 캐나다 학자 블랙Davidson Black, 독일 학자 바이덴라이히Weidenreich, Franz 프랑스 학자 테야르드샤르댕Teilhard de Chardin, Pierre 등은 당시 세계적으로도 유명하였을 뿐만 아니라 나름대로 각 영역에서 최고 수준을 자랑하는 학자들이었다. 이런 외국인 학자들과의 공동연구가 있었기 때문에 중국의 조기 과학 연구는 지질학, 고생물학과 고고학에서 상당히 큰 성과를 이룰 수 있게 되었다.

외국인 학자들의 도움을 받아 지질조사소에서는 많은 현장조사인원을 키워냈다. 이들은 지질학과 관련된 기본 과학지식 뿐만아니라 현장조사의 현대적인 방법을 배웠다. 모든 조사인원들이 조사기기를 메고 아무리 먼 거리라도 보행으로 답사할 수 있는 체력을 길렀는데 이는 옛날 정신노동에 종사하는 학자들의 전통적인 훈련방법을 타파한 것이다. 나중에 직접 고고학연구에 종사한 배문중裴文中, 가란파贾兰坡 등과 원복례袁复礼, 양종건杨钟健 등 고고학 연구에 큰 공헌을 한 지질학자, 고생물학자가 여기에 속한다.

여기서는 안특생에 대해 중점적으로 이야기하고자 한다. 과거 중국에서 고고연구를 한 외국인하면 안특생을 빼놓을 수 없다. 그는 스테인(斯坦因)과 펠리오(伯希和) 등과는 달리 중국 정부에서 초빙한 전문가이다. 따라서 그가 중국에서 진행한 대부분의 고고학과 지질학 관련 연구는 그의 개인적인 연구활동으로 볼 수 없고 중국 지질조사소에서 주도하는 연구활동으로 보아야 한다.

안특생은 원래 지질학을 연구했는데 우연한 기회에 고고학에 관심을 가지게 되었으며10) 중국 선사시기 문화를 발견하고 연구하게 되었다. 이는 체질体质 인류학에서 고고학으로 바뀐 이제의 경력과 비슷하다.

안특생은 다재다능한 사람으로서 많은 공헌을 하였는데 중국고고학사와 지질학사에서 매우 중요한 위치를 차지한다. 사람들은 안특생을 제국주의 세력으로 혼동하였는데 최근에 와서야 그의 진가가 진성찬陈星灿 등 학자들에 의해 드러났다. 장광직张光直은 이제가 비록 중국고고학사에 많은 '첫 번째'를 남겼지만 안특생이 개척한 '첫 번째'는 그 범위와 난이도에 있어서 모두 이제를 능가하였다고 평가하였다. 이에 대해 안특생 본인도 자부심을 가지고 있는데 1934년에 출판된 '황토의 자녀들(黃土的儿女)'에서 다음과 같이 쓰고 있다.

---

10) 이제는 안특생의 고고학 학술은 '늦깎이' 수준이라고 비평하였는데 그 말 뜻인즉 이제는 본래 지질을 연구한 사람이었다는 것이다. 대가상(戴家祥)의 「이광모에게 보냄(致李光谟)」, 『이제와 청화(李济与清华)』에 기록, 청화대학출판사, 1994년, 169~170쪽.

"내가 개척자가 될 수 있었던 것은 행운이 많았기 때문이다. 1914년, 나는 처음으로 스트로마톨라이트(叠层石) 광석에서 우연히 유기물의 기원을 발견하였고, 1918년에는 콜레니아단괴(聚环藻团块)를 발견하였는데 이것과 북아메리카 캄브리아기(寒武纪) 전기의 화석이 비슷하다는 것을 발견하게 되었다. 같은 해, 우리가 중국에서 처음으로 발견한 삼치마구(三趾马区)도 학술계에서 매우 유명하다. 1919년, 몽골의 에르데네트(额尔登特)에서 뉴트리아(海狸) 무리를 발견하였다. 19 21년은 가장 기념할 만한 해로 앙소촌에서 신석기시대 유적을, 황하변에서 시신세(始新世) 포유동물을 발견했고 봉천 사가둔(沙锅屯)에서 동굴퇴적, 주구점에서 더 유명한 동굴퇴적을 발견했는데 세상을 놀라게 한 이러한 발견들은 우리 뒤를 이은 사람들이 노력한 결과이다.11)

이외에도 안특생은 놀랄 만한 일들을 많이 하였는데 중국의 화남지역에 가서 고고조사를 함으로써 홍콩 고고학연구의 개척자가 되었다. 중국 고고학사에 있어서 안특생은 진정한 창시자이며 비록 명예는 얻지 못했지만 중국고고학의 아버지라 불릴 만한 인물이다. 우선, 그는 제일 처음으로 주구점周口店을 발굴한 공로가 있으며 더 중요한 것은 앙소촌에서 채도彩陶문화를 발굴하고 연구하였다는 것이다. 이로 인해 그는 중화민국시기 중국 선사시기 고고학의 창시자이자 주요한 대표적 학자가 되었다.

이제는 안특생이 실제적인 연구성과로 중국 고대 문물 조사에서 현장조사법을 처음으로 시범 보인 서양학자라고 하였다.

과학적인 조사를 할 때, 안특생의 주변에는 늘 전문훈련을 받은 젊은 조수들이 따라다녔다. 그의 학생들은 충실한 추종자들이었고 그에게서 많은 연구방법을 배웠다. 1921년에 진행한 앙소촌 발굴은 중국고고학 연구의 출발점이 되었다(그림1, 그림2). 앙소문화의 발견과 그 가치는 곧 전 세계의 주목을 받게 되었다. 심지어 보수적 성향을 가진 중국의 역사학자들도 관심을 보이기 시작하였다.12) 앙소문화의 발견은 당시 학술계에 큰

---

11) 안특생의『황토의 자녀들(黄土的儿女)』영문판 1934년에 출판.

충격을 가져다 주었다. 많은 학자들의 저술에서 발견되다시피, 고고학자 하면 반드시 언급되는 이름이 바로 안특생이었다. 중국 선사시기 문화에 대한 안특생의 지속적인 연구성과는 훗날 역사언어연구소 고고학자들이 고고학 문화간의 관계를 논의하는 기초가 되었다.

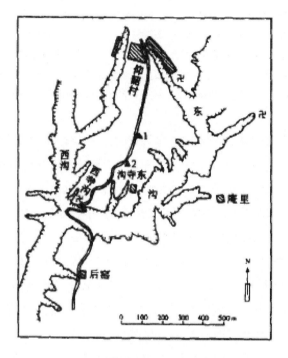

仰韶村附近地圖 (据夏鼐, 1951 年)
有▲処即 1951 年发掘地点

그림 1 안특생의 앙소촌 발굴 위치도
(안지민(安志敏), 「앙소촌과 앙소문화−앙소문화 발견 80주년을
기념하며(仰韶村和仰韶文化−纪念仰韶文化发现80周年)」,
『중원문물(中原文物)』, 2001년 제 5기, 16쪽 참조)

---

12) 이제, 「안양(安阳)」, 『중국현대학술경전 · 이제편(中国现代学术经典 · 李济卷)』, 하 북교육출판사, 1996년, 472~477쪽.

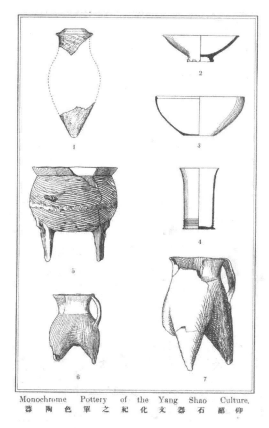

Monochrome Pottery of the Yang Shao Culture.
仰 韶 石 器 文 化 紀 之 單 色 陶 器

그림 2 안특생이 앙소촌에서 발굴한 일부 도자기
(안특생, 「중화원고문화(中华远古之文化)」, 『지질회보(地质汇报)』제
5호, 1923년, 75쪽 참조)

　안특생의 주요한 발견은 다음과 같다. 중국 북부의 봉천奉天으로부터 서쪽 감숙甘肃에 이르기까지 석기시대 유적지가 보편적으로 분포되어 있다. 이런 유적들 중에는 석기뿐만 아니라 짐승의 뼈, 도자기, 뼈 도구, 조개비 등이 있다. 이런 실물들은 형태가 모두 독특한데 그중에서 가장 주목을 받은 것은 채색무늬 도자기로 표면에 기하도형의 문양들이 그려져

있다. 이러한 문양들의 형태는 지역에 따라 다르지만 대체적으로 비슷하다. 가장 주목해야 할 것은 이러한 도자기들이 중앙아시아, 서아시아, 남유럽 등 지역의 석기시대 유적지에서 출토된 채색도자기들과 많이 비슷하다는 점이다. (그림 3)

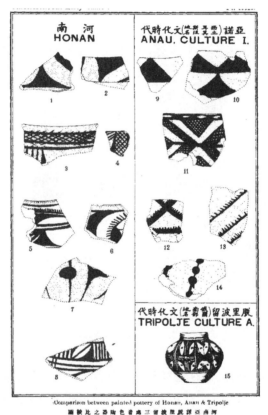

그림3 앙소촌과 중앙아시아에서 출토된 채색도자기 비교
(안특생, 「중화원고 문화(中华远古之文化)」, 『지질회보(地质汇报)』
제 5호, 1923년, 81쪽.

이런 고고학 자료에 대한 안특생의 해석은 시대적 제한성으로 인해 큰 문제점을 안고 있었다. 당시 유일하면서도 제일 중요한 고고학의 해석수단은 진화론을 바탕으로 하는 전파론이었다. 안특생은 중국과 중앙아시아의 채색도자기를 비교하여 채도문화가 서쪽에서 동쪽으로 전파되어 온 것이라는 결론을 내렸는데 이는 선사시기의 '중국문화 서래설西来说'이라는 결과를 가져오게 되었다. 그리고 이러한 학술관점이 정치적으로 확대되어 많은 중국 지식인들의 반감을 사게 되었다. 그러나 반박할 수 있는 유력한 증거가 없었으므로 중국의 학자들은 부득불 안특생의 관점을 받아들이거나 묵인하게 되었다. 따라서 중국의 선사시기 고고학 연구는 전반 중화민국 시기를 통털어 안특생의 채도문화 서래설의 그늘에 뒤덮혀 있었다. 하지만 이러한 자극은 또 다른 원동력이 되어 용산龙山문화의 발견과 연구로 이어졌고 객관적으로 선사시기 고고학 연구의 발걸음을 재촉했다.

중국의 석기시대의 문화가 중국 학자가 아닌 안특생과 같은 서양 학자에 의해 발견된 것은 결코 우연이 아니다. 왜냐하면 그 당시 중국에는 이 영역의 전문지식을 가진 학자가 없었고 서양에서는 석기시대에 관한 연구가 안특생과 같은 학자에게는 상식적인 지식이었기 때문이다. 따라서 안특생은 비록 전문적인 고고학자가 아니지만 앙소촌의 자료를 보고 신속하게 서양 학자들의 (예를 들면 Pumpelly, Arne 등) 문헌을 이용하여 연구자료에 대한 정확한 판단을 내릴 수 있었던 것이다.[13] 당시 중국에는 안특생처럼 학식이 있는 사람이 없었다. 더욱 중요한 것은 선사시기 연구

---

13) 안특생은 당시 앙소촌 선사시기 유적의 의의를 바로 인식하지 못하고 있다가 북경 지질조사소 도서관에서 Pumpelly가 쓴 1903~1904년 러시아 토이기 투르크메스탄의 Anau에 관한 미국 지질학자의 고찰보고를 보고 채도가 가능하게 원사시대에 존재했을 것이라는 점을 인식하게 되었다. 따라서 앙소촌 선사시기 유적에 더 큰 열정을 가지게 되었다. 이제 「안양(安阳)」, 『중국현대학술경전 · 이제편(中国现代学术经典 · 李济卷)』, 하북교육출판사, 1996년, 478쪽.

는 서양의 학술 전통으로서 서양식 교육을 받은 안특생은 빠르게 적응할 수 있는 반면 중국 학자들은 전통적인 문화 배경과 훈련 등으로 인해 은허와 같이 역사와 관련된 유적지에만 관심을 갖고 선사시기 유적에 대해서는 흥미가 없었다는 점이다.

총괄적으로 말하면 첫째는 새로운 자료를 특징으로 하는 돈황학과 갑골학의 흥성이고 둘째는 지질조사소의 외국인 학자들과의 공동 연구이며 셋째는 안특생의 선사시기 고고학 연구이다. 이 세 개는 시간적으로 선후 관계에 있으면서 그 역할이 점차 심화되었다. 돈황에서의 발견과 연구는 중국학자들로 하여금 새로운 연구자료의 중요성을 깨닫게 했다. 그리고 지질조사소의 외국인 학자들과의 공동연구는 중국 학자들에게 새로운 자료를 발견할 수 있는 현장연구와 과학연구의 방법을 가르쳐 주었으며 안특생의 연구성과는 중국의 선사시기 연구의 지평을 열어주었다. 두 번째와 세 번째는 훗날 역사언어연구소의 과학고고학의 직접적인 지식원천이 되었다.

4. 고고학에 대한 전통학자들의 인식 및 실천

지질조사소의 외국인 학자 특히 안특생의 연구성과로 고고학은 1920 년대에 비해 역사학계에서 새로운 화제가 되었다. 대중들은 고고학이 역사연구에서 중요한 역할을 하고 있다는 것에 공통된 인식을 가지고 있었다. 보수 학자나 신진 학자를 막론하고 고고학을 언급하지 않는 이가 없었고 다들 각자의 자원을 이용하여 신속하게 행동을 개시했다. 하지만 각자의 교육배경이 달랐기 때문에 고고학의 구체적인 내용과 연구방법에 대한 인식이 매우 혼란스러워 실천 효과에서도 큰 차이를 보였다. 먼저 역사학계에서 대다수를 차지하는 보수 학자들의 인식과 실천에 대하여 살펴보기로 하자.

1934년, 이제는 자신의 글에서 중국 고대 역사학에 대한 안특생의 공헌에 대하여 언급했다.

> 10여년 전 전통 역사학자들은 삼황오제 전설을 굳게 믿었지만 신진 역사학자들은 의심만 가졌었다. 이러한 관점은 모두 몇 권 안 되는 고서에 기록된 내용을 연구자료로 하고 있다. 고고학자들이 땅을 파고 지하에 묻혀있던 실물들을 발견하고 나서야 역사학계의 풍조는 바뀌게 되었다.
>
> 이번의 발견으로 인해 중국 고대 역사탐색은 고서에 적힌 내용에 대한 진위를 판단하는 데서 벗어나게 되었다. 하지만 이는 고서의 가치를 완전히 부정하는 것은 아니다. 고대 역사에 대한 최근 몇 년간의 논쟁 추세로 볼 때 중국 고서에 기록된 역사사실들은 오히려 고고학의 발견으로 실증될 수 있었다. 고고관련 자료의 증가에 따라 고대사는 더는 문제가 되지 않았고 논쟁자료가 될 수 있는 것은 지하에서 출토된 일부 새로운 자료들이었다.
>
> 예를 들면 안특생이 발견한 중국 석기시대의 문화는 중국 역사학자들이 전혀 주의를 돌리지 않았던 부분이다. 하지만 그전의 이른바 '고증하기 어렵다'던 혼돈상태가 증거물 발견으로 입증이 가능해지자 보수 학자들은 할 말이 없어졌고 신진 역사학자들은 이를 계기로 역사자료를 수집하기 시작하였다.[14]

중국 학자들은 안특생의 연구 특히 그의 연구성과와 중국 고대역사 간에 연관성이 있을 수 있다는 것을 알게 되자 고대 역사 탐색 에 대한 열정이

---

14) 이제, 「중국고고학의 과거와 미래(中国考古学之过去与未来)」, 장광직(张光直), 이광모(李光谟), 『이제의 고고학논문선집(李济考古学论文选集)』, 문물출판사(文物出版社), 1990년, 46~47쪽.

그 어느 때보다도 더 불타오르게 되었다. 선사시기 문화의 발견은 중국 역사 연구에 상상의 공간을 펼쳐주었고 앙소촌의 발굴은 '의고파(疑古派)'와 '비의고파(非疑古派)' 역사학자들에게 새로운 방향을 제시해주었다. 따라서 역사학계에는 '고고파' 혹은 '발굴파'라는 새로운 용어가 생겨났다.

이른바 '발굴' 이란 '현장발굴' 혹은 '현장고고'라는 뜻이다. 전에 유행했던 '고고'라는 용어가 농후한 금석학金石学의 색채를 띠고 있었다면 '발굴'은 중국 전통 학술연구에 종래에는 없었던 현장연구의 방법을 가리키고 있음이 확실하다.

당시 역사학계에서 '고고파' 혹은 '발굴파'로 불리던 사람들은 대부분이 '의고파'거나 '의고파'와 관련된 학자들이었다. '의고파'의 정신적 수령이었던 호적(胡適)은 일찍이 1921년 1월에 고힐강顧頡剛에게 쓴 편지에서 "고대역사에 대한 나의 관점은 다음과 같습니다. 일단 고대 역사의 시간을 2,3천년 줄여서 '시 300수(诗三百首)'로부터 시작하자는 것입니다. 그리고 금석학, 고고학이 발전하여 과학적인 체계를 갖춘 후 지하에서 출토된 역사자료를 이용하여 동주 이전의 고대 역사를 천천히 늘려나가는 것입니다."15) 고고학이 발전하면서 그의 관점은 더욱 강해졌다. 1924년 12월, 이종통李宗侗은 '현대평론現代评论'(제1권 제3기)이라는 잡지에 「고대 역사 문제를 해결하는 유일한 방법(古史问题的唯一解决方法)」'이라는 글을 발표하여 '고대 역사 문제를 해결할 수 있는 유일한 방법은 고고학인데 그렇게 하려면 우리는 발굴을 견지해야 한다'고 하였다. 이와 같은 논조는 1926년 2월에 편찬을 시작하여 1930년 8월에 출판된『고사변(古史辨)』제2권에 많이 실려 있다. 고힐강도 '자서自序'라는 책에서 '소극적인 면에서 말하면 나의 연구는 고고학자들의 새로운 체계가 전통적인 낡은

---

15) 호적(胡適),「고대현대사에 대한 관점(自述古史观书)」,『고사변(古史辨)』제 1책, 박사(朴社), 1936년 초판, 122쪽.

체계의 영향을 받지 않도록 대신 청소부 역할을 한다.'고 했다. 보다시피 고힐강 등의 학자들은 고고학을 기초로 역사 연구의 새로운 체계를 구축하려고 했다. 이런 관점을 가장 정확하게 보여준 사람은 마형马衡이다. 마형은 고고 방법을 이용하여 더 정확하고 더 복잡한 '지하 24사地下二十四史'를 만들어 낼 수 있기를 기대했다. 마형은 북경대학교 고고학 연구의 창시자이자 20세기 상반기 중국 보수 학자들을 이끌고 고고학 실천을 진행한 리더로서 그의 관점과 언행은 상당히 대표적이다.

사실 위에서 언급된 학자들은 대부분이 젊은 세대로 신파 추종자들이다. 그들은 고고학을 소리높이 외쳤지만 그들이 받은 훈련의 제한성으로 인해 명확한 강령과 방법을 찾지 못했다. 오히려 신파 학자들에게 낙오자로 몰렸던 양계초梁启超가 「중국고고학의 과거와 미래」라는 글을 써서 고고학에 대해 전반적으로 논술하고 총정리했는데 그때 당시 중국의 대다수 고고학자들의 인식수준을 대표했다. 고고학에 대한 문화역사학계의 이러한 관점은 자연과학 훈련 배경이 있는 이제, 부사년 등 진정한 신파 인물들의 인식과는 큰 차이가 있다. 특히 이제는 미국에서 고고학을 배운 적이 있어 현대 과학고고학이 무엇인지 잘 알고 있었다. 하지만 이제 역시 고고학 전공이 아니었으므로 고고학에 대한 인식이 깊지는 못했다.

이상 두 가지 관점의 기초에 대해 분석해 보면 두 학파는 '과학'에 대한 이해와 파악에 있어서 근본적인 차이를 보이고 있다. 당시 '과학'이라는 용어가 광범위하게 전파되었지만 학계의 대부분 학자들은 '과학'의 내용과 방법에 대해 실질적으로 잘 알지 못했을 뿐만 아니라 응용해 본 적도 없었으며 시종 과학을 홍보하는 단계에만 머물러 있었다. 호적처럼 '과학적 방법'을 고취하던 많은 신파 인물들이 그러했다. 호적과 같은 유학파도 그러했으니 양계초, 고힐강, 마형처럼 서양 문화의 영향을 조금밖에 못 받은 학자들은 더 말할 나위도 없는 것이다. 이에 미국학자 스네이더

(施耐德)는 『고힐강과 중국의 새로운 역사학(顾颉刚与中国新史学)』'라는 책에서 다음과 같이 적고 있다.

> 고힐강은 평생 과학 문제를 연구했는데 과학에 대한 그의 인식은 초보 수준에 머물러 있었다. 그의 진술을 보면 경험주의적 편견을 가지고 있다는 것을 쉽게 발견할 수 있다. 고힐강과 호적 두 학자에게 있어서 과학은 주로 방법이었는데 관찰에서 시작해서 관찰로 끝나는 것이었다. 서양의 자연과학에서 발전한 연역법과 귀납법은 복잡한 연관성을 갖고 있었는데 이 두 학자는 거기에 대해 조금 밖에 알지 못하였다.[16]

당시 시대적 조류를 대표하는 호적과 고힐강이 과학에 대한 인식이 이러하니 다른 사람들은 더 말할 나위도 없었다. 당시 문화역사계의 보편적인 현상은 바로 과학의 본질을 모른다는 것이었다. 오늘날에는 과학이 모든 문제를 해결할 수 있는 만능키가 아니며 새로운 지식을 배울 수 있는 유일한 수단이 아니라고 말할 수 있지만 중화민국 초기의 상황으로 볼 때 서양의 문화패권이 점차 주류가 되어가고 있었으므로 중국이 근대 과학을 기초로 하는 서양 문명을 초월하고 대항하려면 '과학'이 제일 중요했다.

다시 고고학으로 돌아와 보면 1928년 이전의 중국고고학은 '과학적 사고'를 했는지 아니면 '과학적 방법'을 장악했는지에 따라 크게 두가지 유파로 나뉜다. 그중 하나는 중국의 보수 학자들이 자신의 노력을 통해 설립한 북경대학교 국학문연구소 고고학연구실北京大学国学门研究所考古学研究室이다. 대표적인 학자는 금석학자인 마형이고, 전형적인 대표작은 양계초의 『중국고고학의 과거와 미래(中国考古学之过去与将来)』이다.[17]

---

16) 전욱동(田旭东), 『20세기 중국고사 연구의 주요 사조 개론(二十世纪中国古史研究主要思潮概论)』, 중화서국(中华书局), 2003년, 161~162쪽.

17) 양계초(梁启超), 「중국고고학의 과거와 미래(中国考古学之过去及将来)」, 위취현(卫聚贤)의 『중국고고소사(中国考古小史)』에 수록, 상무인서관(商务印书馆), 1933년, 5~25쪽.

다른 한 유파는 외국 학술계와 밀접한 관계를 가지고 있는 지질조사소였다. 대표적인 학자는 안특생과 미국 프리어갤러리Freer Gallery of Art의 후원을 받으며 지질조사소와 밀접한 관계가 있는 이제이다. 이 시기 고고학에 대한 이제의 인식을 대표할 수 있는 글은 바로 청화대학교에서의 강연 원고인 「고고학」이다.[18] 첫 번째 유파는 시작이 빠르고 기세가 드높았으나 후에는 흐지부지해지고 말았는데 물론 거기에는 여러 가지 원인이 있다. 두 번째 유파는 훗날 역사언어연구소의 힘을 빌어 크게 명성을 날렸고 중국고고학의 주류로 자리잡았다.

1925년에 마형은 계획적이고 대규모적인 고고발굴을 통해 더 정확하고 더 복잡한 '지하 24사'를 발굴하고자 계획했다. 물론 갑골학과 돈황학이 이룩한 성과에 힘입어 이와 같은 비현실적인 희망을 가졌겠지만 결국 그 사상적 근원을 따져보면 고고학 특성에 대한 이해가 없었기 때문인 것 같다.

오히려 유럽에서 자연과학과 사회과학을 폭넓게 공부한 부사년이 마형에 비해 고고학에 대한 인식이 더 명확했다. 부사년은 "발굴을 통해 비록 선사 시기의 문물, 상주商周 시기 문물을 발견할 수 있지만 이것은 중국 초기의 문화사일 뿐이다. 만약 서책이 발굴된다면 아마 많지는 않을 것이다(은허는 상나라 도읍이므로 문서가 발견될 수 있었지만 이런 일이 어찌 자주 일어날 수 있겠는가?)."고 말했다.[19] 이 점에서 부사년과 이제 등 진정한 신진 학자들은 마형 등과 본질적인 차이가 있다. '지하 24사'를 발견할 수 없다는 것을 알면서도 대규모적이고 계획적인 발굴을 추진하려고 하는 것을 보면 역사언어연구소의 과학 고고학의 핵심적 관점을 살펴볼 수 있다. 즉, '총체적 관점이 있어야 한다'는 것이다. 부사년은 '갑골문만

18) 이제, 「고고학(考古学)」(강연 원고), 『이제와 청화(李济与清华)』, 청화대학출판사(清华大学出版社), 1994년, 87~91쪽.
19) 부사년(傅斯年), 「고힐강과 고사서를 논하다(与顾颉刚论古史书)」, 『부사년전집(傅斯年全集)』, 하남교육출판사(河南教育出版社), 2003, 456~457쪽.

전문적으로 고찰한 것이 아니라 은허에 대해 전반적으로 고찰해 보았다.'고 했고 이제도 "모든 발굴은 전반적인 지식을 추구할 뿐이지 자잘한 보물을 찾는 것은 아니다."고 강조했다.[20] 이들의 관점은 문물을 통해 역사를 고증하려는 것이었고 서책기록 위주의 역사학 관점에서 벗어난 것이었다. 한마디로 당시 역사학계의 주류 전통학파는 '고고' 또는 '발굴'의 역할에 대해 맹목적으로 낙관하고 실제에 맞지 않는 기대를 하고 있었는데 이는 보편적이고 객관적인 현상이었다. 따라서 이 유파에 속하는 학자들은 역사를 검증, 보충하는 고고학의 역할에 대해 점차 실망하게 되었고 결국은 역사학과 고고학이 멀어지는 결과를 초래하게 되었으며 그 영향은 지금까지도 계속되고 있다.

양계초가 1926년 가을에 발표한 「중국고고학의 과거와 미래」라는 글은 전통학파의 고고학적 관점을 고찰할 수 있는 매우 중요한 문헌이다.[21] 이 글에서는 고고학을 금석학의 확대와 연속으로 보고 있으며 증거를 발굴하여 역사를 보충하는 것이 고고학의 역할이라고 보고 있다. 하지만 과학파의 관점에서 볼 때는 모두 경험에 근거한 것으로 과학적 고고학이 무엇인지 전혀 모르는 논조라 할 수 있다. 당시 양계초와 이제는 모두 청화대학교 연구원 5 대 지도교수였는데 이제가 개설한 교과과정의 하나가 바로 고고학이었다. 이제의 학생이었던 대가상戴家祥은 다음과 같이 회상하고 있다.

대략 1926에 스웨덴 황태자가 중국을 방문했는데 중국 학술계에서는 이를 매우 중요하게 여겼다. 양임공(梁任公)이 보고서(「중국고고학

---

20) 왕범삼(王汎森)의 「무엇이 역사의 증거가 되는가(什么可以成为历史证据)」, 『중국근대사상과 학술의 계보(中国近代思想与学术的系谱)』에서 인용, 하북교육출판사(河北教育出版社), 2001년, 366쪽.

21) 양계초(梁启超), 「중국고고학의 과거와 미래(中国考古学之过去及将来)」, 위취현(卫聚贤)의 『중국고고소사(中国考古小史)』에 수록, 상무인서관(商务印书馆), 1933년, 5~25쪽.

의 과거와 미래」)를 작성하고 진인각(陈寅恪)은 이를 영문으로 번역
했다. 이선생님(이제)은 보고서 중문본을 매 학생들에게 나눠주고 나
서 "이것이 바로 중국인이 말하는 이른바 고고학이라는 것입니다"라
고 말씀하셨다. 이선생님이 가르쳐 준 고고학은 우리가 전에 알고 있
던 '고고학' 또는 골동품 발굴, 수집과는 전혀 다른 것이었다.[22]

　보고서에서 양계초는 고고학이 중국에서 전문적인 학문이 된 시기는
북송시기부터라고 했다. 그가 말하는 고고학이란 바로 오늘날의 금석학
이다. 양계초는 중국의 고고학은 북송 시기에 발전하기 시작하였고 훗날
담현풍조谈玄之风의 영향을 받아 쇠퇴했다가 청나라 건륭제 중기부터 지
금에 이르기까지 150여 년간 신속한 발전을 가져왔으며 많은 저서들이
나오게 되었다고 하였다. 저서에서는 주로 돌, 금속, 도자기, 갑골 및 기타
물건들을 다루었다고 하면서 상세하게 소개하였는데 거의 전부가 명각,
조각과 관련된 것들로 금석학과 밀접한 관계를 가진다. 양계초가 소개했
던 자료는 대부분이 역사 고고학에 매우 중요한 자료이며 일부는 예술사
연구에서 큰 비중을 차지하고 있다. 예를 들면 돌 종류로 석각石刻, 화상画
像, 비명碑铭과 조각상(雕像)들이고 금속류로는 종정문钟鼎文, 고전古钱, 도
량형度量衡, 고인古印, 고경古镜이며 도자기류로는 고대 도자기, 벽돌과 기
와, 명기明器, 정갑丁甲 등이며 기타에 갑골문, 죽간 등이 있다. 이런 자료
에 포함된 내용은 매우 박학하고 생동하였고 훗날 그 발전성과는 결코 과
학적 고고학에 뒤지지 않는다. 하지만 현대 고고학에 대해서 양계초가 아
는 것은 극히 제한되어 글에서 매우 적게 다루었는데 다음과 같은 몇 가
지가 언급되고 있다.

---

22) 대가상(戴家祥), 「이광모에게 보내는 글(致李光谟)」, 『이제와 청화(李济与清华)』에
　　수록, 청화대학교출판사, 1994년, 171~172쪽.

첫 번째는 발굴에 관한 내용이다. 이전에 옛 기물(器物)이 출토된 것은 모두 기회가 좋아 우연히 발견된 것으로 이미 발굴된 보물이 매우 많다. 앞으로는 더 의식적으로 발굴해야 한다. 이러한 작업은 중국에 거의 없다(양계초가 연회장에서 이 강연을 할 때 그의 청화대 연구원 동료인 이제는 서음촌에서 열심히 발굴작업을 하고 있었다. -저자 주). 최근에 구미의 학자들이 중국에 와서 의식적으로 발굴을 하고 있고 그 성과도 크다. 중국의 학자들도 발굴의 중요성을 깨달아야 한다.

두 번째는 진보적인 방법에 관한 내용이다. 이전시기 고고학 방법은 모두 중국식으로 진행되었는데 구양수(欧阳修)와 조맹부(赵孟頫)에서 전해진 것으로 조금씩 개량되었을 뿐이다. 이런 방법은 장점이 많으나 아직 완전하다고 할 수는 없다. 희망컨대 앞으로 전국의 대학들에서 고고학과를 개설하여 유럽의 연구방법을 도입하기 바란다.

하나는 옛 방법을 개량해야 한다는 것이다. 예를 들면, 전에는 문물에 있는 무늬와 글자에 근거하여 연대를 판단했는데 이런 방법은 정확하기는 하나 만약 문물에 무늬와 문자가 없으면 고찰할 수 있는 방법이 없다. 그러므로 앞으로 문물의 재질, 모양, 색깔 등에서 판단기준을 세워 무늬와 문자가 없더라도 연대를 판단할 수 있게 해야 한다.

다른 하나는 새 방법을 도입해야 한다 것이다. 예를 들면 지질학 지식이 있으면 지질층의 상황에 근거하여 연대를 추정할 수 있고 인류학 지식이 있으면 두개골, 골격 등을 분류할 수 있는데 이런 과학들은 고고학 연구에 직접 또는 간접적으로 도움을 준다. 우리는 앞선 사람들이 얻지 못한 자료를 얻어야 할뿐더러 그들이 사용하지 못했던 방법을 이용하여 새로운 영역을 개발해야 한다.[23]

양계초를 비롯한 중국 학자들은 고고학 연구에 있어 패기가 넘치고 통찰력이 대단하다고 할 수 있다. 과학 고고학자들의 견해를 초월하는 견해도 많았다(예를 들면 후에 역사고고학을 중시하고 전국적 범위에서 고고학

---

23) 양계초(梁启超), 「중국고고학의 과거와 미래(中国考古学之过去及将来)」, 위취현(卫聚贤)의 『중국고고소사(中国考古小史)』에 수록, 무인서관(商务印书馆), 1933년, 22~25쪽.

교육과정을 개설한 것 등).24) 뿐만아니라 그들은 실질적인 노력을 많이 했는데 대표적인 것이 바로 북경대학교 연구소 국학학자들의 연구이다.

앞에서 언급한 바와 같이 '5·4' 신문화운동 이후 현대 고고학은 중국 학술계에서 정통성을 인정받게 되었다. 당시 주요한 연구기구는 3곳이었는데 각각 북경대학 연구소 국학학과의 고고학 연구실과 청화대학교 연구원 국학학과 그리고 농상부 소속 중국 지질조사소였다. 중국은 문자로 기재된 역사문화가 상당히 오래되었으므로 고고학의 발전도 이러한 특성의 제약을 크게 받았다. 지질학 및 생물학과 밀접한 관련성이 있는 선사시기 고고학 외에는 대부분 문헌에 기록된 역사를 보충하고 증명하는 연구였다. 따라서 고고학 연구기구의 발전 양상을 보면 서양 배경을 가진 지질조사소에서만 선사시기 고고학을 중시하였을뿐 중국 학자들이 진행했던 고고학 연구는 대부분 문명사 연구와 관련된 것이었다. 그중 가장 대표적인 연구기구는 북경대학교 국학학과 고고학 연구실이었다. 이 연구소는 유럽, 미국, 일본 등 나라와 지질조사소의 고고학 연구성과에 힘입어 설립되었는데 사실상 중국인 이 독자적으로 운영하는 연구기구였다. 이 연구소는 중국을 넘어 아시아에서 최초로 설립된 전문적인 고고학 연구기구로서 당시 학계에서 지위가 제일 높고, 연구원, 연구자원도 제일 많아 모든 조건을 다 구비했기에 국내외 연구자들의 기대가 매우 컸다. 그러나 유감스러운 것은 그들을 대표로 하는 전통 고고학파는 훗날 중국 고고학 연구의 주류로 자리잡지 못했는데 그 원인에 대해서는 심사숙고해 볼 것이 많다.

1921년 말, 북경대학교에서는 연구기구를 재편성하면서 먼저 국학학과를 설립하고 그 밑에 문자학, 문학, 철학, 역사학, 고고학 등 다섯 개의 연구실을 개설했다. 고고학 연구실 주임은 마형이 맡았고 준비 단계에서

---

24) 객관적으로 볼 때 과학고고학자는 그때 당시 정말 소수였다.

외국 학자를 교수로 초빙할 계획도 있었다. 이 시기 북경대학의 실권은 일본 유학파들이 잡고 있었고 일본의 고고학 연구가 활발히 진행되었기에 일본과의 교류가 밀접했다. 그러므로 연구실 개설과 운영에 관해 일본인 고고학자 하마타 코사쿠(濱田耕作)에게 조언을 구했고 1922년에는 이마니시류(今西龙)를 고고학 통신원으로 초빙했다. 특히 1930년, 하라타 요시히토(原田淑人)가 북경대학교와 청화대학교에서 두 달간, 고고학 강의를 하였는데 선풍적인 반향을 일으켰다. 고고학 연구실 설립 초기에는 고고학 연구회를 만들어 북경대학교 이외의 고고학회들과 연락하고자 했다. 그리고 1923년 5월 24일에는 고적고물조사회古迹古物调查会를 설립하였는데 마형이 회장을 맡고 조사로부터 시작하여 '발굴과 보존을 위해 준비하며' 경비가 해결되면 발굴단을 조직하려고 하였다. 1924년 5월 19일, 고적고물조사회는 고고학회考古学会로 개명하였고 회원으로는 엽한叶瀚, 이종동李宗侗, 진만리陈万里, 심겸사沈兼士, 위분응韦奋鹰, 용갱容庚, 마형, 서병창徐炳昶, 동작빈, 이욱영李煜瀛, 안데르 데 호르몬Andre d'Hormon, 진원陈垣 등 12명이 있었다.

당시 북경대학교의 경제형편이 곤란하고 외부에서 경비를 끌어들이는 것도 힘들었다. 그리하여 고고학 연구실과 고고학회의 주요사업은 외부에서 기증한 금석金石, 갑골甲骨, 옥돌玉砖, 기와와 질그릇瓦陶 등을 받아들이고 수집하는 일과 탁본목록을 만들고 사진으로 보관하는 일이었다. 야외발굴에서는 큰 성과를 이루지 못했다. 자체로 진행한 현장연구로 마형, 서병창, 이종동, 진만리 등이 선후로 맹진孟津에서 발굴한 주나라 시기 청동기, 대궁산大宫山 명나라 유적, 낙양 북망산洛阳北亡山에서의 문물 발굴, 그리고 감숙 돈황甘肃敦煌 고적 조사 등과 조선의 낙랑군乐浪郡 한나라 묘지 발굴현장 참관 등이 있다. 그리고 1930년 북경대학교 고고학회와 북평(北平: 지금 북경)연구원 역사학 연구회 등으로 구성된 연나라 하도燕下都

고고단이 마형의 인솔하에 하북성 이현易县에서 연하도 노로대燕下都老姥
台 유적지를 조사, 발굴했다.[25]

한마디로 중화민국 전기의 대표적인 3개의 고고학 연구기구는 모두 외
국과 연락하였다. 대체적으로 볼 때 북경대학교는 일본과 연락이 많았고
청화대학교는 미국과 연락이 잦았으며 지질조사소는 유럽과 교류가 밀접
했다.[26] 그중 청화대학교와 지질조사소의 외국과의 교류는 학술발전에
큰 도움을 주었지만 북경대학교와 일본과의 왕래는 얻은 것보다 잃은 것
이 많다고 할 수 있다.

북경대학교가 중국 최고의 국립대학교였기 때문에 북경대학교 고고학
연구기구는 설립되자마자 일본의 표적이 되었고 일본은 이를 통해 중국
의 고고학 연구에 관여하고자 하였다. 일본은1925년 북경대학교 고고학
회와 대등한 협력관계를 맺기 위해 동경제국대학東京帝国大学과 서경제국
대학西京帝国大学의 고고학 연구기구와 교수들을 중심으로 동아시아 고고
학회를 설립하였다. 북경대학과 일본의 동아시아 고고학회는 자신들의
이익을 전제로 적극적인 소통을 하였고 1926년 6월에 북경에서 동방 고
고학협회를 설립하였다. 그후 중일 양측은 상징적으로 몇 차례의 공동 발
굴과 조사를 진행하였다. 1927년 4월 후반부터 5월 중순 사이의 족제비
굴(貔子窩) 발굴과 1928년 10월의 목양성牧羊城 발굴이 그 예인데 모두 중
국측 연구인원들이 참가했다.

일본은 공동의 고고학 연구기구를 설립할 것을 제안하면서 "동아시아
각 지역의 고고학 발전을 촉진하기 위해 여러 나라와 특히 중화민국 고고
학계와의 우의를 증진하고 지식을 교류한다"고 표명했지만 사실상 협력

---

25) 중국고고학 연대표(中国考古学年表)(1898~1984)」, 『중국대백과전서 · 고고학편
   (中国大百科全书 · 考古学卷)』 참조, 중국대백과전서출판사(中国大百科全书出版
   社), 1986년, 731~754쪽.
26) 상병(桑兵), 「동방고고학협회(东方考古学协会)」, 『만청민국의 국학연구(晚清民国
   的国学研究)』, 상해고적출판사(上海古籍出版社), 2001년, 114쪽. 제5장.

이라는 미명 아래 중국 경내에서 발굴조사를 진행하려는 것이 그 목적이었다. 물론 순수 학술적인 목적도 없지는 않았지만 이는 사실상 일본의 대륙정책과 일치한 것으로 일본 정부의 지지를 많이 받았다. 발굴과 유학생 파견 등 비용은 모두 일본 외무성과 관동청关东厅, 그리고 조선총독부에서 제공했다. 역사를 돌이켜보면, 메이지유신 이후 일본은 국력이 강대해지자 중국에 대한 침략 야망을 품고 각종 수단을 동원해서 끊임없이 중국의 정보를 수집해갔다.[27] 일본 니시혼간지(西本願寺)의 주지였던 오타니 고즈이(大谷光瑞)는 20세기 초 서양 탐험가들의 뒤를 이어 탐험대를 조직하여 중국 신강 등 지역에 가서 여러 차례 탐사를 진행했는데 그 배후에는 일본 군부의 지원이 있었다.[28] 1923년 9월, 북경대학교 학자들은 일본의 경자배상금(庚子賠款) 이용권을 얻을 목적으로 북양정부(北洋政府)의 군사고문을 맡은 적이 있는 사카니시 리하치로(坂西利八郎) 중장中将과 도이하라(土肥原) 소좌少佐를 알게 되면서 그들과 중일 학술협회 설립에 대하여 토론하였다. 그러나 이번 토론 과정에서 북경대학 측은 일본 측을 상당히 경계했다. 일본 측에서 동아시시아 고고학회를 설립할 당시 북경대학교 고고학회는 대학교를 제외한 외부 단체의 가입을 승인하지 않는다고 못박음으로써 다른 세력의 침투를 대비했다.

양측의 협력관계는 정치, 경제, 학술 지위의 불평등과 각자 목표의 불일치로 인해 순조롭지 못하여 오래 지속되지 못했다. 1928년 4월, 일본은

---

27) (일본) 하마시다 다케시(濱下武志), 『중국 근대경제사 연구(中国近代经济史研究)』, 강서인민출판사(江西人民出版社), 2006년.
28) (일본) 스기모리 히사히데(杉森久英), 후지에다 히카르(藤枝晃) 「오타니탐험대에 관한 답변(有关大谷探险队的答问)」, 『돈황연구(敦煌研究)』, 1994년 제4기, 160~167쪽. 진성찬(陈星灿)은 『중국 선사시기 고고학사 연구(中国史前考古学史研究)1895~1949)』에서 오타니고즈이(大谷光瑞)가 파견한 다치바나 미즈쵸(桔瑞超)와 노무라 모우자부로우(野村蒙三郎) 두 사람은 사실 거짓의 옷을 입은 군관이라고 했다. 48쪽 참조, 실제 상황은 더 복잡했을 수 있다.

두 번째로 산동성에 군대를 파병하고 5월 3일에는 '제남 사변'을 일으켜 중국 외교인원과 군민 수천명을 살해하였다. 이로 인해 중일 양국의 원한은 더 깊어졌고 학술협력관계도 급격하게 악화되었다. 그리고 역사언어연구소에서 은허를 발굴하자 일본 고고학계는 더 이상 북경대학교에 관심을 가지지 않고 역사언어연구소와의 합작을 시도하였다. 따라서 북경대학교와의 협력관계는 흐지부지 되고 말았다.29) 북경대학교의 고고발굴이 실패하게 된 데는 다른 원인도 있지만 협력 파트너였던 일본 동아시아 고고학회의 책임이 크다. 일본과의 협력 과정에서 북경대학교는 좋은 기회를 놓쳐버리게 되었고 최종적으로 최고의 국립대학만이 누릴 수 있는 고고학 분야의 중요한 지위를 다른 연구기구에 내어줄 수 밖에 없었다.30)

북경대학교 국학학과의 고고학 연구성과가 많지 않은 데는 여러 가지 원인이 있다. 정식으로 새로운 학과의 전문 훈련을 받은 학자가 없었고 관련 방법을 이용해서 정확하게 문제를 해결할 수 없었으며 기존의 학술이 새로운 학술분야의 발전을 견제하는 등 원인이 있었다.31) 그러나 가장 중요한 원인은 고고학에 대한 과학적 이념의 결핍이 아니라 현실에서 극복할 수 없는 객관적인 원인 때문이었다. 불안한 정세, 정부측의 압력, 취약한 연구기구, 비용 부족, 특히 일본과의 협력 실패 등이 가장 큰 실패 원인이었다. 이처럼 열악한 중화민국 전기의 학술환경과 사회환경은 북경대학교 고고학 발전을 저해하는 주요한 원인이었다.

---

29) 동아고고협회는 역사언어연구소에서 본 협회에 가입할 것을 신청했다는 말을 외부에 퍼뜨린 적이 있는데 부사년은 이를 견결히 부정했다. 협회는 또 가령 상대가 가입하고자 해도 절대 허용하지 않을 거라고 했다. 역사언어연구소자료, 원 434-2, 부사년이 진백년에게 보낸 편지(傅斯年函陈百年) 참조, 1929년 10월 21일.

30) 『만청민국의 국학연구(晚清民国的国学研究)』 제5장 「동방고고학협회(东方考古学协会)」 참조, 상해고적출판사(上海古籍出版社), 2001년, 114~135쪽.

31) 상병(桑兵), 『만청민국의 국학연구(晚清民国的国学研究)』, 상해고적출판사(上海古籍出版社), 2001년, 274쪽.

5. 이제와 중국 과학적 고고학의 맹아

　　앞서 전통학자들이 논한 고고학에 대한 이제의 태도를 언급한 적이 있다. 이제는 수업시간에 양계초의 「중국고고학의 과거와 미래」라는 글을 두고 "이것이 바로 중국인들이 말하는 이른바 고고학이라는 것이다"라고 말한 적이 있다. 이는 이제가 고고학에 대해 남다른 인식 즉 과학적인 인식을 가지고 있다는 것을 설명한다. 사실 '과학'과 '비과학'의 경계에 대해 '5 · 4'시기의 일부 학자들은 잘 알고 있었다. 나가륜(罗家伦)은 부사년이 문과 출신인데도 불구하고 영국에서 자연과학을 배운 사실을 언급하면서 "이런 행동을 이해하려면 신문화운동시기 학자들의 학술적 심리를 알아야 한다. 그 당시 사람들은 자연과학에 미련을 가지고 자연과학을 통해 실용적인 지식을 얻으려고 했으며 과학적인 방법도 습득하여 본인의 학문뿐만 아니라 다른 학문 연구에서도 응용하려고 하였다."[32] 이 말은 이제에게도 적합한 말이다.

　　당시 과학적 방법으로 중국의 고고학을 연구한 사람으로는 중국에 다녀간 서양 학자들 외에 이제가 유일한 중국인 학자였다는 점은 의심할 바가 없다. 왜냐하면 외국에 유학을 가서 과학적 고고학 지식을 배운 중국 사람은 이제밖에 없었기 때문이다. 그는 처음으로 미국에서 인류학 박사학위를 받은 중국인으로서 일부 고고학 관련 교과과정도 공부했다. 그러므로 이제는 당시 국내에서 유일한 고고학 관련 전문가였다고 말할 수 있다.

　　이제는 '우연한 기회에 중도에서 고고학 연구를 시작한' 고고학자로서 차츰차츰 고고학 수양을 쌓고 향상시켰다. 그는 양호한 과학적 훈련을 받았을 뿐만 아니라 과학적 방법도 습득하였으며 총명하고 학습능력이 뛰

---

32) 나가륜(罗家伦), 「기운 넘치는 부맹진선생(元气淋漓的傅孟真先生)」, 왕위송 (王为松) 편, 『부사년에 대한 인상(傅斯年印象)』, 학림출판사(学林出版社), 1997년, 7쪽.

어난데다가 훗날 좋은 기회까지 얻었으므로 진보가 매우 빨랐다. 그러나 청화대학교에서 재직하던 시기의 이제는 고고학에 대한 인식이 부족했던 것 같다. 이는 1926년 4월 16일 <고고학>이라는 그의 강연 내용에서 잘 드러난다.[33] 그때 이제는 서른살이었고 서음촌西陰村 조사와 발굴이 이루어지기 전이었지만 이미 청화대학교 국학연구원 5대 지도교수 중의 일원으로 왕국유, 양계초, 진인각, 조원임 등 당대의 대학자들과 이름을 나란히 할 수 있을 정도로 명성이 대단했다.

이제가 명성을 떨치게 된 데는 그럴만한 이유가 있었다. 1923년 이제는 하버드 대학교에서 인류학 박사학위를 받고 귀국하여 남개대학교南开大学의 교수가 되었다. 당시 북경과 천진에는 지식계 인사들로 이루어진 상류사회 모임이 있었는데 이제는 미국 유학 박사이고 남개대학교의 교수 겸 문과학부 주임이라는 자격으로 참가하게 되었으며 모임의 핵심인물인 지질조사소 정문강丁文江 소장을 알게 되었다. 정문강은 이제를 매우 아꼈으며 두 사람은 가깝게 지냈다. 정문강은 1924년 봄 하남 신정河南新郑에서 대형 무덤이 발굴되어 중요한 청동기가 많이 출토되었다는(즉 이가루 춘추 정공대묘李家楼春秋郑公大墓 소식을 접하고 이제에게 200원을 주면서 지질조사소의 전문가 담석주谭锡畴와 함께 동행하여 고고학 발굴을 하도록 하였다. 이는 이제가 참가한 첫 번째 현장발굴이었다. 당시 시국이 혼란한 탓에 그들은 약 2주간 작업을 했으나 사람 뼈 몇 개밖에 수확하지 못했다. 비록 이제는 작업이 실패했다고 말했지만 이번 발굴에서의 경험은 그의 고고학 연구 발전에 첫 번째 계기를 마련해 주었다. 그후 이제는 프리어갤러리와 합작하기 시작했고 청화연구원에 들어가게 되었다. 그는 이번 연구자료에 근거하여 「신정의 뼈(新郑的骨)」[34]라는 글을 썼고

---

33) 이제와 청화(李济与清华),청화대학출판사, 1994년, 87~91쪽.
34) 영문으로 되어 있는데, 1926에 Transactions of the Science Society of China. Vol 3에 발표.

이글은그가역사언어연구소에들어가는데결정적인역할을했다. 부사년도
「신정의 뼈」를 읽고 이제를 역사언어연구소의 주임으로 초빙하기로 결
정했다고 하였다. 이제가 일생동안 쌓은 학술성과는 사실상 다음의 세 차
례 야외발굴사업과 밀접한 관계가 있다고 해도 과언이 아니다.

첫 번째는 남개대학교 시절의 신정 발굴조사, 두 번째는 청화국학1연
구소 시절의 서음촌 발굴조사, 세 번째는 역사언어연구소 시절의 은허 발
굴조사이다. 신정 발굴로 젊은 이제는 고고학 연구의 걸음마를 떼게 되었
고 서음촌 발굴을 통해 고고학의 대표인물이 되었으며 은허의 발굴로 명
실상부한 '중국고고학의 아버지'가 되었다.35)

다음으로 과학적 고고학의 대표인물 이제의 청화대학교 시절의 이론
과 실천을 한번 살펴보기로 하자.

「고고학」은 1926년 4월 16일 이제가 청화대학교 대학부에서 한 강연
원고인데36) 장웅章熊이라는 학생이 기록한 것으로 완전하지 못한 것 같
다. 하지만 이 시기 이제의 고고학 관점을 고찰하는데 있어서는 유일한
자료이다.

이제는 먼저 세계 고고학 역사에 대해 말했다. 그는 고고학은 영어로
Archaeology인데 선사시기 고고학과 역사 고고학으로 나눌 수 있다고 하
였다. 고고학의 출현으로 그 전에 기록되었던 인류의 역사는 몇천 년에서
12만 5천년으로 연장되었다고 하면서 지금부터는 역사를 구석기시대, 신
석기시대, 청동기 시대, 동기 시대, 철기 시대 등으로 나눈다고 했다. 유럽
에서는 독일 학자 빈켈만Johan Joachin Winckelmann에 의해 고고학이 연구되

---

35) 오늘날까지도 사람들은 중국고고학 역사에서 이제가 얼마나 중요한 역할을 했는
지에 대해 잘 모른다. 특히 지층학과 유형학에서의 그의 개척적인 공헌에 대해 무
심코 낮게 평가하거나 심지어 말살해버리기까지 하였다. 이제는 중국고고학의 형
성단계에서 대체할 수 없는 역할을 했으며 고고학 사업의 규칙을 제정하였다. 그는
동작빈을 비롯한 모든 사람들의 지도교수로, 진정한 '중국고고학의 아버지'이다.
36) 이 강연 원고는 『청화주간지(淸華周報)』 제 375기에 실렸다. 1926년 4월 16일.

기 시작했다. 수십 년 전 프랑스의 부세Boucher라는 학자가 처음으로 선사 시기 고고학을 연구하였다. 다음으로 이제는 고고학자들의 연구방법에 대해 소개하였다. 그는 고고학자들에게 가장 큰 문제는 시간을 규정하는 일 즉 연대를 측정하는 것이라고 하면서 여기에는 지질학적 방법, 고생물 학적 방법, Typology의 방법이 있는데Typology가 바로 당대 고고학자들 이 유형학이라고 하는 학문이라고 했다. 이제는 고고학에서 가장 중요한 개념인 Typology에 대해 이렇게 해석하고 있다.

> 이 명사는 중국어로 번역이 잘 안 되었기에 잠시 원문을 쓰기로 한 다. 지금 고고학자들의 작업의 일부분은 무덤을 발굴하는 것이다. 무 덤에서 질그릇, 방직물, 보리, 석기 등을 발견할 수 있다. 무덤을 많이 발굴하면 이러한 물건들이 발굴된 비슷한 무덤들을 하나의 그룹으로 묶는데 이것이 이른바 Types라는 것이다. 예를 들면, 신석기 시대와 구석기 시대의 차이를 비교하려면 무덤에서 발굴된 내용물을 통해 살 펴볼 수 있다. 한 무덤에서 거친 질그릇, 개 뼈다귀, 원형의 석기가 발 굴되고 다른 한 무덤에서 석기, 보리, 질그릇, 집짐승의 뼈가 발굴되었 다면두 무덤의Types이 다르므로 이 두 무덤은 각기 서로 다른 두 시대 를 대표한다는 것을 알 수 있다. 만약 두 번째 무덤에 첫 번째 무덤의 내용물 외에 보리와 가금류와 가축의 뼈가 더 있다면 우리는 두 번째 무덤이 첫 번째보다 더 진화된 시기의 것임을 알 수 있고 첫 번째는 구 석기 시대, 두 번째는 신석기 시대를 대표한다고 볼 수 있다.[37]

이로부터 우리는 이제가 유형학에 대해 이해가 깊지 못했다는 것을 알 수 있다. 하지만 이제는 중국에서 처음으로 유형론을 언급한 학자로서 그 룹을 나눌 줄 알고 유형론의 기본 원리인 순서배열에 대해서도 알고 있었 다. 그는 양계초보다 아는 것도 많았고 그의 유형론은 실제 활용 가능성 이 있었다.

---

37) 「고고학」, 『이제와 청화』에 수록, 청화대학출판사, 1994년, 89쪽.

이제는 중국 학술계에서의 고고학의 지위에 대해 다음과 같이 말하고 있다.

> 중국사람들이 나라의 고유 문화를 정리한답시고 난리를 치고 난 후부터(문화 정리사업을 '난리치다(鬧)'라 표현한 것으로부터 이제의 태도를 알 수 있다) 일반사람들의 논조는 "자신을 알고 나서 다른 사람에게 묻는다"가 되었다. 중국사람들은 인류의 이익을 위해서 반드시 자신의 역사를 열심히 연구해야 하며 이를 통해 세계 학술계에 공헌해야 한다. 우리는 다음과 같은 몇 가지에 궁금증을 가지게 된다. 첫째, 나라의 고유 문화란 원래부터 있었던 것인가 아니면 다른 영향을 받아서 형성된 것인가? 둘째, 중국 고대에 사용했던 '엽전(錢)'은 원래부터 중국에 있었던 것인가 아니면 다른 나라의 것을 모방한 것인가? 셋째, 중국사람은 원래부터 이 땅에서 살던 민족인가 아니면 다른 지역으로부터 이주해 온 민족인가?[38]

이제의 이 말을 통해 우리는 그가 보수 학자들과 근본적으로 다르다는 것을 알 수 있다. 보수 학자들은 대부분 국내에서 벌어진 일에만 관심을 갖고 외부 문화와의 연관성에 대해서는 별로 신경을 쓰지 않았지만 이제는 시야가 넓어 세계적인 안목으로 중국의 학술 문제를 바라보았는데 이는 당시에 매우 대단한 것이었다. 그리고 정치적인 면에서 보아도 이제의 관점은 민족적인 애국주의라 할 수 있다. 단지 세계적인 안목으로 지피지기를 주장하였는데 이는 보수적이고 협애한 민족주의 관점보다는 훨씬 현명한 것이다.

1928년 이전 이제의 고고실천을 볼 때 1924년에 '실패한' 신정新鄭 발굴조사보다 더 중요한 것은 1926년의 서음촌 발굴 조사인데 이는 중국고고학과 이제 개인의 발전에 있어서도 매우 중요한 의의를 가진다.

---

38) 「고고학」, 『이제와 청화』에 수록, 청화대학출판사, 1994년, 90쪽.

사람들은 서음촌 발굴조사가 중국사람이 진행한 첫번째 고고 발굴이라고 말한다. 물론 서음촌 발굴이 청화국학연구원의 고고학 성과를 대표하는 것은 틀림없지만 배후의 실제 상황은 실로 복잡하다. 서음촌 발굴 배후에는 세 개의 연구기관이 작용하고 있었는데 하나는 미국 프리어갤러리(Freer Gallery of Art)이고, 다른 하나는 청화 국학연구원이며, 다른 하나는 중국 지질조사소이다. 이제는 전반 발굴사업 과정에 대해 다음과 같이 회억하고 있다.39)

20세기 20년대 중반, 중국 북방 지역에서 고고학이 대단히 성행했다. 한순간 미국, 프랑스, 스웨덴 등 나라의 고고학자와 단체들이 중국 북방 지역에 와서 고고활동을 진행했다. 중국의 고고학자들도 고고발굴을 하고 싶었지만 자금이 없었다. 마침 미국 프리어갤러리의 연구원들이 중국에 와서 중국 고대예술품을 수집하고 있었는데 그중 비숍C. W. Bishop라는 연구원이 행사장이나 모임에서 이제와 자주 만나게 되면서 이제에게 관심을 가졌다. 그는 이제에게 편지를 써서 자신들의 발굴팀에서 같이 일을 하자고 요청했고 함께 야외발굴을 하게 되었다. 정문강은 이를 적극 지지하고 나섰는데 그 이유는 과학연구자로서 기초자료를 직접 얻을 수 있는 기회가 생기면 절대 쉽게 포기해서는 안 된다는 것이었다. 이제는 상대방에게 두 가지 조건을 제시했다. 하나는 중국에서의 야외발굴은 반드시 중국의 학술단체와 협력해야 한다는 것이고 다른 하나는 중국에서 발굴된 유물은 반드시 중국에 남겨야 한다는 것이었는데, 이 두 가지 모두 미국 측의 동의를 얻었다. 조건을 제시하고 반복적으로 설명한 것은 이제가 애국심이 강하다는 것을 보여줄 뿐만 아니라 당시 성행하던 민족주의 사조에서 외국인과의 합작은 조심스러울 수 밖에 없었음을 보여준다. 이 두

---

39) 「나와 중국 고고사업(我与中国考古工作)」, 『이제와 청화(李济与清华)』에 수록, 청화대학출판사, 1994년, 161~168쪽.

가지 조건을 전제로 이제는 미국 프리어갤러리와 5년동안 협력관계를 유지했는데 처음에는 청화대학, 나중에는 중앙연구원 역사언어연구소가 합작했다. 서음촌 발굴은 사실상 미국 프리어갤러리에서 돈을 지원하고 청화대학교의 명의로 지질연구소의 도움을 받으면서 이제가 자주적으로 진행한 고고 활동이었다. 이제는 미국 프리어갤러리와 청화대학 양측에서 고용한 사람으로서 그 신분이 특별했다.

정문강의 지지하에 이제는 1925년에 미국 스미슨(史密森)연구원 프리어갤러리 중국고고팀에 가입하였는데 매달 월급은 300 원이었다. 그해 여름 방학이 끝나고 이제는 청화대학교 국학연구원의 특별 강사로 초빙되어 일반 인류학, 인체측정학, 고기물학古器物学, 고고학을 강의하면서 역사과 교수를 겸임했다. 비위매费慰梅의 말에 의하면 양계초에게 이제를 소개해 준 사람은 바로 정문강이다. 이제가 왕국유 등의 학자들처럼 전임 교수가 아닌 특별강사로 초빙된 원인은 그가 경력이 짧을 뿐 아니라 청화대학교의 정식 직원이 아니였기 때문이다. 청화대학교의 규정에 따르면 정식 직원이 아닌 사람은 전임 교수로 초빙되지 못한다. 그때 청화대학교에서 겸직으로 금석학을 강의하던 북경대학교 학자 마형도 강사로 초빙되었던 것이다. 그러나 이제가 청화연구원에서 일할 때 대우는 왕국유, 양계초, 진인각, 조원임 등 4대 지도교수와 같았다. 연구실과 조교가 따로 있었고 프리어갤러리에서 300원의 월급을 받았기에 청화대학교에서 주는 월급 100원까지 더하면 4대 지도교수의 월급과 같았다. 이는 당시 상황에서는 매우 좋은 대우였다. 중화민국 전반시기 고급 지식인들의 사회적 지위와 경제적 지위는 상대적으로 높은 편이었다.

프리어갤러리의 자금과 청화대학교의 높은 대우, 정문강과 같은 유명 인사의 지지, 그리고 자유로운 작업 공간 등 조건이 모두 갖추어진 상황에서 이제는 현장발굴사업에 있어서 서양 사람을 제외하고는 가장 훌륭한 적임자였는데 북경대학교 고고학회의 학자들은 이제와 비교도 안 됐다. 따라서 북경의 학자들과 심지어 정치계를 포함한 사회 각 계층의 사람들은 모두 이제에게 큰 기대를 걸었다.

1925년 12월 하순, 프리어갤러리의 비숍은 이제에게 야외발굴을 시작하라고 재촉했다. 이제는 발굴 전에 반드시 사전조사를 해야 한다고 주장했으며, 두 사람은 토론 끝에 산서성 남부 지역의 분하汾河 유역을 고찰하고 나서 발굴지점을 정하기로 했다. 발굴 명의를 내어준 사람은 당시 청화대학교 총장 조운상曹云祥으로 그는 사리에 밝은 유명인사였다. 조운상은 이제의 조사요구를 동의했을 뿐만 아니라 염석산閻錫山에게 친필 편지를 써 협조를 부탁하기까지 했다. 우연하게도 중국 지질조사소에서도 원복례를 산서성에 파견하여 고찰하려던 참이었던지라 두 사람은 동행을 하게 되었다. 훗날 중국 지모학地貌学과 제4기 지질학의 개척자가 된 원복례는 사실상 중국에서 처음으로 과학고고에 참여한 학자이기도 하다. 그는 안특생의 앙소촌 발굴사업에도 참여하였고 감숙성에서 2년간 함께 고고발굴을 진행하기도 하였다.

조사 지점을 산서로 정하게 된 이유는 이제가 『사기(史记)』에 기록된 '요임금의 수도는 평양이고 순임금의 수도는 포판이며 우임금의 수도는 안읍이다(尧都平阳, 舜都蒲坂, 禹都安邑).'라는 내용을 염두에 두었기 때문이다. 위에서 말한 지역들은 전부 산서성 남쪽에 있다. 이제의 「고고학」 강연 원고를 통해 우리는 역사연구를 위해 고고를 한다는 그의 관점을 살펴볼 수 있다. 중국 고고발굴의 첫 조사지로 산서성을 선정한 것은 결코 우연이 아니었다.

1926년 2월 9일, 이제와 원보례는 산서 남부 지역에 가서 조사를 시작했다. 두 사람 모두 고고학에 익숙하지 못했기 때문에 주요하게는 소위 고대 제왕들의 유적과 전설이 있다는 장소에서 고찰을 진행했다. 당시 원복례는 이런 곳에서 절대 신석기 시대의 유적을 찾을 수 없을 거라면서 이제와 내기를 했다.[40] 사실상 이 지역들은 지형은 복잡하지만 선사시기의 유적이 적지 않았다. 두 사람은 약 한 달간 조사한 끝에 3월 4일 부산현浮山县 교두하交头河에서 채도彩陶를 포함한 첫 번째 선사시기 유적을 발견하였고 이제는 일부 질그릇 조각들을 수집하였다(모두 127조각). 그들은 계속하여 22일 하현夏县에 도착했고 24일에 대우왕大禹의 무덤을 찾기 위해 서음촌을 지나던 중 뜻밖에 선사시기 질그릇 조각이 넓게 분포된 장소를 발견하게 되었다.[41]

북경학술계에서는 산서성 남부에서의 이제와 원복례의 발견에 큰 관심을 가지게 되었다. 가장 핵심적인 인물 즉 중미 합작 쌍방 프리어갤러리의 비숍과 청화대학교 총장 조운상, 교무장 매이기梅贻琦 등은 이제의 「산서성 남부 분하유역 고고 조사(山西南部汾河流域考古调查)」 보고서를 읽고 나서 고고팀을 조직하고 현장에서 발굴하는 작업을 이제에게 맡길 것을 주장하였다. 비숍과 조운상은 다음과 같은 합작 조건을 제정했다. 첫째, 고고팀은 청화연구원에서 조직한다. 둘째, 고고팀의 비용은 프리어갤러리에서 제공한다. 셋째, 보고서는 중국어와 영어로 2부 작성하여 양측에서 각각 출판한다. 넷째, 가장 중요한 조건으로 발굴된 유물은 중국 각지의 박물관에 보관하거나 청화연구원에 잠시 보관하였다가 중국국립박물관이 설립되면 이전하여 영구보존한다. 합작 쌍방 외에도 북경의 고고발굴에 관심을 가진 사람들은 모두 이번 발굴사업에 협조했다. 지질조사소의 옹문호翁文灏는 없어서는 안 될 조수 원복례를 이제의 고고팀에 보내주었고 월급은 청화대학교에서 지불하기로 했다. 전 국무총리 웅희령

---

40)「대가상이 이광모에게 보내는 글(戴家祥致李光谟)」,『이제와 청화(李济与清华)』, 청화대학출판사, 1994년, 170쪽.
41) 이제,「서음촌 선사시기의 유적(西阴村史前的遗存)」,『이제와 청화(李济与清华)』, 청화대학출판사, 1994년, 33~79쪽.

熊希齡과 안혜경顔惠庆 두 거물급 인물도 염석산에게 이제를 소개하는 편지를 써 보냈다.

고고팀은 1927년 10월 10일에 서음촌에 도착하였다. 이제는 교두하交头河를 선택하지 않고 서음촌을 조사지로 선정한 이유는 이 유적이 면적이 클 뿐만 아니라 주요하게는 서음촌이 소재한 하현夏县이 전설속의 하夏왕조의 도읍이었기 때문이라고 설명하였다.[42] 아마 이제 본인이 운좋게 하왕조의 유적을 발굴할 수 있기를 기대했을 것이다. 북경의 학술계 또한 흥분을 금치 못하고 학수고대하였던 것도 이때문이었을 것이다. 정식으로 제출한 보고서에서 발굴동기를 밝힐 때 이제는 다음과 같은 몇 가지에 대해 더욱 상세하게 설명하고 있다.

최근 몇 년간 스웨덴 사람 안특생의 고고발굴은 중국 북방의 신석기 후기의 문화를 증명하였다. 안특생은 이와 같거나 비슷한 유적지를 서쪽의 감숙성에서 동쪽의 봉천에 이르기까지에서 많이 발견하였다. 그로 인해 중국 역사 연구에 대한 우리들의 흥미가 더 커졌다. 하지만 이 문제는 매우 복잡하고 범위가 넓다. 만약 우리가 신석기 시대 후기의 문화 등을 확실하게 알려면 아직도 많은 세밀한 연구가 필요하다. 이런 문화의 근원 및 역사 시기 중국문화와의 관계는 바로 우리들이 제일 알고 싶어하는 것이다. 안특생은 각종 보고서에서 이 두 가지에 대해 이미 많은 토론을 하였으나 그가 가설한 해석들은 아직도 확실한 증거가 없으며 안특생 자신도 증거가 필요하다는 것을 잘 알고 있었다. 위 두 가지에 대한 정답을 알려면 반드시 중국내의 선사시기 유적지에 대해 모두 고찰해야 한다. 그런 노력을 하지 않는다면 문제를 해결할 수 없고 또한 그로 인해 나타나는 문제는 이 두 가지뿐만이 아닐 것이다. 기타의 문제들도 똑같이 중요하고 똑같이 흥미로울 것이다. 지금 우리는 쓸데없는 상상만 할 것이 아니라 여러

<hr>

42) 이제, 「서음촌 선사시기 유적의 발굴(西阴村史前遗址的发掘)」, 『이제와 청화(李济与清华)』, 청화대학출판사, 1994년, 29~32쪽.

면에서 전면적으로 연구해야 한다.

　　이런 작은 생각이 바로 오늘 우리가 하현 서음촌 선사시기 유적을
발굴하게 된 동기이다.[43]

　　안특생의 발굴작업을 통해 우리는 이제가 이미 서음촌 유적이 앙소기
유적이라는 사실을 알고 있었다는 것을 엿볼 수 있었다. 또한 이제의 발
굴작업은 다음과 같은 두 가지 목적이 있었음을 알 수 있다. 하나는 앙소
문화의 근원을 확실하게 파헤쳐 앙소문화가 안특생이 말하는 서쪽에서
전래한 문화인가를 밝히려는 것이고[44] 다른 하나는 앙소문화와 역사시
기의 중국문화(주로 하나라 시기 문화)간의 관계를 밝히려는 것이었다.
이제는 이 모든 것은 '중국역사 연구에 대한 흥미'로부터 왔다고 했다. 비
록 이제는 인류학파의 고대역사 연구가였지만 근본적으로는 여전히 고대
역사 연구가로서 고고학은 다만 역사 재건에 중요한 도구를 제공했을 뿐
이었다.

　　발굴작업은 10월 15일에 시작하여 12월말까지 진행되었고 면적은 약
40평방미터밖에 안 되었다. 이로부터 우리는 이제가 매우 조심스러운 태
도를 취했음을 알 수 있다. 이제의 보고서에는 여러 가지 구체적인 방법
이 열거되어 있다. 그중 일부는 그의 고고학 지식에 기초한 것이고 일부
는 인류학과 지질학 기술 방법에 기초한 것이다.

---

43) 이제, 「서음촌 선사시기의 유적(西阴村史前的遗存)」, 『이제와 청화(李济与清华)』,
　　청화대학출판사, 1994, 33~79쪽.
44) 서음촌 발굴이 끝난 후, 양계초는 미국에서 공부하는 양사영(梁思永)에게 편지를
　　써서 "스웨덴 사람 안특생이 중국문화서래설(瑞典人安特生)을 제창하고 있는데,
　　이번 발굴을 통해 그들(이제, 원복례)은 이 관점을 뒤엎으려 한다."고 특별히 밝히
　　고 있다. 심송금(沈颂金)의 「양씨 부자와 중국 근대고고학의 건립 및 발전(梁氏父
　　子与中国近代考古学的建立和发展)」에서 인용, 『산서사범대학교 학보(山西师大学
　　报)』철학사회과학부문(哲学社会科学版), 2000년 제2기, 100~104쪽.

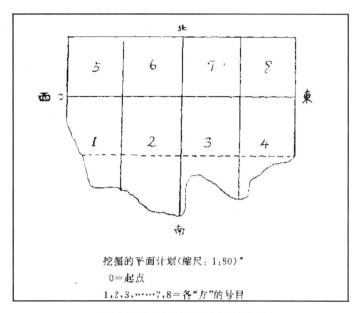

그림 4 이제의 서음촌(西阴村) 발굴 분포도
(이제, 「서음촌 선사시기 유적지(西阴村史前的遗存)」, 『이제와 청화(李济与清华)』에 수록,
청화대학출판사, 1994년, 37쪽 참조)

진성찬은 「중국 선사시기 고고학연구(中国史前考古学史研究)1895~1949」
제2장 제4절에서 이제가 발굴작업에서 얻은 것과 잃은 것에 대해 상세하
게 분석하였다. 한마디로 이번 발굴은 중국학자가 진행한 첫 번째 야외발
굴로서 여러 가지 독창성이 있다. 예를 들면 탐방(探方: 네모형 구덩이를
파고 발굴하는 방법)을 사용한 것이다. 탐방은 8개의 네모형으로 나뉘는
데 앞뒤 두 줄이다. 뒷줄에 있는 네 개 네모형의 면적은 2*2평방미터이고
앞줄은 벼랑의 형태를 모방하였으므로 불규칙한데 대략 2*2 내지 2*4평
방미터이다(그림 4). 서양 고고학에서는 9년이 지나서야 성숙된 탐방探方
법이 사용되었는데 1936년 휠러Mortimer Wheeler가 영국 Maiden Castle의
발굴에서 사용하였다. 안특생의 1921년 앙소촌 발굴에서도 탐색(探沟:

도랑을 파서 발굴하는 방법)를 주로 사용했었다. 흙기둥(실은 관건적인 기둥)을 남기는 방법도 중요한 발견의 하나이다. 양파껍질 벗기기식의 발굴법은 한 층씩 수평으로 발굴하는 방법으로 사실상 지질학적인 방법이다.

기록할 때는 '세 점 기록법(三点记载法)', '접층법(层叠法)'을 썼는데 이는 당시에 있어서 가장 정밀한 방법이었다. 접층법은 주로 기준 층 아래의 깊이에 따라 대층大层(인공층)을 구분하지만 각 층마다 흙의 색깔로 다시 층(자연층)을 구분한다. 이렇게 유적지 지층의 퇴적상황을 알 수 있다(그림 5).

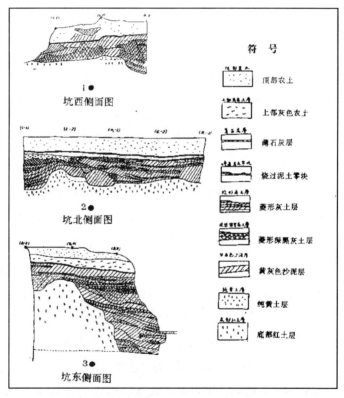

그림 5 서음촌(西阴村) 유적지 지층 횡단도
(원복례 제도(绘制), 이제 「서음촌 선사시기 유적지(西阴村史前的遗存)」, 『이제와 청화(李济与清华)』, 청화대학교출판사, 1994년, 58쪽 참조)

지형도와 지층도를 그릴 때는 원복례의 재주가 빛을 발했다. 이번 발굴에서 출토된 물건들은 그 자체의 학술적 의의는 크지 않았다. 그 이유는 이 지역의 퇴적층이 너무 단순하여 모두 앙소문화 서음촌유형[45] 또는 서음문화[46]에 속하는 것으로 안특생의 발견과는 직접적인 비교가 어려웠기 때문이다.

서음촌 유적에서 출토된 문물들은 모두 76개의 상자에 나누어 담았는데 매 상자마다 그 무게가 40kg이었다. 그중 가장 많은 것은 질그릇 조각이었고 대량의 뼈와 석기가 출토되었다.[47] 이제는 문득 사람들을 놀라게 할 결정을 내렸다. 즉 이 물건들을 모두 북경으로 운송하는 것이었다. 그 이유 중 하나는 질그릇 조각에 대한 통계적인 연구를 하기 위함이었고 다른 하나는 질그릇 조각에 대한 경도硬度를 측정하기 위함이었다. 당시 교통이 불편하고 시국이 불안정한 환경에서 이런 결정을 내린다는 것은 큰 용기가 필요했다.

대가상戴家祥의 회상에 따르면 이제가 북경에 돌아간 후 청화연구원은 환영회를 열었는데 4대 지도교수와 학생들이 모두 참석했다고 한다. 중점적으로 전시된 유물은 절반 잘린 누에고치였는데 다들 절단도구가 무엇인지에 대해 열렬한 토론을 벌였다. 왕국유는 그때 당시에 금속 도구가 있었을 수도 있다고 하면서 제임스 멘지James Mellon Menzies가 갑골문이 쥐

---

45) 장건방(楊建芳), 「앙소문화와 마가요문화의 분기(略论仰韶文化和马家窑文化的分期)」, 『고고학보(考古学报)』, 1962년 제1기, 49~80쪽.
46) 장충배(张忠培), 「앙소시대-선사시기 사회의 번영과 문명시대로의 전변(仰韶时代-史前社会的繁荣与向文明时代的转变)」, 『고궁박물원원간(故宫博物院院刊)』, 1996년 제1기, 1~44쪽.
47) 양사영은 후에 다음과 같이 말했다. "이번에 얻은 성과는 정말 실망스럽다. 이제가 전에 60여 상자의 도자기 조각을 발굴했지만 온전한 도자기는 하나도 없었다. 석기와 잔존한 인골의 발견도 극히 적었다. 양사영, 「산서서음촌 선사시기 유적의 신석기 시대 도자기(山西西阴村史前遗址的新石器时代的陶器)」, 『양사영고고논문집(梁思永考古论文集)』에 수록, 과학출판사, 1959년, 1쪽.

의 이발로 새긴 것이라고 했던 점 등등을 지적했다. 그러나 채도彩陶 조각에 관심을 가진 사람은 하나도 없었다. 심지어 이제 본인도 도자기를 전시하지 않은 것 같다. 더 재미있었던 것은 왕국유만 본인 생각을 밝혔을 뿐 '다른 교수들은 말에 끼어들지도 않았다'는 점이다. 이제의 서음촌 발굴 수확이 '지하 24사'의 발굴을 기대하던 사람들에게 매우 실망적이었기 때문이다.[48]

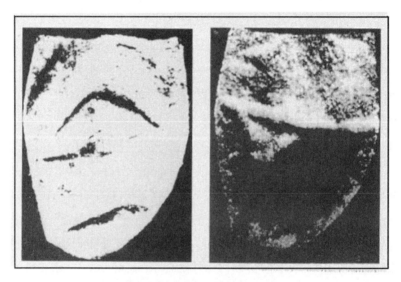

그림 6 이제가 서음촌에서 발견한 누에고치
(『이제문집』권 2, 상해인민출판사, 2006년 도면 참조)

과학고고학의 측면에서 보아도 서음촌 고고학의 의의와 영향이 크다고 짐작하기는 어렵다. 서음촌 유적지의 중요성은 안특생이 발견한 주구

---

48) 그때 당시 학술의 관심사는 신국학(新国学)이었기에 고고에 대한 열정은 사람들의 행동으로 옮겨지지 못했다. 진정으로 고고실천에 뛰어들려고 한 사람은 그리 많지 않았다. 청화연구원에서 이제를 따라 고고학을 공부한 학생은 오금정(昊金鼎) 한 사람뿐이었다.

점과 앙소촌에 비할 바가 안 된다. 그리고 발굴 방법도 선진적이지 않고 계속적인 연구도 부족했으므로 그때 당시 그리고 후세의 학술에 미친 영향이 그리 크지 않다. 하지만 이제의 발굴과 양사영의 질그릇 조각에 대한 연구는 사실상 고고지층학과 유형학이 중국고고학 실천에서 초보적으로 응용되었음을 대표한다.[49]

이제 개인으로 놓고 말하면 서음촌의 경력은 그의 이후의 학술에 결정적인 역할을 했는데 이는 다음과 같은 두 가지 측면에서 살펴볼 수 있다.

첫째, 고고학의 이론과 방법에 대해서 진지하게 사고하기 시작하였다. 이제가 하버드 대학교에서 배운 고고학 관련 교과과정은 제한되어 있었다. 그는 후든(虎藤), 찰스(柴士) 등에게서 유럽 선사시기 역사학과 그리스 고고학 지식만 배웠을 뿐이고 시간도 짧았으며 그림학습을 위주로 배웠기 때문에 실제 현장실습이 부족했다.[50] 게다가 이제는 인류학을 전문으로 배웠는데 서음촌 발굴을 하면서 고고학을 매우 중요하게 여기게 되었던 것이다. 1928년 가을, 이제는 미국에 가서 프리어갤러리와 지속적인 합작사항을 의논했는데 프리어갤러리에서는 이제에게 모든 권리를 부여하고 중국 학술기관과 협력하여 야외고찰을 계속 진행하게끔 하였다.[51] 서양 고고학 방법을 고찰하기 위해 이제는 미국에서 출발하여 유럽과 아프리카까지 지구를 일주하였고 그 해 12월에 광주에 도착하였다. 그는 중산 대학교의 초청강연에서 이번 여행의 수확에 대해 이야기 하면서 "유럽의 연구성과는 사람을 놀라게 할 정도로 대단하다. 과거에 대한 정리도

---

49) 臧振华: ≪中国考古学的传承与创新≫, ≪学术史与方法学的省思: "中央研究院" 历史语言研究所七十周年研讨会论文集≫, 台北: "中央研究院" 历史语言研究所, 2000年, 第159页 。

50) 이제, 「미국에서의 나의 대학생활(我在美国的大学生活)」, 『옛것을 그리며 적은 글(感旧录)』에 수록, 전기문학출판사(传记文学出版社), 1967년, 32~33쪽.

51) 이광모편(李光谟编), 『이제선생의 학문과 품행에 대해 적은 글(李济先生学行纪略)』, 미완성고, 1995년, 9쪽.

잘 되었지만 현재도 연구가 활발하게 진행되고 있다. 그리고 고고발굴에서 보여준 이집트 학자들의 세심함은 참으로 상상 밖이었다."라고 했다.[52] 이는 이제가 당시 서양 고고학 발전의 최고 수준을 직접 보았다는 뜻이며 또한 그가 서양 고고학 방법에 대해 깊이 이해할 기회가 없었다는 것을 보여준다.

둘째, 서음촌 발굴은 이제로 하여금 중국 학술계에 일류 학자로 자리잡게 하였다. 이제는 '중국에서 유일한 과학고고학자'라는 명성을 날리게 되었고 나중에 학술의 길을 폭넓게 개척할 수 있었다. 이제는 다음과 같이 말한 적이 있다.

> 서음촌 선사시기 유적 발굴은 정치 혁명의 고조단계에 진입한 중국에서 특별한 주의를 끌지는 못했지만 나에게는 현대적인 작업방법을 이용하였고 흥미가 역사시대의 한계를 뛰어 넘도록 한 중국의 첫 번째 과학 고고학자라는 명예를 안겨 주었다.
> 그리고 이런 소문은 심지어 외국에까지 전해져 프리어갤러리 관장은 내 이야기를 듣고 비숍을 통해 나를 만나고 싶다고 하면서 나를 워싱턴으로 초청했다.[53]

---

52) 이제, 「최근에 발견한 중국의 새로운 역사 재료(中国最近发现之新史料)」, 『이제와 청화(李济与清华)』에 수록, 청화대학출판사, 1994년, 95쪽. 이 글에서는 이제가 유감스러웠 했던 일을 적고 있다. "신학원에는 이집트학의 권위자 루스나(Reisner)교수 한 분이 계셨는데 이집트 고고라는 교과과정을 가르치셨다. 교수님은 정치에 관심이 너무 많아서 수업시간이면 고고학에 대한 것은 별로 강의하지 않으시고 늘 정치에 대해서 말씀하시곤 했다. 그래서 나는 수업을 몇 번만 듣고 더는 들으러 가지 않았다." 30~31쪽 참조. 이집트고고는 그때 서양고고학에서 가장 중요한 교과과정이었고 루스나교수는 현장 경험이 제일 풍부했는데 이제가 그 교육을 못 받은 것은 참으로 안타까운 일이 아닐 수 없다.
53) 이제, 「안양(安阳)」, 『중국현대학술경전 · 이제편(中国现代学术经典 · 李济卷)』, 하북교육출판사, 1996년, 495쪽.

남경정부 중앙연구원 설립 초기 이제(고고학, 인류학은 지질조사소에 소속됨)는 제1기 준비위원 초빙명단에 호적, 부사년과 이름을 같이 했다. 그후 역사언어연구소가 설립된 후 이제는 고고팀 책임자로 초빙되었는데 청화대학교 시기 선배였던 진인각, 조원임 등과 어깨를 나란히 하게 되어 몸둘 바를 몰라했다고 한다.[54)]

6. 1928년 이전의 중국고고학의 특성

1921년 안특생의 앙소촌 유적 발굴을 시작으로 1928년까지 중국의 선사시기 고고학 연구는 7년이라는 시간이 지났다. 만약 19세기 말부터 계산한다면 1928년까지 중국고고학 지식의 전파 및 관련 활동은 30여 년이 된다. 이 시기의 고고학 발전 상황을 다음과 같이 종합할 수 있다.

① 중국 학술계에서는 현장조사연구를 특징으로 하는 고고학의 학습 방식을 받아들였고 현대학술 연구에 있어서 고고학의 중요성을 충분히 인식했다.

② 이 시기의 고고학 활동은 대부분 규모가 작고 분산적으로 진행되었다. 리더십을 가진 대형의 연구기구도 없었고 국가 차원에서의 강력한 지지도 없었다.

③ 고고학 활동과 학술연구의 주도권이 일부 외국 학자들에게 속해 있어 고고 활동을 진행한 중국의 몇몇 학술 기구들도 외국의 영향에서 벗어나기 어려웠다.

---

54) 이제, 「역사언어연구소 창립과 안양고고사업 지지의 공헌(创办史语所与支持安阳考古工作的贡献)」, 『부사년에 대한 인상(傅斯年印象)』, 학림출판사, 1997년, 95~99쪽.

④ 중국 학술계에서 보수학자 그리고 유학파 학자들은 각자 나름대로 고고 활동을 진행했다. 상대적으로 이제를 비롯한 이른바 '과학고고학파'가 근대 서양의 고고학 이론과 방법에 대해서 더 정확하게 이해, 파악하고 있었다.

⑤ 30여 년의 탐색을 거쳐 출토된 재료에 대한 연구 및 고고학 발견에서 일정한 성과를 이룩하였다. 비교적 대표적인 성과는 갑골문 연구와 앙소문화를 대표로 하는 선사시기 고고의 발견과 연구이다.

이상의 내용들을 종합해보면 이 시기는 중국 근대 고고학의 맹아시기로서 사상, 인재, 지식 등 면에서 1928년 이후의 역사언어연구소의 고고학 발전에 좋은 기반을 다져 주었다는 것을 알 수 있다.

제2장 역사언어연구소 고고학
사상, 및 조직적 준비

민국은 난세였다. 북경대학교 고고학 연구실의 처지는 바로 이런 난세에서 학술을 발전시키는 일이 얼마나 어려운지를 잘 보여준다. 그러나 난세 속에서도 기적은 일어났다. 역사언어연구소(史语所)가 처한 사회조건과 학술조건에 비해 그들이 이룩한 성과는 놀라웠다. 이런 학술계의 기적들 중에서 고고학은 제일 빛나는 결실 중의 하나이며 그 중 공로가 제일 큰 사람은 바로 역사언어연구소 소장 부사년傅斯年이다.[1]

역사언어연구소로 인해 중국의 과학고고학中国科学考古学이 발전할 수 있었다. 그 과정에서 결정적인 역할을 한 사람은 부사년으로서 그는 역사언어연구소의 창시자이자 지도자, 수호자였다. 당시 걸출한 인재였던 부사년의 공훈과 업적은 고고학에만 그치지 않는다. 하지만 고고학 분야에서만 본다면, 민국 난세에서 세계가 주목하는 성과를 거둔 사람은 여전히 중국고고학계의 '교부'라 불리는 부맹진傅孟真이다.

중국고고학을 논함에 있어 부사년과 역사언어연구소를 논하는 것은 결코 부질없는 일이 아니다. 은허殷墟 발굴을 대표로 하는 과학고고학은 고립적인 존재가 아니라 역사언어연구소의 모든 학술계획과 실천 중의

---

1) 부사년(傅斯年)(1986~1950)은 산동성(山东省) 요성(聊城) 사람으로, 자는 맹진(孟真)이다. 역사학자 및 교육가이자 중앙연구원역사언어연구소 창시자이며 장기간역사언어연구소 소장직을 맡았다. 중화중화민국 시기 저명한 학자이자 사회활동가인 그는 북경대학교 대리총장, 대만대학교 총장 등을 역임하였다.

한 부분으로, 과학고고학을 알려면 우선 역사언어연구소와 그 학술지도 사상을 알아야 한다.

1. 중국 현대 고고학사에서 차지하는 부사년의 지위와 역할

왕범삼王汎森은 미국 인류학자 크로버Kroeber의 명언을 재인용하면서 '왜 천재들은 모두 그 시기에 있는가?(come in a cluster)'[2]라고 민국시기의 역사를 감탄하였다. 20세기 상반기 중국에서 확실히 수많은 걸출한 인물들이 배출되었다. 비록 그 시기 사회가 불안정하였으나 열정에 들끓는 많은 사람들이 자신의 재능을 불태웠는데 그중 가장 뛰어난 사람이 바로 부사년이다. 부사년이 대표하는 5·4운동의 세례를 받은 새 인물들은 민국 역사의 진정한 창조자로 정치와 학술을 비롯하여 한 시대를 이끌어 나갔다. 예전 사람들 대다수는 모택동의 지목과 비판을 통해 부사년을 알게 되었다. 1949년 8월 14일 중국이 해방되기 전날, 모택동毛泽东은 「환상을 버리고 전투준비를 하자」라는 격문에서 다음과 같이 쓰고 있다.

> 제국주의는 침략을 목적으로 옛날 문인, 사대부와 구별되는 수백만의 신식 지식인들을 배출했다. 제국주의와 앞잡이 중국 반동정부는 그들 중 일부만 통제할 수 있었으며 나중에는 호적(胡适), 부사년(傅斯年), 전목(钱穆)과 같은 극소수의 사람들밖에 통제하지 못하였다. 나머지 사람들은 반대의 길을 걸었다.[3]

---

2) 왕범삼(王汎森), 「부사년과 진인각(傅斯年与陈寅恪)」, 『중국근대사상과 학술계보(中国近代思想与学术的系谱)』, 하북교육출판사, 2001년, 385쪽.
3) 「환상을 버리고 전투준비를 하자(丢掉幻想, 准备战斗)」, 『모택동선집』(제4권), 인민

이렇게 지명된 후 부사년은 신중국에서 반정부 인물로 낙인이 찍혀 학술에서의 업적은 물론 역사언어연구소도 장기간 역사 속에서 잠적했다. 최근 10여 년에 이르러 국내 학술계에서 다시 '부사년으로 돌아가자'[4]는 구호를 외치면서 부사년에 관한 기념, 회상과 연구가 열풍을 띠게 되었고 고고학계도 그 행렬에 동참하게 되었다.[5]

부사년은 중화중화민국 시기 영향력이 큰 인물로서 그에 대한 연구는 매우 큰 과제이다. 이 책에서는 고고학과 관련된 부분만 언급하도록 하겠다.

부사년이 역사에 이름을 남기게 된 것은 북경 대학 재학시절부터이다. 그는 1913년 여름 북경대학 예과에 입학하여 1919년 6월 본과를 졸업하

출판사, 1991년 제2판, 1485쪽.

4) 가장 대표적인 글은 사영(謝泳)의「부사년으로 돌아가자(回到傅斯年)」로, 운남인민출판사에서 2002년에 출판한『주어진 길은 없다(没有安排好的道路)』라는 책에 수록되었다. 사영의 이와 같은 주장은 문화계에 매우 큰 영향을 미쳤다.

5) 최근 몇 년 동안 국내학술계에서 부사년에 관한 연구 저서들이 많이 출간되었다. 주요 성과는 다음과 같다. a. 구양철생(欧阳哲生)편,『부사년전집』(총7권), 호남교육출판사, 2003년. b. 유몽계(刘梦溪) 편,『현대학술의 경전 · 부사년권』, 하북교육출판사, 1996년. c.『부사년선집』, 천진인민출판사, 1996년. d.『부사년』, 요성사범대학 사학학부, 1991년. e. 포점상(布占祥)편,『부사년과 중국문화―'부사년과 중국문화' 국제학술 세미나 논문집』, 천진고적출판사, 2006년. f. 왕위송(王为松) 편,『부사년 인상』, 학림출판사, 1997년. g. 교윤명(焦润明),『부사년전』, 인민출판사, 2002년. h.『역사의 문을 넘나 들며(出入史门)』, 절강인민출판사, 1998년 등이다. 이외에도 많은 저서가 있으며 관련 연구논문들은 그 수를 헤아리기 힘들 정도로 많다. 서평방(徐苹芳), 당계근(唐际根) 과 같은 고고학계를 대표하는 학자들까지 부사년에 대한 논의를 남겼다. 부사년은 대만학술계에서 그 덕망이 높았으며 관련 논저나 문장은 더 많다. 예하면, a.『부맹진선생집』, 대만대학출판사, 1952년. b.『부사년선집』, 문성서점, 1967년. c.『부사년전집』, 대만연경출판사업회사, 1980년. d. 왕범삼(王汎森), 두정승(杜正胜) 편,『부사년 문물자료선집』,대북 부사년선생 탄신100주년기념 기획준비위원회 1995년 등이다. 왕범삼은 프린스턴대학에서 부사년을 논제로 박사논문을 발표한 적이 있다. Wang Fan-shen, "Fu Ssu-Nien: An Intellectual Biography", A dissertation of Princeton University, 1993; Also Fu Ssu-nien: A Life in Chinese History and Politics, Cambridge University Press, 2001. 논문집『신학술의 길』에는 부사년을 기념한 글들이 대량 수록되어 있다.

였다. 6년이라는 시간 동안 그는 북경대학 학생회장으로서 신문화운동에 적극 참가하였다. 널리 알려진 사적이 2개 있는데 하나는 나가륜羅家伦 등 학생들과 함께 『신조』잡지를 출간한 것이다. 『신조』는 신청년 다음으로 전국에서 두 번째로 영향력이 있는 잡지였다. 또 다른 하나는 5·4운동을 주도한 것이다. 그는 5월 4일에 거행한 북경대학 집회의 주석이자, 시위의 인솔자이며 기수였다.6) 이때로부터 부사년은 전국에서 이름을 날리게 되었다.

　5·4운동 후, 부사년은 산동성 정부의 지원을 받아 영국에 유학을 가게 되었다. 1920년 1월, 부사년은 런던대학 연구원에 들어가 실험심리학 등 교과과정을 선택하여 수강하였을 뿐만 아니라 물리, 화학, 고등수학도 배웠으며 과외시간에는 영국의 철학, 문학, 정치와 관련된 서적들을 탐독했다. 1923년 9월, 부사년은 독일로 유학을 떠나 베를린대학 철학연구원에 입학하였다. 그때 베를린대학은 아인슈타인의 상대성이론과 플랑크의 양자론으로 전 세계를 뒤흔들고 있었다. 독일은 또한 수년 동안 언어문자비교고증학(语言文字比较考据学)으로 명성을 떨치고 있었다. 이런 학술 분위기 속에서 부사년은 진인각陈寅恪과 유대유俞大维 등 유명한 학자들의 영향을 받으면서 상대성이론과 비교언어학 수업을 받았고 과외시간에는 에른스트 마흐Ernst Mach의 저서들을 즐겨 읽었다.7) 독일에서 부사년은 진인각처럼 새로운 지식을 추구하는 데만 열중하고 학력을 염두에 두지 않았기에 유럽 유학시절 아무런 학위도 받지 못했다.

---

6) 부사년은 다음날 우발적인 사건으로 행사에서 탈퇴하였다. 들리는 말에 의하면 의견이 다른 학생과 싸웠다고 한다. 사실상 부사년은 5·4운동의 구체적인 형식에 대해 남다른 견해를 갖고 있었다. 그 후 5·4운동에 대한 부사년의 적극적인 평가는 많지 않은데 이는 호적의 사상관점과 비슷하다.

7) 오상상(吳相湘), 「부사년의 뛰어난 학문과 품행(傅斯年学行并茂)」, 『부사년 인상』, 학림출판사, 1997년, 170~171쪽.

흥미로운 것은 북경대학 국문학과 출신인 부사년이 7년간의 유학생활을 하면서 자연과학 교과과정들을 많이 공부했다는 점이다. 이는 절대 우연한 것이 아니라 5·4 운동시절 유학생들 중에 흔히 있는 현상이었다. 부사년의 친구 나가륜은 "이러한 현상을 이해하려면 먼저 그 당시 신문화 운동시기를 살아온 사람들의 학술에 대한 심리배경부터 이해해야 한다. 그 시기 사람들은 자연과학을 대단히 숭상했는데 자연과학지뿐만 아니라 과학적인 방법도 터득하고자 했었다. 과학적인 방법은 자신의 연구에서뿐만 아니라 다른 학문 연구에서도 응용할 수 있기 때문이다."[8]라고 하였다.

이 훈련을 통하여 얻은 결과는 다음과 같다. '그는 많은 과학적인 방법과 이론을 장악하게 되었고 다시 한번 자신이 그동안 쌓아온 풍부한 중국 역사어문 지식을 되돌아보고 그 속에서 새로운 길을 개척할 수 있다는 것을 깨닫게 되었다. 그는 과학을 논할 자격이 있을 뿐만 아니라 일반과학을 이해할 수 있는 다재다능한 사람이자 중앙연구원 역사언어연구소 소장직에 제일 적합한 사람이기도 하다. 이것은 맹진孟眞이 때로는 중국 문학을, 때로는 실험심리학을 연구하며, 때로는 물리, 수학을 연구하고 때로는 역사언어학의 권위자가 되는 과정이다.'[9]

부사년은 전통적인 학문(旧学) 기초가 탄탄할뿐더러[10] 오랜 유학생활을 통해 동서양의 학문을 통달하고 인문과학과 자연과학에 능하였다. 따라서 현대과학과 전통문화에 깊은 인식을 갖게 되었을 뿐만 아니라 국제한학연구의 주류도 전면적으로 인식할 수 있었다. 그가 워낙 문사文史

---

8) 나가륜(罗家伦), 「기운이 넘치는 넘치는 부맹진 (元气淋漓的傅孟真)」, 『부사년 인상』에 수록, 학림출판사, 1997년, 6~8쪽.

9) 동상.

10) 부사년이 북경대학에서 공부하던 시절 교수인 호적(胡适)은 이 학생이 스승인 자기보다 학문이 더 깊다는 것을 발견하였다. 이는 헛소문이 아니다. 천판(陈槃)의 기억에 따르면 1927년, 부사년이 중산대학에서 국문학을 강의하는데 『상서(尚书)』를 교과서를 보지 않고 기억에 따라 원문을 칠판에 적을 정도였다고 한다. 그때가 바로 부사년이 7년간의 유학생활을 마치고 중국으로 막 돌아왔을 때였다.

연구에서 남다른 터득력과 천재적인 재능을 보였기에 베를린 유학동기인 유대유俞大維는 '문사文史 연구계에 부뚱보가 있는 한 그를 뛰어 넘을 자가 없다.'고 하였다. 부사년이 『역사언어연구소작업의 취지』를 써내고 현대 학술의 '가로등'과 '지침'(천판의 말(陈槃语))이 될 수 있는 것은 전혀 이상 하지 않다. 과학에 대한 그의 깊은 인식은 훗날 고고작업의 원칙을 정하는데서 더욱더 충분히 체현되었다.

1926년 10월, 부사년은 근 7년간의 유학생활을 마치고 중국으로 돌아 왔다. 그 당시 국내 형세는 그가 유학을 떠날 때에 비해 천지개벽의 변화 가 일어났다. 남방혁명이 빠른 속도로 진행되었고 국공합작이 이루어졌 으며 북벌전쟁이 승리할 무렵이었고 북양군벌정부는 무너지기 직전이었 다. 부사년을 포함한 5 · 4 신청년들은 자연적으로 혁명세력과 연결되었 고 함께 공부했던 학우들은 대부분 혁명정권에서 높은 지위와 권력을 갖 고 있었다. 그리하여 그들은 보다 빨리 혁명진영에 합류하게 되었고 '원 래부터 가지고 있던 조건들로 인해 바로 출세할 수 있었다.'[11] 그들은 대 부분 국민당정권을 기반으로 빠른 시일 안에 비교적 높은 사회적 지위와 권력을 얻게 되었다.

부사년은 귀국 후, 중산대학교의 초청을 받아 교수직을 맡았으며 문과 학장文科学长 및 문학, 사학 두 학과의 주임직을 겸직하게 되었다. 국민당 에서 운영하고 있는 중산대학은 대계도戴季陶가 위원장직을 임명받은 지 얼마 안 되었으며 위원인 주가화朱家骅가 실질적 사무를 보고 있었다. 부 사년이 중산대학에 취임한 후 그의 평생의 사업은 국민당 정권의 운명과 갈라놓을 수 없게 되었다. 물론 중국의 근대 학술에 관련된 일은 기본적 으로 국가사업이라고도 볼 수 있기 때문에 국가정권의 앞날과 연관되는

---

11) 주작인(周作人), 『신조류의 거품(新潮的泡沫)』, 왕부인(王富仁), 석흥택(石兴泽) 편, 『솔 직하게 말하는 자─유명인사가 보는 부사년, 부사년이 보는 유명인사(谔谔之士─名 人笔下的傅斯年´傅斯年笔下的名人)』, 동방출판중심, 1999년, 27~29쪽.

것은 당연하다. 즉 근대 학술에서 중요한 자리를 차지했던 중앙연구원 역사언어연구소도 분명히 국가학술기관에 속한다. 아무리 학술방면에서 독립했다고 해도 결국에는 체제体制의 영향을 받기 때문에 국가학술의 특징을 갖기 마련이다. 이것은 또한 민국 시기 학술과 교육기관의 보편적인 현상으로서 그 당시 사회환경 속에서 역사언어연구소의 고고학 발전에 결정적인 영향을 주었다.

하지만 역사언어연구소 소장직을 맡은 부사년에게 있어서 모든 일이 그리 순조롭지는 않았다. 민국 시기라는 복잡한 정치환경 속에서 지식계층의 정치 방향도 매우 복잡했다. 부사년은 정치에 대한 가치관과 입장이 명확하고 확고하였는데 그 주요 특징을 요약하면 다음과 같다. 첫째, 저명한 '의화단(义和团)학자'로서 민주주의 정서가 강하여 제국주의를 반대하였는데 특히 일본제국주의를 반대하였다. 둘째, 절대적으로 장개석을 옹호하는 충군사상을 가졌으나 끝까지 자유주의 입장을 주장하고 정부의 부패를 반대하였다. 셋째, 절대적으로 공산당을 반대하고 '마르크스주의를 증오하였으며'[12] 러시아와 중국공산당을 적대시하였다. 한마디로 부사년은 공산당을 반대하고 장개석을 옹호하면서도 자신의 독립적인 입장이 분명한 자유주의 지식인이었다.

부사년이 이러한 처세술을 보인 것은 당시 사회에 대한 그의 통찰력에 의한 것이었다. 그는 국민당과 공산당, 장개석과 모택동에 대해 잘 알고 있었고 늘 회의를 느꼈다. 재능과 처세능력이 뛰어난 그는 자신이 소속되어 있는 단체의 운명이 누구의 손에 쥐어져 있는지 잘 알고 있었기 때문에 늘 충군애국의 태도를 보였다.[13] 그는 평생 최고의 통치자인 장개석의

---

12) 나가륜(罗家伦), 「기운이 넘치는 부맹진」, 『부사년 인상』에 수록, 학림출판사, 1997년, 6~8쪽.

13) 왕범삼(王汎森), 두정승(杜正胜) 편, 『부사년문물자료선집』, 대북부사년선생탄생 100주년기념 기획준비회, 1995년, 114, 135쪽 참고.

지지와 신임을 받았고 독재자와의 관계를 이어왔다. 여기서 재미있는 여담을 하나 한다면 장개석은 등봉주공측영대登封周公測影台를 고찰하는 임무를 직접 역사언어연구소에 맡기기도 했다고 한다.[14]

부사년의 정치이념 중 가장 큰 특징은 자유주의였다. 민국 시기 호적을 중심으로 형성된 '호적파 자유주의 인사들'은[15] 민국사회에 독립적인 세력을 구축하여장개석(蔣氏) 정권과 일정한 거리를 유지해왔었다. 그들 중 대부분은 국민당 정부에 가담하지 않고 교육학술기관이나 신문사에 몸을 담고 자신의 독립적인 지위를 주장하였다. 이들은 정부의 힘을 빌려 학술을 발전시키는 동시에 정부를 비판하거나 감시하였는데 선명한 자유주의 성격을 띠고 있었다. 비록 호적과 부사년은 정부행정업무에 전념하지 않았으나 그들의 사회적 영향력이 컸기 때문에 장개석 또한 그들을 귀빈처럼 대했다. 자유주의는 민국 시기 학술의 매우 중요한 특징의 하나로, 민국 지식계층의 보편적인 가치관이었고 더 나아가 중화중화민국 시기 학술의 일부 특징을 규정하였다. 고고학과 같은 학문이 바로 여기에 속한다.

여기서 주목해야 할 것은 부사년이 자유주의와 사회주의에 대해 자신만의 생각이 있었다는 점이다. 국민참정회国民参政会에서 손글씨로 쓴 연설문에서 그는 사회주의를 비판하고 자유주의를 검토하며 중국의 민족, 민권, 민생 방면의 역사전통을 토론하였다. 그는 '19세기 자유주의는

---

14) 역사언어연구소 서류, 원189-1b. 제목: 총사무소에서 보내온 편지, 내용요약: 등봉현에 있는 주공측영대 유적을 보호하라는 장위원장님의 명을 받들어 연구원에서 전문가를 파견하여 유적을 잘 보존해야 한다. 편지 받는대로 착오 없이 처리하라. 날짜, 1936/11/02.
역사언어연구소는 즉시 동작빈(董作賓), 왕상(王湘)을 파견하여 훌륭하게 임무를 완수하였고 장개석에게 보고를 올렸다. 역사언어연구소 서류, 원189-2-8.
15) 장청(章清),『'호적파 인사'와 현대중국 자유주의("胡适派学人群"与现代中国自由主义)』참조, 상해고적출판사, 2004년.

문란하다'고 하였으며 사회주의는 '목적은 맞으나 방법이 크게 틀렸다'고 적고 있다.[16)]

부사년은 개성이 있는 사람이었다. 그가 세상을 떠난 뒤 스승이자 친구인 호적은 그를 기념하는 글에서 다음과 같이 적고 있다.

> 인간 세상에 보기 드문 천재가 있었는데 기억력, 이해력은 그를 따를 자가 없고 매우 세심하며 대범하기까지 하다. 그는 학식이 제일 깊을 뿐만 아니라 조직생활에서 타고난 리더 기질을 갖춘 인물이다. 인간관계에 있어서 그는 정열적이면서도 부드럽고, 이성적이면서도 사리가 있고 사랑스러운 사람이었다. 세상에서 이런 사람을 찾기 힘들겠지만 맹진(孟眞)은 확실히 이 모든 품성과 재능을 지닌 사람이다.[17)]

이처럼 정이 넘치는 말들을 만약 다른 사람에게 쓴다면 아마 손발이 오글거리겠지만 부사년을 평가함에 있어서는 다들 인정하고 또한 많이 인용이 된 말이다.

부사년은 재능이 넘쳐 치학治學, 비평(议论), 일처리(办事) 등 세 가지 능력을 다 갖추었다. 그는 타고난 자질이 있었을 뿐만 아니라 세심하고 대범하며, 책임감 있고 안목이 뛰어나서 천재적인 조직자, 리더였다. 이로부터 볼 때 부사년은 정치하기 적합한 인물이었지만 그는 모든 열정을 학술과 교육사업에 바쳤다. 그는 선후로 중앙연구원 역사언어연구소, 북경대학, 대만대학을 주관하였다. 특히 역사언어연구소에 있을 때 진인각陈寅恪, 조원임赵元任, 이제李济 등 학계의 유명인사들을 초청하여 십 여 년이라는 짧은 기간에 상술한 학술, 교육기관을 발전시켜 알찬 성과를 거두었고

---

16) 왕범삼(王汎森), 두정승(杜正胜) 편, 『부사년문물자료선집』, 대북 부사년선생탄생 100주년 기념준비회, 1995년, 103쪽.
17) 호적(胡适), 『<부맹진선생 유저> 서문』, 왕위송(王为松) 편 『부사년인상』에 수록, 학림출판사, 1997년, 74~77쪽.

국제한학계国际汉学界의 주목을 받게 되었다.

역사 정론定论의 각도로 보았을 때 부사년은 5 · 4 운동시기 기수였고 중국 고급학술 연구와 대학교 교육의 선도자였다. 그는 분노를 표현할 줄 알고 역사상 가장 학문이 있고 패기와 혈기가 넘쳤고 교양도 있어 위대한 지식인들 중의 모범으로 꼽혔다. 따라서 지금에 와서 다시 '부사년으로 돌아가자'고 외치는 것은 부사년의 학식뿐만 아니라 인간으로서 따라 배울 점이 많음을 뜻한다.

2. 현대 학술기관 – 역사언어연구소의 설립

중국 근대학술사에 있어서, 부사년이 주관한 역사언어연구소는 그 지위를 인정받은 기관이다. 두정승杜正胜은 역사언어연구소의 역사는 20세기 학술사의 대부분을 차지했다고 말했다. 그중 가장 중요한 두 가지는 은허 발굴연구와 내각대고内阁大库에 있는 명청 자료 정리이다.[18]

현대의 유명한 학술기관인 역사언어연구소의 형성과정에 관하여 「무에서 유에 이르기까지——부사년의 역사학 혁명과 역사언어연구소의 창립」[19]이라는 두정승의 글이 있다. 그외 권위 있는 자료로 「'중앙연구원 역사언어연구소' 70년 대사건 기록」[20]이 있는데 이 자료에서는 역사언어

---

18) 왕범삼(王汎森), 「무엇이 역사의 증거가 될 수 있는가」, 『중국근대사상과 학술의 계보』, 하북교육출판사, 2001년, 344~384쪽.

19) 두정승, 「무에서 유에 이르기까지—부사년의 역사학 혁명과 역사언어연구소의 창립(中生有的志业—傅斯年的史学革命与史语所的创立)」, 『고금논형(古今论衡)』 창간호에 수록, 1998년. 그 후 두정승, 왕범삼 편, 『신학술의 길—역사언어연구소 창소 70주년 기념문집(新学术之路—历史语言研究所七十周年纪念文集)』에 수록, 대북 '중앙연구원' 역사언어연구소, 1998년, 1~42쪽.

연구소에 대하여 공식적으로 정리, 기록하고 있다.

1927년 봄, 주가화朱家驊의 신임을 얻은 부사년은 곧바로 중산대학에서 새로운 학술연구를 시작했다. 그중 제일 중요한 것은 8월에 고힐강顧頡剛 등 사람들과 공동으로 기획한 역사언어연구소의 전신－중산대학 언어역사연구소의 창립이다. 비록 부사년, 고힐강과 같은 사람들이 큰 포부를 품었지만 중산대학교 내부 투쟁이 심하고 작업환경도 열악하여 학술연구를 이상적으로 진행할 수 없었다.

부사년이 중산대학을 떠나려던 시기 중국의 정치적 형세가 크게 변했고 북벌전쟁이 승리하면서 국민당과 공산당이 공개적으로 결렬되기 시작했다. 1927년 4월, 남경국민정부가 성립되고 5월에 중앙정치회의 제19차 회의에서 중앙연구원 설립에 관하여 논의하였다. 11월에 <중화민국 대학원 중앙연구원 조직규칙>이 통과되면서 중앙 연구원을 국가 최고의 과학연구기관으로 정하였고 대학원 원장 채원배蔡元培를 중앙연구원 원장으로 임명하였다.[21] 남경정부가 과학연구에 큰 관심을 보인 것은 채원배와 같이 박학다식한 원로들의 사업 추진과 깊은 연관성이 있다. 중앙연구원의 설립은 어느 정도 러시아의 방법을 참고로 하였다.[22]

두정승의 글에서 보여주다시피 중앙연구원 연구기관 창립을 계획할 때 역사학, 언어학이나 고고학연구소는 없었고 역사언어연구소는 더우기 없었다. 이때 부사년은 그의 정보 수집력과 민첩한 행동력을 발휘하여 <조직규칙>이 반포되자 1928년 정월, 전 북경대학 총장 채원배를 찾아 상해로 갔다. 부사년은 채원배에게 자신의 계획을 이야기하면서 '광주에

---

20) '중앙연구원' 역사언어연구소 편, 『중앙연구원 역사언어연구소 70년 대사건 기록』, 1998년.

21) 채원배, 「국립중앙연구원 사업보고」(1929년 3월 15일), 『부사년전집』 제6권, 하남 교육출판사, 2003년, 34쪽.

22) 팔켄하우젠(Lothar Von Falkenhausen) 저작, 진순(陳淳) 역, 「중국고고학의 편찬경향을 논함」, 『문물계간(文物季刊)』 1995년 제2기, 85쪽.

있는 기존의 언어역사연구소를 중앙연구원 언어역사연구소로 해 줄 것을' 제시하였다. 채원배는 즉시 건의를 받아들이고 부사년의 계획대로 추진하기로 했다. 채원배는 3월 말쯤 부사년, 고힐강, 양진성杨振声에게 중앙연구원 역사언어연구소 기획상무직을 맡겼다. 「'중앙연구원' 역사언어연구소 70년 대사건 기록」에도 1928년 3월이 역사언어연구소의 시작이라고 적혀 있다. 7월에 모든 준비를 끝내고 정식으로 역사언어연구소를 창립하였으며 9월부터 부사년이 소장 업무를 대행하였다. 1929년 6월, 전 소장이 물러난 후 부사년은 1950년 12월 타계할 때까지 21년 동안 소장직을 맡았다. 1928년 11월 14일, 부사년이 진인각에게 쓴 편지에는 '역사언어연구소는 없던 것을 있게 만들었다. 모든 일은 도전해야만 성공할 수 있다.'라고 적혀 있다. 역사언어연구소는 부사년이 지혜와 노력으로 이루어 낸 결과물이다.

채원배는 사실 역사언어연구소의 구상, 언어와 목표에 대해 잘 알지 못하여 모든 일을 부사년에게 맡겼다. 발 빠른 부사년은 3월에 초빙받고 4월에 중산대학교에 기획부를 성립하였다. 5월에는 연구소 창립 강령인 <역사언어연구소 사업 취지>를 발표하고 본인을 포함한 3명의 기획상무 명의로 채원배와 양전杨铨(중앙연구원 총책임자)에게 중용할 사람들의 명단을 보고했다. 그중에는 호적, 진원陈垣, 진인각, 조원임赵元任, 유대유俞大维, 이제, 유복刘复, 풍우란冯友兰, 이종통李宗侗, 서병창徐炳昶, 나가륜 등이 있는데 진원을 제외한 나머지 사람들은 모두 유학한 적이 있었다. 부사년은 7월에 동작빈[23]을 남양과 안양에 보내고 8월에는 은허를 조사하였다. 조사결과에 따라 11월부터 소둔小屯에서 제 1차 실험발굴을 하게 되면서 사서를 빛낼 수 있는 15차 은허발굴의 서막이 열리게 되었다. 11월에 부사년이 처음으로 작성한 보고서는 사료학史料学, 한어汉语, 서적교정

---

23) 그 당시 동작빈은 경력이 부족하여 역사언어연구소에서 편집원에 지나지 않았다.

(文籍校订), 민간문예民间文艺, 한자汉字, 고고학, 돈황재료연구敦煌材料研究, 인류학, 민물학民物学 등 여덟 가지 내용으로 구성되었다. 1929년 6월, 역사언어연구소를 광주에서 중국의 학술문화의 중심지 북평으로 옮기면서 역사학, 언어학, 고고 및 인류학 세 가지로 나뉘어졌고 진인각, 조원임, 이제가 각각 주임으로 취임하였다.[24]

다른 사람이 아닌 이제에게 고고학 팀의 책임자 임무를 맡긴 데는 공안公案이 있다.

하내夏鼐의 다음 발언이 큰 영향력을 발휘했다.

> 나는 역사언어연구소 고고학팀에서 근무한 적이 있는데 그때 같은 팀원들에게 들은 바로는 고고학팀이 생기게 된 목적은 은허발굴을 하기 위해서였다. 은허발굴을 책임질 주임직에 적합한 사람을 선택해야만 했었는데 후보로 두 명이 지목되었었다. 한 사람은 유명한 금석학 교수였고 또 다른 한 사람은 근대고고학 지식이 풍부하고 발굴 경험이 있는 젊은 유학생이었다(1918~1923년 유학). 채원배 원장은 후자를 선택했는데 그 후에 이것은 현명한 선택이었음이 증명되었다. 후자는 자신이 출판한 저서에서 유학시절 인류학을 전공했었는데 우연한 기회로 고고학자가 되었다고 밝히고 있다(『안양』 1977년 영문판, 38쪽).[25]

앞서 말한 금석학 교수는 마형马衡이었고 젊은 유학생은 이제였다. 하내가 한 말은 일리가 있는 말이었지만 역사사실과 조금 다를 수도 있다. 그가 금석학 교수 마형과 고고학자 이제를 비교했던 것은 당시 시대배경과 연관성이 있다.[26]

---

24) '중앙연구원' 역사언어연구소 편, 『'중앙연구원' 역사언어연구소 70년 대사건 기록』, 1998년, 2~4쪽.

25) 하내, 「5·4운동과 중국근대사 고고의 흥기(五四运动和中国近代考古学的兴起)」, 1979년 제3기, 193~196쪽.

26) '문화혁명' 후 20세기 70년대 말, 중국은 '과학으로 나아가는' 것을 창도하였다. 따

하내의 이 견해에 대해 후에 두정승은 다음과 같이 이의를 제기했다.

하내가 비록 역사언어연구소에서 근무하였다고는 하지만 시간이
많이 흐른 뒤의 일이라 역사언어연구소의 창립과정에 대해서 잘 모르
고 운영방식에 대한 이해도 부족하다. 또한 구성원은 원장의 권한으
로 선정된 것이 아니기에 자신의 생각이 많이 담겨있다. 17년 12월,
이제는 부사년에게 보낸 편지에서 동작빈의 첫 안양발굴에 북경대학
의 마형이 참여하고 싶어 한다면서 동의를 구하였다. 이는 마형이 역
사언어연구소가 창립되자마자 그 일원이 되고 싶어했음을 의미한다.
1년 뒤 마형이 직접 부사년과 이제, 동작빈에게 고고팀에 참여하고 싶
다는 의사를 밝혔으나 부사년은 곧바로 거절했으며 이제와 동작빈도
검토결과 부사년의 결정에 찬성하였다.[27]

두정승의 서술도 전부 정확하다고 볼 수는 없다. 사실 역사언어연구소
창립 초기만 해도 주요하게 외부의 시선 때문에 마형과 같은 전통 사상을
가진 북경대학 사람들을 특별(통신) 연구원으로 중용했었다.[28] 능력이 뛰
어난 부사년이 역사언어연구소의 운영에 외부세력이 끼어드는 것을 용납
했을 리가 없다. 중산대학교 언어역사연구소 시절, 그가 이미 외부세력의
간섭으로 인해 많은 고난을 겪었기 때문이다. 두정승이 부사년은 '신학술'
을 추구하고 마형과 같은 보수학자들과 뜻이 다르므로, 서로 간에 '지식을
대하는 태도와 추구방식이 다르다.'고 한 것은 어느 정도 일리가 있지만

라서 과학을 본보기로 삼을 것을 주장하면서 '과학의 봄'을 맞이하는 것이 당시 지
식계 여론의 주류가 되었는데 고고학계도 예외가 아니었다.

27) 두정승, 「무에서 유에 이르기까지—부사년의 역사학 혁명과 역사언어연구소의
창립(无中生有的志业—傅斯年的史学革命与史语所的创立)」, 『고금논형(古今论衡)』
창간호에 수록, 1998년. 그 후 두정승, 왕범삼 편, 『신학술의 길—역사언어연구
소 창립 70주년 기념문집』에 수록, 대북 '중앙연구원' 역사언어연구소, 1998년,
33~34쪽.

28) '중앙연구원' 역사언어연구소 편집, 『'중앙연구원' 역사언어연구소 70년 대사건 기
록』, 1998년, 2쪽.

유일하거나 중요한 요소가 될 수 없다. 부사년이 전통적 사상을 가진 학자를 중용하지 않은 것은 아니다. 동작빈, 곽보균郭宝钧은 전통교육을 받았으나 후기에 역사언어연구소 고고팀의 중요한 인물이 되었다. 그 시기 학술환경 속에서 중요했던 것은 실질적인 문제해결이었다. 동작빈 등이 하남성 출신으로서 은허발굴 작업에서 현지 인맥 관계를 충분히 이용할 수 있었다는 점은 매우 중요했다. 그리고 역사언어연구소는 동작빈과 같이 경험이 부족한 팀원들은 쉽게 조종할 수 있었지만 마형과 같이 강한 세력의 북경대학파들은 통제하기 힘들어 문제가 더 복잡해질 수도 있었다. 역사언어연구소의 통일적이고 효율적인 관리제도가 훗날의 연구소 발전에 큰 도움이 되었다는 점에 꼭 유의해야 한다.[29]

부사년은 실속파로서 이름있는 사람이라고 해서 직접 중임을 맡기지는 않았기 때문에 이제도 예외가 아니었다. 부사년은 이제와 아무런 친분도 없었지만 그를 눈여겨 보게 된 것은 사록국史禄国을 반박하는 'The Bones Of Sincheng'(앞서 이야기 했던 신정의 뼈 ≪新郑的骨≫)라는 글을 보았기 때문이다. 1928년 10월, 부사년이 청화대학에 있는 풍우란, 나가륜, 양진성杨振声에게 쓴 편지에는 다음과 같이 적혀 있다.

> 이중규(李中揆)(사광四光)는 이제라고도 불리는데 그가 쓴 사록국을 반박하는 글이 매우 좋아 그를 우리 연구소 고고팀 주임으로 초빙하고 싶다. 만약 그가 인류학에 관심을 갖고 있다면 더 좋을 것이다.[30]

---

29) 또 다른 하나의 전형적인 연구기구로 북경대학연구소 국학문이 있었는데 비록 근대학술기구의 시초이기는 하지만 학술상에서는 큰 공적을 이루지 못하였다. 이는 파벌이 복잡하고 내부투쟁이 심한 것과 직접적인 연관이 있다. 상병(桑兵)의 「만청 중화중화민국 시기의 국학연구(晚清民国的国学研究)」 제2장 「근대중국학술의 지연과 유파(近代中国学术的地缘与流派)」 참조, 상해고적출판사, 2001년, 28~64쪽.
30) 『나가륜선생문집(罗家伦先生文存附编)』, 대북, 국사관, 1976년, 524쪽. 이중규가 바로 이사광이다.

훗날 이제는 부사년과의 재미있고 흥미로운 첫 만남에 대하여 상세하게 회상하였다. 다음은 전문에 대한 자세한 기록이다.

부맹진선생님을 알게 된 경과

내가 부선생님을 처음 만났을 때 선생님은 이미 유명인사였다. 부선생님은 나와 같은 해에 태어났지만 학술면에서는 나의 선배라고 생각한다. 그 당시 선생님은 광주 중산대학에 있었고, 나는 금방 유럽에서 홍콩을 경유하는 배를 탔는데 광동에 가본 적이 없기에 이번 기회에 광주에 가보기로 했다. 나는 광동말을 잘 몰랐는데 그 당시 중산대학교가 갓 성립되어 북방에서 내려와 학생들을 가르치는 교수들이 많았다. 나는 누가 있을지도 모르면서 무작정 가보기로 했다. 하지만 중산대학교 입구에서 청화대학시절 친분이 있는 노교수 장택선(庄澤宣) 선생님을 만나게 되었다. 선생님은 나를 보자마자 '언제 왔어? 마침 여기에 너를 알고 싶어하는 사람이 있는데 안내해줄게.' 라고 말씀하셨다. 나는 놀라움을 금치 못했다. 대체 누가 나를 찾고 있는지 묻자 장선생님은 '이 사람은 너도 아는 사람이야, 바로 부맹진 선생이야.'라고 하셨다. 나는 또 한 번 크게 놀랐다. 왜냐하면 나는 부선생님이 5·4운동 시절에 창간한 <신조> 잡지의 성과에 대해 내심 많이 흠모하고 있었기 때문이다. 그 당시 나는 미국에 있었으므로 그저 속으로 부러워할 뿐이었다. 그런데 미국에 있을 때 나가류 선생님을 뵌 적이 있는데 선생님은 늘 맹진선생님을 언급하시곤 했다. 내가 '맹진선생님께서 웬 일로 저를 찾으시는 겁니까?'라고 묻자 장선생님은 '가보면 알게 될 거야.'라고 하시면서 나를 부사년 선생님 거처로 안내하셨다. 선생님은 나를 보고 마치 오랜 친구를 만난 것처럼 반기면서 꼭 당신 집에 묵어 가라고 하셨다. 하지만 내가 탄 P&O 선박은 인도 콜카타를 경유하여 온 배로 홍콩에서 이틀밖에 머물지 않았다. 내가 '안 됩니다. 저는 여기에 오래 머물러 있을 수 없습니다. 배가 이틀 뒤면 떠나야 하기에 오늘 가야 합니다.'라고 하자 선생님은 '안돼요, 당신의 배를 연장시키면 되잖아요.'라고 말씀한 뒤 바로 나를 데리고 홍콩에 가서 배편을 일주일 후로 연기시켰다. 선생님은 중앙연구원에 역사언어연구소를 창설하는 일에 대해 나와 많은 얘기를 나누었다. 그러다가 선생님께서는 나더러 현장발굴작업을 맡으라고 건의하셨다. 나는 '이 작업을 과연 제가 얼마나 할 수 있을까요?' 라고 물었다. 그 당시 고고작업에 종사하는 것이 쉬운 일이 아니라는 것을 나는 잘 알고 있었다. 왜냐하면, 지방세력, 골동상들의 세력, 정치, 사회적인 모든 세력들로 인해 공개적으로 고적을 발굴한다는 것은 쉽지 않은 일이고 이른바 조상들의 여묘를 파는 작업이 얼마나 힘든지를 이미 겪어보았기 때문이다. 선생님은 새로운 방식으로 현장발굴작업을 할 거라고 하시면서, 거기에 대해서는 더 논의를 해 봐야 한다고 말씀하셨다. 그리고 역사언어연구소의 조직구성과 발전방향에 대해서도 말씀하셨다. 선생님은 중산대학교에 언어역사연구소를 설립하였고 지금은 중앙연구원에 역사언어연구소를 설립할 예정이셨는데 두 연구소의 이름이 거꾸로 된 것은 어느 정도 일리가 있었다. 나도 선생님의 생각에 동의하였다. 내 기억에는 선생님께서 나를 역사언어연구소로 불러 연구소 동료들과 만나게 했던 것 같다. 그 분들 중에는 정산(丁山)선생님, 나응중(罗膺中)선생님, 고힐강선생님 등 북방에서 오신 분들이 많았다. 민국 17년 겨울, 부선생님은 이미 동작빈 선생님을 하남 은허 발굴작업 현장에 파견하여 성공적으로 실험발굴을 마쳤다. 동선생님은 안양 은허 유적 발굴에서 새로운 갑골문을 발견하였다. 그러므로 갑골문에 대한 연구원의 최초의 보도는 바로 동선생님이 안양 은허에서 발견한 3백여 조각의 갑골문이다. 물론 그때 나는 이미 어린 나이에 현장 고고 작업에 수차례 참여하였었다. 진인각, 조원임 선생님이 이미 중앙연구원 역사언어연구소에서 각각 역사팀과 언어팀을 주관하기로 한 상황에서 나한테 고고팀을 맡긴 것은 내 위치가 이 두 분과 평등하다는 것을 의미한다. 나이가 어린 나에게 있어서 이는 큰 영광이 아닐 수 없다. 학술면에서 부선생님이 나에게 매우 좋은 대우를 해준 셈이다. 이것이 바로 내가 부선생님을 알게 된 경위이다. 선생님은 역사언어연구소를 북평으로 옮기려고 계획하고 있었는데 그 당시 국민혁명군이 북평을 탈환한 지 얼마 되지 않아 형세는 안정적이지 못하였다.

그 후로부터 나는 47년간(1928~1975년) 줄곧 부선생님이 창설한 역사언어연구소에서 근무하였다. 나는 줄곧 한 자리를 지켜왔고 선생님께서 타계하신 후에는 계속해서 그 직무를 맡게 되면서 선생님의 역사언어연구소의 창설 취지에 대하여 어느 정도 알 수 있었다. 하지만 선생님의 전반 학술에 대해서 전면적으로 인식했다고 말하기는 어렵다. 왜냐하면 선생님은 다재다능하신 분이었기 때문이다.[31]

이제는 부사년이 자기를 중용한 것이 기쁘기도 했지만 한편으로는 당황스러웠다. 사실상 이번 두 사람의 만남은 서로를 위한 평등협상이라고 볼 수 있다. 부사년이 이제에게 기회를 마련해주었지만 이제에게도 미국 프리어예술관의 지원과 같은 매우 중요한 자원들이 있었던 것이다.

서음촌西阴村 발굴이 학술계의 주목을 받은 후 1928년 여름, 이제는 워싱턴에 초청되어 프리어예술관 관장 로지John E. Lodge를 만나게 되었다. 로지는 계속하여 중국학술기관과 프리어예술관 간의 모든 고고학 관련 연구 프로젝트를 지원하기로 약속하였다. 사실상 당시 중국학술계에 제일 부족했던 자금을 계속 지원하겠다는 것이었다.[32] 지질조사소와 청화대학에서 이제가 이룬 성과 그리고 북경대학 고고학회에서 얻은 교훈으로부터 볼 때 이와 같은 자금지원이 중국 현장 고고작업에 얼마나 중요한지를 알 수 있다. 부사년이 그 당시 중앙연구원 총책임자 양행불杨杏佛에게 보낸 편지를 보면 프리어예술관에서 이제에게 지원하는 자금은 Bishop(프리어예술관 중국 총책임자)에게 전달되었는데 그 액수는 매년 만여 달러 즉 당시 은화 2만 원에 맞먹는 돈이었음을 알 수 있다. 이 돈은 분하유역汾河流域 고고연구에 쓰일 계획이었고 프리어예술관에서는 영문으로 된 보고서만 요구할 뿐 다른 조건은 하나도 제시하지 않았다. 이제는 중앙연구원에서 명분만 주면 연구소에서 작업할 수 있었다.[33]

---

31) 이제, 「역사언어연구소 설립과 안양 고고작업에 대한 공헌」, 『부사년 인상』, 학림출판사, 1997년, 95~99쪽.
32) 이제, 「안양安阳」, 『중국 현대학술의 경전 · 이제권』, 하북교육출판사, 1996년, 495~49쪽.
33) 역사언어연구소 서류, 원25-2, 부맹진이 양행불에게 보낸 편지. 1928년 11월 7일.

회담에서 부사년은 이제에게 안양에서의 동작빈의 발견에 대해 말해주었고 이제는 자신과 프리어예술관 간의 협상 내용을 전해주었다. 이번 협상을 통해 부사년은 자금과 기술을 얻게 되었고 이제는 좋은 기회를 얻었다. 이번 회담은 성공적인 합작이었고 역사적인 의의가 있는 만남이었다. 부사년은 중국의 새로운 정권, 새로운 학술기관을 대표하고 이제는 막대한 서양세력의 지지력을 대표하였다. 무질서하고 쇠퇴한 중화중화민국 시기에 있어서 중요한 합작이 아닐 수 없다. 그 후로부터 새로운 정권과 새로운 학술사상, 새로운 기술과 미국의 지원 등 여러 가지 중요한 요소들이 결합되어 중국 과학고고학의 새로운 항로를 개척할 수 있게 되었다.

역사언어연구소는 중화중화민국 시기 고고학 역사에서 매우 중요한 위치를 차지하였는데 주로 다음과 같은 두 가지 방면에서 드러난다. 첫째는 국가학술기관을 위하여 워크스테이션을 마련하였고 둘째는 집단연구의 모범이 된 것이다.

먼저 첫째 방면에 대해 이야기 해보자. 부사년이 역사언어연구소를 설립하고 안양고고발굴을 시작하기 이전, 중국의 일부 학술기관 또는 이미 앞에서 언급했던 북경대학의 마형, 청화대학의 이제 등과 같은 일부 개인들도 고고활동을 하였으나 그것은 작은 발굴에 지나지 않았고 또한 어려움도 많았다. 이는 기관 자체가 힘이 약하고 비용이 모자란 것과 직접적인 연관이 있다. 중앙연구원 역사언어연구소를 통하여 고고학은 처음으로 중화민국정부의 국가학술체계에 들어서게 되었고 국가학술발전계획의 일부분이 되었으며 나라의 힘을 빌려 보다 신속하게 발전할 수 있게되었다. 후기 역사언어연구소의 각 지역별 고고활동은 전부 중앙학술기관의 명의로 진행되었고 분쟁이 생길 경우 정부의 힘을 통해 해결할 수 있었다. 은허발굴팀이 군대의 방해를 받지 않게 하기 위해 부사년은 장개석에게 직접 명령을 내리도록 부탁을 했다. 역사언어연구소의 이런 우세는 북경대학을 포함한 그 어떤 기관에도 없었던 것으로, 민국 난세 시기 순조롭게 고고작업을 전개할 수 있었던 힘이다. 국가학술기관으로서의 역사언어연구소는 안정적인 운영자금으로 연구원들의 생활과 과학연구 조건을 보장해주어 그들이 작업에 열중할 수 있게 하였다. 역사언어연구소는 부사년의 능력으로 설립되었기 때문에 그에게는 절대적인 권한이 있었다. 그가 심혈을 기울여 관리한 역사언어연구소는 외부의 여러 가지 압력과 유혹에도 견뎌냈으며 상대적으로 단순하고 안정적인 환경이 조성되어 파벌투쟁이 그리 복잡하지도 않아 과학연구의 효율을 높일 수 있었다.

두 번째로 역사언어연구소에서 주장하는 '집단작업'은 집단연구의 모범이 되었고 학술의 전문성에 큰 역할을 하게 되었다. 이에 대하여 호적은 다음과 같이 평가했다.

> 그는 영국 대철학가 베이컨(培根)이 주장했던 집단연구를 실천에 옮겼다. 한 연구가의 정력은 한계가 있으나 여러 사람이 함께 하는 집단연구는 비교적 쉽게 성과를 거둘 수 있다. 베이컨이 300여 년 전에 생각했던 것을 100여 년 전에야 일부 선진국에서 실천하기 시작했다. 맹진이 귀국했을 때가 바로 중국에 집단연구기관이 갓 세워졌을 때이다. 따라서 중앙연구원에서의 맹진의 작업은 중국 집단연구의 성공사례라 할 수 있다.[34]

역사언어연구소의 집단연구 방식은 여러 방면에서 표현되었는데 그중 제일 전형적인 것은 고고학 작업이다. 각 분야의 최고들로 구성된 고고팀은 역사언어연구소의 전반적인 배치에 따라 각자 맡은 바 업무를 착실히 완수하고 재능을 발휘하여 높은 작업효율을 보여주었다. 이것은 집단연구의 모범이라 할 수 있다. 집단연구와 밀접한 연관성이 있는 것은 학술

---

34) 호적, 「부맹진선생의 사상」, 왕위송(王为松)이 편집한 『부사년 인상』에 수록, 학림출판사, 1997년, 84~85쪽.

의 전문화로, 여영시余英时는 중국 근대 역사학의 전문화는 역사언어연구소에서 시작되었다고 하였다.

부사년과 역사언어연구소의 공로에 대하여 상병桑兵은 다음과 같이 말했다. 북경대학 국문학과부터 하문대학 국학원까지 그리고 다시 중산대학 언어역사연구소에 이르기까지의 학술 주장은 역사언어연구소와 서로 일치한다. 하지만 현실상황에서 학술 주장을 펼치는 일은 느리기만 했다. 예를 들어 고대역사연구에서 매우 중요한 자리를 차지하는 고고학에 있어서 현장발굴이 도자기 수집보다 더욱 중요하다는 사실을 알면서도 실천에 옮기지 못했다. 그러나 역사언어연구소가 설립된 후부터는 상황이 달라졌다. 어떤 학자들은 '말로만 논하는 것'과 '행동에 옮기는 것'으로 북경대학 국문학과와 역사언어연구소의 고고활동을 비유하였다.[35] 이는 매우 적절한 비유다. 역사언어연구소는 새로운 인재를 공모하고 실용적인 학술을 중요시하였으며 새로운 길을 개척하고, 사상이 통일되어 모순이 없었다. 게다가 부사년이 추진력이 뛰어나고 관계처리가 원만하여 여러 면에서 지지와 지원을 받아 연구방향을 명확히 할 수 있었다. 또한 외부 환경이 점차 안정되면서 연구를 실속있게 전개할 수 있어 예전 학자들이 오랜 시간 동안 실천에 옮기지 못했던 새 학술을 신속히 발전시킬 수 있었고 뚜렷한 성과를 거둘 수 있게 되었다. 따라서 국제 학술계의 이목을 끌게 되었으며 세계학술계에서 중국은 발언권을 갖게 되었다. 집단연구가 대세로 떠오른 것으로부터 볼 때 부사년의 공적은 중국학술계가 과학적인 방법으로 국가의 문화와 학술을 정리하는 중요한 조건이 되었다. 고고학에 성과가 있었던 이제도 부사년이 아니었으면 고고작업이 중단되었을 것이라는 점을 인정하였다.[36]

---

35) 사효영(査曉英) 창작, 나지전(罗志田) 지도, 「지질학으로부터 사학으로의 현대중국 고고학」, 사천대학석사논문, 2003년.
36) 상병, 『만청중화중화민국 시기의 국학연구』, 상해고적출판사, 2001년, 273~275쪽.

3. 역사언어연구소 고고학 사상의 시작

오래전부터 중국고고학의 산생에 대하여 사학계에서는 의고疑古로부터 고고에까지의 사상사 변천노선을 구축해 왔다. 대다수 국내학자들이 이 설법을 인정했을 뿐만 아니라 '신학술의 길'의 직접적인 계승자, 대만 역사언어연구소의 학자들도 복응服膺하였다. 이와 같은 견해는 근대사학에서의 의고사조의 주도적인 지위와 막대한 영향으로 형성되었다. 하지만 실제 조사에 따르면 부사년이 고고에 종사하게 된 원인은 의고사조와 직접적인 연관이 없다. 부사년의 '신학술' 사상은 프랑스 파리 한학에서 깨우침을 가장 많이 받았는데 이것이 바로 중국 과학고고학의 진정한 사상적 시작이라고 할 수 있다.37) 다시 말하면, 부사년은 문헌자료를 의심해서 재건의 길을 걷게 된 것이 아니라 그 당시 이미 동방학연구의 주류가 된 파리 한학의 방법과 성과야말로 중국학술의 발전 방향이라고 보았던 것이다. 또한 파리 한학을 열심히 공부하면 고고학이 '예류預流'의 가장 중요한 방법의 하나가 될 것이라고 여겼다. 부사년과 이제는 현대고고학의 성질과 고대역사 재건의 작용에 대하여 분명하게 인식하고 있었는

---

37) 상병은 부사년이 독일의 랑케(兰克) 사상의 영향보다 프랑스 파리 한학의 영향을 더 많이 받았다고 주장하였다.『만청중화중화민국 시기의 국학연구』, 상해 고적출판사, 2001년, 275쪽.) 이는 왕범삼의 영향을 받은 것이다. 왕범삼은 부사년이 평생 랑케에 대하여 언급한 적이 두세 번밖에 없고 그의 책에서는 랑케의 그 어떤 작품도 찾아볼 수 없다고 했다. 하지만 주일량(周一良)은 "어느날 밤 제가 프랑스어를 공부하고 있는데 부선생께서 저보고 '자네는 앞으로 랑케와 맘슨(莫姆森)의 원작도 접할 수 있으니 독일어도 조금 공부해두는 것이 좋을 거야'라고 말씀했다"고 회억하고 있다. 주일량「역사언어연구소에서의 일 년」, 두정승, 왕범삼이 편집한 <신학술의 길—역사언어연구소 창립 70주년 기념문집>에 수록, '중앙연구원' 역사언어연구소, 1998년, 557쪽. 이로부터 부사년이 랑케에 대하여 어느 정도 요해하고 있었음을 알 수 있다. 왕범삼의 통계가 부사년의 지식구조를 정확히 반영한 것은 아니다.

데 이는 마형과 같은 학자들이 '지하24사(地下二十四史)'를 파내려는 관점과는 근본적으로 다른 것으로 이미 앞에서 언급한 적이 있다. 하지만 과학파나 보수 는 고고학이 고대역사문제를 해결하기 위한 것이라는 점에서는 근본적인 견해 차이가 없다. 중국고고학이 본래부터 역사학과 밀접한 관계를 갖고 있었으며 역사학의 일부분으로 고대역사재건을 위하여 봉사한다는 점은 자연스러운 사실이다.

의고疑古사조가 중국고고학의 산생을 촉진시킨 점에 대하여 고고학자를 비롯한 민국 시기의 학자들은 유사한 인식을 갖고 있다. 예를 들어 이제는 다음과 같이 말하였다.

> 20세기 초, 즉 중국의 문예부흥시기로 불리는 짧은 기간 동안 지식계에는 '의고파(疑古派)'라 자칭하는 매우 중요한 부류의 사람들이 있었다. 이들 불가지론(不可知论)자들은 중국의 모든 고대 전통에 대하여 의심을 품고 이른바 은대(殷代)가 아무리 깊은 뜻이 있다고 해도 여전히 석기시대에 처해 있었다고 주장하였다. '의고파' 대다수는 장병린(章炳麟)의 학생들이었는데 문예부흥의 사조 속에서 그들 또한 자신의 선생에게 반란의 기치를 들기도 하였다. 물론 적극적인 공헌은 그리 많지 않았지만 사상이 극히 혼란한 시기에 적어도 중국고고학의 산생을 촉진하는 사회적 가치를 창조하였다. 중국 고대 문제에 있어서 장병린과 반란을 일으킨 그의 학생들의 관점이 전부 틀렸다는 사실은 과학고고학에 의해 나중에 증명되었다.[38]

이제의 말은 사실 적지 않은 문제가 있다. 예를 들어 상대商代를 석기시대라고 본 것은 의고파의 전형적인 관점이 아니라 안특생安特生이 제일 처

---

38) 이제, 「중국고고역사에 새로운 장을 연 안양고고 발견의 중요성(安阳的发现对谱写中国可考历史新的首章的重要性)」, 『이제의 고고학 논문선집』에 수록, 문물출판사, 1990년, 789~795쪽. 본문은 1953년 가을, 필리핀 제8차 태평양과학회의에서 한 이제의 보고이다. 원문은 영문으로 되어있음.

음으로 주장한 것이며 호적도 그 영향을 받았었다. 이제는 의고파에 대하여 다른 견해가 있었으나 의고파가 중국고고학의 산생을 촉진하였다는 점은 인정하였는데 이것은 보편적인 인식을 대표한 것으로 보인다.

두정승은 특수한 신분(역사언어연구소 소장)을 가진 고고학 역사연구자로서 이제의 사고방식에 대하여 자세하게 정리하였다. 두정승의 연구방식은 일반 학자들과 현명한 차이를 보이고 있는데 핵심인물인 부사년의 사상과 성격특징으로부터 연구를 진행했다는 것은 두정승의 연구가 심리분석의 의미를 지니고 있다는 점을 시사해준다.

「의고로부터 재건까지(从疑古到重建」[39]라는 글에서 두정승은 자신의 관점을 자세하게 서술하였다. 그는 고대 역사학 혁명은 크게 두 개 파로 나뉘는데 하나는 고힐강을 대표로 하는 '의고파'이고 또 다른 하나는 부사년을 대표로 하는 '재건파'로 이 두 파는 '쌍벽'으로 불렸다. 그들은 북경대학 시절 동문동창이었고 신파新派 지도자인 호적과는 사제간이었으며 북경대학에서 모두 대단한 인물들이었다. 5·4운동이 끝난 후 1919년 연말, 부사년은 유럽으로 유학을 떠났고 1년 뒤 국내에 남아있던 고힐강은 호적, 전현동钱玄同과 서로 편지를 주고받으며 학문을 논하였다. 그 과정에 세상에 널리 알려진 '층층이 쌓여 형성된 중국 고대사(层累地造出的中国古史)'를 발표하여 수년간 중국사학계를 휩쓴 의고열풍을 일으켰다. 초기에 호적과 부사년은 고힐강을 극도로 추앙하였다. 부사년은 해외에서 고힐강에게 보낸 편지에서 그의 '층층이 쌓여 형성된 중국 고대사'는 '사학중앙표제(史学中央题目)'라고 극찬하고 이 표제는 '중국역사를 여는 열쇠이고 중국고대방술方术사상사의 진정한 단서이며, 주한周汉사상을 알 수 있는 거울이자 고대역사의 새로운 집대성이다.'라고 하였다. 그리고

---

39) 두정승, 「의고로부터 재건까지―부사년의 사학혁명 및 호적, 고힐강과의 관계(从疑古到重建―傅斯年的史学革命及与胡适´顾颉刚的关系)」, 『중국문화』, 1995년 제12기, 224~237쪽.

몇 년 사이에 친구가 이렇게 큰 성과를 가져온 것이 매우 놀라워 나가류과 요총아(姚从吾)에게 고힐강은 역사학의 중심 위치에 자리하였고 '역사학의 왕'이 되었다고 하였다. 또 '역학계의 뉴턴, 생물학계의 다윈과 같은 위치'라며 '그 누구도 항복하지 않을 수가 없다'고 극찬하였다. 두정승은, 위와 같은 편지 내용은 1924년의 부사년의 생각을 대표하는 것으로 '친구를 자랑스럽게 여기는' 마음이 담겨 있다고 하였다.

부사년은 역사학 전공 출신은 아니었다. 독일 유학시절 그는 주요하게 자연과학을 배웠다. 고힐강에게 쓴 편지에서 그는 역사학을 연구함에 있어 고힐강을 따를 이가 없으니 '역사학을 배우지 않은 것이 오히려 다행인 것 같다'고 했다. 하지만 그 후 부사년은 역사학을 하게 되었는데 두정승의 문장에서는 그 이유를 밝히지 않았다. 아마도 고힐강의 성과와 영향력이 부사년으로 하여금 역사학에 흥미를 가지게 하고 큰 뜻을 품게 하였을 것이다. 문화역사학에서의 그의 깊은 조예와 깨달음을 기반으로 신속한 발전을 가져오게 된 것은 자연스러운 일이다. 역사학 분야에 들어가면 두 사람은 '자랑스러운 친구'로부터 '운명의 라이벌'이 되었다. 재능과 추진력이 고힐강보다 한 수 위였던 부사년이 절대 고힐강에게 지려고 하지 않았기에 훗날 두 사람은 서로 미워하는 사이가 될 수밖에 없었다. 부사년의 전통문화 수양은 고힐강보다 뛰어났고 거기에 수 년간의 유학경력까지 더하여 고힐강의 식견을 훨씬 뛰어넘었다. 고힐강은 의고에만 머물러 있었지만 부사년은 직접 재건에 뛰어들었다.

1926년 하반기에 유럽으로 간 호적은 그해 9월 1일부터 9월 22일 사이 제자 부사년을 7년 만에 파리에서 만났다. 호적의 기억에 따르면 부사년이 역사학에 큰 포부를 품게 된 것은 바로 그때의 만남이 계기가 되어서였다. 부사년의 학문 사상은 매우 복잡한 화제이다. 그 핵심적 방법 중에 야외방법, 특히 고고발굴 방법이 제일 중요한 자리를 차지하였다. 왕범삼은 부사년의 자료를 정리하다가 '발굴과 여행에서 손발을 놀리지 않는다면 나는 나를 구제할 수 없다.'라는 글을 발견하였다. 이 글은 바로 '이승에 없으면 저승에 가서라도 손발을 다 동원하여 재료를 찾는다(上窮碧落下 黃泉 动手动脚找材料).'는 부사년의 명언이 산생된 기초로 아마도 영국 역사학자 Trerelyan의 영향을 받았을 것이다.[40] 두정승은 이와 같은 부사년의 학문 방법론은 이미 고힐강을 뛰어넘었으며 고대 역사가 생존하고 발전하려면 '재료를 원천으로 하는 고고학'과 각종 문헌자료에 많이 의존하여야만 한다고 생각했지만 그리 정확하지는 않다. 그 시절 고고학으로 새로운 재료들을 수집하여 역사학의 새로운 발전을 이룩해야 한다는 견해는 이미 국내 역사학계에서 보편적으로 인식했던 것으로 부사년 한 사람만의 견해가 아니었다. 부사년이 고힐강보다 한수 위인 것은 현대 과학방법에 대한 구체적인 파악과 고고학의 실제 역할에 대한 인식, 그리고 생각을 행동에 옮기는 실천능력이었다.

두정승은 '역사학을 전공하지 않은' 부사년이 역사학에 대해 사고하고 역사학 사상을 형성하게 된 시기는 1925년 봄부터 1926년 10월 사이 즉 그가 귀국한 시기라고 보았다. 이 시기 학술역사를 돌이켜 보면서 두정승은 매우 감성적인 말을 남겼다.

> 부사년은 원래 의고파였다. 의고파 고힐강이 세운 역사학 왕국은 사상 전변기에 있던 부사년에게는 울타리 같은 존재였고 또한 스스로 만든 울타리와 같았다. 하지만 동항(东航) 항행을 하면서 부사년은 울타리에서 뛰쳐 나와 날개를 펼치고 자유로이 날 수 있었다. 40여일 동안 바다 위를 달리면서 지고 뜨는 해와 캄캄한 밤의 별들을 감상하면서도 부사년의 머릿속에서는 역사연구과제와 곧 펼쳐질 역사학혁명이 한시도 떠나지 않았을 것이다.[41]

---

40) 허관삼(许冠三), 「신사학90년(新史学九十年)」, 『악록서사』, 2003년, 221쪽.
41) 두정승, 「유에서 무에 이르기까지—부사년의 역사학 혁명과 역사언어연구소의 창

사실 역사학과 역사학 방법에 대한 부사년의 관점은 고힐강뿐만 아니라 전통적인 사상을 지닌 모든 학자와 달랐다. 부사년은 과학을 숭배하고 역사학이 다른 자연과학과 동일한 가치와 대우를 받게 하여[42] 이른바 '고유학술'과 차이를 두었다. 그가 주장하는 학술은 태연학파(太炎学派)와 같은 구사학旧史学과 선을 그어야 할 뿐만 아니라 고사변古史辨과 같은 신사학과도 선을 그어야 했었다. 왜냐하면 구사학, 신사학에서 비록 과학을 제창하였지만 과학방법으로 중국 고대의 문화유산, 학술(国故)을 정리하는 것은 언제까지나 말로만 하는 과학이지 진정한 자연과학처럼 구체적이고 실용성이 있는 과학이 아니기 때문이었다. 적어도 '과학'이 철저하지 못하였다고 볼 수 있다. 이것은 1928년 11월 역사언어연구소 제1기 작업 보고서에서 명확히 밝혔었다. 부사년은 채원배에게 역사언어연구소 설립의 의미에 대해 다음과 같이 말했다.

중앙연구원 설립 목적은 근대과학을 발전시키는 것이지 결코 고유의 학술을 제창하는 것은 아니다. 역사언어학으로 고유학술을 계승받기만 하고 새로운 방법과 이념을 추구하지 않는다면 다른 자연과학과 다를 바가 없을 것이며 중앙연구원 역사언어연구소가 아닌 천문, 지리, 물리와 같은 부류로 취급해야 한다. 선생님께서 중앙연구원 산하에 역사언어연구소를 만든 이유는 바로 자연과학으로 역사학을 바라본 데 있으며, 이는 비록 예전 영역이지만 새로운 것을 제창하는 성질을 지니고 있다.

립」,『고금논형(古今論衡)』창간호에 수록, 1998년. 그 후 두정승, 왕범삼이 편집한 『신학술의 길－역사언어연구소 창소70주년 기념문집』에 수록, '중앙연구원' 역사언어연구소, 1998년, 10쪽.
42) 당연히 이와 같은 인식에는 많은 문제가 존재한다. 역사학은 결국 자연과학과는 다르다. 아래의 글에서 다시 자세하게 토론하기로 하자.

이는 5월에 쓴 <역사언어연구소 작업 취지>에서 이미 밝히다시피, '역사학, 언어학을 생물학, 지질학과 같은 지위로 발전시키자'는 뜻이다.[43]

왕범삼은 부사년과 그가 만든 역사언어연구소에 대한 연구는 '본질주의'에 빠지기 쉽다고 하였다. 즉 『취지』라는 경전적인 문헌에 너무 치우친다는 것이다.[44] 하지만 근대 사학학술과 고고학역사를 연구함에 있어서 『취지』는 빼놓을 수 없는 문헌이다.

『취지』의 핵심은 '신학술'을 호소하고 '과학적인 동방학의 정통은 중국에 있다.'는 것을 알리는 것이다. 그 당시 시대 배경을 모르고 부사년의 설법이 내포한 의미를 모른다면 중국에서의 과학고고학의 산생, 발전의 정확한 원인을 잘 알 수 없으며 '의고사조가 중국고고학을 촉진하였다.'와 같은 일반적인 견해에 치우쳤을 것이다.

앞서 진원陈垣의 '예류(预流)'설에 대하여 이야기한 바 있다. 근대 중국은 '생산력이 낙후하고 모든 것이 쇠락하였으며 과학건설도 외국이 더 발전하여 언급할 가치조차 없으나 학술에서는 조금 성과가 있었다.'[45] 하지만 중국 자체의 문화역사 관련 학술이 점차 동서양 학술계에서 우위를 차지하였다고 해도 프랑스 파리의 한학과 일본 한학이 학술의 주류가 되었기에 중국 학자들은 이것을 수치로 느끼고 있었다. 진원陈垣은 호적胡适에게 '한학 정통은 지금 서경(일본 교토)에 있는 것인가? 아니면 파리에

---

43) 일부 학자들은 부사년이 『취지』에서 역사언어학을 생물학, 지질학과 같은 지위로 발전시키려 할 뿐 물리학, 화학을 언급하지 않은 것은 어떤 의의가 있는 지에 대해 분석하였다. 하지만 위에서 인용한 11월의 보고에서 이미 역사언어학을 천문, 지리, 물리와 같은 부류로 취급해야 한다고 밝혔다. 『취지』에서 생물학, 지질학을 언급한 것은 일부러 물리학, 화학과 같은 더 순수한 자연과학을 배척한 것이 아니라 단지 손이 가는 대로 썼을 뿐이다.

44) 왕범삼, 「무엇이 역사의 증거가 될 수 있는가(什么可以成为历史证据)」, 『중국근대 사상과 학술의 계보(中国近代思想与学术的系谱)』, 하북교육출판사, 2001년, 344쪽.

45) 1932년 12월 15일 손해제(孙楷第)는 진원에게 편지를 보냈다.「진원왕래서신집(陈垣来往书信集)」, 상해고적출판사, 1990년, 409쪽.

있는 것인가?' 라고 물은 적이 있다.[46] 1923년, 용수사龙树寺 포빙당抱冰堂에서 열린 북경대학연구소 국학문 모임에서 진원은 '지금 국내외 학자들이 논하고 있는 한학은 파리 아니면 일본이지 중국에 대해 언급하는 사람은 아무도 없다. 우리는 반드시 한학의 중심을 중국으로, 북경으로 옮겨와야 한다'고 하였다.[47] 그 당시 학술계도 적개심에 불타있었다. 진원뿐만 아니라 호적, 진인각, 이제 등도 진원과 같은 생각이었다. 부사년이 <취지>에서 서술한 견해는 바로 이런 정신의 연장과 발전이다. 그 당시 학술계 주류학자들이 적극적인 반응을 보인 것은 당연한 일이었던 것이다.

이제李济는 다음과 같은 말을 한 적이 있다.

> 그 당시 학술계에는 '불만'과 '불복'의 정서가 오랫동안 존재했었는데 중앙연구원이 성립된 후 부맹진선생이 그것을 정상적인 궤도로 되돌려 놓았다.[48]

어떻게 하면 동방과 서방의 한학을 중국으로 옮길 수 있을까? 당연히 그들의 방법을 배우는 것이 올바른 길이다. 예를 들어 진원의 '예류'처럼 세계학술의 주류에 동참하여 상대 나라들과의 대화 자격부터 얻어야 그들과 승패를 겨룰 수 있다. 호적이 제기한 '국고정리'는 바로 서방의 '한학자'들과 서방 한학의 영향을 받은 일본의 '지나학가(支那学家)'의 연구방법과 범위에 따라 연구하는 것을 말한다.[49] 간단히 말하면 '첫째는 이곳저

---

46) 「호적일기(胡适日记)」(친필 원고), 대북원류(远流)출판사업주식유한회사, 1990년. 1931년 9월 14일 기록.

47) 정천정(郑天挺), 「50세의 자서전(五十自述)」, 『천진문사자료선집(天津文史资料选辑)』제28집, 천진인민출판사, 1984년, 8쪽.

48) 이제, 「부맹진선생이 이끈 역사언어연구소(傅孟真先生领导的历史语言研究所)」, 『부사년인상』, 학림출판사, 1997년, 100쪽.

49) 모윤손(车润孙), 「북경대학연구소국학문(北京大学研究所国学门)」, 『대공보(大公报)』(홍콩)1977년 2월 9일.

곳 다니면서 새로운 재료를 수집하는 것이고, 둘째는 새로운 방법(과학적인 도구)으로 재료를 정리하는 것이다.'[50] 이것 또한 역사언어연구소 창립 초기에 확정된 취지였다.

역사언어연구소의 원로(老大) 대다수는 동서양의 학문을 통달한 사람들이다. 그들은 중국 전통학술이 처한 곤경과 서방 근대학술의 장점을 너무나 잘 알고 있었다. 그들은 비록 농후한 민족 정서가 있었으나 절대 우물 안에 앉아서 하늘을 보거나 자신을 비하하지 않았으며 '서양의 기술을 배워 그것으로 서양을 제압(师夷长技以制夷)'하는 학술적 전략을 취하고 자신들의 원칙으로 국제학술계와 소통하였다.[51]

고고학계 대표인물 부사년은 무턱대고 국제한학을 숭배한 것은 아니다. 그는 자신의 능력과 경험에 근거하여 국제한학계의 장단점에 대하여 뚜렷한 인식을 가지고 있었다. 나가륜은 중국학을 연구하는 외국 한학자들 중, 부사년이 제일 탄복하는 사람은 스웨덴의 베른하르트 칼그렌와 프랑스의 폴 펠리오일 뿐 그 외 나머지 사람들은 다 사기꾼 취급을 했다고 했다. 베른하르트 칼그렌과 폴 페리오의 중국학문에 대한 조예는 부사년에게 큰 충격을 주었다.[52] 두 사람은 파리 한학학파(汉学学派)에 속하였고 특히 폴 펠리오는 파리 한학의 지도자였다. '신학술'의 구체적인 방법에 있어서 부사년은 파리 한학에서 큰 깨우침을 얻었다. 부사년에 대해 잘 알고 있는 고힐강은 만년에 역사언어연구소 창립의 지도사상에 대해 다음과 같이 회상했다. "부사년은 유럽에 오랫동안 머물러 있으면서 심지어

---

50) 「풍우란, 나가륜, 양진성에게 보냄(致冯友兰´罗家伦´杨振声)」(1929년 10월 6일), 『부사년전집』 제7권, 호남교육출판사, 2003년, 82쪽.
51) 두정승, 「무에서 유에 이르기까지―부사년의 역사학 혁명과 역사언어연구소의 창립(无中生有的志业―傅斯年与史语所的创立)」, 두정승, 왕범삼 편집, 『신학술의 길―역사언어연구소 창소 70주년 기념문집』, '중앙연구원' 역사언어연구소, 1998년, 28~29쪽.
52) 나가륜, 「기운이 넘치는 부맹진 (元气淋漓的傅孟真)」, 『부사년인상』, 학림출판사, 1997년, 11쪽.

프랑스한학의 사상을 따라 배우고 그들과 승부를 가리고자 했다."[53]

부사년의 유명한 관점은 '역사학은 곧바로 역사재료학이다'이라는 것이다.[54] 많은 사람들이 이는 독일의 랑케사학(兰克史学)[55]을 고취한 것이

---

53) <고힐강일기, 대북연경출판사업회사, 2007년. 그 중 1973년 7월에 쓴 일기 '이달 29일 밤에 벌어졌던 일에 대한 기록'에서 자신이 부사년과 결별하게 된 원인을 다음과 같이 서술하였다. 이것은 부사년을 이해하는 데 매우 도움이 된다. '1927년, 나는 북경대학에서 하문대학으로 갔고 그는 귀국 후 광주 중산대학에서 문학원장 직을 역임하게 되었다. 그는 정치적 재능과 문장력이 뛰어나 한 대학의 지도자가 되었는데 이 점은 노신(魯迅)도 능가할 수 없는 것이다. 나는 동료들과 같이 <신조> 잡지를 다시 만들어 청년들을 인도하려 하였지만 그는 이것을 염두에도 두지 않았다. 채원배 선생께서는 중앙연구원 원장직을 역임한 후 부사년과 나, 그리고 양진성에게 '역사언어연구소'를 기획하라고 하였다. 하여 우리 셋은 광동에서 역사 언어연구소 기획에 관하여 토론하였다. 양진성은 문학연구에만 열중하여 역사언 어연구소의 설립가능성 여부를 단언하지 않았다. 하지만 나와 맹진은 모두 마음속에 청사진이 따로 있었다. 부사년은 유럽에 오랫동안 머물러 있으면서 프랑스 한학 사상을 따라 배워 그들과 승부를 가리려는 생각이었고 오로지 중국학술을 발전시키려는데 목적이 있었다. 하지만 나는 그와 뜻이 달랐다. 서양사람들과 승부를 가르려면 한두 사람의 능력만으로 될 수 있는 일이 아니다. 먼저 한 무리의 사람들을 양성시키고 많은 수치들을 모으고 정리하여 열흘에 끝낼 작업을 한 두 사람이 하루에 완성할 수 있게끔 해야 한다. 그러므로 먼저 지식을 보급하는 것이 더욱 중요하다. 지식을 보급한다는 것은 지식을 통속화하는 것이 아니라 기초를 더 튼튼히 한다는 것이다. 네 본의는 매우 선명하나 맹전은 가르치는 자의 입장에서 나를 대하였다. 그는 내가 한 무리의 청년을 양성시켜 자기가 잡은 권리를 빼앗으려 하는 줄 알고 의심하였다. 나는 워낙 드세고 고집이 센지라 그한테 욕설을 퍼부었다. 15년 동안 쌓았던 우정은 그렇게 한 순간에 깨졌다. 나는 채선생에게 통신연구원으로 임명해 달라는 부탁의 편지를 보낸 후로부터는 사어소의 업무에 참여하지 않았다. 그 뒤로 멍전은 정치방면에서 날따라 발전하였고 친분 있는 고관들한테 권모술수를 부려 각 문화기관의 사업을 조종하였다. 그를 아는 사람들은 모두 그를 '조대승상 (曹大丞相)'으로 칭했고 그는 장개석의 명의로 불호령을 내렸다. 장개석 정권이 대륙에서 물러나면서 그는 전쟁범으로 몰려 대만으로 도망갔고 그 이듬해에 사망했다. 지금 다시 생각해보면 내가 그를 따르지 않은 것은 참으로 천만다행이다.'
54) 부사년은 이 구호를 내세우면서 '역사자료학파'라는 칭호를 얻게 되었다. 하지만 부사년의 '신학술'은 깊고 심오하여 '역사자료학' 만으로는 그의 모든 사상을 설명할 수 없다. 왕범삼,「무엇이 역사의 증거가 될 수 있는가」,『중국근대사상과 학술의 계보』참조, 하북교육출판사, 2001년, 345쪽.
55) 심송금(沈頌金),「부사년과 중국 근대고고학」,『고고학과 20세기중국학술』, 학원

라고 보았지만 실은 믿을 만하지 못하다. 부사년의 자료에 대하여 잘 알고 있는 왕범삼은 부사년은 평생 랑케를 언급한 적이 두세 번밖에 없었고 그의 장서에서도 랑케의 작품을 찾아볼 수 없었다는 점에 주의를 돌렸다.56)

사실 부사년이 랑케사학의 영향을 받았음은 분명하다. 비록 랑케의 그 어떤 작품도 소장하고 있지는 않았지만 장서 중에는 베른하임Ernst Bernheim의 <역사학방법론>(Lehrbuch der historischen Methode und Geschinchts—philosophie)이 있었다. 책 표지에는 '1937년 재간행'이라고 적혀있는데 이 책은 랑케학과의 방법론과 자료처리 등에 대한 정수(精华)가 적혀있다.57) 부사년이 워낙 여러 가지 책을 많이 읽었기에 랑케학파의 영향력에는 한계가 있다. 오히려 실증주의에 도전하는 랑케학파보다는 사학의 '사회과학화' 경향을 대표하는 유럽의 문명사 관점을 적은 저작들이 부사년에게 더 큰 영향을 미쳤다. 부사년은 본인이 소장한 영국의 역사학자 버클H. T. Buckle의 <영국문명사> (History Of Civilization in England) 전5장을 번역하고(원고는 찾지 못함) 자신의 글 <지리의 사관>(Geographical Interpretation of History)에 인용하였다.58) 하지만 그가 마음속으로 그리는 모범인물은 여전히 프랑스에 있었다.59) 파리 한학자 폴 펠리오와 같은 많은 학자들이 학문을

(学苑)출판사, 2003년, 63~81쪽.

56) 왕범삼, 「무엇이 역사의 증거가 될 수 있는가」, 『중국근대사상과 학술의 계보』, 하북교육출판사, 2001년, 343쪽.

57) 왕범삼, 두정승, 「부사년문물자료선집」, 대북, 부사년선생백세기념준비회, 1995년, 51쪽.

58) 동상.

59) 부사년의 '신학술의 길'이 폴 펠리오의 영향을 제일 많이 받았다는 것은 많은 증거로 증명할 수 있다. 그는 비록 저명한 '의화단학자'였지만 폴 펠리오를 매우 숭배하였다. 예를 들면, 1935년 초, 민국정부는 이듬해 고궁박물원을 포함한 정부나 민간에서 소장한 골동품들을 영국 런던으로 옮겨 중국예술국제전람회를 개최하기로 결정하였다. 그 당시 위원회를 결성하여 영국에서 전시할 골동품을 전문적으로 선택하였는데 폴 펠리오도 위원으로 선정되었다. 하지만 당시 학술계 애국인사들은 이를 강렬하게 반대하였다. 1935년 1월20일, 『북평조간(北平晨報)』에 학자들이 공동서명한 「우리나라 학술계는 영국에서 골동품을 전시하는 것을 반대한다(我国学

다스리는 방법에 대하여 부사년은 『취지』에서 '서양인이 학문을 하는 것은 독서만 하는 것이 아니라 행동에 옮겨 새로운 자료를 찾고 수시로 학술의 범위를 넓히는 것이다. 이런 학문이야말로 더 많이 발전할 수 있고 한 단계 더 오를 수 있다'고 정리하였다. 부사년은 '독서를 하는 것이 바로 학문을 하는 것이다'라는 풍조는 고쳐야 한다면서 '우리는 책을 읽는 사람이 아니다. 이승에 없으면 저승에 가서라도 손발을 다 놀려 자료를 찾는 사람이 되어야 한다(上穷碧落下黄泉 动手动脚找东西!)'고 밝혔다.

새로운 자료를 찾고 새로운 문제를 발굴하며 새로운 장비를 이용하는 노선에 따라 역사언어연구소는 짧은 시간 내에 주목할 만한 성과를 이룩하였다. 1932년 폴 펠리오는 역사언어연구소에서 출판한 각종 보고서, 특히 이제가 편집한 안양고물발굴에 대한 보고서로 보았을 때, 올해의 프랑스 고고와 문학연구원의 쥘리앵상(儒莲奖)은 역사언어연구소에 수여해야 한다고 제안하였고 '이제, 고힐상과 같은 사람들을 중국의 일류학자'라고 인정하였다.[60]

『취지』를 규칙으로 하는 역사언어연구소는 자신만의 특유한 풍격을

术界反对古物运英展览)」는 공개편지가 게재되었다. 편지에서는 골동품을 영국으로 운송하여 전시하는 것을 반대한다는 내용뿐만 아니라 골동품을 전문 고르는 위원-폴 펠리오에 대해서도 이야기했다. 폴 펠리오는 '영국의 스타인(Marc Aurel Stein)과 함께 감숙 돈황(甘肃敦煌)에서 현지 도사에게 뇌물을 주고 고분을 발굴하여 당대 이전의 골동품을 많이 절취하였다. 지금까지도 파리 국가도서관과 영국박물관에 보관되어 있는데 그 누구도 수량이 얼마나 되는지 모른다. 그 전해부터 스타인이 권토중래(卷土重来)하여 전국 각지 각 계층에서 그의 행동을 감시하자 그는 당황하여 어찌할 바를 몰랐다. 만약 폴 펠리오가 이번 골동품 선택작업에 참여한다면 그는 사람들한테 손가락질 받을것이며 스스로 자신의 자존심을 버리는 수밖에 없을 것이다. 영국에서 이런 사람을 중국에 보낸 것은 딴 의도가 있다고 본다. 이번 공개편지가 발표된 후 부사년은「폴 펠리오 교수를 논함」이란 글에서 폴 펠리오를 대신해 변호하면서 그가 Stein과 다르다고 진술하면서 동방학에 대한 폴 펠리오의 공헌 및 중국에 대한 원조 등을 치하하였다. 이 문장은 나중에 <부사년전집> 제7권, 대북연경출판사업회사, 1980년에 수록되었다.

60) 상병, 「만청중화중화민국 시기의 국학연구」, 상해고적출판사, 2001년, 276쪽.

형성하였고 어떤 이는 역사언어연구소를 하나의 학파로 생각하였다. 이렇게 말하는 것은 역사언어연구소에 대한 편견일 수도 있지만 역사언어연구소만의 독특한 특징이 있는 것은 분명하다. 역사언어연구소의 동인들은 『취지』에 대해 모두 인정하였다. 역사자료를 정리함에 있어서 그들은 '자료가 있어야 연구할 수 있다'면서 새로운 역사자료 발굴과 새로운 자료 활용을 중히 여겼다. 따라서 자신만의 연구성과가 만들어졌고 학술연구의 실증성을 보증했다. 연구기법에 있어서 그들은 늘 작은 일을 크게 여기고 세심하게 연구하였으며 절대 크고 적절하지 않은 연구를 하지 않았다. 이것은 학술연구의 엄밀성을 보증하였다. 연구태도에 있어서 그들은 옛날 문인인사들처럼 역사연구를 '인의예지(仁义礼智)'를 지키는 윤리적인 판단으로 여기지 않았고 또 신파학자들처럼 역사연구를 정치활동에 이용하거나 정치적 선택으로 역사를 판가름하지도 않았다. 그들이 취한건 단지 단순하고 객관적인 학술 태도였다.

연구기풍에서 그들은 엄격하고 세밀한 과학정신을 주장하였다. 역사언어연구소의 <집간(集刊)>과 <특간(专刊)>에서 발표한 작품은 모두 엄격한 심사와 편집을 거쳐 만들어졌다.[61]

부사년은 서방한학 학자들처럼 새로운 연구자료를 찾아야 한다고 호소하였고 그중 제일 중요한 방법 중의 하나가 고고발굴이라고 하였다. 이 또한 역사언어연구소가 이룩한 제일 중요한 성과이다. 『취지』에서 부사년은 다음과 같은 구상을 제안하였다.

우리가 주목해야 할 것은 고고발굴을 통해 새로운 연구자료를 찾는다는 점이다. 첫째는 경한로(京汉路)에 있는 안양과 역주(易州) 구간으로 비록 안양은허에서 오래전부터 도굴되었지만 철저한 발굴이라고

---

61) 구양철생(欧阳哲生), 「부사년학술사상과 사어소초기연구업무(傅斯年学术思想与史语所初期研究工作)」, 『문사철(文史哲)』, 2005년 제3기, 123~130쪽.

볼 수 없고 역주 한단(易州邯鄲)은 또한 연나라와 조나라 시기의 도성이자 패나라를 지켰던 연고지(卫邶故城)이기도 하다. 이런 지역들은 연구가치가 많고 발굴하기도 쉽다. 지금은 조사, 준비하는 단계인데 만약 하남일대에 전쟁이 잦아지면 팀을 나누어 이 두 곳으로 출발할 것이다. 둘째는 바로 낙양일대로서 차츰 서쪽으로 이동하여 중앙아시아 지역까지 가면 중국에서의 연구자료의 범위를 벗어날 수 있다. 고고발굴 작업과 연구자료 수집의 편리를 위해 낙양 혹은 서안, 돈황 혹은 투루판, 소륵 등 지역에 작업소를 설치할 생각이다. '뜻이 있는 자는 반드시 성공할 것이다.'[62]

부사년은 중국의 과학고고학을 위하여 매우 구체적이고 원대한 목표를 세웠었지만 아쉽게도 일본의 침략으로 인해 목표의 첫 단계인 안양은 허만 발굴할 수 있었다. 그럼에도 불구하고 '과학적인 동방학의 정통이 중국으로 돌아오는' 목표는 부분적으로 실현하였다.

4. 결론

중국에서의 과학적 고고학의 형성과 발전을 논함에 있어서 부사년과 그가 창설한 역사언어연구소를 논하지 않을 수 없다. 부사년은 중국에서 체계적으로 대규모적인 현장 고고작업을 계획한 사람이자 구체적인 지도자이다. 역사언어연구소는 선진적인 근대학술기관으로서 과학적 고고학의 흥기 과정 에서 관건적인 작용을 발휘하였다.

본 장에서는 부사년과 중국의 과학고고학이 형성되는 과정에서 역사

---

62) 부사년, 「역사언어연구소 작업의 취지」, 『부사년전집』 제3권, 호남교육출판사, 2003년, 10쪽.

언어연구소의 역할과 역사언어연구소의 과학고고사상의 근원 등 문제들을 체계적으로 분석하고 서술하였는데 다음과 같이 정리할 수 있다.

① 역사언어연구소 과학고고의 사상적인 기반은 주로 폴 펠리오를 대표로 하는 파리 한학에서 온 것이고 현장 고고의 방법으로 새로운 연구 자료를 발굴하여 새로운 학술을 연구해낸 것이다. 그 목적은 서방한학을 능가하고 과학적인 동방학술의 정통을 다시 중국에 돌아오게 하려는 데 있다.

② 고고학의 과학성과 객관성을 강조하여 자연과학처럼 역사언어학을 발전시켜 정통문학, 역사학과 선을 긋게 하고 역사언어연구소의 신학술을 자연과학과 같은 수준으로 끌어올려 그 가치가 세계인들의 인정과 존중을 받도록 한다.[63] 이로써 역사언어연구소 고고학이 '역사자료학'적인 풍격을 가지게 하였고 동시에 중국 과학고고학의 기초를 마련하였다.

③ 역사언어연구소 고고학은 최종 목적은 역사학으로 자리매김하는 것이고 기본적인 목적은 중국고대역사를 재건하여 의고단계를 뛰어넘어 재건단계로 들어서는 것이다.

④ 역사언어연구소 고고학의 기본사상은 주로 파리한학, 독일의 랑케 사학, 중국의 의고사조 등에 의해 형성되었다. 이는 부사년을 대표로 한 중국 신세대 지식인들의 다방면의 지식에 대한 습득과 화합을 보여준다.

⑤ 역사언어연구소는 선진적인 현대학술기관으로서 국가의 힘, 효율

---

63) 부사년은 역사언어학을 생물학, 지질학과 같은 지위로 발전시키고자 했는데 이는 1960년 미국 신고고학자가 주장한 '고고학이 곧바로 인류학이다'라는 관점과 유사하다. 두 사람 모두 본 학과가 주관적이고 천박한 학과라는 이념을 개변시켜 자연과학처럼 사람들의 존중을 받을 수 있게 하고자 노력했다.

적인 집단연구방식, 우월한 내부환경 등을 갖추고 있어 고고사업의 발전에 결정적인 역할을 발휘하였다.

요컨대 부사년과 그의 역사언어연구소는 중국과학 고고학의 형성을 위하여 첫 기조를 마련해 주었고 그들의 사상이념과 행위방식은 중국고고학의 미래의 발전에 매우 큰 영향을 미쳤다.

제3장 역사언어연구소 고고학의 탐색 단계(1928~1929)

은허발굴의 제1단계

역사언어연구소의 고고작업에 대한 연구에 있어 그 학술사상의 '과학' 성 여부에만 주목할 것이 아니라 여러 가지 요소의 영향을 종합적으로 감안해야 한다. 예컨대 사회환경은 매우 관건적인 요소로서 고고학 작업의 진척에 영향을 미칠 뿐만 아니라 학술 특징에 깊은 낙인을 찍는다. 매우 결정적인 문제는 바로 중국의 과학고고학은 사실상 서방 고고학과의 교류가 거의 없는 반은 폐쇄된 상황에서 고고학 전공 출신이 아닌 사람들이 점차 모색해 낸 것이라는 점이다. 그 힘든 탐색과정에 대한 객관적인 고찰은 오늘날 우리들에게 많은 도움이 될 것이다.

역사언어연구소의 가장 중요한 발굴작업은 1928년부터 1937년까지 약 10년 동안 15차례에 거친 은허발굴이다. 이를 석장여石璋如는 다음과 같은 다섯 단계로 정리하였다. 즉, 1차부터 3차까지를 제1단계로, 4차부터 6차까지를 제2단계로, 7차부터 9차까지를 제3단계로, 10차부터 12차까지를 제4단계로, 13차부터 15차까지를 제5단계로 나누었다. 이 다섯 단계는 조직組織, 경비, 설비, 방법, 효율 및 기타 잡무에 있어 모두 뚜렷한 차이와 구분이 있다.[1] 정치국세의 변화 및 연구시야와 수준의 향상에 따라 역사언어연구소는 은허발굴 외 기타 중요한 고고활동도 추진해 왔다. 예를 들면 산동고적연구회와 하남고적연구회의 명의로 많은 조사와 발굴을 진행했다.

---

1) 석장여, 「은허의 최근의 중요한 발견 부론 소둔지층(殷墟最近之重要发现附论小屯地層)」, 「중국고고학보」제2권, 중앙연구원역사언어연구소, 1~12쪽.

여기에서는 1928년 역사언어연구소 성립부터 1949년 대만으로 이주까지 21년간의 고고활동을 대체적으로 아래와 같은 네 시기로 나누고자한다. 즉,

탐색단계(1928~1929), 은허 3차 발굴까지.
발전단계(1930~1934), 성자애城子崖 발굴부터 은허 제9차 발굴까지.
전성단계(1934~1937), 은허 제10차부터 15차 발굴까지.
지속단계(1937~1949),항일전쟁과 해방전쟁기간의 고고考古활동.

본 저서에서는 시간의 순서에 따라 단계별로 논술해보려고 하며, 본 장에서는 역사언어연구소 고고의 탐색단계 즉, 은허 발굴의 제1단계에 대해 주요하게 논의하고자 한다.

1. 안양발굴의 서막

중국고고학의 시작단계에서 은허 같이 역사 유적이 아닌 선사시대 유적을 선택하였더라면 중국고고학의 발전은 또 다른 상황이었을 것이라고 장광직张光直이 지적한 바 있지만 이러한 가설은 거의 불가능하다고 본다. 비록 1928년 전에는 안특생安特生과 이제李济의 선사고고가 상당히 주목을 받았지만 조건이 허락되는 한 중국의 주류파 학자들의 관심은 여전히 은허발굴에 있었다. 사실상 은허 발굴작업은 민국초기 학술계에서 고고의식을 갖춘 학자들의 공통의 염원이었다.

안양이 큰 주목을 받게 된 원인은 매우 간단하다. 그것은 바로 안양에서 갑골문이 출토되었고 나진옥羅振玉과 왕의영王懿榮 두 사람이 이미 그 시대와 성격을 고증하였기 때문이다.

비록 나진옥이 이제 안양은 '보물부재(宝藏一空)'라고 했지만 신세대 학자들은 학술관점의 신구新旧를 막론하고 이곳에 대한 발굴이 중국 고사古史 재건에 있어서 중요하다는 것을 잘 알고 있었다. 마형马衡 등은 여기서 '지하24사(地下二十四史)'를 발굴하고자 했지만 부사년傅斯年 등 현대고고학 수양을 갖춘 학자들은 다른 구상을 하고 있었다. 부사년은 다음과 같이 말했다.

> 고고학에서 절대적 시기를 정하기가 가장 어렵다. 그런데 은허는 고고학에 있어서 최상의 기준시기로 연구자들이 비교를 하기 편리하다. 왜냐하면 이 시기는 선사시대 제일 마지막 시기로서 이 시기 인골(人骨)과 타지방에서 발견된 인골을 비교하여 그 시대 선후를 확정할 수 있고 인류의 진화과정을 파악할 수 있기 때문이다. 또한 은허에서 발굴된 도기를 기준으로 타지방의 도기 변경 상황과 시대의 관계를 알아낼 수 있고 그 시기 문화 상황을 판정할 수 있다. 아울러 비교의 방법을 통해 안특생의 고증이 정확한지 그 여부를 증명할 수 있으며 중국에서 예로부터 전해 내려온 그릇된 점들을 밝힐 수도 있다. 이러한 작업은 가장 절실하면서도 가장 어려운 작업이다. 앞으로 2년 안에 성공하여 구체적인 저술이 나올 수 있기를 바란다.[2]

당시 특수한 환경을 감안한다면 부사년의 이와 같은 발언은 단지 과학고고학파가 은허를 발굴하게 된 부분적인 원인을 대표하였다고 할 수

---

2) 부사년, 「고고학의 새로운 방법(考古学的新方法)」, 「부사년선집(傅斯年选集)」, 대북, 문성서점, 1967년, 188쪽. 이는 부사년이 1930년 역사언어연구소와 하남지방 충돌을 해결할 당시, 하남대학에서 발표한 학술강연이다. 당시는 민감한 시기라 자유롭게 자신의 뜻을 충분히 밝히지는 못했지만 결론적으로는 부사년의 학술관점을 대표하였다고 할 수 있다.

있지만 순수한 학술의 측면에서 본다면 상당히 영향력 있는 발언이었다.[3]

북경대학 국학문은 성립 초기부터 안양 은허 발굴을 계획하고 있었다. 부진론傅振倫의 말에 의하면 북경대학에서 최초로 고고발굴에 대해 상의한 것은 1919년이었다.

'처음 발굴하고자 한 곳은 하남 안양의 은허 및 낙양태학洛阳太学이었다.' 하지만 이 계획은 '사정으로 인해 중단되었다.'[4] 1923년에 거록송성巨鹿宋城, 안양과 민지渑池 발굴에 관한 계획이 거론되었지만 역시 실행에 옮기지 못했다.[5] 1926년에 성립되어 힘찬 도약을 꿈꾸던 하문대학 국학원은 10월에「하문대학 국학연구원 발굴계획서」를 반포하여 거대한 발굴 계획을 밝혔다. 그들은 제일 먼저 '착수하기 쉬운' 안양으로부터(전에 구갑수골龟甲兽骨 등이 발견되었기 때문)[6] 작업을 시작할 예정이었다. 그러나 성립된 지 반 년 만에 국학원이 내부 분쟁 등 원인으로 해체되면서 제반 계획은 실행되지 못했다.

사실상 상기 기관들에서는 기타 소규모의 현장작업을 진행하여 왔지만 그들이 가장 중요시하는 안양에는 가지 못했다. 왜냐하면 시국이 불안정했기 때문이다.[7] 1920년부터 하남은 장기적인 혼란 속에 빠졌는데

3) 당시 하남 지방정부와 한창 은허발굴에 관하여 협상을 추진하고 있는 중이었다. 상대방을 자극하지 않기 위해 부사년은 극히 신중하게 연설을 하였다. 보물을 독차지하려는 것이 아닌지에 대한 의심을 피하기 위해 도기 외 갑골, 청동기 등 진품에 대해서는 전혀 언급하지 않았다.

4) 부진론, 「북경대학 고고학회를 논하다(记北京大学考古学会)」, 「부진론논문선집(傅振伦文录类选)」, 학원출판사, 1994년, 821쪽. 부진론: 「북경대학연구소 고고학회의 학술 공헌」, 「북경대학 학생주간」, 제1권 제2기, 1930년 12월.

5) 부진론, 「북경대학연구소 고고학회의 학술 공헌」, 「북경대학 학생주간」, 제1권 제2기, 1930년 12월.

6) 「국학연구원규정 · 고고학회요강(国学研究院章程 · 考古学会简章)」, 「하문대학주간」 제161기, 1926년 10월 30일. 사효영 석사논문 「지질학으로부터 사학으로의 중국 현대고고학」에서 인용, 46, 60쪽.

7) 또 다른 주요 원인은 지방세력들의 반대였다. 이제는 "중앙연구원에서 야외고고를 진행하기 전 북평학술계에서는 하남 및 기타 지역에서 여러 차례 발굴작업을 시도

군벌들의 혼전과 토비들의 출몰이 끊임없었다. 1922년, 풍옥상冯玉祥이 하남 독군을 맡고 오패부吴佩孚가 예서豫西, 예북豫北을 통제하였는데 1922년 10월에 오패부와 풍옥상의 사이가 악화되면서 풍옥상 부대는 하남지역(豫)을 떠났고, 오패부가 사람을 파견하여 하남지역을 관리했다. 1924년 직봉전쟁直奉战争이 발발하여 직계直系군벌이 패배하자 호경익胡景翼과 악위준岳维峻이 선후하여 정무를 주관하였다. 1926년, 오패부가 다시 하남에 들어가 통제하였고 1927년 초, 북벌군北伐军이 하남에 들어가면서 풍옥상 군벌도 하남에 진입하였다. 6월, 국민정부는 풍옥상을 하남성 주석으로 임명하였다. 1928년, 북벌전쟁이 끝난 후 하남은 명의상에서는 중앙에 종속되어 있었지만 사실상 풍옥상의 근거지나 다름없었다.[8]

1920년부터 1927년까지의 하남은 줄곧 전란에 빠져있었다. 안양 일대는 교통요지이고 군사전략적 요지인 만큼 사회정세가 불안하여 현장작업을 하는데 최소한의 안전조차 확보할 수 없었다. 1923년 늦가을, 이제가 고고조사와 발굴작업을 위해 하남 신정新郑으로 가는 길에 토비들의 공격을 받고 급작스럽게 돌아오면서 조사작업이 실패로 돌아갔던 적도 있다. 1927년 연말 북평北平으로부터 섬서陕西로 조사를 떠나게 되었다. 본래 그리 멀지 않은 노정임에도 불구하고 북벌전쟁으로 인해 부득이 배를 타고 대련, 상해, 한구汉口를 돌아 서북으로 가야만 했다.[9] 1926년 진남晋南과 서음촌西阴村을 선정하여 조사, 발굴작업을 하게 된 것도 산서山西가 '정치적 관리가 제일 잘 되어있고, 치안이 장기적으로 안정을 유지하였기' 때문

했지만 모두 실패로 돌아갔다. 가장 중요한 원인은 지방세력들의 강렬한 반대였다."고 하였다. 이제, 「남양 동작빈 선생과 근대고고학(南阳董作宾先生与近代考古学)」, 두정승, 왕범삼 주필, 「신학술의 길―역사언어연구소 70주년 기념문집(新学术之路―历史语言研究所七十周年纪念文集)」 참조, 대북: '중앙연구원' 역사언어연구소, 1988년, 267쪽.

8) 진전해(陈传海)·서유례(徐有礼), 「하남현대사(河南现代史)」, 제3·4장, 하남대학출판사, 1992년.

9) 이광모(李光谟), 「이제 선생의 학술, 품행 기요(李济先生学行纪略)」(미완성고), 9쪽.

제3장 역사언어연구소 고고학의 탐색 단계(1928~1929) 167

이다. 이는 당시 현장작업에 있어서 최우선으로 감안해야 할 요소 중 하나였다.[10)

1928년 북벌의 순조로운 진척에 따라 하남은 명의상 중앙에 귀속되었고 치안이 조금 안정되었으며 따라서 안양 고고작업도 기본적인 사회환경조건을 구비하게 되었다. 한창 초창기인 역사언어연구소는 그 기회를 빌어 동작빈董作賓을 신속히 하남에 파견하여 은허 제1차 시굴을 시작함으로써 중국학술계의 오래된 꿈을 실현하게 되었다.

2. 제1차 은허 시굴 및 그 특징

동작빈이 제1차 은허발굴 진행자로 지목된 데는 여러가지 우연적인 요소들이 있었는바 그의 출신, 학문과 수양, 경험과 기회 등과도 갈라놓을 수 없다.

역사언어연구소 초기 제반 수준급 학자, 적어도 역사언어연구소 고고팀에서 동작빈은 출신이 변변치 못하였다.[11) 그는 부사년과 이제보다 한 살 위였고, 1895년 하남성 남양현南陽縣의 소상인 가정에서 태어났다. 어려서부터 서당에 다녔으나 집안이 가난하여 18살 되는 해에 학업을 포기하고 상업에 종사하였다. 서점을 운영하면서 동업자와 함께 학관을 설치하여 제자를 가르치기도 하였다. 그 후 남양현립사범강습소师范讲习所와 하남 육재관育才馆(현정부 직원을 양성하는 학교)을 다닌 적이 있다. 졸업

---

10) 이제, 「안양(安阳)」, 「중국 현대 학술고전 · 이제편(中国现代学术经典 · 李济卷)」, 하북교육출판사, 1996년, 494쪽.
11) 부사년은 몰락한 집안 출신이었고 이제는 중하층 관료가정 출신, 양사영은 명가 출신이었다.

후 개봉开封에서 지인과 함께 「신예일보(新豫日报)」를 경영하였다.

1921년 겨울, 동작빈은 북경으로 연수차 갔다가 서병창徐炳昶의 신임을 얻어 북경대학에서 청강할 수 있는 기회를 얻게 되었다. 1923년부터 1924년까지 북경대학 연구소 국학문에서 연구생으로 있으면서 학문의 길을 걷기 시작하였고 그동안 북경대학 고고학회에 참가하였다. 1925년부터 1927년까지는 여러 곳을 돌면서 교편을 잡았다. 1927년 하반년 중산대학中山大学 부교수로 있으면서 부사년을 알게 되었고 따라서 역사언어연구소에 들어가 편집원직을 맡게 되었다.[12] 이처럼 동작빈이 풍부한 경력을 가지고 있었기에 이제는 "민국17년에 중앙연구원 역사언어연구소에 들어오기 전, 동선생의 34년간의 생활경력을 보면 때로는 상업, 때로는 교육, 때로는 편집, 때로는 구학을 하였는데 동선생이야말로 구사회에서 창출된 독학분발한 학자라고 할 수 있다."[13]고 했다.

동작빈과 같은 출신이 부사년의 초빙을 받아 유학파학자 위주로 구성된 역사언어연구소에 가입하게 된 데는 여러 계기가 있었겠지만 그중 결정적인 원인은 부사년이 오래전부터 은허발굴을 주목하고 있었다는 데 있다. 왜냐하면 은허유적 발굴을 진행하려면 과학고고에 해박한 인재를 책임자(부사년은 이미 이제를 선택하였다)로 선발해야 하는 것 외에도 다음과 같은 두 가지 조건을 구비한 인재를 꼭 고려해야 했기 때문이다. 첫째, 지방세력이 강한 만큼 지방과 돈독한 관계를 유지할 수 있는 자원을 갖고 있어야만 작업의 진행을 확보할 수 있다. 둘째, 은허 유적 특성상

---

12) 곽승강(郭胜强), 「하남대학과 갑골학(河南大学与甲骨学)」, 하남대학출판사, 2003년, 28쪽; 구석규(裘锡圭), 「동작빈선생 소전(董作宾先生小传)」, 「중국 현대 학술고전 · 동작빈편」에 수록, 하북교육출판사, 1996년, 1~5쪽.
13) 이제, 「남양 동작빈 선생과 근대고고학(南阳董作宾先生与近代考古学)」, 두정승(杜正胜) · 왕범삼(王汎森), 「신학술의 길－역사언어연구소 70주년 기념문집(新学术之路－历史语言研究所七十周年纪念文集)」, 대북, '중앙연구원' 역사언어연구소, 1998년, 264쪽.

갑골문과 금석학에 해박해야 한다.[14] 동작빈은 이 두 방면의 능력을 구비했을 뿐만 아니라 또한 상당히 출중했으므로 은허발굴의 시작에 있어서 적임자가 되기에 손색이 없었다.

이제는 다음과 같이 말하였다. "부소장님이 동작빈을 안양에 파견하여 예비조사를 진행한 데는 두 가지 원인이 있다. 동작빈은 하남사람이라 여러 방면에서 작업에 편리를 도모할 수 있었고 사고력이 뛰어났으며 전통적인 고고학자가 아니었다."[15]

허나 만약 동작빈이 상기 두 가지 우세만을 가지고 있었다면 훗날 고고학 대가가 될 수 없었을 것이다. 그가 편집원으로부터 갑골사당甲骨四堂[16]의 일원이 되어 당시 지도교수였던 왕국위(王国维)와 같은 대가와 어깨를 나란히 할 수 있었던 것은 그의 학문적 잠재력이 상당히 풍부했음을 설명해준다. 이에 대하여 이제는 왕국위와 동작빈을 예로 깊이 있는 분석을 진행하면서 두 학자의 성과에 감개가 무량하다고 하였다. "순수한 중국 전통이 창출해 낸 일류 학자로서 근대과학연구의 인식적 차이가 없었다. 중국 고유의 학술 및 인생관은 현대 과학사상과 융합될 수 없는 체계가 아니다.",[17] "동작빈이 이 시기에 이룩한 성과는 그가 기회를 잘 만났기에 가능했던 것이기도 하지만 대부분은 그의 재능에 의한 것이다."[18]

---

14) 이제는 동작빈을 고고팀의 '사관(史官)'이라고 했다. (「성자아」서2), 역사고고학을 위주로 하는 이 학술팀에서 고적과 고문자에 해박한 동작빈이 얼마나 중요한 작용을 했는지 알 수 있다.
15) 이제, 「안양」, 「중국 현대학술경전 · 이제편」, 하남교육출판사, 1996년, 488쪽.
16) 갑골사당: 나진옥, 호 설당(雪堂); 왕국위, 호 관당(观堂); 동작빈, 호 언당(彦堂); 곽말약, 호 정당(鼎堂).
17) 이제가 만년에 한 이 말들은 중국의 전통학술과 학자들에 대한 그의 태도를 반영하고 있는데 그의 이전의 관점과 매우 큰 차이를 보인다.
18) 이제, 「남양 동작빈 선생과 근대고고학(南阳董作宾先生与近代考古学)」, 두정승 · 왕범삼, 「신학술의 길-역사언어연구소 70주년 기념문집」, 대북: '중앙연구원'역사언어연구소, 1988년, 263~264쪽.

1928년 6월, 역사언어연구소는 준비단계에 있었는데 부사년은 기획팀의 명의로 중앙연구원에 청원서를 제출하였다. 그는 대학원大學院에서 전중산대학 예비과목(预科) 국문교수 동작빈을 연구원(매달 수당은 100원)으로 초청하여 하남에 가 조사하게 함으로써 금후의 발굴작업에 대비하고자 계획하였다. 청원서 뒷부분에는 동작빈이 작성한 조사방안 요강이 첨부되었는데 그 계획은 다음과 같다.

> 먼저 안양에 가서 소둔촌(小屯村) 및 은허 위치를 조사하고, 다음 낙양성 동쪽에 가서 작년에 발견한 삼체석경(三体石经)의 위치를 확인하고 여름이 지난 후 본격적인 발굴을 추진하도록 한다. 수시로 고적(古籍)을 참고로 지형을 측량하고 각 시대도표를 작성하여 더욱 많은 발굴지점을 확인한다.[19]

동작빈은 먼저 남양에서 낙양으로 떠났지만 토비들이 극성하여 중도에서 포기하였다. 당시 사회는 극히 혼란스러웠는데 동작빈의 보고서에 의하면 당시 하남 북벌전쟁이 금방 끝나 "낙洛 · 의宜 일대는 토비들이 영웅으로 자칭하며 발굴작업에 전력하고 있었다", "몇 리에 걸쳐 교통이 봉쇄되고 모두 총들을 소지하고 있었고" 공공연히 무장을 이용하여 고분을 파혜쳤으며 발굴해 낸 고물들은 팔아서 나누어 가졌다.[20]

안양행을 통하여 소둔촌에 아직도 갑골문이 대량으로 매장되어 있으며, 출토지점은 소둔촌 북쪽 원빈洹濱 사구沙丘 아래이고, 대거 발굴이 가능하다는 사실이 확인되었다. 동작빈은 하남의 구체적인 상황에 근거하여 주도면밀하게 고안한 끝에 다음과 같이 말하였다.

---

19) 역사언어연구소 서류, 원(元)23−41−1,부사년 · 고힐강(顾颉刚) · 양진성(杨振声)이 중앙연구원에 제출한 서류 1부. 1928년 6월 6일.
20) 역사언어연구소 서류, 원148−6, 동작빈이 부맹진에게 보낸 편지. 1928년 7월 28일.

첫째, 대거 발굴작업은 반드시 연구원 혹은 대학원에서 하남(豫)정부에 정식공문을 보내야 하며 현정부 및 주재 군대가 조사팀의 안전을 확보해야 한다. 둘째, 반드시 중앙연구원에서 연구원을 파견하여 발굴을 주도해야 한다. 나는 당지 사람이라 중임을 맡기에는 불편하니 곁에서 협조를 할 것이다. 셋째, 발굴하기에 앞서 이미 출토된 갑골을 찾아야 하는데……21)

동작빈의 보고서를 받은 후22) 부사년은 신속히 발굴준비를 하였다. 제일 시급한 문제는 자금이었는데 동작빈의 초기 계획에 따르면 약 1000원 정도의 은화(大洋)가 필요했다. 이는 은허고고 후기 비용에 비하면 많은 편이 아니었으나 그때 당시 역사언어연구소에는 돈이 없었다. 이제가 역사언어연구소에 들어가기 전이었으므로 외부의 지원금도 없는 상황이었다. 유일한 해결 방법은 중앙연구원에 손을 내미는 것이었는데 그곳 역시 자금난에 시달리고 있었고 또 예산에도 없었던 부분이었다. 부사년은 총간사(總干事)와 여러 차례 협상을 거쳐 겨우 은화 1000원을 얻었는데 이는 그 당시 적지 않은 액수였다.23)

또 하나의 중요한 문제는 발굴작업을 하려면 하남 지방정부의 허가를 받아야만 한다는 것인데 이는 결코 쉬운 일이 아니었다.

이제는 북평학술계가 하남 등 지역에서 전개했던 현장작업들은 모두 지방세력의 반대로 실패했다고 말한 바가 있다. 그리고 바로 그때 공교롭게도 하남성 정부에서 단행單行 조례를 발표하여 전 성 범위에서의 유물발굴 금지령을 내렸었다.

역사언어연구소는 중앙연구원의 국가 학술기관의 권위 및 동작빈의 지방관계를 바탕으로 아래와 같이 문제를 해결하였다.

---

21) 역사언어연구소 서류, 원(元)23-1, 동작빈이 부맹진에게 보낸 편지. 1928년 8월 30일.
22) 동작빈의 조사과정, 결과와 시굴계획은 훗날 그의 「민국17년 안양소둔 시굴 보고서(民國十七年试掘安阳小屯报告书)」에 수록되었다. 『안양발굴보고』 제1기(중앙연구원 역사언어연구소, 1929년) 참조.
23) 이제, 「안양」, 「중국현대학술경전 · 이제편」, 하북교육출판사, 1996년, 488쪽.

① 상위층과의 사적인 관계를 동원하였다. 즉 대학원과 중앙연구원 원장 채원배蔡元培에게 부탁하여 당시 하남성의 실제 통치자인 풍옥상에게 안양 주둔군의 보호를 요청하는 편지를 써 전보로 보냈다. 하지만 나중에 이 방안은 실제적인 효과를 보지 못하였다.

② 국민정부대학원, 중앙연구원, 고물보관위원회에서 각각 하남성 정부에 서신을 보내 협조와 보호를 요청했다. 하남 지방세력은 중앙의 개입을 별로 원하지는 않았지만 명의상 중앙에 속했기 때문에 서신을 받고 '매우 망설였다.' 하지만 단호히 거절하는 것은 어려워 '행정회의를 열어 해당 문제를 해결하고자 했다'

③ 하남성 정부의 내부사정을 꿰뚫어 본 동작빈은 홀로 동분서주하기 시작했다. "사전에 장방张钫(건설청 백영伯英청장)과 사량소查良钊(교육청 면중勉仲청장) 두 위원을 찾아가 은허발굴의 중요성을 설명하였더니 모두 긍정적인 반응을 보였으며 회의에서 적극적으로 설명을 해줘 은허 발굴안이 통과되게 되었다."[24]

일련의 노력 끝에 유물을 하남에 남기는 것을 전제로[25] 하남 지방정부는 동작빈의 요구를 기본상 만족시켰으며 사람을 파견하여 협조, 감독하도록 하였다. 중국고고학의 초기 주요 학자 중 한사람인 곽보균郭宝钧은[26] 바로 이때 조사팀에 가입하였다.

---

24) 동작빈, 「민국17년 안양소둔 시굴보고서(民国十七年试掘安阳小屯报告书)」, 「안양발굴보고서」 제1기(중앙연구원 역사언어연구소, 1929년, 3-36쪽) 참조.
25) 1930년의 모순충돌로부터 미루어 볼 때 당시 이러한 내용의 협상이 있은 듯 하다. 이는 하남정부가 중앙의 발굴작업을 동의한 가장 중요한 전제 중의 하나였지만 사실상 해당 계약서는 전혀 실행되지 않았다. 중앙연구원은 발굴품이 연구단계에 처해 있다는 구실로 모든 발굴품과 관련자료들을 시종 점유하고 있었다.
26) 곽보균은 동작빈과 원래 한 고향 친구였고 당시 하남성 교육청 비서직을 맡고 있었는데 이번에 하남성정부를 대표하여 발굴에 참가하게 되었다. 그는 1930년에 정식으로 역사언어연구소에 들어갔으며 중국고고학 창시자의 한 사람이다.

안양현에서는 11명으로 구성된 무장팀을 묶어 안전을 책임졌다. 이렇게 중앙학술기관은 1930년 내쫓기기 전까지 하남에 자리를 잡을 수가 있었다.

모든 준비가 완료된 후 동작빈은 발굴에 착수하였다. 동작빈의 목표는 매우 확실하였는바 바로 갑골을 찾는 것이었다. 이 점에서는 과거의 나진옥羅振玉 특히 유물 장사꾼과 본질적인 차이가 없었다. 비록 '과학적 방법'이라는 명의로 진행한다는 것이었지만 과학 고고학과는 거리가 있었다. 이제는 "사실상 두 학자, 즉 안양 현장작업을 선도했던 부소장傅所长도, 하남 태생이고 새로운 사상을 쉽게 받아들이는 천재라는 이유로 안양에 파견된 동작빈도 모두 현대고고학에 대해서는 실천경험이 전혀 없었다."고 말했다.[27] 동작빈의 고고학 지식은 주로 북경대학에서 공부할 때 쌓았던 것이다. 이번 현장작업은 그의 평생에 처음으로 하는 실천작업이었을 것이다.

경험이 전혀 없기에 동작빈은 끊임없는 모색을 할 수밖에 없었다. 작업을 개시하기 전 그는 다음과 같이 계획하였다.

> 첫째, 구역을 나눈다. 사구(沙丘)에서 갑골이 출토된 중심을 골라 5~6 묘(亩) 정도의 구간을 정한다. 그리고 다시 여러 구역으로 나누는데 각 구역은 약 사방장(四方丈)이며, 네 모퉁이에 표식을 세운 다음 구역 내에서 발굴에 착수한다.
>
> 둘째, 수평을 이룬다. 사방장(四方丈)내에서 흙을 같은 두께로 수평으로 판다. 한 자(尺)를 한 층으로 하여 그 흙의 색깔 및 출토물에 대해 상세한 기록을 한다. 3장(三丈)까지 이러한 작업을 진행한다.
>
> 셋째, 차례로 되메운다. 첫 번째 구역의 흙을 파서 본 구간 밖에 두고 두 번째 구역의 흙으로 첫 번째 구간을 되메우고, 세 번째 구간의 흙으로 두 번째 구간을 되메운다. 따라서 제일 마지막 구역은 첫 번째 구역의 흙으로 되메우는 것이다.[28]

---

27) 이제, 「안양」, 「중국 현대학술경전 · 이제편」, 하북교육출판사, 1996년, 488쪽.

28) 동작빈, 「민국17년 안양 소둔 시굴보고서」, 「안양발굴보고서」 제1기, 중앙연구원 역사언어연구소, 1929년, 6쪽.

1928년10월13일, 발굴작업이 본격적으로 시작되었다. 직접 발굴작업을 한 사람으로는 동작빈, 조지정趙芝庭, 이춘욱李春昱, 왕상王湘이 있었고 거기에 곽보균이 참여하였다. 사전에 계획을 세우기는 했지만 막상 실제 상황에 부딪치게 되자 모든 것이 복잡해졌다.

우선은 발굴지점이다. 동작빈과 곽보균의 현장답사를 통하여 원빈洹濱의 사구 일대에서 사구 근처 곡지谷地로 지점을 변경하고 수확이 별로 없자 선후로 마을의 북쪽, 중간으로 바꾸었다. 발굴방법에 있어서는 '윤곽방안(轮廓求法)'29)으로부터 '집중 방안', '탐문 방안', '현장 노동자들의 경험', '마을사람들의 경험' 등으로 바꾸었다. 심지어 마을사람들이 '천화분天花粉'을 채집하는 재래식 방법까지 채택하였으나 소위 현대고고 기술은 운용하지 못했다.

동작빈은 필경 현대학자인 만큼 단순히 보물 찾는 사람들과는 근본적으로 다르다. 그는 갑골 등 유물을 수집하는 외 지층 관계에 대하여 어느 정도 주의를 기울였다. 전문 측량 인원을 배치하여 안양 은허 근처 및 발굴 구획도, 은허 발굴 분갱차分坑次 평면도(그림 7)를 작성하였다. 그리고 세 개 구역에서 구덩이를 선정하고 토층 및 함유물 단면도, 구갑층 단면도를 작성하였으며 간단한 사진촬영을 하였다. 갑골을 제외한 수집품에 대해서는 전부 수첩에 기록하고 기물器物에 카드를 부착하였으며 거의 모든 수집품에 번호를 매겼다. 이는 지질학 작업방식의 영향을 받았을 수도 있고 안특생과 이제의 작업방법을 참조한 것일 수도 있다. 이때 이미

---

29) 이른바 '윤곽 방안'은 동작빈의 말에 따르면 "골짜기를 갑골이 가장 많이 출토되는 곳으로 설정하고 주위에 구덩이 네 개를 파고 그 윤곽을 조사한다. 동북, 서북쪽은 원하유역(洹河边)까지, 동남쪽은 사구, 서남쪽은 목화밭 서쪽에서 곡지까지 주위 경계선을 확인한 다음 점차 중심으로 발굴하면 지하에 매장되어 있는 갑골을 일거 획득(一举而罄)할 수 있을 것이다." 동작빈, 「민국17년 안양소둔 시굴보고서」, 「안양발굴보고서」 제1기, 중앙연구원역사언어연구소, 1929년, 13쪽 참조.

안특생의 「중화원고문화(中华远古之文化)」와 이제의 「서음촌 선사시대 유적(西阴村史前的遗存)」이 출간되어 국내외 학술계에 큰 반향을 일으키고 있었다.

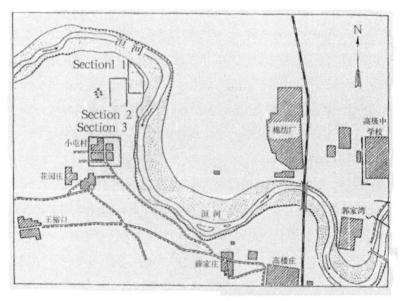

그림7 동작빈이 그린 첫 소둔(小屯)유적 발굴 약도
(이제, 「안양」, 「이제문집」 2권, 상해인민출판사, 2006년, 459쪽 참조)

처음에 매우 적극적이었던 동작빈은 이번 발굴 결과에 대하여 크게 실망한 듯 하였다. 13일 간의 시굴 작업을 거쳤지만 매우 적은 양의 갑골밖에 발견하지 못했기 때문이다. 부사년에게 보낸 작업상황 보고에서 그는 역사언어연구소의 재정난이 심각한 만큼 은허발굴 계획을 포기해도 될 것 같다고 하였다.

상기 상황으로 볼 때 현단계 작업은 별 의미가 없다고 생각합니다. 매일 계속되는 발굴 수확이 실망스럽고 정신적으로 큰 충격을 받을 뿐더러 인력 소모와 재정 낭비 역시 만만치 않으니 계속 진행할 가치가 없을 듯 합니다. …… 이미 발굴한 곳은 36 곳에 달하나 갑골문자가 출토된 곳은 겨우 6~7곳 뿐 인데다 갑골 수도 얼마 안됩니다. 이제 얼마 남지 않은 구덩이에서도 가능성이 있는 것이 전체 작업의 5분의 1도 안 되니 어찌 발굴을 강행할 수 있겠습니까?[30]

하지만 부사년은 생각이 달랐다. 그는 다음과 같이 회답하고 있다.

　　두 번의 편지와 한 통의 전보를 연이어 받고 기쁨을 감출 수가 없네. 연구소가 창립된 이래 자네만이 이러한 성과를 거두었네.…하지만 자네가 두 번째 편지에서 뼈 하나로 뼈가 있는 구덩이를 수확하였다고 했는데 사실 그것이 보배라네. 만일 우리가 수확한 것이 직경이 한 자밖에 안되는 글자가 있는 거북이라면 새로운 지식이 아니지. 그러니 자네는 이로써 마음을 풀게.
　　우리가 이번 작업을 추진하는 목적은 문자(文字)를 찾는 것이라기보다는 지하(地下) 지식을 얻는 것이라네. 문자가 비록 극히 귀중하나 그 문자가 새로운 지식을 담고 있다고 할 수는 없네.[31]

동작빈은 13일 간의 시굴 후(대개 1928년 10월 25일 후) 이 편지를 썼다. 그리고 며칠이 지난 10월30일, 부사년의 답장을 받지 못했을 수도 있는 시점에서 동작빈은 당시 경비가 충족하였지만(1000원에서 350원밖에

---

30) 이 편지는 역사언어연구소의 「공문 서류」 원자(元字) 제23호에 수록되어 있다. 왕범삼, 「무엇이 역사근거가 되는가」, 『중국 근대사상과 학술의 계보』에서 인용, 하북교육출판사, 2001년, 360~361쪽 참조.
31) 부사년, 「역사언어연구소 보고서 제1기」, 「공문 서류」 원자 제198호. 이상 왕범삼의 「무엇이 역사근거가 되는가」, 「중국 근대사상과 학술의 계보」에서 인용, 하북교육출판사, 2001년, 360~361쪽.

쓰지 않았음) 이미 발굴을 그만두기로 결심했다. 그 이유는 나중에 동작빈이 「시굴 보고서」에서 서술한 바가 있는데 부사년에게 보냈던 편지내용과 완전히 일치하지는 않는다. 아마도 시굴 보고서를 발표할 무렵, 형세가 또 한번 변하여 동작빈이 딴 생각이 있었던 것 같다.

동작빈은 다음과 같이 몇 가지로 그 이유를 밝혔는데 그 중 제일 중요한 것은 치안이었다. "안양은 본시 토비 우환이 많았는데 최근 들어 더욱 극심해졌다. 동쪽에 있던 토비무리가 성에서 몇 리 떨어진 곳에서 주둔군과 대항 중에 있었고, 소둔 근처의 화원장花园庄과 왕유구王裕口에서는 매일 밤 납치사건이 발생했다. 토비들이 총기를 강탈할까 두려워 소둔에 주둔하고 있는 자위단自卫团은 밤새도록 경계를 했다."[32)

발굴은 1928년 10월 13일부터 30일까지 18일간의 짧은 시간에 진행되었는데 트렌치 40개를 팠으며 그 면적은 약 132평방미터에 달했다. 작업지역은 세 개로 나뉘었는데 제1구역은 마을 동북 원빈, 제2구역은 마을 북쪽, 제3 구역은 마을 중심이었다. 발굴작업을 통해 갑골 784개, 그리고 도자기, 뼈, 조개, 돌 등 여러 가지를 얻었을 뿐만 아니라 유적범위와 형성원인에 대해서도 알게 되었다. "강변부터 마을중심까지 1리 이내가 발굴범위에 속하는데 온통 은허유물이 매장되어 있는 것으로 알고 있다. 하지만 은허 유적 예하면 갑골 등의 지하에서의 모양으로 볼 때 모두 이곳으로 흘러 들어 침적형성되었음을 확인할 수 있다. 따라서 유물이 매장된 곳은 이 1리에만 제한되어 있지 않다." 이로부터 훗날 그 저명한 '은허표류설'이 생긴 것이다.[33)

---

3. 이제 · 동작빈의 2차 발굴 및 방법 개선

동작빈의 1차 은허발굴이 진행된 지 두 달이 지난 1928년 12월, 이제는 광주에서 부사년과의 역사적 만남을 가졌고 따라서 역사언어연구소 고고학 팀의 주임직을 맡게 되었다. 중요한 것은 이 시기 이제가 또 다른 중요한 신분을 갖고 있었다는 점이다. 즉 이제는 미국 플리에(弗利尔) 갤러리가 중국에서 시험적으로 진행하는 현장작업의 책임자였다. 그리하여 중앙연구원은 막심한 재정난 속에서도 현장작업을 계속할 수 있었다.

이제는 지시를 받은 후 즉시 계획을 고안하기 시작하였다. 이때 유일한 발굴목표는 당연히 안양 은허였다. 1929년 초 무렵, 이제는 모친 상을 치르고 급히 개봉开封으로 달려가 동작빈과 첫 대면을 가졌다. 은허에 관한 상황을 파악하고 진일보의 계획을 세우기 위해서였다.

이제와 동작빈의 이번 만남은 중국고고학사에서 또 하나의 중요한 만남이었다. 노년이 되어서도 이제는 "매력적이고 존경해마지 않는 동료와의 첫 만남은 아직도 눈에 선하다. 그는 슬기롭고 총명할 뿐만 아니라 실천 지식도 풍부하였다."고 하였다.[34] 중국고고학에 있어서 이제와 동작빈의 만남은 이제와 부사년의 만남과는 달리 서방의 과학사상과 중국의 전통학술이 실천 차원에서 융합되기 시작하였음을 시사해준다. 중국 고고사업에 종사하려면 서방의 과학사상과 중국의 전통학술 중 그 어느 하나가 빠져도 안 된다. 특히 은허와 같은 역사 유적에 있어서는 더욱 그러하다. 현대 과학지식이 결핍하면 야외발굴이 현대 고고학으로 될 수 없으며, 새로운 자료와 지식을 얻을 수 없으므로 당연히 중요시되어야 한다. 하지만 전통적 학술수양을 갖추지 못하고 문헌, 갑골학 그리고 고물학古

---

34) 이제, 「안양」, 「중국 현대 학술경전 · 이제편」, 하북교육출판사, 1996년, 496쪽.

物学 같은 지식이 해박하지 못하면 깊이 있는 은허연구를 할 수 없다. 따라서 이 두 가지는 주객의 구별은 있지만 은허 고고학에 있어서는 상부상조, 불가분리의 관계여야만 한다.

이에 대하여 연로한 이제는 깊은 반성을 하였다. 동작빈이 세상을 떠난 후, 이제는 「남양 동작빈 선생과 중국 현대고고학」에서 동작빈을 매우 높이 평가했다. 많은 사람들이 그 글을 보고 놀라워했는데 그 이유는 동작빈이 이름난 사람들과 사이가 그리 원활하지 못했고 역사언어연구소 내부에도 국내파와 유학파의 이념 차이가 있었기 때문이다. 유학파를 위주로 한 역사언어연구소에서 국내파는 줄곧 지위가 낮았다. 예를 들면 곽보균은 부사년이 자신을 매우 경시한다고 말한 적이 있다.[35] 이는 전혀 근거가 없는 것이 아니다. 서방교육을 받은 유학파는 대다수가 과학적 방법에 능통하다고 자처하였으며, 또한 이 시기 '과학'은 이미 학술계에서 최고지위를 누리고 있었으므로 유학파들은 서양인들의 멸시를 받았지만 한편으로는 국내파를 멸시할 수 있는 밑천을 갖고 있었다. 이제가 만년에 동작빈을 높이 평가할 수 있었던 것은 동작빈의 성과에 대한 존경과 탄복보다는 이제 자신의 이념 변화가 더 큰 역할을 했을 것이다.

두 사람은 양호한 협력관계가 가능했다. 그 이유는 다음과 같다. 첫째, 모두 신문화운동의 세례를 받은 새 인물이었기에 서로 소통할 수 있는 사상토대를 갖고 있었다. 둘째, 두 사람 모두 부사년이 신임하는 역사언어연구소의 유능한 인재였다. 셋째, 두 사람 다 은허발굴에 없어서는 안 될 존재이며 호흡을 잘 맞춰야 된다는 것을 알고 있었다. 개봉에서의 첫 만남이 있은 후 두 사람은 완벽한 파트너로 활약하며 함께 은허 고고학을 개척하였다.

---

35) 추형(邹衡), 「곽보균 선생의 고고사적 및 학술적 공헌」, 「신학술의 길」, 367~378쪽.

이제와 동작빈의 여러 차례 교류 중 업무분담에 관한 내용이 매우 중요한 상징적 의미가 있다. 이제는 다음과 같이 적고 있다.

우리 두 사람은 양해(谅解) 각서도 작성하였다. 동작빈은 갑골문자를 연구하고 나는 갑골문자를 제외한 기타 유물들을 책임진다. 실천이 증명하다시피 이번 양해 각서는 우리들의 개인관계와 합작에 있어 매우 중요하다. 동작빈은 이번 유적발굴의 선두자로서 당연히 가장 중요한 이 과학 발굴품들을 연구할 수 있어야 한다. 문자가 새겨져 있는 갑골은 안양발굴에서 제일 중요한 진품임에 틀림없었다. 그리고 동작빈의 명각학(铭刻学) 연구능력은 의심할 여지가 없다.[36]

하지만 이제는 비공식적인 서신에서는 고고 책임자로서 동작빈 개인과 그 업무에 대하여 솔직하게 평가했는데 비평도 있고 긍정도 있었다. 내체적 상황을 파악한 후 이제는 부사년에게 다음과 같은 편지를 적어 보냈다.

동작빈의 이번 발굴작업은 나진옥보다 낫기는 하지만 지층에 대한 기록이 하나도 없고, 갑골문 외에는 전부 부품(副品)으로 보았는데 당자(唐磁), 한간(汉简), 상주(商周)의 동석기(铜石器), 충적기(冲积期)의 우각(牛角), 삼문기(三门纪)의 조개껍질(蚌壳) 등을 포함하고 있어 보는 사람이 눈이 모자랄 지경이다.[37]

이제는 채원배 원장과 총간사 양행불楊杏佛에게 보내는 편지에서도 다음과 같이 적고 있다.

---

36) 이제, 「안양」, 「중국 현대학술경전 · 이제편」, 하북교육출판사, 1996년, 496쪽.
37) 역사언어연구소 서류, 원25－3,부맹진에게 보낸 이제의 편지. 1928년 12월 20일.

동작빈의 이번 발굴은 여전히 골동품 상인들의 방법을 본받아 구덩이를 파고 바로 내려가서 문자가 적혀있는 갑골만 확인하고 기타의 것은 모두 부품으로 처리하였다. 지도를 그렸지만 너무 간략하며, 지층이 혼잡한데 아무런 기록도 하지 않았다. 그러므로 종합적으로 볼 때 갑골문(약 400 여편)을 약간 수집했지만 과학적 가치가 없다. 다만 동작빈은 매우 세심하고 또한 겸손하여 훈련만 조금 거치면 명인이 될 수 있으며, 또한 나와의 합작을 진심으로 원하니 기쁜 일이 아닐 수 없다.[38]

이제와 동작빈의 첫 번째 계획은 음력설이 지난 후 안양에 가서 다시 한 번 시굴을 하는 것이었다. 이번 발굴방안은 '중국 최고의 과학 고고학자' 이제가 주도하여 작성하였다. 동작빈과 협상을 거친 후 이제는 구체적인 작업 절차를 다음과 같이 정리하였다.

1. 소둔을 중심으로 한 상세한 지형도를 정확히 그려 내기 위하여 재능 있는 측량인원을 초빙하여 유적지를 조사한다.
2. 계속하여 유적지 내 여러 곳에 구덩이를 파고 조사하는 방법으로 시굴 작업을 추진한다. 주요목적은 지표 아래 지층 상황을 분명히 파악하여 미개발된 갑골의 침적특성을 알아내는 것이다.
3. 유물마다 정확한 출토지점, 시간, 주위 침적상황과 지층순서를 체계적으로 기록한다.
4. 발굴에 참가한 주관(主管)들은 개인이 관찰한 것과 현장작업 중 발생한 상황에 대하여 꾸준히 일지를 적어야 한다.[39]

이번에 작성한 소둔 지형도는 왕경창과 배문중에 의해 완성된 것으로써 은허위치를 전면적으로 반영한 첫 번째 지형도이다. (그림8)

---

38) 같은 책.
39) 이제, 「안양」, 「중국 현대학술경전 · 이제편」, 하북교육출판사, 1996년, 497쪽.

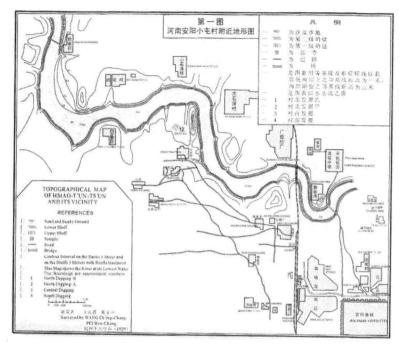

그림 8 안양소둔 유적지형도
(왕경창(王庆昌), 배문중(裴文中) 측량 제도, 이제, 「소둔 지하상황에 대한 초보적
고찰(小屯地下情形初步)」, 「이제문집」 제2권에서 발췌, 상해인민출판사, 2006년, 220쪽 참조)

부사년에게 보내는 편지에서 이제는 이른바 '과학적 고고'가 반드시 구
비해야 할 5가지 조건에 대해 다음과 같이 언급하였다. 1. 의문사항이 있
어야 한다. 2. 방법이 있어야 한다. 3. 기록이 정확해야 한다. 4. 선입견이
없어야 한다. 5. 인내심이 있어야 한다.[40]

이번 발굴은 1929년 3월7일에 시작하였으며 이제, 동작빈, 동광충董光
忠, 왕경창, 왕상 등 작업인원들이 참가하였다. 그외 이제는 주구점발굴에
서 뛰어난 성과를 거둔 배문중을 참석시켰다. 이 시기 배문중은 지질학,

---

40) 역사언어연구소 서류, 원25-6,부맹진에게 보낸 이제의 편지. 1929년 3월 12일.

고대생물학 방면에서 야외실천경험이 상당히 풍부하였다. 중앙연구원은 하남의 풍옥상 군대에 임시로 40사(40師)를 편성하고, 장병(사병18명, 장교1명)을 파견하여 발굴작업을 보호하되, 이제의 지시에 따르며 또한 매일 식사보조금 6위안을 지원해 줄 것을 요청하였다.[41]

이번 발굴은 브리핑이 없어서 상세한 과정은 알 수 없다. 작업지점은 마을 사찰 앞과 마을 북쪽 두 곳이다. 탐색할 장형K形의 구덩이 43개를 팠는데 면적은 약 280평방미터 남짓하며 13개 땅굴을 발견했다. 제일 중요한 것은 문자가 새겨진 대량의 갑골(684편)과 함께 대종도기大宗陶器, 도자기 조각, 짐승의 뼈, 청동기 등 여러 가지 유물도 수확했다는 점이다.

발굴은 5월10일 매우 촉박하게 끝났다. 그것은 5월에 하남 통치자였던 풍옥상이 군편성 문제로 남경정부와 공개적인 결렬을 선포하였기 때문이다. 호당구국서북군護党救国西北軍의 총사령인 풍옥상은 병사들을 끌어모아 서북에서 장개석에 대항하여 전쟁을 일으켰다. 따라서 그 당시 남경중앙정부 명의 하에 작업하던 이제와 동작빈 등 학자들의 운명은 가히 짐작할 수 있다. 하남 지방정부 사람들이 발굴에 참가하지 않은 것은 이와 관련이 있을 수 있겠지만 이제와 동작빈이 그들을 요청하지 않았을 수도 있다.

전쟁의 발발로 인해 하남은 혼란속에 빠졌으며 전략요충지에 위치한 안양은 그 영향을 받지 않을 수 없었다. "5월에 갑자기 군사정변이 일어나 주둔군은 자취를 감추었고, 현장县长도 도망쳤으며, 토비들이 도처에서 날뛰면서 환상촌洹上村은 위험에 처했다."[42] 동작빈과 이제는 교통이 차단되기 전에 이번에 발굴한 진품과 1차 발굴품(본래 안양 중학교에 보

---

41) 역사언어연구소 서류, 고5-10,국민혁명군 제2집단군 임시편성 제14사 사령부 편지 본원 주창(住彰) 사무실. 1929년 3월 6일.
42) 부사년, 「본 연구소 은허발굴 경과」, 「안양발굴보고서」 제2기, 중앙연구원역사언어연구소, 1930년, 389쪽.

관했음)을 상자에 넣어 북평으로 운반하였다. 이 시기 역사언어연구소는 이미 북평에 있는 북해 정심재靜心斎로 옮겨갔다. 당시 동작빈은 하남 지방정부와 협상할 때 발굴품에 관한 처리와 귀속문제에 대하여 언급하지 않았었다. 하지만 정세의 변화와 날로 늘어나는 발굴진품으로 인해 쌍방의 모순은 끝내 폭발하게 되었다.

비록 이제는 이번 발굴이 과학적 고고라 했지만 동작빈과 비교해 볼 때 본질적인 변화는 없었다. 동작빈처럼 갑골만 중요시한 것이 아니라 거의 제반 인공제품 및 사람의 뼈, 짐승의 뼈 등을 수집한 것으로 수집 범위를 넓혔을 뿐이고 또한 출토물과 지층자료의 기록을 세부화하였을 따름이다. 발굴 방법은 그 전 서음촌 발굴 때보다는 정밀하지 못했던 것 같다. 아마도 원복례袁復礼의 협조가 없었기 때문일 것이다.

이제의 고고학 전문성이 가장 잘 드러난 것은 지층 연구이다. 소둔 의 지하 퇴적 상황을 밝히는 것이 본래 제 2차 발굴의 중점이었다. 두 달동안의 발굴과 후속 연구를 통해 이제가 얻은 최종결과는 다음과 같은 두 가지로 종합할 수 있다. 첫째, 정확한 지층순서를 정립하였다. 둘째, 은상문화층(殷商文化层)의 형성원인에 대하여 완전히 틀린 결론을 얻었는데 동작빈과 똑같은 착오를 범하였다.

지하 상황에 대한 일련의 세밀한 분석을 통하여 이제는 소둔유적 지하 유물을 아래로부터 위로 세 시기로 나누었다. ① 은상문화층. ② 수, 당의 허묘墟墓, 좀 더 이른 시기일 수도 있음. ③ 현대 퇴적. 이 결론은 간략하고 허술하기는 하지만 현대고고학의 가장 주요한 방법의 하나인 고고지층학이 이제의 실천연구에 사용되었음을 보여준다. 이는 모든 보물파기(挖宝)와 본질적으로 다르다.

반면 은상문화층의 형성원인에 대한 분석에서 이제는 실천경험의 부족함을 여실히 드러내 보인다. 그는 다음과 같이 말했다.

우리는 이 시기에 찾은 구체적인 근거로써 지하 문화층이 홍수의
퇴적으로 형성되었음을 증명할 수 있다. 은상 사람들이 도성을 포기
한 것도 역시 이 홍수 때문이다. ……사이(斜二)와 사이(斜二) 북지지
지층(北支地层)에 대하여 토론할 때 이미 각 유물의 문화층에서의
상하 배치 상황에 대하여 언급한 적이 있다. 큰 조각의 골질물(骨质物)
은 대부분 위에 있고, 큰 조각의 도편은 대부분 아래에 있다. 이는 당
연히 유물들을 운반하여 문화층을 형성시킨 중간물에 의해 형성된 것
이다. 물에서 큰 조각 골질은 큰 조각 도편에 비해 가볍기 때문에 침하
하는 속도도 보다 느리다. 이러한 배치는 사이(斜二)와 사이(斜二) 북
지지지층(北支支地层)에서 나타날뿐만 아니라 무릇 파헤치지 않은 문
화층에서도 존재한다.43)

사실상 이러한 판단은 비과학적인 결론으로 대부분 추측에 지나지 않
는다. 그러나 더욱 신중성을 기하지 않았던 것은 다음의 말이다.

이번 홍수의 경과를 가장 유력하게 증명할 수 있는 것은 우리가 전
혀 손을 대지 않은 회토층에서 발견한 익사한 아이(儿童)이다. 아이가
입을 크게 벌리고 살려 달라고 소리치는 모습을 지금도 알아볼 수 있
었다. 입안은 흙으로 가득했다. 죽어 갈 당시 그의 입은 지금처럼 그렇
게 크게 벌리지는 않았을 것이다. 죽은 다음에 토사가 계속 쏟아져 들
어갔기 때문에 출토 시 그런 모습을 하고 있는 것이다.44)

이는 이제가 줄곧 표방해오던 과학정신과 완전히 어긋나는 것으로훗
날 하내의 비평을 받았다.45)

---

43) 이제, 「소둔 지면하부 상황에 대한 초보적 분석」, 『안양발굴보고』 제1기, 중앙연
　구원 역사언어연구소, 1929년, 43쪽.
44) 같은 책, 44쪽.
45) 하내, 「고고학에서의 호적파 자산계급사상에 대한 비판(批判考古学中的胡适派资
　产阶级思想)」, 『고고통신(考古通讯)』, 1955년 제3기, 1~7쪽.

글은 계속하여 주춧돌을 홍수 충적의 증거로 곡해하였다.

> 은상 도성을 침몰시킨 그 홍수가 매우 어마어마했음을 우리는 확신
> 할 수 있다. 적어도 수십파운드나 되는 돌계란(石蛋)을 옮겨 놓을 정도
> 였고 순식간에 사람의 목숨을 빼앗아 갔다. 이런 연고로 제일 중요한
> 갑골문도 잃어버렸다.[46]

이제는 '무의미한 실력발휘'를 한결같이 반대해 왔었다. 서음촌에서 출토된 절반半个짜리 누에고치에 대해서는 과분한 말 한마디도 하지 않았는데 여기에서의 표현은 참으로 불가사의하다. 역사언어연구소에서 과학적 훈련을 받은 이제마저도 이 정도였으니 다른 연구자들이 고고학 자료를 어느 정도로 깊이 연구했을지는 가히 짐작할 수 있다. 여기에 대해서는 나중에 많은 예증이 있을 것이다. 이 모든 것들은 역사언어연구소 고고학 초기 연구가 미흡하였음을 반영하였을 뿐 중국의 젊은 제1대 고고학자들의 과감한 탐색정신만은 간과할 수 없다.

하지만 이제는 과학적 수양과 인류학, 고고학 지식이 엄연히 동작빈을 초월하여 사소한 것도 주의깊게 살피고 거기에서 큰 문제를 발견할수 있었다. 굴지장屈肢葬이 바로 이번 발굴작업 중의 어느 한 고분에서 발견된 것이다. 이제는 굴지장에 대하여 큰 관심을 가지고 "이런 매장법은 중앙 아시아와 유럽의 상고上古시대에 매우 보편적이었지만 중국에서는 처음으로 발견되었다."[47]고 했다. 이제는 나중에 굴지장에 대한 지속적인 연구를 통해 전문 논고「굴지장」을 써냈다. 하지만 중국문화의 근원이라는 민감한 문제와 연관되었기에 더 심도있게 토론하지는 못했다. 이제는 또 건축기지를 찾아 보려고도 하였으나 제대로 식별할 수가 없었다.

---

46) 이제, 「소둔 지면하부 상황에 대한 초보적 분석」, 『안양발굴보고』 제1기, 중앙연구원 역사언어연구소, 1929년, 44쪽.
47) 같은 책, 37쪽.

1차, 2차 발굴품을 북평으로 운반한 후 동작빈과 이제는 약속대로 각자 맡은 자료들에 대해 연구하기 시작하였다. 이제는 도기를 연구하고 「은상도기초론」殷商陶器初论을 썼으며 동작빈은 갑골문을 연구하고 「상대구복(商代龟卜)에 대한 추정」, 「새로 수확한 복사사본(卜辞写本)」, 「새로 수확한 복사사본(卜辞写本) 후기」 등 글을 썼다. 그 외 갑골문에 관심을 갖고 있던 또 다른 학자 여영량余永梁은 동작빈의 「후기」에 「발문(跋)」을 썼다. 이는 모두 중국 과학 고고학 초창기의 기초적 작업들이다.

이제의 「은상도기초론」[48]은 중국고고학사상에 창의적인 논문으로 다음과 같은 면에서 체현되고 있다. ① 유물 중 가장 보편적이고 대표적인 도기에 대한 연구를 시작함으로써 금석학의 낡은 방법을 뛰어 넘어 현대 고고학의 연구방식에 들어섰다. ② 금석학 중의 고유명칭을 사용하고 기능원칙과 결부하여 발굴된 도기를 명명하였다. 이는 도기연구의 기초작업으로써 고고학에 대한 금석학의 영향을 체현하였다. ③ 도기로부터 착수하여 은허문화와 선사문화 간의 연관성을 생각하고 연대학年代学을 탐색하였다.

이제는 고고연구에 있어서 도기의 가치를 잘 알고 있었다. 당시 중국 학술계에는 이런 인식을 갖고 있는 학자가 매우 드물었다. 은허도기는 서음촌의 도기와 달랐다. 서음촌의 도기는 모두 도편 조각으로 거의 온전한 도기가 없었지만 은허에서는 대량의 완전한 기물(器物)이거나 복원이 가능한 기물들이 발견되었다. 이는 도기 연구의 중요성을 부각시켜 주었다. 이제는 개척자로서 많은 어려움에 봉착하였다. 예를 들어 명칭문제에 이제는 다음과 같이 말했다.

　　도기는 극히 보편적인 기물이기 때문에 금석학에서는 상당한 위치

---

48) 이제, 「은상도기초론」, 『안양발굴보고』 제1기, 중앙연구원 역사언어연구소, 1929년, 49~58쪽.

를 차지하지 못하였다. 중국 고물을 연구하는 사람들은 예로부터 고물에 무늬가 없으면 기록을 하지 않았다. 모양이나 용도 그리고 제조에 대하여 일절 관심을 가지지 않았다. 지금 우리는 이런 작업에 종사하면서 초학자로서 입문의 어려움을 겪고 있다. 일단 먼저 명칭을 부여하기 어렵다. 단언컨대, 각종 도기들은 한 시대 한 지역 내에서 모두 일정한 명칭과 용도, 모양을 갖추고 있어 조금도 혼란이 있어서는 안된다……시간이 오래 지나고 거리가 멀수록 변화가 더욱 많아진다. 도기가 유물 중에서 가장 가치가 있는 것은 바로 이러한 변화때문이다. 이 또한 가장 고증하기 어려운 점이다.[49]

어떻게 명명할 것인가? 이제는 금석학으로부터 착수할 수 밖에 없다고 하면서 아래와 같은 3가지 방법을 정하였다.

첫째, "우선 먼저 옛날 문자 형태와 실물형태를 비교하여 그들의 명칭과 실물의 관계를 정한다." 즉 기물의 명칭에 있어 갑골문 및 후기 고문자古文字 중의 상형문자로부터 착수하여 도기의 명칭을 정한다. 이 방면에서 이제는 금석학 학자인 오대징吳大澂에게서 큰 깨우침을 받았다. 이른바 준尊, 고觚 등 후기에 자주 등장하는 명칭들은 모두 이러한 원칙에서 확정된 것이다.

둘째, 고문자에서 고물의 형태를 찾을 수 없는 도자기들(대부분을 차지함)에 대해서는 다른 방법으로 명명하였다. "그 모양을 동기銅器와 비교하고 동기 명칭으로부터 도기의 명칭을 추정한다." 그 근거는 "문자형태로부터 우리는 대부분 동기 모양들이 모두 도기를 그대로 본땄음을 알 수 있다."는 것이다.

셋째, "위 두 가지 방법으로 불가능할 경우, 우리는 일반적인 명칭을 부여할 수 밖에 없다." 즉 현재 통용되는 명칭을 사용하는 것이다.

여기서 우리가 주목해야 할 것은 이제가 이집트 학자들의 도기명명 방

---

49) 같은 책, 49쪽.

법 및 유형학類型學 방법을 언급한 것으로 보아 그가 이집트 고고유형학에 대하여 어느 정도 알고 있었다는 점이다.[50]

　　이집트 학자들의 방법은 도기의 모양과 제조방법 순서에 따라 새롭게 명칭을 작성하는 것이다. 무릇 모양과 제조방법이 같은 것은 같은 이름으로 하고 시대를 나누어 서로 비교하고 진화순서를 정한다. 그리고 다시 모양과 제조방법의 변화로부터 그 시대를 정한다. 이러한 방법은 특히 선사시대 연구에 있어 특히 원만한 성과를 이룩하였다. 그러므로 지금도 이집트 학자들은 도편 몇 조각만으로도 그 제반 연대를 확정할 수 있다. 우리도 순서대로 하게 되면 당연히 그러한 차원에 이르게 될 것이다.

　이제는 은허 도기와 안특생이 앙소촌仰韶村과 감숙甘肅에서 발견한 도기를 비교했다. 우선 제조방법을 보면 모두 수공작업으로 완성되었고 별로 큰 차이가 없었다. 하지만 윤제輪制기술이 크게 향상되었음을 알 수 있었다. 다음 모양을 비교해 보니 차이가 매우 컸다. "사실상 앙소시대와 은상시대에 유일하게 도기를 공동으로 사용하였는바 바로 녁鬲이다." "하지만 녁의 형태 변화는 매우 뚜렷하였다." 이제는 두 시대의 녁에 대하여 세밀하게 관찰하고 비교하였을 뿐만 아니라 은허도기와 앙소, 아나우(Anau, 安诺), 비자와貔子窩의 도기에 대해서도 비교하였다. 재료가 제한되어 있어 해당 논문에서는 도기연구에 있어서 중요한 결론을 얻지 못했다.

　「상대구복의 추정(商代龜占卜之推測)」[51]은 과학적 방법론의 영향을 받은 동작빈이 갑골연구에서 새로운 탐색을 많이 하였다는 것을 잘 보여

---

50) 이는 그가 피트리(皮特里) 등 사람들의 저작을 열독한 것과 관련이 있을 것이다. 예컨대 그는 본문에서 피트리의 「선사시대 이집트」(W. M. Flinders Petrie. Prehistoric Egypt)라는 책을 인용하였다.

51) 동작빈, 「상대구복의 추정(商代龜占卜之推測)」, 『안양발굴보고』 제1기, 중앙연구원 역사언어연구소, 1929년, 59~129쪽.

주고 있다. 그는 나진옥, 왕의영 등 선배학자들처럼 각사刻辞에만 전념한 것이 아니라 복갑卜甲과 복골卜骨의 형태와 매장상태를 전면적으로 관찰하여 은대정복殷代贞卜의 과정을 재건하였다. 명각학铭刻学에 있어서 이것은 엄연히 새로운 돌파였으며 아울러 고고학의 중요한 내용이었다. 논문에서 그는 실물에 대한 관찰로부터 갑골정복甲骨贞卜 과정의 10가지 측면에 대하여 고찰하였다.

첫째, 점 보는 거북은 어디에서 오는가? 이것이 '취용取用'이다. 둘째, 종류와 크기는 어떻게 구분하는가? 이것이 '변상辨相'이다. 셋째, 산 거북은 쓸 수 없으며 반드시 제사를 지내고 죽여야 하는데 이것이 '찬목묘爨木杳'이다. 넷째, 거북을 죽인 후 배 아래쪽 껍데기를 벗기고 '공치攻治'한다. 이것은 점을 치기 위한 준비의 시작이다. 다섯째, 준비가 완료되면 점을 볼 수 있는데 무엇을 점 치는가? 반드시 사전에 정해야 하는데 이것이 '유례类例'이다. 여섯째, 다음 '찬착钻凿'해야 한다. 일곱째, '화초작火焦灼'해야 한다. 여덟째, '조흥兆兴'을 보고 길흉을 정한다. 아홉째, 나타난 조상兆象 옆에 '서계书契'하여 사실을 알게 한다. 여기까지 점 보는 과정을 마쳤다고 할 수 있고 열번째, 점을 다 보고 나서 구책龟册을 '기장庋藏'해야만 완전히 끝나는 셈이다.

많은 학자들이 고고연구가 갑골학의 발전을 촉진시켰다고 주장하고 있다.[52] 동작빈의 연구방식은 금석학 혹은 명각학의 확장이기도 하지만 고고학 연구의 전문 분야로 볼 수도 있다. 이는 갑골이 은상시대 고고에서 차지하는 특별한 지위에 의해 결정된 것이며 또한 중국의 역사 고고학의 특수성에 의해 결정된 것이다. 또한 특수한 지식을 갖추어야만 가능했는데 동작빈이 바로 그러한 사람이었다. 그는 자신의 풍부한 현장작업 경험과 드넓은 학식을 바탕으로 중국고고학에 있어서 고문자학자와 금석학

---

52) 왕우신(王宇信) · 방광화(方光华) · 이건초(李健超), 「중국 근대사학 학술사 · 고고학」, 중국사회과학출판사, 1996년, 508~515쪽.

자를 훨씬 초월하는 역할과 성과를 이룩하였다.

이 시기 이제는 또 영향을 크게 끼치는 일을 했다. 2차 발굴을 할 때, 조사단의 담당자로서 동작빈 등 발굴작업에 참여한 작업인원들과 다음과 같은 약정을 하였다. 제반 출토문물은 모두 국가의 소유로서 조사단의 작업인원들은 절대 유물을 소장할 수 없다. 이러한 직업도덕규범은 훗날 중국 고고계와 민족학계의 전통으로 이어졌다. 이는 역사에 길이 빛날 일이며 이제는 '중국고고학의 아버지'가 되기에 손색이 없다.

제2차, 3차 발굴은 모두 미국 프리어 예술관에서 비용을 지원하였다. 빈곤했던 중국학술계로서는 막대한 지원을 받은 것이나 다름없지만 사실상 이 자금을 사용하기란 여간 쉽지 않았다. 2차 발굴을 시작하기도 전에 이제는 연구원에 보조금을 신청하였으며 후에 또 부사년에게 편지를 써서 사유를 설명하였다.

> 한때 열기에 들끓어 단련받을 기회를 얻으려 했는데 외국사람과 손을 잡는다는 게 구속이 없을 수가 없습니다. 그들은 체면상으로는 예의를 갖추지만 내심으로는 대선배를 자처합니다. 우리와 같은 가난한 후배한테 장려금따위를 던져 주면서 자기네는 대단한 지위에 있는 것처럼 여기고 있습니다. 물론 당연지사이기는 하지만 우리를 너무나 난감하게 합니다. 그들의 세력을 피할 수 있으면 피하겠지만 실로 방법이 없을 경우에는 '원시인'처럼 목을 움츠리고 걷는 시늉을 할 수밖에 없습니다. 인내심을 가지고 '하늘이 주도한' 힘이 우리를 진정한 인간의 길로 이끌어 나갈 때까지 기다릴 수밖에 없습니다. 아마 우리의 아들(저의 아들이라고 해야 될 것입니다.)들이 우리를 대신하여 이 화를 풀어줄 것입니다. 희망은 반드시 있습니다.[53]

---

53) 민국18년 월 23일, 역사언어연구소'서류(所档)' 원자25호10. 두정승(杜正胜),「무에서 유로 가는 사업(无中生有的志业)―부사년과 역사언어연구소의 창립」에서 인용, 두정승·왕범삼,「신학술의 길―역사언어연구소70주년 기념문집」, 대북, '중앙연구원' 역사언어연구소,1998년,28쪽.

4. 제3차 발굴 및 중대한 수확

　제2차 발굴은 이제와 동작빈이 지역적 혼란으로 안양에서 거의 도망치 듯 북평에 돌아가는 것으로 끝을 맺었다. 1929년 가을에 이르러 안양의 형세가 좀 안정되자 두 사람은 다시 돌아가 작업을 계속하였다. 이번 발굴의 목표는 소둔촌북에서 종횡으로 구덩이를 파고 지층문제를 계속 연구하는 것이었다. 실제 과정은 2개 기간으로 나눌 수 있는데 첫 번째 시기는 10월 7일부터 21일까지, 두 번째 시기는 11월 15일부터 12월 12일까지이다. 지점은 마을 북쪽 고지와 마을 서북쪽의 패대覇台였다. 총 118개 구덩이를 팠으며 그 면적은 836평방미터에 달했다.(그림 9)

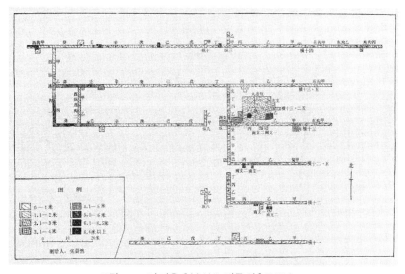

그림 9 1929년 가을 촌북(村北) 발굴 심층도(深度图)
(장위연(張蔚然) 측량 제도. 이제 「민국 18년 가을 은허 발굴경과 및 중대발견」, 「이제문집」 2권, 상해인민출판사, 2006년, 242쪽 참조)

이번 발굴에서는 그 전에 있었던 두 차례때보다 훨씬 많은 것을 수확했다. 대량의 예술진품을 얻었는데, 예하면 큰 수두각사兽头刻辞 2개를 얻었는데 하나는 소머리, 다른 하나는 노루머리였다. 다리를 붙잡고 앉아있는 반토막짜리 '도철饕餮'석상, 대량의 동기, 석기와 도기들이 있었다. 그 외 예술가치가 높은 조화골기雕花骨器, 백도白陶, 방기蚌器, 유약을 입힌 도편 등도 있었다. 대부분은 소위 '대련갱大连坑'이라 하는 구덩이에서 발견된 것으로 '대련갱'은 "은대 유물의 보고宝库로 우리가 운 좋게 발견하였다." 중요한 것은 앙소시대 채색 도자기 한조각이 발견되었다는 점인데 이제는 여기에 큰 관심을 가졌다. 출토 갑골은 총 3012조각으로 유명한 '대구사판大龟四版'을 포함하고 있다. 유적으로는 장방형 구덩이, 원형 구덩이 15곳과 부신장俯身葬, 수묘隋墓 등 30곳이 있었다.54)

훗날 3차 발굴의 중요한 자료들을 연구 대상으로 한 뛰어난 성과들이 많이 나왔다. 이 시기 은허발굴은 비록 3차에 지나지 않았지만 국내에서 이미 상당한 반향을 일으켰다. 1929년 10월에 출판된 「안양발굴보고」는 노신鲁迅도 구매해서 열독할 만큼 큰 주목을 받았다.55) 비록 '지하 24사'

---

54) 이제, 「민국18년 가을 은허발굴 과정 및 중요한 발견」, 『안양발굴보고』 제2기, 중앙연구원 역사언어연구소, 1930년, 29~252쪽.

55) 욱일(郁逸)의 「노신의 <수호전> 및 문물고고에 관한 논술이 준 계시」(『고고』 1975년 제6기, 321~325쪽)에서는 다음과 같이 지적하고 있다. "노신은 1932년 2월과 1934년 겨울에 친히 서점에 가거나 또는 친지에게 부탁하여 새로 간행된 『안양발굴보고』를 사서 열독하고 연구할만큼 은허고고에 큰 관심을 갖고 있었다. 노신은 이 4권의 『안양발굴보고』를 보고 '실질적인 내용보다는 쓸데없는 말들이 많다'고 하면서 실망을 금치 못했다(「대정농(台静农)에게 보내는 편지(1935년 6월 18일)」). 이는 당시 호적파 학벌(胡适派学阀)이 고고학 진지를 차지하고 있었기 때문이다. 그들은 한편으로는 '대담하게 가정(假设)하고 조심스럽게 논증하자'는 실험주의를 고취하면서 고고학은 정치와 무관하며 '있는 자료들에 근거하여 필요한 말만 하자'고 표방하면서 벽돌이나 기와에 대한 작은 연구에 착수하여 항아리나 단지 조각들을 연구해야 한다고 주장하였다. 그들은 비참하기 그지없는 순장(人殉) 장면을 보고서도 노예사회의 존재를 극구 부인하면서 이를 빌미로 마르크스주의 보편적 진리를 반대하였다. 다른 한편으로는 '고고구국(考古救国)'의 논조를 선양하며

는 출토되지 않았지만 대량의 갑골문과 예술품들은 고물과 고대문자를 사랑하는 수많은 사람들의 열정을 불러 일으켰다. 그 중 대구사판大龜四版 (그림 10)과 수두각사兽头刻辞에 대한 열기 띤 토론이 가장 대표적이다.

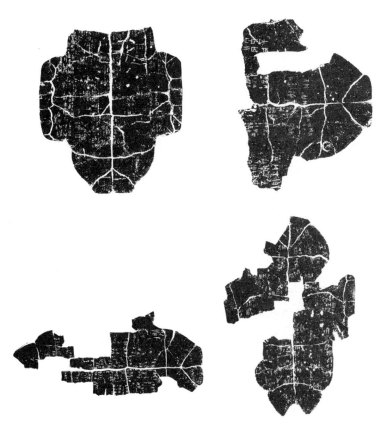

그림 10 대구사판 탁묵(拓墨)
(공소명 「<복사통찬(卜辞通纂)>부록 고증해석>」, 대만대통서국(台湾大通书局), 1976년, 159~165쪽 인용)

일제침략을 당한 민족위기의 시대에 고고학에 박차를 가하면 중국을 구할 수 있다 고 주장하면서 국민당 반동파의 항일구국운동을 진압하고 매국노로 전락했다."

대구사판은 그때 당시까지는 가장 중요한 갑골복사甲骨卜辭 발견이었다. 갑체가 완전할 뿐만 아니라 문사文辭가 많고 내용이 풍부하였다. 더우기 출토환경과 층위관계가 분명하여 으뜸가는 고고자료였다. 하지만 대부분 학자들은 보통 전자를 더 중요시했다. 곽말약은 역사언어연구소로부터 사본을 구하여 「복사통찬」에 수록하고 제일 먼저 발표하였다. 이어 동작빈도 논문 「대구사판고석(大龜四版考釋)」56)을 발표하고 분복법分卜法, 사류事類, 문례文例, 시대, 종속种屬 등 다섯 가지 측면에 대하여 고찰하였다. 그중 제일 중요한 것은 단대斷代에 '정인'설을 제기한 것인데 이는 갑골문 단대연구에 있어서 획기적인 성과였다. 논문에서는 갑골단대의 여덟 가지 방법을57) 제기하였는데 이는 동작빈의 「갑골문 단대연구 사례(甲骨文斷代研究例)」의 전신前身이었다.

하지만 수두각사兽头刻辞에 관한 연구는 조금 극적인 양상을 보여 주었다. 우선 동작빈은 공자가 본 '백린白麟'과 연관시켜 「획백린해(获白麟解)」58)라는 글을 발표하여 큰 반향을 일으켰다. 잇달아 방국유方国瑜의 「획백린해에 대한 질의(质疑)」, 당난唐兰의 「획백시고(获白兕考)」, 배문중의 「동작빈의 획백린해 발문」 등 글들이 발표되었다. 해당 녹두鹿头는 감정을 통해 미록麋鹿으로 판정받았는데 동작빈은 공자가 언급한 '백린'이 사실상 이런 동물이라고 여겼다. 실증은 불가능하지만 이로부터 학술계가 문헌 관련문제에 큰 관심을 갖고 있었음을 알 수 있다.

이제는 주로 순수 고고학에 주목하였다. 그는 비록 이번 발굴에서 큰 해결을 보지는 못했지만 은허의 범위와 건축기지가 안양발굴에서 핵심적인 문제59)라고 여기게 되었다.

---

56)『안양발굴보고』제3기, 중앙연구원 역사언어연구소, 1931년, 423~442쪽.
57) 갑골단대의 8가지 기준: 1. 구덩이 층 2. 출도자기물 3. 점 본 사류(事类) 4. 제사 지낸 제왕 5. 정인(贞人) 6. 문체. 7. 용자(用字) 8. 서법. 동작빈의 「대구사판 고석(大龟四版考释)」,『안양발굴보고』제3기, 중앙연구원 역사언어연구소, 1931년, 423~442쪽.
58)『안양발굴보고』제2기에 수록, 중앙연구원 역사언어연구소, 1930년, 287~330쪽.
59) 역사언어연구소 서류, 원152−1,이제가 부맹진에게 보낸 편지. 1929년 10월 20일.

이번 발굴의 중대한 수확 중 하나는 바로 앙소문화의 자취를 찾게 된 것이다. 1929년 11월21일에 발견한 채색도자기 한 조각은 역사언어연구소 은허 고고에서 전무후무한 것으로 15차례의 발굴 기록에서 출토된 25만 조각의 도편 중 유일한 앙소시대 채색도자기이기 때문이다.(그림 11) 이는 결코 우연한 것이 아니었다. 그것은 이제가 줄곧 채색도자기에 관심을 갖고 있었고 또한 서음촌의 경력을 통하여 매우 익숙하였기 때문이다. 많고많은 유물과 현상 중에서 작은 도자기 조각에 주목했다는 점으로부터 이제의 문제의식과 빈틈없는 업무태도를 엿볼 수 있다. 훗날 이제는 "하루종일 발굴상황을 지켜보면서 부지런히 기록을 하지 않았더라면 이 도자기 조각을 소홀히 했을 것이다. 도자기 조각의 발견으로 우리는 과감하게 앙소문화와 은상문화를 비교하여 그들의 상대적 연대를 토론할 수 있게 되었다."[60]고 했다. 이제는 도자기 조각으로부터 앙소와 은허문화 간의 관계를 연구하기 시작하여 「소돈과 앙소」라는 글을 발표하였는데 이는 고고 증거로써 양자의 관계를 연구한 첫 시점이었다.

하지만 이번 발굴에서는 유감스러운 점도 있었다. 바로 은허문화층의 형성원인에 대한 정확한 해석을 유추하지 못했을 뿐만 아니라 도리어 '표몰설'이라는 그릇된 방향으로 나가게 된 것이다. 이는 전에 사용했던 종횡 도랑파기식 발굴 방식과 일정한 관계가 있을 수 있다. 완전히 들춰내지 못했기 때문에 지층상황을 전면적으로 관찰하는데 애로가 있었다. 3차 발굴 시, 이제는 지질측량 담당자인 장위연을 특별요청하여 지층에 대한 연구를 하였으며 「은허지층연구」[61]라는 논문을 집필하여 은허 표몰설을 최고의 경지에 이르게 하였다. 장위연은 다진 땅의(夯土) 흔적을 홍수 퇴적의 증거로 삼았으며 또한 은허문화층은 한번의 홍수로 이루어진

---

60) 이제, 「중국 고기물학(古器物学)의 새로운 기초」, 『이제의 고고학 논문선집』, 문물출판사, 1990년, 60~70쪽.
61) 『안양발굴보고』 제2기, 중앙연구원역사언어연구소, 1930년, 253~286쪽.

그림 11 제15차 소둔 발굴에서 수확한 유일한
채색도자기 파편
(은허 제3차 발굴시 1929년 11월 21일 출토,
「이제문집」3권에 수록, 상해인민출판사, 2006년,
그림판)

것이 아니라고 주장하였다. 동작빈은 역사지리고증으로 「은허연혁고(殷墟沿革考)」라는 글을 통하여 홍수가 고황하古黃河의 변천과 연관이 있다고 추정하였다.[62] 장위연과 동작빈의 분석과 고증은 자료와 증거를 다방면으로 수집인용하여 세밀하긴 하였지만 전부가 그릇된 것이었다. 비록 둘 다 야외발굴에 참여하여 일선의 자료로 연구를 진행했지만 실제에 부합되지 않는 결론을 내렸던 것이다. 이는 주로 두 사람의 전문지식의 결핍으로 기인된 것이다. 장위연은 상남湘南에서 광업矿务에 종사하면서

일정한 지질지식을 갖게 되었지만 고고학에서의 문화층과 같은 복잡한 현상은 그의 지식과 경험범위를 훨씬 초과했기 때문에 제반 해석은 연상聯想을 기반으로 할 수밖에 없었을 것이다. 이제도 마찬가지로 지질학 지식과 훈련이 결핍하여 복잡한 문화층의 형성원인에 대한 문제를 해결하기 어려웠다.

---

62) 동작빈, 「은허연혁고」, 『역사언어연구소 논문집』제2권 제2부분, 중앙연구원 역사언어연구소, 1930년, 224~240쪽.

5. 중앙과 하남지역의 고고학 발굴권 쟁탈

안양발굴 초기, 중앙과 하남지방 당국은 출토문물의 귀속문제를 둘러싸고 장기간 심각한 충돌을 일으켰다. 이는 역사언어연구소 고고사상 극히 중대한 사건으로서 심원한 영향을 끼쳤다. 역사언어연구소 선대 학자들 모두 그 기억이 역력하다.

북벌 이후, 국민정부는 그 영향력을 전국 각 지방으로 확장하려고 하였는데 이는 근대 국가 구축의 중요한 일환이다. 하지만 중국은 만청晚淸 이래 독무분권督抚分权과 군벌할거军阀割据로 인하여 지방역량이 대단히 독립적인 상황이었다. 만청 이래 정치사회 정세에 익숙해진 인민들이 전국을 대표하는 정부가 통치권을 지방으로 확충하는데 적응할 리 없었다. 명의상 이미 전국을 통일한 국민정부와 각 지방세력은 여전히 긴장한 분위기였다. 국민정부가 각지에 사람을 파견하여 본래 지방특색이 뚜렷했던 사무를 통제하려고 하였기에 자연히 큰 모순이 생기게 된 것이다. 특히 중앙 군사정치 역량의 철저한 통제가 아직 불가능할 때였기에 중앙에서 내린 지시나 공문은 표면상 지방의 존중을 받았을 지는 모르나 사실상 지방에서 여전히 자기 나름대로 처리되고 있었다. 안양의 충돌이 바로 이러한 모순들 중의 하나이다.[63] 안양에서 출토된 문물에 대하여 하남정부 인사들은 지방에 귀속되어야 한다고 주장하고 중앙을 대표하는 중앙연구원 조사단은 제반 역사문물은 국가에 귀속되어야 한다고 주장하였다. 이처럼 완전히 다른 쌍방의 관점들이 바로 충돌의 근원이었다.

앞에서 말하다시피 하남정부는 중앙의 은허발굴을 내심 원하지 않았다. 다만 중앙권력의 압력과 동작빈의 개인적인 안면때문에 마지못해 동

---

63) 왕범삼, 「무엇이 역사근거가 되는가」, 『중국근대사상과 학술의 계보』, 하북교육출판사, 2001년, 379쪽.

의를 한 것이다. 하지만 조사단이 큰 수확을 거두고 그것을 완전히 소유하게 되자 하남에서는 지방의 권익을 침범했다고 하면서 항거와 반격을 시작하였다.[64]

하남에서도 학술문화 부문의 인물인─하남 도서관 관장 겸 하남 박물관(한동안은 하남성 민족박물관으로 개명했었음) 관장 하일장何日章을 내세웠지만 사실상 지방 권력기관의 실권인물들의 배후 지지를 받았다. 진정한 주도자는 이 일을 주관하는 교육청 청장 이경재李敬齋였다.[65]

1928년 동작빈이 하남성 정부와 발굴사항에 대하여 협상할 때, 쌍방은 발굴품의 보관과 귀속문제에 대해 거론하지 않았다. 1차발굴 이후 동작빈이 큰 수확을 거두면서 이 문제를 거론하기 시작하였다. 하일장은 출토된 귀골기물龜骨器物은 "개봉에 진열해야 한다"(당시 하남성 정부 소재지는 개봉이었음)고 성정부에 귀띔해 주었다. 그리하여 하남성 정부는 중앙연구원에 편지를 보내 해당 요구사항을 제기하였다.

중앙연구원은 다음과 같이 답변했다. "본 원院 특파원이 각지에서 발굴한 유물은 수도首都 및 현지 박물관에만 진열할 수 있다……귀 성정부가 출토 유물을 개봉에 진열하겠다고 요청한 사항은 참작하여 결정하겠다." 이는 사실상 하남정부의 요청에 동의한 것이다. 하지만 2차 발굴 이후 이제와 동작빈은 전란을 이용하여 두 차례에 걸쳐 발굴한 진품들을

---

64) 홍미로운 것은 발굴 수확이 점점 많아지면서 안양 지방인사들도 지방권익을 주장하며 유물의 발굴권과 소유권을 얻으려고 중앙을 반대했고 하남성 당국도 반대하였다. 역사언어연구소 서류, 고24 ─1,윤환장(尹煥章)이 이제에게 보내는 편지. 편지와 함께 본 지방 민생일보 3, 4, 5일 신문을 첨부하니 본 연구소 고고사건에 대해 참조할수 있다. 1933년 8월 8일.
65) 이경재(李敬齋)(1888~1987),하남 여남(汝南) 사람. 국민당 하남성 당조직부 부장, 중앙 당조직부 비서, 하남성정부 교육청 청장, 국민당 제6기 중앙위원, 국민정부 행정원 정무위원 겸 지방정부 부장직을 역임하였다. 1948년 12월 사퇴하고 새 중국 건립 전 대만으로 건너가 대만 '총통부' 국책고문(国策顾问)직을 맡았다. 1987년 8월 26일 세상을 떴다.

전부 북평으로 운반해갔다. 이에 하남 현지 인사는 크게 격노하였다.

그들은 유물을 되찾을 가능성이 없다는 것을 알고 거기에 대해서 명확한 요구를 제기하지 않았다. 하지만 이제와 동작빈이 다시 돌아와 제3차 발굴을 수행하자 그들은 움직이기 시작하였다. 하일장은 하남성 교육청 청장 이경재의 비준을 받고 자체로 조사단을 조직하여 안양으로 들어가 발굴작업을 진행하였다. 물론 하일장 측에서는 현대 고고지식을 겸비한 전문인원이 없었던 탓으로 주요하게 갑골 등 유물 찾기를 목적으로 하였다. 중앙 조사단은 그들이 은허를 파괴한다고 보았다. "그들의 시굴방법은 실로 어처구니없고 가증스럽기 짝이 없다. 소문에 의하면 그들은 고분을 보면 보는 대로 마구 다 파헤쳐 십중팔구 모두 파손되었을 것이다. 기록이나 촬영도 하지 않고 목적성도 없어 다 파헤치고 나서도 어떤 상황인지 전혀 모른다. 이것을 이른바 연구(장상덕[66] (張尚德)은 쌍방 모두가 연구를 하고 있다고 했음)라고 하였는데, 성정부에서 또한 이를 권장하고 있으니 이는 중화민족의 수치가 아닐 수 없다."[67]

하지만 발굴기술의 여하를 막론하고 하일장은 지방인사로서 오히려 현지지방세력들의 대폭적인 지지를 받았다. 그는 발굴과 동시에 안양현 정부에 공문을 반포하여 중앙발굴단의 발굴을 금지시킬 것을 요청하였다. 이제와 동작빈은 부득이 작업을 중단하고 10월 22일 북평에 돌아가 부사년을 찾아 의논하는 수밖에 없었다. 10월 24일 부사년은 황급히 남경으로 가 지원을 요청했다. 채원배를 선두로 한 중앙연구원은 제반 역량을 움직여 이 일을 해결하려고 힘썼다. 한편으로는 오치휘吳稚輝를 통하여 장개석蔣介石으로 하여금 하남 현지 정부가 협조하도록 지시를 내리게 하였다.

---

66) 당시 안양 중학교 교장이었던 그가 제일 먼저 하남성 정부에 중앙발굴팀이 '발굴기물을 성밖으로 운반해 나갈 것'이라고 보고했다. 1929년 10월 8일 하남교육일보 제8호 참조.

67) 역사언어연구소 서류, 원 151−18, 이제가 동작빈에게 보낸 편지, 1929년 11월 23일.

국민정부 문관처文官处에서는 하남성 주석 한복구韓复榘에게 전보를 보내 중앙발굴을 회복하고 하일장의 발굴을 금지시킬 것을 명했다. 하지만 한복구가 풍옥상의 부장部将이었고 당시 장개석과 풍옥상이 호시탐탐 서로를 노리고 있었으므로 그 지시는 효과가 없었다. 그러나 그 후에도 정부 측과의 연락은 줄곧 끊이지 않았다. 다른 한편으로는 계속하여 전통적인 일처리 방법으로 하남 지방과의 관계를 통해 교섭을 도모하였다. 부사년은 장계张继, 서욱생徐旭生 등 하남에 적을 둔 유명인사들을 찾아다녔으며 그 후에도 중앙의원 진과부陈果夫, 단석붕段锡朋, 고응분古应芬 등을 통하여 사건의 배후 인물 이경재와 교섭하였다.[68]

이런 노력 끝에 중앙조사단은 끝내 11월 15일 다시 발굴작업을 하게 되었다. 하지만 하일장 발굴대는 도리어 소란전술骚扰战术로 정상적인 발굴작업을 방해하였다.

---

68) 교섭과정의 수많은 우편물들로부터 이경재가 사실상 하남측 배후라는 것을 알 수 있다. 예를 들면 단석붕(段锡朋)에게 쓴 편지에서 그는 사실상 그가 하일장을 은허에 파견한 것이라고 매우 명백하게 밝혔다.

역사언어연구소 서류, 원151 −10, 이경재가 단석붕에게 보낸 편지. 1929년 11월 2일. 본문은 아래와 같다.

석붕형에게: 아침에 보내 주신 편지를 보니 실소를 금할 수 없습니다. 연일하여 과부 선생과 부천 선생께서 전보를 보내 책망하시고 또 도번형께서 편지를 써 문의하시니 그제야 여기에 오해가 있다는 것을 알게 되었습니다.

편지에서 크게 책망하지는 않으셨지만 역시 억지로 작업을 정지시킨 일은 없습니다. 제가 하관장을 보내 발굴을 하게 된 것은 사실 그 누구도 이 고물들을 돌보지 않아 혹여 도둑을 당할까 두려워서였고 또한 이 박물관에 아직 쓸 수 있는 돈도 좀 있고 전문가들도 몇 명 있어 일단 시험적으로 한번 해 본 것입니다. 그런데 지금 연구원에서도 발굴을 하니 혹 돈이 없거나 사람이 없다면 절대 이 일에 손을 대지 않을 것입니다. 연구원에서 금년 봄에 사람을 파견한다는 약속도 지키지 않았고 이번에 하남에 와서도 지방에 전혀 통보하지 않았답니다. 하군은 이미 갔으니 그쪽과 의논하여 협상할 방법이 없고 또 개봉에 와서 만나려고도 하지 않습니다. 그가 간 후 장대거웅께서 여러 곳에 편지를 써 지원을 청할줄이야 누가 알았겠습니까? 모두 너무 유치합니다. 저는 이미 하군더러 작업을 그만두고 개봉에 돌아오라고 일렀으니 전해주시기 바랍니다. 개봉으로 오셔서 의논하시면 고맙겠습니다.

하일장의 행위는 이제의 분노를 자아냈다. 그는 부사년에게 편지를 써 지원을 요청하면서 "개봉창덕开封彰德에 갔다 올 필요가 있을 것 같습니다. 적어도 하일장의 직무를 해임해야 할 것입니다. 이 작자를 제거하지 않는다면 필히 다시 공격해 올 것입니다. 그렇게 된다면 하남성 전역에 고고팀이 발디딜 곳이 없게 됩니다."[69]

11월 21일 부사년은 부득불 친히 하남에 가서 협상을 할 수 밖에 없었다. 하지만 결정적인 인물 이경재는 중앙정부와 부사년이 협상을 위해 친히 왔음에도 불구하고 시종 면종복배面從腹背의 태도를 취했다. 극히 복잡한 정세 속에서 부사년은 최선을 다하면서 뛰어난 처세술과 노련한 일처리 솜씨를 발휘하였다. 그는 중앙기관의 일원이었지만 자세를 낮추고 지방인사와 지방이익을 존중하였으며 최종적으로 하남 정부 측과 「안양은허 발굴에 대한 해결 방안」 협의를 달성하였다. 그 요점은 다음과 같다.

1. 중앙 학술기관과 지방정부 간의 협력을 도모하기 위하여 하남성 정부 교육청은 1~3명의 인원을 선발하여 국립중앙연구원 안양 은허 조사단에 참가시킨다.
2. 안양 은허 조사단은 발굴작업 및 수확한 유물에 대한 세부목록(清册)을 작성하여 매달 하남 교육청에 제출하여 검사 받는다.
3. 안양 은허 조사단은 연구의 편리를 위하여 출토유물을 적당한 곳으로 운반할 수 있으나 하남 교육청의 검토를 거쳐야 한다.
4. 은허 유물은 중복된 것 외에는 매번 연구가 끝난 후 지방인사들이 참관할 수 있도록 개봉 비림(开封碑林)에 진열하여야 한다.
5. 발굴과 연구가 모두 끝나면 중앙 연구원과 하남성 정부는 진열 방법에 대하여 다시 협상한다.[70]

69) 역사언어연구소 서류, 원141-7,이제가 부맹진에게 보낸 편지. 1929년 11월 18일.
70) 부사년, 「본 연구소 은허발굴의 경과」, 『안양발굴보고』 제2권, 중앙연구원역사언어연구소, 1930년, 387~404쪽. 협상과정에 부사년은 하남성을 위하여 고고인재를 육성하며 하남대학 학생들이 은허 발굴에 참여할 수 있게 한다는 약조를 했다.

본 협상에 따라 중앙 측에서는 사실상 크게 타협을 하였다. 하지만 가장 중요한 것은 유물의 연구권리(研究权)는 중앙에 귀속되고 연구지점도 중앙에서 결정한다는 점(다시 말하면 하남에서 운반해 나갈 수 있다는 것)이다. 따라서 중앙연구원 역사언어연구소는 시종 이 발굴품들을 보존할 수 있었다. 이 또한 이제가 부사년에게 강조했던 담판의 최대한계였다.[71]

부사년은 하남 측과의 교섭에서 자신들의 발굴조사는 단순한 보물파기가 아니라 지하지식을 얻는 것이며 학술은 천하의 공공기관(公器)라고 특별히 강조함으로써 하남 측의 시름을 덜고자 하였다. 왕범상은 여기서 더 나아가 쌍방의 학술 이념에서의 신구新旧 차이를 강조하였다. 물론 그런 차이는 존재하지만 쌍방의 충돌을 일으키는 결정적인 요소는 아니다. 쌍방 충돌의 근본적인 원인은 중앙과 지방의 권력 충돌이다. 발굴품의 귀속문제가 아니더라도 새로운 자료에 대한 연구권때문에 쌍방의 충돌은 모면하기 쉽지 않았을 것이다. 하남 측에는 과학 고고 전문인재가 없었지만 전부 다 완고한 보수분자인 것은 아니었다. 이 사건의 진정한 주도자 이경재만 봐도 일찍 미시간주대학(密歇根大学) 유학경력이 있으며 건축공정을 전공하여 하남의 근대화 사업에 탁월한 공헌을 하였다.

발굴품이 잠시 역사언어연구소에 속하는 것에 대하여 부사년은 발굴품은 전시 전 정리와 연구단계를 거쳐야 하는데 이 기간 연구자가 발굴품을 보관하는 것은 천하통례天下公例인 만큼 정리연구가 완료되면 유물은 다시 지방소유로 한다고 해석하였다. 하지만 정리와 연구단계의 소요시간에 대해서는 명확한 설명이 없었으므로 하남 측에서 만족할 리가 없었다.

부사년의 중재 역할에 대하여 지나치게 높은 평가는 할 수 없다. 왜냐하면 합의서는 결국은 종이 한장에 지나지 않는 것으로 그 합의를 지키고

그리하여 석장여, 유요(刘燿)는 고고의 길을 걷게 되었다.

71) 역사언어연구소 서류, 원141-4,이제가 양행불, 부맹진에게 보낸 편지. 1929년 11월2일.

안 지키고의 문제는 정치형세의 변화에 달렸기 때문이다. 예상한대로 쌍방의 합의서 먹물이 채 마르기도 전에 하남 지방인사의 목소리는 또 다시 높아졌다. 하일장은 중앙발굴을 반대하고 지방문화를 보호하자는 전단지를 두 차례나 배포하여 지방여론의 보편적인 지지를 얻었다. 1930년 2월 5일 곽보균은 동작빈에게 편지를 보내 하남 지방인사가 여전히 자체로 발굴을 행하고자 한다고 밝혔다.[72] 3월, 풍옥상, 염석산閻錫山, 이종인李宗仁이 연합하여 장개석에 대항해 나섰고 5월 중원대전中原大战이 발발하면서 중앙은 하남에 대한 통제를 완전히 상실하였다. 부사년이 중앙정부를 대표하여 하남성 정부와 체결한 합의서는 한장의 종이 조각이 되어 버렸고 중앙조사단은 하남에서 철저히 쫓겨났다. 1930년 12월 중원대전이 끝나고 하남이 정식으로 남경정부에 귀속된 후, 1931년 봄이 되어서야 조사단은 안양으로 되돌아 올 수 있게 되었다.

6. 결론

은허발굴의 첫 단계에 있어서 다음과 같은 몇 가지 측면에 주의해야 한다.

① 우선 역사언어연구소의 야외고고는 국가학술 구축의 일부분으로서 시종 중앙과 지방의 이익다툼 과정에서 발전해 왔다. 이는 중국고고학의 탐색이시기 발전에 어려움을 가져다 주었고 국가학술에서의 고고학의 지위가 실천에서 가지는 중요성을 더욱 부각시켰다.

② 세 차례에 걸쳐 발굴된 유물을 통하여 상나라 말기에 이미 동기시대에 들어섰음을 확정할 수 있었는데 이는 대단한 성과이다. 사실 그 전에

---

72) 역사언어연구소 서류, 원141−17, 곽보균이 동언당에게 보낸 편지. 1930년 2월 5일.

안특생은 상나라가 여전히 석기시대일 것이라고 여겼는데 그의 권위적인 지위로 인해 이 관점은 국내 학술계에 상당한 영향을 미쳤었다.

③ 하지만 방법상에 있어서 역사언어연구소 고고는 이 시기 여전히 초기 탐색단계에 머물러 있었다. 석장여는 이 시기 고고는 제반 시설이 미비하고 범위가 극히 작기에 그저 규모가 비교적 큰 모색작업이었을 뿐이라고 했다.[73] 이 단계 발굴은 주로 유물 수집이었다. 동작빈은 1차 발굴에서는 갑골문 수집만을 중요시했고 2차와 3차 때 이제가 참여하면서 기타 유물 수집에도 주의를 돌리게 되었다. 이제는 비록 문제의식을 갖고 은허문화의 근원, 은허문화와 앙소문화의 관계를 비롯한 일련의 중요한 과제를 제기하였고 굳은 결의로 매사에 과학적 기준을 따르려 하였지만 사실상 이러한 문제들은 해결하기 어려웠다.

문제는 이 시기 지층학, 유형학과 같은 고고연구에 있어 가장 기본적인 방법들이 아직 구축되지 못하였기에 전문적으로 탐색을 진행하였지만 큰 돌파구를 찾지 못했다. 발굴방법에 있어 여전히 자연층이 아닌 수평층을 채택하였으며 수집과 기록 방법에 있어서도 모두 문제가 존재하였다. 특히 은허문화층 형성원인에 대한 연구에 많은 힘을 기울였지만 시종 정확한 결론을 내리지 못하였고 도리어 '표몰설(漂沒说)'이라는 그릇된 방향으로 나아갔다. 이는 고고학 연구에 있어 자료보다도 정확한 이론방법이 더욱 중요함을 말해주는데 세계 고고학의 발전과도 연관성이 있다. 당시 서양의 새로운 발굴방법 역시 탐색단계에 처해 있었다.

④ 발굴에서 수확한 예술진품 특히 제3차 수확은 중국 학술계를 놀라게 하였으며 은허유물 연구의 열풍을 일으켰다. 은허는 중국 고고의 성지(圣地)로 부각되었으며 중앙연구원 역사언어연구소의 앞으로의 고고활

---

73) 석장여, 「은허 최근의 중요 발견 소둔지층 부론」, 『현장고고보고서』 제2기, 중앙연구원역사언어연구소, 1947년, 1쪽.

동에 좋은 사회 환경을 마련해 주었다.

⑤ 일부 양호한 학과전통이 초보적으로 형성되었다. 특히 이제와 동작빈 두 사람의 현대학술과 전통연구의 양호한 협력은 은허 고고학의 제반 연구에 훌륭한 프레임을 구축하였다.

발굴조사의 진척은 어려웠으나 역사언어연구소의 과학 고고는 드디어 어려운 첫걸음을 내디디게 되었다.

제4장 역사언어연구소 고고학의 발전 단계(1930~1934)

성자바위(城子崖)에서 은허 제9차 발굴에 이르기까지

1930년 성자바위 발굴은 역사언어연구소의 고고학 연구에 있어서 매우 중요한 전환점이다. 그후 여러 가지 요소의 작용으로 고고활동은 진정으로 과학적 궤도에 들어서게 되었다. 우리는 성자바위에서 1934년 은허 제9차 발굴에 이르기까지를 중국 과학고고학의 발전시기로 볼 수 있다. 이 기간에 주요한 사건들이 많이 일어났는데 이는 중국 과학고고학이 이미 형성되었음을 증명하였다.

1. 성자바위 발굴과 용산문화(龙山文化) 연구

1930년, 중국에서 가장 중요한 사건은 중원대전中原大战의 폭발이다. 갓 설립된 남경정부는 이로 인해 준엄한 시련을 겪게 되었다. 전쟁은 4월부터 11월까지 7개월간 지속되었다. 장개석蒋介石과 염석산阎锡山, 풍옥상冯玉祥, 이종인李宗仁 등은 110만 명의 군사를 투입하였다. 동쪽의 산동으로부터 서쪽의 상번襄樊, 남쪽의 장사长沙에 이르기까지 중국 절반이 전쟁터가 되었다.

전쟁이 끊이지 않던 당시에 야외 고고작업을 진행하는 것은 거의 불가능하였다. 1930년 한해, 역사언어연구고고팀에서는 아무런 발굴도 할 수 없었다. 고고팀이 북해北海의 정심재靜心斎에서 앞서 세 차례 발굴에서 얻은 자료들을 정리, 연구하는1) 작업과 은허 외 발굴 가능한 곳을 조사하는 이제의 노력이 있었다. 비록 나라가 사분오열되고 백성들이 기아와 도탄 속에 시달리고 시체가 들을 덮었지만, 과학지식을 추구하는 중국고고학자들의 열정은 조금도 흔들림이 없었다.

역사언어연구소의 고고활동은 이외에도 또 다른 위기를 맞았다. 제2차, 제3차 때 발굴비용을 지원해 주었던 미국 프리어갤러리에서 역사언어연구소와의 합작을 그만두었던 것이다. 프리어갤러리는 중국에서 예술품을 수집하는 것이 목적이었는데 역사언어연구소와의 합작에서 별로 큰 수확이 없었기 때문이다.

1930년, 협상이 합의를 보지 못하게 되자 이제는 큰 타격을 받고 "이번 실패는 나를 정말 우울하게 만들었다"고 말했다. 하지만 얼마 되지 않아 바로 새로운 국면을 맞이하게 되었다. 역사언어연구소 고고팀이 안양에서의 발굴작업이 뛰어났기 때문에 중화중화민국 시기 제일 중요한 학술보조기구인 중화교육문화기금회中华教育文化基金会2)에서 도움을 주기 시

---

1) 「역사언어연구소의 대체적인 사무 보고(历史语言研究所概况事务报告)」, 『부사년전집(傅斯年全集)』제 6권, 호남교육출판사, 2003, 47~48쪽, 52쪽.
2) 이 기금회는 이른바 '호적학파 사람들(胡适派学人群)'이 장악하였는데 역사언어연구소도 사실 상 이 학술세력권의 중요한 구성부분이었다.
　　1930년 중화교육문화기금회 이사회 조직구성(中华教育文化基金董事会机构)은 다음과 같다. 이사장은 채원배(蔡元培), 부이사장은 장맹록(长孟禄), 장몽린(蒋梦麟), 비서는 호적(胡适), 회계는 베드노든(贝诺德), 김소기(金绍基), 집행위원으로는 조원임(赵元任), 김소기(金绍基), 고림(顾临), 간사장(干事长)은 임홍전(任鸿隽) 등이다.
　　'호적학파 사람들'에 대한 연구는 장청(章清)의 『'호적학파 사람들'과 현대중국 자유주의("胡适派学人群"与现代中国自由主义)』, 상해고적출판사(上海古籍出版社), 2004년을 참조.

작하였던 것이다. 1930년 가을, 기금회에서는 이제를 중국고고학 연구교수로 초빙하였는데 이는 역사언어연구소에 특별한 혜택을 준 것이다. 그리고 3년 동안 해마다 1만 은화를 연구소의 현장작업 비용으로 지원하기로 하였다.[3]

비용문제가 다시 해결되고 전쟁이 끝나게 되면서 역사언어연구소는 새로운 전환기를 맞이하게 되었다.

산동은 원래 장개석 군대의 통제구역이었고 중원대전도 8월에 일찍 종결되었다. 그해 9월, 원 하남성 주석이며 풍옥상冯玉祥의 반역장군인 한복구韓复榘가 산동성 주석으로 임명되었고 사회질서가 점차 안정되면서 현장작업을 할 수 있는 기본조건이 갖추어졌다. 또한 산동은 부사년의 고향이었기 때문에 인맥관계가 두터워 고고학 연구에서 중요한 지역 사회의 관계 역시 문제가 되지 않았다.

학술적 측면에서 관건이 되는 것은 이미 이곳에서 새로운 중요한 단서를 발견하였다는 점이다. 오금정吳金鼎은 1928년부터 1929년 사이에 제남 동쪽에 있는 동평능东平陵과 성자바위 유적지를 여섯 차례나 답사하여 흑도자기를 뚜렷한 특징으로 하는 '용산문화'의 유물을 발견하였다.[4]

---

3) 이제, 「안양」, 『중국현대학술경전 · 이제권(中国现代学术经典 · 李济卷)』, 하북교육출판사(河北教育出版社), 1996년, 504쪽.
역사언어연구소 기록, 원(元)10-1 중화교육문화기금회 이사회는 본 연구소에 서한을 보내 연구소에 고고학 연구 교수직을 두고 이제에게 그 직무를 맡길 것을 청구하였다. 1930년 7월 21일. 부(附), 과학연구 교수직 수정방안 1 부, 의안 1부.
금년도에 기금회에서는 2 명의 과학연구 교수를 초빙하였는데, 그들은 각각 옹문호(翁文灝)(농광부지질조사소(农矿部地质调查所), 지질학연구 교수, 연봉은 7,200원, 이제(중앙연구원 역사언어연구소 고고학연구 교수.연봉은 6,000원)이고.임기는 5년으로 정한다. 연봉 외에 과학연구 교수직 방안에 따라 매 교수에게 또 설비 보조금 2,000원과 1,000원 이내의 조사비와 보조비를 지급한다.
4) 오금정(吳金鼎), 「평릉방문기(平陵访古记)」, 『국립중앙연구원역사언어연구소합종봅(国立中央研究院历史语言研究集刊)』제 1권 제 4부분에 수록, 471~486쪽 참조.

오금정은 이제가 청화연구원淸華硏究院에 있을 때 그의 유일한 대학원생이었다. 산동성에서 오금정의 연구는 중국고고학의 대부가 초기에 뿌려놓은 고고학지식의 불씨였음을 의미한다.

역사언어연구소 고고학팀은 하남에서 추방된 후 산동에서 작업을 하기로 하였고 대체적으로 임치臨淄에서 시험발굴하기로 계획하였다.5) 오금정의 보고를 받은 이제는 1930년 6월 제남을 향해 떠났지만, 전쟁으로 인해 중도에 되돌아오게 되었다. 10월에 다시 오금정과 함께 용산과 임치 등 유적지를 답사하고 발굴이 가능한 곳을 찾아보았다.6)

1930년 10월 25일, 부사년은 제남에 도착하여 산동성 정부와 합작 사안을 검토하기 시작하였다. 당시 산동성 교육청 청장厅长직을 맡고 있던 하사원何思源은 부사년과 한 고향(산동) 사람이고, 동창생(북경대학과 베를린대학), 동료(귀국 후 중산대학에서 함께 근무했었음)로서 돈독한 우정을 쌓았다. 교육청은 주로 문화와 교육부문을 관할하는 행정기관이기에 협상은 매우 순조로웠다. 부사년은 하사원何思源의 동행하에 산동성 주석 한복구를 만나게 되었다. 한복구는 거칠고 상스러운 사람으로 소문났지만 문물을 보호해야 한다는 점만은 잘 알고 있었다. 그는 즉시 중앙기관의 발굴작업을 지지하겠다고 표명하였고 성 도서관 관장 왕헌당王献唐, 역성현历城县(성자바위 소재지) 현장 장하원张贺元에게 전력을 다해 협조하라고 명령하였다.

중앙연구원은 하남 지방세력과의 투쟁에서 얻은 침통한 교훈을 감안하여, 이번 발굴에서는 은허 유적지 발굴 때와 전혀 다른 형식을 취하였다. 그들은 독자적으로 발굴작업을 한 것이 아니라 산동성 정부와 협력하여 '산동고적연구회山东古迹硏究会'라는 새로운 기구를 세웠다.

---

5) 이제, 「중국 상고 역사에서의 흑도자기 문화의 지위(黑陶文化在中国上古史中所占的地位)」, 『이제문집(李济文集)』, 제1권, 상해인민출판사(上海人民出版社), 2006년, 48쪽.
6) 석장여(石璋如), 『고고연표(考古年表)』, '중앙연구원' 역사언어연구소, 1952년, 1쪽.

사실이 증명하다시피 이렇게 하는 것은 좋은 점이 많다. 쌍방이 서로 연합하고 지방에서 참여하도록 하여 상호 이익관계를 맺어야 지방의 지지를 얻을 수 있고 적어도 다시는 견제를 받지 않는다. 이와 같이 단단한 관계와 양호한 협력방식이 있었기에 산동에서의 역사언어연구소의 고고 작업은 상당히 순조롭게 진행될 수 있었다.

부사년과 하사원은 반복적인 협상 끝에 '산동고적연구회'를 구성할 데 관한 8가지 규칙을 작성하고 중앙연구원의 명의로 산동성 정부에 공문을 보냈다.

1. 국립중앙연구원의 제의에 따라 국립중앙연구원과 산동성 정부는 각각 2명 내지 5명의 위원을 초빙하여 산동고적연구회를 조직한다.
2. 국립중앙연구원에서 초빙하는 위원은 국립중앙연구원 역사언어연구소에서 추천하고, 산동성 정부의 초빙위원은 산동성 정부교육청에서 추천한다.
3. 연구회에는 위원장 1명, 주임 1명, 비서 1명을 두는데 위원들이 서로 선거한다.
4. 연구회의 작업은 조사, 발굴, 연구 세 단계를 거친다. 국립중앙연구원에서 과학적으로 지도하고 산동성 정부에서 책임지고 보호해 준다.
5. 본 연구회 소재지는 제남에 설립하고 사무소는 발굴지점에 설립한다.
6. 본 연구회의 비용은 국립중앙연구원과 산동성 정부에서 분담하고 필요할 때는 국립중앙연구원에서 단독으로 부담한다.
7. 연구를 위해 발굴한 모든 고물은 본 연구회에 보관한다. 다만 연구의 편리를 위하여 본 연구회의 동의를 거친 다음 일부 고물을 다른 곳에 옮길 수 있으나 일정한 기간 내에 반드시 본 연구회에 반환해야 한다.
8. 발굴작업은 임시로 용산과 임치로 정한다.

이상의 규칙들은 산동성 정부 제 11차 정무회의에서 통과되었다. 회의에서는 또 양진성杨振声, 왕헌당王献唐, 유차소刘次箫, 장돈눌张敦讷 등 네 사람을 산동성 정부 측 위원으로 정하였다.[7]

이번 협의 결과에 대해 쌍방은 모두 만족스러워하였다. 고물에 대한 소유권은 산동성 정부에, 연구의 권리는 중앙연구원에 속하게 그야말로 각자가 원하는 것을 얻은 셈이었다. 지방에서는 적극적으로 역사언어연구소를 보호해주고 비용도 지원해 주기로 승낙하였다. 하지만 사실상 역사언어연구소가 이 모든 것을 장악하였다. 부사년이 위원장을 맡고 이제가 주임직을 맡았다. 모든 절차는 역사언어연구소 고고학팀에서 관리하였으며 지방인사는 그저 보조적 역할만 하였다. 산동성 고적연구회의 일상업무는 사실상 역사언어연구소의 보조연구원 오금정이 영국에 유학을 가기 전까지 줄곧 담당하였다. 산동에서 발굴된 고물 중에 조금이라도 귀중한 것은 전부 역사언어연구소에 옮겨갔고 남은 것은 단지 투박한 고물들뿐이었다.

실제 협력 과정에서 쌍방은 호흡이 잘 맞지 않았다. 예를 들면 규정상으로는 발굴에 드는 비용을 쌍방이 분담하기로 협의하였으나 실제로는 모두 중앙연구원에서 부담하였다. 산동성 정부 측에서 비용을 부담하지 않아 그 후 임시 제의를 했지만 결국 해결을 보지 못했다. 산동성 정부의 주요인물인 도서관 관장 왕헌당은 고적연구회 업무에 그리 열정적이지 않아 동작빈으로부터 "이 사람은 다루기가 쉽지 않다"[8]는 말까지 들었다. '산동성고적회'의 소재지 역시 문제가 많았는데 처음에는 제로대학齐鲁大学에 있었으나 후에는 이리저리 쫓겨다니느라 장기간 해결되지 못했다. 역사언어연구소는 이 일로 매우 고민하였다.[9]

---

7) 역사언어연구소 기록, 원(元) 169-3, 연구소 서한처리사무소. 사무소는 중앙연구원을 대신해 산동성 정부와의 각종 서한을 처리. 1930년 12월 26일.
8) 역사언어연구소 기록, 고(考) 13-1, 동작빈은 부사년, 이제, 양사영에게 서한을 보냈고 산동고적연구회(山东古迹研究会) 제 3차 회의기록 한 부를 첨부하였다. 1933년 7월 7일.
9) 역사언어연구소 기록, 원(元) 168-A, 산동고적회 소재지(원 168권 목차).

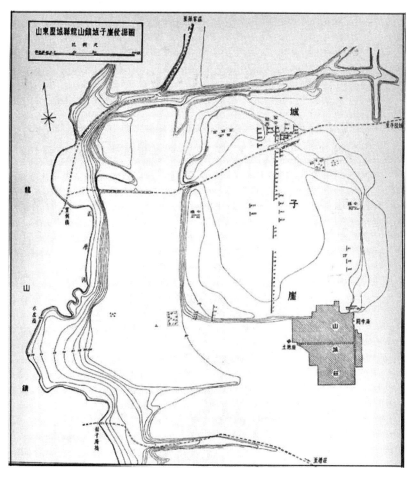

그림 12 성자바위 발굴도

(유서하(刘屿霞)그림, 『성자바위』에 수록, 중앙연구원 역사언어연구소, 1934년, 그림판2 참조)

고적연구회는 성립된 후 즉시 현장 작업을 진행하였다. 겨울철이 다되었기 때문에 작업하기 가장 편리한 성자바위를 선정하였다.[10] 제1차 성자바위 발굴은 1930년 11월 7일부터 12월 7일까지 한 달 간 진행되었는데 참가자는 이제, 동작빈, 곽보균, 오금정 등 6명이었다. 그들은 유적의 높은 곳으로부터 가로 세로 골을 파는 방법을 사용하여 도합 44곳, 약 440평방미터 되는 곳에서 작업하였다. 그중 유적발굴에서 거둔 수확이 제일 중요하였는데 흑도자기 시기의 담장과 기와 가마를 발견하였고 또 당나라 시기의 고분과 이른 시기의 관장罐葬도 발견하였다. 유물로는 도자기 조각과 뼈, 조개, 석기 등 표본 23,878점이 발견되었다.[11](그림 12)

물론 이번에 발견된 예술품들은 은허의 것보다는 못하다. 하지만 성자바위의 발견은 중국고고학 발전에 매우 중요한 추진적 역할을 하였는데 중국 선사시대 문화연구에 있어서 하나의 이정표라고 할 수 있다.

1930년 11월 6일, 산동성 고적연구회는 산동대학 공학원工学院에서 성자바위 유적지에 관한 기자회견을 개최하였다. 이제는 성자바위 발굴의 의의에 대해 다음과 같이 말했다.

첫째, 현대 중국 신사학(新史学)의 최대의 현안은 중국문화의 시초 문제이다. 이 문제를 연구하려면 문명과 우매가 공존한 시기를 선택하여 출발점으로 삼아야 한다. 대부분 학자들이 그 시기는 진(秦), 한(汉) 이전의 하(夏), 상(商), 주(周)에 있다고 인정한다. 왜냐하면 중국문화의 기초가 이 '3대'에서 이루어졌기 때문이다. 근 2천 년에 달하는 문화의 시말(原委)을 찾아낼 수 있다면 중국문화의 시초문제는 대부분 해결될 수 있다. 이 시대 말기에 이르러 비록 문자자료가 많이 있었

---

10) 역사언어연구소 기록, 원 169−2, 산동 교육청에 보낸 역사언어연구소의 공문(历史语言研究所致山东教育厅公函), 1930년 10월 30일.
11) 석장여, 『고고연표』, '중앙연구원' 역사언어연구소, 1952년, 11쪽.

지만, 진시황의 분서사건 이후에 전해내려온 확실한 역사 연구자료는 매우 제한되어 있다. 따라서 이 시대의 역사를 연구함에 있어서 문자 외에 기물(器物) 역시 중요시하지 않을 수 없다. 한 시대의 정신을 가장 충분히 대표할 수 있는 것이 바로 기물 제조이다.

기물을 통해 우리는 그 시대의 풍습뿐만 아니라 그 당시 생활 및 공업의 발전 상황을 살펴볼 수 있다. 이런 입장에서 볼 때 그 시대에 남겨진 수공품이라면, 완전하든 흠이 있든 우리에게는 모두 중요한 역사 연구자료라는 점을 인정해야 한다. 주왕조시기가 동기(铜器)를 많이 사용한 시대라는 점은 틀림이 없다. 은허발굴에 근거하면 상왕조 말기에 동기 제조업이 이미 매우 높은 경지에 이르렀다. 하지만 그 시기에 석기 사용의 습관에서 아직 완전히 벗어나지 못했기 때문에 사람들은 계속하여 돌을 이용하여 칼과 도끼 등 기물을 만들었다. 상왕조 초기에 대해서 우리는 거의 아는 바가 없다. 하지만 이보다 더 앞선 시대일수록 동기가 적고 석기가 더 많았을 것이라 상상할 수 있어 동기가 없고 석기만 있는 시대까지 추적할 수 있다. 만약 이처럼 단계적으로 탐색을 하다 보면 중국 초기문화가 변천된 흔적도 당연히 알아낼 수 있을 것이다. 이로부터 우리는 석기가 발굴된 유적지는 모두 그 시기 역사연구의 자료가 될 수 있다는 점을 확신한다. 성자바위를 발굴 지점으로 정하게 된 첫 번째 이유가 바로 그곳에 석기유적이 남아 있었기 때문이다.

둘째, 더 중요한 이유는 근 몇 년 간 중국고고학계에서 중국의 석기시대 문화연구에 매우 중요한 공헌을 하였다는 점이다.

봉천, 산서, 하남, 감숙 일대에서 비교적 체계적으로 발굴작업을 진행하였는데 이러한 연구는 중국 역사학계의 신기원을 열어 주었을 뿐만 아니라 충분히 세계 고고학자들의 주의를 끌게 되었다. 바꾸어 말하면 중국 석기시대의 문화는 이미 세계적인 학술문제가 되었다는 것이다. 하지만 자료의 발견은 중국문화의 시초문제 해결에 희망을 가져다 준 동시에 문제를 더 복잡하게 만들었다. 봉천, 산서, 하남, 감숙 일대에서 발견된 석기시대의 유적 대부분에 특수한 도자기가 하나 있었는데, 거기에는 채색그림의 장식이 있었다. 이는 중앙아시아와 소아시아 및 동구라파에서 출토된 것과 다소 닮은 구석이 있었기 때문에 외국의 고고학자들의 주의를 끌게 되었던 것이다. 자료에 대한 비교를 통하여 많은 학자들이 채색도자기는 중국문화가 중앙아시아에서 근원되었다는 것을 설명해주는 증거라고 보았다. 따라서 중국문화가 서방에서 발원했다는 학설은 20년간의 침묵을 깨고 최근 몇 년 사이에 다시 부활하게 되었다.

이와 같은 학설은 채색도자기의 발굴로 인해 매우 유력한 증거를 얻게 되었다. 하지만 이미 발견된 석기시대 유적의 지역적 분포로부터 볼 때 '서방근원설'은 아직 완전히 실증할 수 있는 것은 아니다. 왜냐하면 채색도자기는 중국 서부와 북부지역에서만 출토되었고 동북부의 대평원 예를 들면 하북성 동남부, 하남성 동부 및 산동일대에서는 발견되지 않았기 때문이다. 새로운 발견에 대한 연구결과로부터 우리는 다음과 같은 문제를 생각해보게 된다. 중국 내륙 동북평원에도 석기시대가 존재하였는가? 만약 존재하였다면 채색도자기가 있었는지? 성자바위가 발굴된 곳은 동북 대평원의 중심부인데 석기가 출토되었을 뿐만 아니라 또한 서부, 북부의 석기시대 유적과 완전히 다른 귀중한 도자기들도 출토되었다. 이런 유물들은 중국 내륙에서 처음으로 발견되었으며 중국의 상, 주왕조시대 동기문화와 매우 밀접한 관계가 있다. 관련 문제를 연구하는 사람이라면 그 중요성에 대하여 바로 알 수 있다.[12]

성자바위를 발굴하기 전에 이미 이제는 성자바위의 흑도자기 유물이 중국 선사문화 연구에서 중요한 의의가 있다는 점을 잘 알고 있었다. 이제가 나중에 진행한 발굴과 연구는 다만 이 문제에 대한 해답을 하나씩 증명해 나가는 것이었다.

---

12) 이제, 「성자바위 발굴 이유와 성적(发掘城子崖的理由和成绩)」, 산동성립도서관 계간(山东省立图书馆季刊) 제1집 제1기, 1931년. 『이제문집』 권1에서 인용·상해인민출판사(上海人民出版社), 2006년, 203~205쪽.

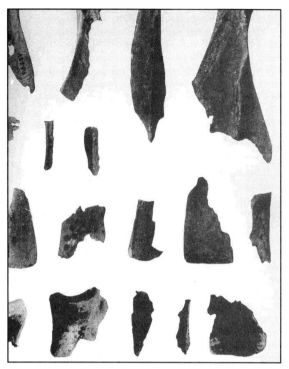

그림 13 성자바위에서 출토된 복골(卜骨)
(『성자바위』, 중앙연구원 역사언어연구소, 1934년, 그림판53 참조)

앞서 이제의 연설에서 보여주다시피, 이제는 이미 성자바위 흑도자기 문화의 중요성을 예측하였으며 그의 발견들은 이러한 인식을 한층 더 풍부하게 하였다. 흑도자기의 독특한 특징들은 중국 동부지역에 채색도자기 문화와 다른 오래된 문화가 확실히 존재하고 있다는 점을 명시한다. 윤기가 흐르는 검은색 계란껍질 모양의 도자기는 당시의 흑도자기 문화 기술이 고도로 발달되었음을 시사한다. 복골과 흑도자기 안의 콩 및 취사용 새발솥 백색 도기(白陶鬹)13) 등은 은허에서 출토된 유물과 비슷하다.

─────────

13) 용산문화의 도규(陶鬹)는 곽보균(郭宝钧)이 명명한 것이다. 추형(邹衡)의 「곽보균 선생의 고고사적 및 학술상의 공헌(郭宝钧先生的考古事迹及其在学术上的贡献)」

첫 번째 발굴에서 이미 소의 견갑골로 만든 복골(그림 13)을 발견하였다. 골복骨卜과 귀복龜卜은 은허문화의 뚜렷한 특징이다. 하지만 일찍이 발견된 앙소문화에서는 그 자취를 전혀 찾을 수가 없었는데 동방의 용산문화에서 그 골복을 발견했으니 이는 용산문화와 은허문화가 일정한 연원관계가 있다는 것을 설명한다. 이제는 골복骨卜에 대하여 독특한 인식을 가지고 있었다. 그는 은허를 대표하는 중국 최초의 역사문화에서 골복은 모든 정신생활과 긴밀히 연결되었을 뿐 아니라 골복 풍습이 중국 문자의 초기 진화발전을 추진시켰을 것이라고 믿고 있었다.14) 때문에 "발굴에서 보여주는 모든 것들이 우리에게 유력한 암시를 보내고 있다. 그것은 바로 중국 초기 역사시대 문화를 구성하는 가장 중요한 요소가 동방에서 발전한 것이 분명하다는 점이다". "성자바위의 발견으로 우리는 은허문화의 근원지를 찾았을 뿐만 아니라 중국 여명기黎明期 문화에 대해서도 새로운 인식을 가지게 되었다".15) 흑도자기문화의 발견에 앞서 로프얼(劳弗尔) 등 서양학자들은 '중국문화의 서방기원설'을 주장하고 있었다. 그들은 선진先秦시기 2,3천 년간 중원문화가 점차 발전하게 된 것은 서방 아시아문화의 영향을 받은 것일 뿐 중원문화 그 자체는 독립성을 가지고 있지 않는다고 주장하였다.

증거가 될 만한 실물이 없었기 때문에 부사년, 이제 등 중국학자들은 이런 학설에 의심을 가지기는 했지만, 침묵할 수밖에 없었다. 하지만 성자바위의 발견으로 역사언어연구소의 고고학자들은 마침내 "우리는 외국학자들의 학설이 사실이 아니라는 점을 굳게 믿는다"고 말할 수 있게 되었다.16)

에 근거함, 두정승(杜正胜), 왕범삼(王汎森) 주필, 『새학술의 길―역사언어연구소 70주년 기념문집(新学术之路――历史语言研究所七十周年纪念文集)』, 대북, '중앙연구원' 역사언어연구소, 1998년, 370쪽.

14) 진성찬(陈星灿), 「중국 선사시대 고고학사연구(中国史前考古学史研究) 1895−1949」, 생활 · 독서 · 신지삼련서점(生活•读书•新知三联书店), 1997년, 217쪽.

15) 이제, 『성자바위』 서(序) 2, 중앙연구원 역사언어연구소, 1934년.

16) 부사년, 『성자바위』 서(序)1, 중앙연구원 역사언어연구소, 1934년.

또 다른 중요한 발견은 용산시기 달구질(夯土)을 한 성벽(그림 14)이다. 측량탐사를 통해 분명히 밝혀졌는데 성벽은 장방형모양이고 남북 길이 450미터, 동서 길이 390미터, 터 넓이 13.8미터, 벽 밑 두께 10.6미터, 잔 존한 성벽 높이는 3미터이며 흑도자기 유물은 성벽 밑에 있었을 뿐만 아 니라 성벽 안에도 간혹 있었다. 문화층의 퇴적상황에 근거하여 학자들은 다음과 같이 추측하였다. 아래 문화층(下文化層) 즉 흑도자기 문화시기의 주민들은 상당히 오랜 시간동안 이곳에 거주하면서 성을 쌓았다. 대략 하 夏왕조 말기에 이르러 주민들은 모종의 원인으로 인해 성을 떠났고 그 뒤 이곳은 '인적이 극히 드물었거나 아예 인적없는 시대'가 되었다. 대체적으 로 상왕조 시기에 이르러서야 새 주민들이 이곳으로 옮겨와 회색도자기 문화시기의 성을 쌓았는데 이것이 바로 상층문화층의 성이다. 성벽은 흙 으로 만들어졌다. 이번 발굴에서 얻은 경험은 드디어 은허 건축물의 유적 식별에서 큰 역할을 발휘하였다.

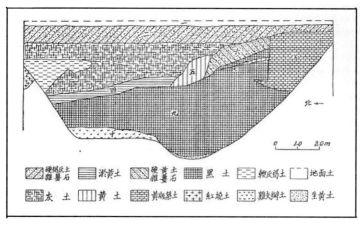

그림 14 C1·C2구덩이 종단(縱段)면 지층도
(『성자바위』, 중앙연구원 역사언어연구소.1934년.30쪽 참조)

성자바위 발굴에 대하여 훗날 이제는 다음과 같이 회억하였다. 성자바위의 발견은 중국 과학고고학 발전사에서 중대한 의의를 가지고 있을 뿐만 아니라 은허연구에 극히 중요한 비교자료를 제공하였다. 해결하기 어려운 많은 문제들이 이로 인해 믿음직한 근거를 얻을 수 있었고 고고학팀의 동료들도 '비교법'에 대해 비교적 깊은 인식을 갖게 되었다. 안양에서의 제 4, 5, 6차 발굴은 그 영향을 많이 받았으며 많은 관찰들이 이러한 인식을 바탕으로 이루어졌다.[17] 따라서 성자바위의 발굴은 중국 과학고고학의 형성 시기에 매우 좋은 발단이 되었다.

성자바위 제1차 발굴은 기술적인 면에서 여전히 많은 문제가 존재하였다. 여전히 수평층 발굴 형식을 취하고 있어 부동한 시기의 유물들이 뒤섞이게 되었다. 물론 이제의 일관된 방법으로 매우 상세하게 기록을 하였지만 가장 중요한 유물 출토 지점은 표시하지 않았다.

1930년 12월 7일, 매서운 추위로 발굴은 중단되었다. 이미 발굴된 유물들은 산동대학 공학원의 산동고적연구회에 옮겨져 보존, 정리되었다. 그 후 중요한 자료들은 모두 역사언어연구소에서 운반해갔고 중복되거나 비교적 육중한 것들만 남았다. 1931년 8월, 성자바위 발굴에 관한 보고가 대체적으로 완성되었는데 대부분 내용은 오금정이 저술하였다. 1931년 상반기에 은허에 대한 제4차 발굴을 진행하면서 양사영이 후강3접층后冈三叠层을 발견하였다. 따라서 앙소, 용산, 소둔 문화 간의 관계가 밝혀졌고 성자바위는 더욱 중요한 지위를 차지하게 되었다. 후강에서의 흑도자기 발굴은 사람들로 하여금 흑도자기 문화가 어쩌면 중국 선사시대에 상당히 보편적인 문화였을 것이라는 생각을 가지게 했으며 성자바위에 대한

---

17) 이제, 「안양의 최근 발굴보고 및 여섯 차례 작업에 대한 예측(安阳最近发掘报告及六次工作之总估计)」, 『안양 발굴보고』 제4기, 중앙연구원 역사언어연구소, 1933년, 559~560쪽.

발굴이 계속되어야 한다는 필요성을 느끼게 하였다. 1931년 10월 9일부터 31일까지 양사영은 오금정 등 사람들을 인솔하여 성자바위에 대한 제2차 발굴을 진행하였다.

2. 안양 제4차 발굴과 '은허표몰설(殷墟漂没说)'의 해결

1930년 말, 중원대전이 끝나고 중앙정부가 승리를 거두었다. 장개석蔣介石의 직계부하 유치刘峙가 하남성 주석으로 임명되었다. 그 후 5년 동안 세상이 편안해지면서 역사언어연구소는 다시 은허 발굴작업을 할 수 있게 되었고 고고학팀은 작업의 중점을 중국 고고의 성지인 은허에 두게 되었다.

이번 발굴의 비용은 완전히 역사언어연구소에서 자체적으로 마련하였다. 고고학팀의 작업을 지지하기 위하여 부사년은 중앙연구원에서 비용을 지원받으려고 갖은 노력을 다 했고 내부지출을 줄이는 동시에 민속학팀을 통폐합시켰다.

1931년 3, 4월 사이에 은허에 대한 제4차 발굴을 시작하였다. 이번 발굴은 규모가 전례없이 컸고 참가인원도 전례없이 많았다. 고고학팀에서는 모든 역량을 동원하였는데 이제, 동작빈, 양사영, 오금정, 곽보균 등 주력들이 다 포함되었다. 하남성 정부에서는 쌍방의 협의에 따라 사람을 파견하였다. 당시 하남대학 학생이었던 석장여, 유요는 처음으로 발굴에 참가하게 되었고 부사년은 직접 현장을 시찰하였다. 가장 결정적인 인물 양사영의 참여로 인해 은허 발굴은 차츰 과학적인 궤도에 들어서게 되었다.

앞에서 언급하다시피, 역사언어연구소 발굴 전기의 현장작업은 은허에 대한 1차부터 3차까지의 발굴과 성자바위의 제1차 발굴을 포함하였다. 이제와 동작빈이 받은 전문훈련은 한계가 있었기 때문에 기술방법에 있어서 큰 결함이 존재하였다. 물론 이제는 문제의식을 가지고 있었기에 학과발전의 전반적인 국면을 파악할 수 있었다. 하지만 이제에게 있어서 현장기술은 가장 취약한 부분으로 그의 연구실력의 향상에는 매우 치명적이었다. 하지만 이러한 양사영의 현장기술 방법이 역사언어연구소의 고고작업에 결정적인 공헌을 하였는데 이제는 다음과 같이 매우 높은 평가를 하였다.

> 양군은 현장작업을 해 본 고고학자로서 동아세아의 고고학 문제에 대하여 특별한 연구를 진행하였다. 2년이래 고고학팀을 조직하고 고고학 방법을 연구함에 있어서 모두 극히 중요한 공헌을 하였다.[18]

양사영이 사망한 후, 하내夏鼐 역시 양사영은 "우리나라 야외 고고의 과학실력을 높여주었다. 현장작업에서 새로운 현상에 주의를 기울이고 새로운 문제를 발견하였으며 대규모의 발굴작업을 주관할 때는 전반적인 국면을 돌보는 동시에 세부적인 사항도 놓치지 않았다."고 비슷한 평가를 내렸다.[19]

중국의 과학고고학의 발전역사에는 중요한 인물들이 있다. 예를 들면 이제, 동작빈, 양사영, 하내와 소병기苏秉琦 등이다. 그들은 각자 재능이 있어 여러 방면에서 결정적인 공헌을 하였고 중국의 과학고고학을 공동으로 구축하였다. 특히 양사영은 중국의 과학고고학의 초기 과정에 매우 중요한 역할을 했다. 그는 후강3접층后冈三叠层의 발견했을 뿐만 아니라

---

18) 같은 책.
19) 하내(夏鼐), 「양사영선생 약전(梁思永先生传略)」, 『양사영 고고학논문집(梁思永考古学论文集)』, 과학출판사, 1959년.

중국의 첫 번째 고고학보고서인『성자바위』를 작성하였다.

양사영은 당시 중국에서 유일하게 서방의 전문적인 훈련을 받은 고고학자인데 부친 양계초가 힘껏 키운 결과이다. 그는 1923년 청화대학 미국유학 예과(預备班)를 졸업하고 이제가 전에 다녔던 하버드대학연구원에 입학하여 고고학과 인류학을 공부하였다. 진성찬이 하버드대학 문서보관소에서 찾은 자료에 의하면 이제는 야외고고학을 선택과목으로 수강하지 않았지만 양사영은 고고학 관련 전공과정 외에 야외고고학에 관한 토론 과목(Seminar)을 수강하였다. 그때 하버드대학에서 고고학을 가르치는 교수는 딕슨Dixon과 후튼Hooton이었다. 당시 마야고고학 연구에서 떠오르는 샛별이 있었는데 이름은 키더Kidder[20]이다. 양사영이 하버드대학에 있을 때 미국 서남부에 가서 키더가 주관한 인디언인 유적지 발굴에 참가해 현장기술을 배우게 되었다.[21] 진성찬은 2, 30년대에 아메리카에 고고학자가 몇 명 없었고 그들 중 인위적인 수평층 발굴방법이 그릇된 것이라는 점을 인식한 사람은 아마 키더밖에 없었을 것이라고 했다. 키더는 정확한 발굴방법은 마땅히 지층의 자연변화에 근거해야 되지 마음대로 구분해서는 안 된다고 명백히 지적하였다. 왜냐하면 지층의 변화는 통일적인 것도 아니고 동등한 것도 아니기 때문이다. 양사영은 미국에서 공부하는 동안 키더가 지도교수였기 때문에 아마 직접 그에게서 지층학의 발굴방법을 배웠을 것이고 후에 토질과 토색에 따라 지층을 구분하는 이런 방법을 국내에 가져왔을 것이다.[22][23] 양사영은 미국에 있을 때 또 원동고고학에 대

---

20) A. V. 키더(Alfred Vincent Kidder, 1885~1963), 미국 고고학자, 미국의 서남부와 중아메리카의 고고학에 대한 연구로 유명하다.

21) 「장광직이 중국고고학의 문제와 전망을 논함(张光直谈中国考古学的问题与前景)」, 『고고』 1997년 제 9기, 85~92, 96쪽.

22) 진성찬,『중국 선사시대 고고학사 연구 1895−1949』, 생활 · 독서 · 신지 삼련서점, 1997년, 238쪽. 사실 아메리카 고고학은 물론이고 당시 전 세계 현대 고고지층학 발굴원칙도 보편적으로 보급되지 않았다. 예를 들면 존 · 마셀(约翰●马歇尔)이 지도한 유명한 인더스강 문명에 대한 발굴은 지층관계가 결코 인류의 활동 지층을

하여 전문적으로 연구하고 논문을 써냈다.이제는 양사영에게 서음촌에서 발굴된 도자기 조각을 연구하도록 하였고 양사영은 이 연구로 석사학위를 받았다.

1930여름, 26세 양사영은 학업을 마친 뒤 중국으로 돌아와 역사언어연구소 고고학팀에 가입하였다. 이 시기 중국 중부와 북부에서 중원대전이 발발하여 현장작업을 진행하기 어려웠지만 양사영은 지질조사소의 정문강丁文江이 제공한 실마리를 좇아 동북과 열하热河에 가서 조사, 발굴작업을 시작하였다. 이것이 바로 역사언어연구소의 이른바 '동북고고(东北考古)'계획24)의 시작이다. 1930년 9월 30일부터 10월 3일까지 양사영은 흑룡강성 치치하얼의 앙앙계昻昻溪유적을 발굴하였고 거기에서 일부 잔석기细石器, 골기骨器, 마제석기 등 유물을 발견하였다.25) 작업이 끝난 후 통료通辽를 거쳐 열하에 들어가 38일동안 조사작업을 계속하였다. 원래 계획은 임서林西에서 대규모적인 발굴을 하려고 하였으나 눈이 녹고 땅이 얼어붙는 바람에 실행하지 못했다. 또한 사회정세의 영향으로 인해 이상적인 조사결과를 얻을 수 없었다. 온 나라가 내우외환内忧外患에 빠져 황

구분하는 것으로 결정되는 것이 아니라 수평위에서 매 하나의 기물의 위치를 측량하고 그것을 큰 범위내에서 카라치(卡拉奇)의 해평면과 연결시켜 놓은 것이라고 보고 있다. (영국) 글린 · 다니얼(格林●丹尼尔) 저, 황기후(黃其煦) 역, 『고고학150년』, 문물출판사, 1987년, 287쪽 참조.

23) 양사영, 「원동 고고학에 관한 몇 가지 문제(远东考古学上的若干问题)」, 『양사영 고고학 논문집』에 수록, 과학출판사, 1959년, 50~57쪽. 원문은 영문으로 되었음. 『미국인류학자』제 34권 제3기에 발표, 1932년, 365~376쪽.

24) 이 사건은 양사영의 『열하 사불간묘림서쌍정적봉 등지에서 채집한 신석기시대석기와 도자기 조각(热河查不干庙林西双井赤峰等处所采集之新石器时代石器与陶片)』의 보충기록(补记)을 참조. 『야외고고보고』제 1권, 중앙연구원 역사언어연구소, 1929년, 64~67쪽. 9 · 18사변이 일어나고 동북 4성이 함락되면서 '동북고고' 계획은 좌초되었다. 그러나 일본 고고학자들이 일본군을 따라 만주와 몽고에 들어와 빈번한 조사와 발굴을 진행하였다.

25) 양사영, 「앙앙계 선사시대의 유적(昻昻溪史前遗址)」, 『역사언어연구소합종볾』제4권 제1부분, 1~44쪽 참조.

폐하기 그지없었다. 열하熱河는 변경지역이라 상황이 더 심각하였다. 양사영은 조사보고에서 다음과 같이 적고 있다.

열하는 3년간 계속된 기근과 당국의 폭정 그리고 군대와 비적들의 횡포로 인하여 현성 근처 교외를 제외하고는 지나가는 곳마다 백성들이 버리고 간 촌락과 전원—정연하게 늘어선 벽돌집, 흙집과 황폐한 몇 십리 논밭만 보이고 사람은 그림자도 찾아보기 힘들었다. 암담한 광경은 우리들에게 큰 타격을 주었고 여행길에 어려움을 더했다. 먹을 양식과 말에게 먹일 풀, 식수, 연료, 잠자는 곳 모두 어느 하루라도 문제가 생기지 않는 날이 없었다. 또한 비적들의 출몰과 추위, 얼음과 눈, 짧아진 낮시간은 우리들의 이동과 휴식의 자유를 제한했다. 그리하여 수집 성과가 매우 적었다.[26]

이로부터 1930년 이전에 양사영은 자신의 고고 연구와 실천에서 관심의 초점을 선사시대에 두었음을 알 수 있다. 이는 나중에 앙소, 용산과 소둔과 같은 중요한 연구에 훌륭한 기초를 닦았다.

새로 설립된 하남성河南省정부도 열정적으로 지지하는 태도였다. 제4차 발굴에 앞서 성 정부는 협의에 따라 중앙연구원에 협조하여 은허발굴 작업을 완성하겠다고 표명하였다. 그 뜻인즉 성 정부에서는 단독적으로 발굴작업을 조직하지 않겠다는 것이다. 1931년 봄, 제4차 발굴이 시작되었는데 고고학팀의 원로들과 새로운 팀원들 그리고 지방정부와 하남대학의 참여자를 포함하여 발굴인원이 전례없이 많았다. 그들은 세 갈래로 나뉘어 안양에 도착하여 3월 21일부터 소둔 발굴을 시작하였다. 모두 3개 팀으로 나누어 양사영이 A 구역을, 곽보균이 B 구역을, 동작빈이 C 구역을 담당하였다. 후에 또 D, E 두 구역을 더 나누었다. 유서하刘屿霞가 위

---

26) 양사영, 「열하 사불간묘림서쌍정적봉 등지에서 채집한 신석기시대의 석기와 도자기 조각(熱河查不干庙林西双井赤峰等处所采集之新石器时代石器与陶片)」, 『야외고고보고』 제1권, 중앙연구원 역사언어연구소, 1929년, 1~67쪽.

치, 방향측정을 담당하였으며 표기점(标点)(즉 기준점)을 다시 세우고 매우 세밀하게 오랜 구덩이와 새 구덩이들을 모두 지도에 옮겨 그렸다.

　발굴 초기에는 전체 모습을 드러내게 하여 건축물의 유적을 찾아내는 식의 '전체를 뒤집는' 방법을 사용하기로 하였다. 그러나 비용과 시간의 제한으로 말미암아 부득불 수정해야 했다. 일주일 후부터는 몇 미터를 남기고 1 미터를 뒤집는 방법을 썼는데 필요시 예를 들면 대규모 유적이 발견되었을 경우에는 여전히 전체 모습을 드러내는 발굴방법을 사용하였다. 이번 발굴은 목적이 명확했는데 '문제제시(问题导向)'의 발굴에 속하고 방법도 타당하였기 때문에 전례없는 성과를 거둘 수 있었다. 곽보균이 담당한 B 구역에서는 대량의 판축版筑 유적을 발견하여 전에 제기되었던 '은허표몰설'의 잘못된 관점을 번복하였으며 은허문화층의 형성원인에 대하여 정확한 인식을 가지게 되었다. 이는 은허 발굴이 억측을 떠나 과학적 궤도에 들어선 중요한 한걸음이다. 이에 대하여 이제는 다음과 같이 말하였다.

　　이번 발견은 산동 성자바위 발굴에서 큰 도움을 받았다. 본래 달구질한 땅은 제2차, 제 3차 작업시 이미 주의했었는데 그때는 길게 골을 파는 형식을 취하였기에 먹물이 모인 벼루처럼 생긴 이런 많은 오목 흔적들을 보고는 여러 가지 해석을 상상하게 되었다. 장위연은 특별히 이 문제의 결과에 대하여 연구하였는데 침수유적설(水淹遗迹说)에 편중하였다. 1919년 가을 산동 성자바위 발굴에서 발견된 성벽 유적은 완전히 판축으로 된 것이었다. 이런 오목 무늬는 마치 우리가 은허에서 본 것과 같다. 1920년 봄에도 계속 은허에서 작업했는데 예기치 않게 이 문제에 주의를 돌리게 되었다. …… 판축의 존재가 입증된 후 우리는 상조(商朝) 건축 연구에 새로운 관심을 가지게 되었다. 이는 은허발굴 역사에서 극히 중요한 전환점이다.[27]

---

27) 이제, 「안양의 최근 발굴보고 및 여섯 차례 작업에 대한 총체적 예측」, 『안양 발굴

사실상 성자바위 발굴 역시 골을 길게 파는 형식을 취하였다. 하지만 성벽유적이 매우 뚜렷하였고 발굴학자들이 고대 문헌지식을 잘 알고 있었기 때문에 '먹물이 모여 있는 벼루처럼 가득 생긴 오목 흔적"은 달구질을 한 건축의 흔적이라는 것을 쉽게 판단할 수 있었다. 이런 경험을 은허 발굴에 이용하여 동일한 현상을 정확하게 판단, 해석할 수 있었다.

B 구역 발굴에 근거하여 곽보균은 『B 구역 발굴에 관한 기록』[28]이라는 보고서를 작성하였다. 이는 은허발굴 역사에서 매우 중요한 문헌이다. 은허 지층의 형성원인과 같은 가장 기본적인 문제에서 줄곧 침수유적이라는 그릇된 억측만 하고 있었는데 곽보균의 연구가 있은 후로부터는 비교적 충분하고 정확한 인식을 가지게 되었으며 튼튼한 기초를 토대로 고고학 발굴과 연구를 할 수 있었다.

이 글에서 곽보균은 동작빈, 이제와 장위란의 그릇된 관점을 집중적으로 바로잡았는데 주로 세 가지 방면에 대하여 논하고 있다.

① 은왕조 사람들의 판축유적에 대한 판정. 곽보균은 "이번의 발굴결과를 통하여 은허문화층의 오목무늬는 파도가 남긴 흔적과는 무관하고 확실히 은왕조의 판축 흔적임이 틀림없다는 것을 알 수 있다."고 하면서 고고학 발견의 측면에서 7가지 증거를 내세우고 대량의 문헌을 인용하여 쟁론의 여지가 없는 확실한 사실이라고 설명하였다.

② 은왕조 사람들의 두 가지 거주형태. 거주유적에 대한 연구결과 "은왕조 시기 확실히 동굴과 가옥 거주라는 주거형태가 있었다. 바꾸어 말하면 은왕조 말엽은 확실히 동굴거주에서 가옥거주로 바뀌는 과도기였다. 이것은 의심할 바 없다." 그러나 이 '의심할 바 없다'는 것이 문제인데 여

보고』제4기, 중앙연구원 역사언어연구소, 1933년, 564쪽.

28) 곽보균, 「B구역 발굴에 관한 기록(B区发掘记之一)」, 『안양 발굴보고』제4기, 중앙연구원 역사언어연구소, 1933년, 569-596쪽.

기에 매우 큰 의문이 남아있다. 양자 간 관계가 단순한 진화관계인지 아니면 동시대의 병존관계인지에 대하여 당시 상황에서 명확한 판단을 내리기 어려웠기 때문이다.

③ 은허침수설에 대한 수정. 곽보균의 연구와 발견에서 가장 중요한 부분이다. 곽보균은 다음과 같이 말하였다.

> 본 간행물(『안양발굴보고』) 전 3기에서는 은허의 지층이 홍수로인해 충적되어 이루어진 것이라고 결과를 밝혔었는데 다시 살펴 보니 수정할 필요가 있다. 원래 '침몰설'은 내 친구 동작빈선생이 제기한 것인데 그는 개봉에서 저술한 『새로 수확한 복사 사본 후기(新获卜辞写本后记)』라는 글에서 처음으로 '표류충적(漂流冲积)'설을 제기하였다. 하지만 이는 발굴기간이 짧고 관찰이 세밀하지 못하여 범한 실수였다. 장위연 선생의 저서 『은허지층연구』에서도 앞선 사람들의 설을 그대로 답습하였다. 그러나 은허의 지층의 실제 상황에 대해서는 확실히 표류충적으로 해석할 수 없는 부분이 있기 때문에 '네 차례 홍수'로 인하여 퇴적된 것이라고 추정하였다. 따라서 우리는 이번 발굴 초기부터 네 차례의 홍수경계선에 유의하게 되었다. 그러나 아무리 유심히 오랫동안 살펴보아도 표류충적으로 인한 흔적이라고는 찾아볼 수 없었다. 하지만 거주동굴과 토대가 발굴되고 판축 흔적이 발견된 것은 앞선 사람들의 설과 정반대 되는 결과인데 일부러 순환논증을 하려는 것은 결코 아니다. 거주동굴, 토대, 판축 외에 증명할 수 있는 증거가 더 있다. ……29)

곽보균은 확실한 증거로 장위연의 관점을 반박하였고 나아가 장위연이 이렇게 해석하게 된 원인에 대하여 "장선생의 이런 해석은 그가 이미 은허침몰설에 선입견을 가지고 있었기 때문에 생긴 극히 일반적인 현상

---

29) 같은 책, 591쪽.

으로 너무 우회적이다."라고 하면서 유적이 형성된 진짜 원인은 마땅히 '폐기로 인한 것'이어야 한다고 밝혔다.

> 나는 은왕조의 도읍이 폐허가 된 것은 주왕이 나라를 잃은 후 점차 폐기한 것이라고 말하고 싶다. (……)나중에 바람과 비의 침식이 있고 먼지와 흙이 침적되면서 건물이 무너지고 기물이 파묻히게 되었고 높은 곳은 부서져서 폐허가 되고 오목한 곳은 점차 평탄하게 되었다. 이렇게 황량한 폐허가 오늘날 지하에 퇴적된 상태로 남아 있게 된 것이다. 현장에서 발굴할 때 조금만 유의한다면 도처에서 찾아 볼 수 있을 것이다.[30]

사실상 곽보균은 고고학 전문 훈련을 받은 적이 없다. 그는 실천을 통해 고고학 관련 지식을 얻었고 경험을 쌓게 되었다. 이제는 양사영과 같은 시기에 역사언어연구소 고고학팀에 들어간 곽보균에 대해 양사영과 매우 다른 평가를 내렸다. "그는 우리 동료들 중에서 제일 곤란을 두려워하지 않고 방법을 잘 생각해내는 사람이다." 이 말은 비록 칭찬하는 말이기는 하지만 또 다른 뜻도 있다. 곽보균이 은허 발굴 역사상에서 가장 중대한 문제를 해결한 사실은 과학적이고 전문적인 훈련을 받지 않은 사람도 실사구시의 태도를 가지고 과학정신을 계승한다면 현장작업에서 과학적인 방법을 점차 장악할 수도 있고 좋은 성과를 얻을 수도 있다는 것을 설명한다. 곽보균, 석장여 등은 모두 탁월한 성과를 거둔 고고학자로 성장하였다.

소둔촌 북쪽에서의 발굴은 50여 일간(1931년 3월 21일부터 5월 11일까지) 지속되었다. 도합 175개의 도랑(探沟)을 팠는데 그 면적은 1400여 평방미터에 달했다. 발굴을 통해 문자가 있는 갑골 781조각, 청동무기, 도

---

30) 같은 책.

자기, 동으로 주조한 도자기주형, 골아骨牙, 옥석기玉石器, 조가비 연모蚌器, 짐승의 뼈(E10호 구덩이에서는 문자가 새겨진 사슴머리뼈, 범머리뼈, 코끼리 잇몸뼈, 고래 견갑골, 소뼈, 사슴뼈가 출토되었다) 및 판축토대유적(版筑基址), 집, 동굴가마와 고분 18곳이 발견되었다. 그중에서 코끼리뼈와 고래 견갑골의 발견은 상왕조 시기 동물군과 당시의 기후, 교통 및 생태환경 연구에 중요한 의의가 있다.

제4차 발굴은 소둔 외에 다른 2곳의 발굴까지 포함한다. 산동에서 발굴을 마치고 돌아온 후 모두들 '소둔을 이해하려면 반드시 그 주변까지 탐색해야 한다'는 점을 인식하게 되었다. 1931년 봄, 양사영, 오금정은 소둔에서 한동안 작업한 후 다시 '밖으로부터 안으로 탐색하는 방법'으로 소둔 주변을 발굴하고 그것으로 소둔 문제를 해결하려고 하였다. 그리하여 소둔 외에 2 곳 즉 후강后冈과 사반마四盘磨를 선택하고 양사영과 오금정이 각각 책임지기로 했다.

후강은 안양현 서북쪽에서 약 3000미터 거리에 있는 고루장高樓庄 북쪽의 작은 언덕이다. 지형적인 특징과 표면에 드러난 도자기 조각들은 일찍부터 양사영의 주의를 끌었었다. 양사영과 오금정은 발굴작업 전에 조사를 하다가 성자바위에서 출토된 것과 유사한 도자기 조각과 석기를 많이 발견하였다. 당시 지방치안의 불안정으로 발굴작업은 두 번에 나누어 진행하게 되었다. 이 시기 사회정세가 매우 불안정하였다. 유치刺峙가 이끄는 중앙군이 부분적인 군사요충지만 통제할 수 있었기 때문에 지방 비적들의 우환이 매우 심각하였다. 유명한 '후강3접층'은 후강 제2차 발굴에서 발견되었는데 시간상으로 보면 이때는 은허의 제5차 발굴에 속한다.

발굴은 1931년 5월 상순까지 진행되었다. 중원대전에서 장개석에게 항복한 원 서북군 석우삼石友三 부대는 다시 반역을 일으켜 중앙군과 전쟁을 일으켰다. 발굴팀이 머문 원가화원袁家花園 근처가 바로 석우삼 반군이 주둔한 곳이었는데 반군이 발굴팀을 중앙의 간첩이라고 여기는 바람에 동작빈, 이제는 5월 11일 서둘러 작업을 중단하였고 후강 등지에서도 잇따라 중단하였다.[31] 제3차 발굴 때처럼 이제, 동작빈은 또 한 번 황급히 안양을 떠나게 되었고 제4차 발굴도 종료되었다.

이 시기 발굴은 방법상에서 이미 매우 큰 발전을 가져왔다. 석장여는 일찍이 역사언어연구소가 현장에서 사용했던 고고 발굴방법의 역사를 시대에 따라 다음과 같은 몇 가지로 총결지었다.

① 서음촌에 대한 '양파껍질 벗기기식'의 발굴과 '세 점 측량' 및 '층첩기재(层叠记载)' 방법 ② 안양 은허 발굴시기 일관성이 없던 소둔의 종纵, 횡橫, 연连, 사斜, 지支 및 점点의 발굴방법 ③ 일관성이 없는 방법과 종사(纵斜)방법을 동시에 사용하는 발굴방법 ④ 종횡련지선纵橫连支线의 발굴방법 ⑤ 종횡선纵橫线의 발굴 방법을 간소화하여 ABC 등 구역으로 나누는 방법 ⑥ 은허의 제4차 발굴부터는 오금정의 산동 성자바위 발굴경험을 이용하여 규칙적인 발굴을 시작하였다. 10미터 정방형을 하나의 발굴 격자(网格)로 하여 같은 간격, 같은 길이의 탐사 구덩이(探坑)를 파고 발굴하기로 계획하여 전면적인 발굴방법을 형성하였다. 이런 방법에는 점点조사, 선线 관찰, 면面 드러내기, 모양(体) 발굴이 포함된다.[32] 이 4가지는 사실상 오늘날 고고학 발굴에서 말하는 견본발굴, 탐골(探沟)발굴, 조각형(块状) 구역발굴 및 격자(方格)계열발굴이다.[33]

---

31) 『석장여선생 방문기록(石璋如先生访问记录)』, '중앙연구원' 근대사연구소, 2002년, 57쪽.
32) 석장여, 「이제선생과 중국고고학(李济先生与中国考古学)」, 『중화문화부흥월간(中华文化复兴月刊)』 제8권 제5기, 6~16쪽.
33) 유익창(치益昌), 「석장여선생과 대만 고고학(石璋如先生与台湾考古学)」, 『고금논형(古今论衡)』 총 제12기(2005년 3월), 98~106쪽.

3. 제5차 발굴과 '후강3접층'의 발견

제4차 발굴에서 중대한 수확을 거두었기 때문에 제5차 발굴은 계속 진행하게 되었고 중화문화교육기금회의 비용도 자연스럽게 마련되었다.[34] 그러나 바로 그해 가을에 9·18사변이 발발하였다. 따라서 사회 각계의 가장 큰 관심사는 위기에 처한 나라를 구하고 살길을 찾고 생사존망의 갈림길에서 민족을 구하는 것이었다. 이제는 작업보고서에 다음과 같이 적고 있다.

> 9·18사변이 일어난 후 우리는 늘 자신에게 묻곤 하였다. 우리가 처한 사회환경이 이러할진대 혹시 우리가 하고 있는 일이 헛된 것은 아닌지? 물론 우리는 본인들의 직업선택을 후회하지는 않는다. 하지만 삽 대신 총을 메고 전선에 나가 싸우고 싶은 충동은 매우 강렬하다. …… 다만 이런 의지를 표현할 수 있는 기회가 없어서 원래 하던 일을 계속 하는 것이다. 1년 동안 우리는 줄곧 이렇게 생각해 왔다.[35]

제5차 발굴은 사실상 봄에 하던 작업을 계속하는 것이었는데 이제는 북평에서, 동작빈은 곽보균, 석장여 등을 인솔하여 소둔에서 작업하였다 (11월 7일부터 12월 9일까지). 양사영은 성자바위에 대한 제2차 발굴을 마치고 서둘러 안양에 도착하여 유요(刘耀)와 함께 후강에서의 발굴작업을 완성하였는데(11월 10일부터 12월 4일까지) 유명한 '후강3접층'은 바로 이번 작업에서 발견된 것이다.

---

34) 제5차부터 제7차까지의 발굴비용은 모두 보조비용에서 해결했는데 매 년 1만원 상당의 금액을 지원받았다.
35) 이제, 「안양의 최근 발굴보고 및 여섯 차례 사업에 대한 총체적 예측」, 『안양 발굴 보고』 제 4기, 중앙연구원 역사언어연구소, 1933년, 564쪽.

소둔 발굴은 3개 구역으로 나누어 진행되었는데 곽보균이 B 구역을, 동작빈이 F 구역, 석장여가 E 구역을 책임졌다. 석장여는 제4차 발굴의 마지막 단계에 우연히 은허 발굴에 참여하였지만[36] 그의 성장은 매우 빨라 훗날 발굴기술 면에서 중요한 공헌을 많이 하였다. 예를 들면 흙을 식별하여 가장자리를 찾는 것(认土找边) 등등이다. 이번 작업에서는 구덩이 93개를 팠는데 면적은 818평방미터에 달하였다. 흔히 보는 동굴가마 외에 B, E 두 구역에서 건물 기초의 흔적이 발견되었고 수隋나라 시기의 고분들도 대규모로 발견되었다. F64 구덩이의 갑골 및 B 구역의 '황토대黄土台'는 이번 발굴에서 가장 중요한 발견이다. 그리고 흔히 보는 도자기, 뼈, 조가비, 돌 외에 석경石磬의 잔해, 조석그릇(雕石皿), 금엽金叶, 화골花骨 등과 글자가 새겨진 갑골 381조각 등이 발견되었다.[37]

이번 발굴을 통해 은허문화층의 형성원인에 대하여 더욱 깊은 인식을 가지게 되었고 침수설을 철저히 부정하게 되었는데 이는 매우 큰 수확이었다. "마을에서의 발굴은 지하의 퇴적이 폐기상황에 의해 형성된 것이지 결코 앞서 말했던 표류설에 의해 형성된 것이 아니라는 점을 증명하였다. 이는 당연히 홍수설에 대한 또 하나의 새로운 반증이다."[38] 동작빈은 제1차, 제 2차에서 발굴된 갑골 구덩이 부근에 새로운 구덩이를 파고 재고찰

---

36) 석장여는 만년에 안양 발굴팀에 참가하게 된 이유는 같은 기숙사의 동창 유요(刘燿)(훗날 윤달 '尹达'로 이름을 고침)의 부추김을 받았기 때문이라고 회억하였다. "민국 19년 하반년에 같은 기숙사 친구 유요는 도서관에 있는 제 2기『안양 발굴보고서』에 부사년선생과 하남 정부와의 교섭결과가 실린 것을 보았다. 그때 하남대학의 학생들은 실습을 할 수 있었는데 유요는 그 책을 나에게 빌려주면서 '자네 폐에 병이 있으니, 현장작업을 하는 것이 건강에 좋을 걸세.'(석장여는 본인이 기침을 하게 된 이유는 같은 방을 쓰는 유요 등이 담배를 피웠기 때문이라고 했다.)"라고 말했다. 당시 하남대학에서 유요와 석장여 두사람만 참가 지원서를 써냈다는 사실로부터 우리는 그 당시 대다수 사람들이 이 일에 흥미를 가지지 않았다는 것을 알 수 있다.『석장여선생 방문기록』, '중앙연구원' 근대사연구소, 2002년, 56~57쪽.

37) 석장여,『고고연표』, '중앙연구원' 역사언어연구소, 1952년, 13쪽.

38) 이제,「안양의 최근 발굴보고 및 여섯 차례 작업에 대한 총체적 예측」,『안양 발굴보고』제4기, 중앙연구원 역사언어연구소, 1933년, 570쪽.

을 했는데 그 결과 원래 갑골의 소재지가 '퇴적과 관련되고 침수설과는 관련이 없다"는 과거와 완전히 다른 결론을 얻어낼 수 있었다. 이로써 은 허의 지하 유적 성격에 관한 문제는 근본적으로 해결되었다.

양사영은 후강의 발굴자료에 근거하여 명작 『소둔, 용산과 앙소』[39]를 완성하였다. 그는 글에서 중국고고학의 역사상 유명한 '후강3접층'에 대해 다루면서 이는 지층학적 방법이 은허발굴에서 성공적으로 응용된 것이라 하였고 이제가 지층을 간단하게 구분했던 것에 비하면 이미 비약적인 발전을 가져왔다고 논술하였다. 또한, 3층 문화는 각자의 대표적인 특징으로 인해 중국 선사시대문화와 역사문화 간의 관계를 이해하는 열쇠가 되었다고 하였다.

3첩층은 가을에 발굴작업을 할 때 4개의 조사 구덩이(241, 243, 244, 283)에서 발견되었다. 이 세 문화층 간에는 선명한 중첩 관계가 있다. 가장 중요한 것은 양사영이 가능하게 키더(祁德)에게서 배워온 고고 지층학적인 발굴방법으로 이 세 층의 문화를 뚜렷하게 구분하였다는 점이다. 다시 말하면 양사영이 만약 당시 고고학계에서 늘 써오던 수평층 발굴방법을 계속 사용하였다면 이 3층 문화를 정확하게 구분할 수 있었을지는 여전히 의문으로 남는다. 왜냐하면, 후강의 지층퇴적이 비교적 복잡하기 때문이다. "토양층의 깊이가 같지 않고 두터운 곳과 얇은 곳의 높낮이가 고르지 않았다". 또한, 회색 구덩이와 회색 골이 있었고 "241, 244 구덩이의 녹색 토양의 구덩이와 층층이 분포된 녹색토양이 발견되었고, 283 구덩이의 앙소 유물을 포함한 진회색의 토양층이 아래로 기운 상황이 발견되었다." 그러나 "제241, 243, 244 구덩이의 연한 회색, 회갈색, 진회색 세 가지 토양층의 경계선이 불명확한 것" 외에 "제283, 284 구덩이의 상황은 모두 지층도와 완전히 부합된다. 즉 녹색토양과 갈색 '계실판토양(鸡失瓣土)' 사

39) 양사영, 「소둔, 용산과 앙소(小屯 〝龙山与仰韶)」, 『채원배선생 65세 기념 논문집(庆祝 蔡元培先生六十五岁论文集)』(하권), 중앙연구원 역사언어연구소, 1936년, 555~568쪽.

이, '계실판토양(鸡失瓣土)'과 진회색 토양 사이에는 확실히 매우 선명한 경계선이 있었다." (그림 15)[40]

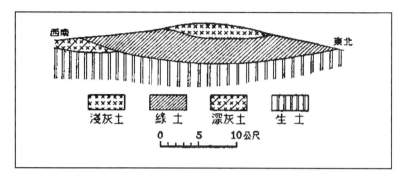

그림 15 후강유적의 이상적인 단면도
(양사영,「후강발굴소기(后冈发掘小记)」,『양사영 고고논문집(梁思永考古论文集)』, 과학출판사,
1959년, 101쪽 참조)

지하 상황이 위와 같은 것을 보면 후강이 세 시기의 문화를 거쳤다는 점과 그 문화들의 선후순서는 자연히 의심할 바 없게 되었다. 또한, 분석을 통해 이 세 층에 있는 대표적인 유물에 각각 소둔, 용산과 앙소의 유물이 포함되었음을 알 수 있었다. 그러므로 이 삼자 간의 선후관계는 매우 명확하다. 즉 앙소문화는 용산문화보다 이르며 용산문화는 소둔문화보다 이르다는 것이다(그림 16).

이는 물론 간단한 사실이지만 당시의 학술배경을 고려해 볼 때 매우 중요한 의의가 있다. 당시 고고학의 주요 성과는 세 가지 주요한 문화유적을 식별한 것인데 그것은 바로 앙소촌을 대표로 하는 채색도자기 문화, 성자바위를 대표로 하는 흑도자기 문화, 그리고 소둔을 대표로 하는 회색도자기 문화이다. 그러나 그들 간의 관계에 대해서는 의논이 분분하여 의혹 속에 가려져 있었다. 양사영은 심지어 1930년에 출판된 클라니(格拉

40) 같은 책, 557쪽.

尼)의 저서를 인용하면서 앙소문화가 은, 주왕조의 청동문화와 같은 시기의 석골石骨문화가 아니라는 것을 증명할 만한 확실한 증거가 없다고 하였다.[41] 역사학가인 서중서徐中舒는 앙소문화는 하왕조 문화라고 추측하였다.[42] 이제가 소둔에서 발견한 그 채색 도자기로 설명할 수 있는 문제는 확실히 적다. 하지만 연대학年代学 문제를 해결하는 것은 깊이 있는 연구를 진행하는 데 있어서 가장 중요한 기초이다. 이 긴박하고 중요한 문제는 양사영의 후강에서의 발견으로 인해 대체적으로 해결되었다.

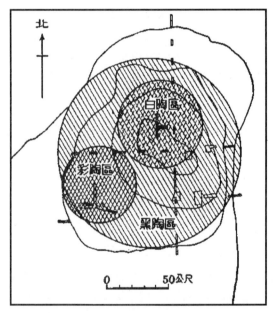

그림 16 후강 삼문화(三文化)시기 퇴적된 평면분포도
(양사영, 「후강발굴소기(后冈发掘小记)」, 『양사영 고고논문집』,
과학출판사, 1959년, 102쪽 참조)

---

41) Marcel Granet: Chinese Civilization. 65쪽. 양사영의 「소둔, 용산과 앙소」에서 인용, 『채원배선생 65세 기념 논문집』(하권), 중앙연구원 역사연구소, 1936년, 555쪽.
42) 서중서(徐中舒), 「소둔과 앙소를 재론하다(再论小屯与仰韶)」, 『안양 발굴보고(安阳发掘报告)』 제3기, 중앙연구원 역사언어연구소, 1931년, 523~558쪽.

기회가 있었으나 유감스럽게도 양사영은 문제를 철저하게 해결하지는 못하였다. 만약 다른 간섭을 받지 않고 전적으로 3첩층 유물 발견에만 근거했다면 양사영은 앙소, 용산, 소둔 문화의 선후 관계에 대하여 정확한 판단을 내렸을 것이라고 믿는다. 그러나 양사영은 당시 지배적 지위를 차지하고 있던 앙소, 용산의 동서문화 이원설二元说의 영향을 받아 역시 잘못 해석하게 되었다. 그는 대부분 안특생의 앙소촌 고고자료의 영향을 받았다. 안특생은 앙소촌 발굴에서 수평층 발굴방법을 사용하였고 두 가지 부동한 성질의 유물을 구분하여 정리하지는 못했던 것 같다. 그리하여 줄곧 용산문화 유물과 앙소문화 유물을 뒤섞어 놓게 되었고 이로 인해 잘못된 자료를 얻게 되었으며 그것이 매우 큰 영향을 미쳤던 것이다. 안특생이 권위가 있었기 때문에 국내외의 학술계는 그 영향을 받았는데 양사영도 그 중의 한 사람이다. 3첩층에서 발견된 유물이 간단하다고 생각되었는지 양사영은 소둔, 용산과 앙소의 상호관계를 추론할 때 3첩층을 간접적인 증거로 삼아 산동, 하남, 섬서, 산서 등지의 선사시대 고고학 자료를 토대로 형성된 동서문화 이원설을 가일층 해명하였다. 그는 기존의 고고학 증거로 용산문화와 앙소문화가 밀접한 관계가 있다는 점을 단정지을 수 있으며 지층에서의 선후관계는 앙소문화가 먼저, 용산문화가 후에 후강에 들어왔음을 증명할 뿐이라고 했다. 이는 뚜렷한 증거를 가지고 도리어 사실에 맞지 않는 해석을 하고 있음이 분명하다.

후강에 대한 양사영의 발굴작업으로 역사언어연구소의 발굴기술은 질적인 향상을 가져오게 되었다. 진성찬은 양사영의 두 편의 논문에 대한 분석을 통해[43] 양사영의 후강에서의 발굴 정리방법과 이제의 수평 층위법의 발굴방법을 비교하였다. 첫째, 양사영의 발굴은 자연층의 중첩상황

---

43) 「소둔, 용산과 앙소」, 「후강발굴소기(后冈发掘小记)」, 『양사영 고고논문집』에 수록, 과학출판사, 1959년.

을 명백하게 밝혔고 특히 각 자연층의 경계선에 주의하였다. 둘째, 안특생과 이제도 지층 중 토양의 질과 색깔의 변화를 발견하였지만, 유물에 대한 통계는 수평층에 따라 진행하였다. 하지만 양사영은 자연층에 따라 후강의 발굴통계를 진행하였다. 셋째, 제일 결정적인 것은 양사영이 유물의 특징에 근거하여 여러 종류의 부동한 자연층을 3개의 대문화층에 합병시켰다는 점이다. 즉 상층의 소둔, 중층의 용산과 하층의 앙소문화층에 합병시켰는데, 이는 33개의 작은 자연층을 1미터 단위로 4개의 큰 층에 나누어 놓은 이제의 방법과는 완전히 다른 것이었다. 양사영은 복잡한 퇴적상태에서 취지와 무관한 현상은 제거하고 법칙성이 있는 인류문화의 숨겨진 상황들을 귀납하였다. 네 번째, 양사영은 후강에서 대량의 백회면 白灰面을 발견하였는데 이는 중국고고학역사에서 제일 처음으로 발견된 용산문화의 가옥유적이었다. 당시 양사영은 야외에 세워진 종교 건물이라고 판단하였지만 석회면에 대한 발견은 극히 철저하였고, 백회면에 대한 분석과 건물에 백회면이 사용되었을 것이라는 추론 역시 기본적으로 정확하였다. 그들은 먼저 중앙에 하나의 골을 판 후, 한층 한층 변화상황을 관찰하는 방법으로 백회면을 발견하였다. 양사영은 백회면이 제일 많게는 여섯 층까지 있었다는 점에 유의하였다. 이는 분명히 매우 철저하고 세심한 방법을 사용해야만 얻을 수 있는 결과이다. 따라서 후강에 대한 발굴은 기존의 인위적인 수평층위의 발굴을 종결짓고 문화층을 단위로 하는 발굴의 역사를 개척하였다고 볼 수 있다.[44]

---

44) 진성찬,『중국 선사시대 고고학사 연구 1895-1949(中国史前考古学史研究1895-1949)』, 생활 · 독서 · 신지 삼련서점, 1997년, 234~236쪽.

4. 하남고적연구회 및 그 초기 활동

이 시기 소둔 주변을 조사하는 것 외에도 하남 기타 지역에 대해 조사, 발굴하는 것이 더 중요하였다. 역사언어연구소는 고고발굴의 지역 범위를 가일층 확대하여 그 다음 단계까지 작업을 이어갔다.

무릇 사건의 발생에는 일정한 우연성이 있다. 하남성 준현浚县 신촌辛村 일대에는 고분군(그 후 곽보균의 연구를 거쳐 서주西周시기 위나라(卫国) 고분이라는 것이 밝혀졌다)이 있었는데 1930년을 전후로 당지에서 도굴 열풍이 일었다. 곽보균은 보고서에서 다음과 같이 서술하였다.

신촌 사람 유금화(刘金华)가 고물상들과 공모하여 마을 동쪽에 있는 한 고분에서 정이(鼎彝)(고대 종묘 제기(祭器))를 파냈는데 매우 비싼 값에 팔렸다. 촌민들이 그것을 탐하여 떼지어 고분을 파면서 도굴 열풍이 다시 일게 되었다. 민국 20년 봄, 열풍은 더욱더 거세져 신촌 근처 수십 리 마을에까지 퍼졌다. 도굴자들은 10여 명씩 무리를 지어 다녔다. 그들은 자금을 모아 일꾼을 모으고 점수제에 따라 이익을 나누어 가졌으며 이익의 10분의 3은 지주(地主)를 유인하는데 썼다. 도굴 무리는 천 명 가까이 되었는데 그들이 모이면 마치 장이 열리는 듯하였다. ......

그 무렵, 북경과 천진의 고물상들이 떼지어 이곳으로 찾아왔고 진귀한 물건을 비싼 값에 사들여 해외로 빼돌렸다. 하지만 누구도 거기에 대해 물어보는 사람이 없었다. 큰 이익을 얻을 수 있다는 것 때문에 도굴품을 얻으려는 자가 매우 많았는데 지방의 관료와 토호들도 넘보고 있었다. 뇌물 분배가 고르지 않아 무기를 들고 싸우는 일까지 발생하였다. 하남성 정부는 조사를 시작하였고 결국 도굴을 금지하였으며 현지사을 면직처벌하고 비적두목을 수배하였다. 마침내 도굴 행위는 잠잠해지게 되었다.

중앙연구원에서는 이 소식을 듣고 민국 20년 여름, 필자에게 그곳에 가서 조사하라고 하였다. 필자가 가 보니 논밭에는 도석(陶石)들이 무수하게 널려있어 허리만 구부려도 주울 수 있을 정도였다. 범위가 넓고 오래된 유물이 많아 놀라지 않을 수 없었다. 이곳은 고분으로 유명해진 곳만은 아닌 것 같았다. 그리하여 필자는 하남성 정부에 고적연구회를 조직할 것을 건의하였고, 정식으로 발굴을 시행하면서 추가로 남은 고분을 정리하기로 했다.[45]

신촌 발굴의 중요성을 알게 된 역사언어연구소는 다급히 작업을 하려고 했다. 하지만 어떻게 발굴하느냐가 문제였다. 은허 발굴 때처럼 독점적으로 하려는 것은 절대 안 되는 일이었다. 역사언어연구소는 다년간 하남지방과 교섭하면서 갖은 고생을 했기 때문에 중앙기관으로서의 오만한 기세가 없었다. 신촌 발굴에 있어서 가장 좋은 방법은 산동과 합작했던 것처럼 연합기구를 설립하고 공동으로 작업하는 것이다.

"하남고적연구회에 관하여 이미 선배님의 생각을 전달하였지만 하남 측은 완곡하게 거절하였습니다."[46]에서 볼 수 있듯이 하남고적연구회의 설립은 그리 순조롭지 못했다. 형세가 옛날과 완전히 달라졌기 때문에 역사언어연구소에서 하남지방인사와 계속 교섭하고 동시에 이제가 고고팀 주임의 명의로 직접 하남성 정부 책임자 유치에게 청구하여 결국은 신속하게 허가를 받게 되었다.[47]

하남고적연구회는 1932년 2월 8일 정식으로 설립되었다. 동작빈이 9가지 규칙을 제의하였는데 통과되었다. 그 구체적인 내용은 다음과 같다.

45) 곽보균(郭宝钧), 「준현 신촌 고대 잔여고분 정리(浚县辛村古残墓之清理)」, 『야외고고보고』 제1권, 중앙연구원 역사언어연구소, 1929년, 168쪽.
46) 역사언어연구소 기록, 원146-3, 곽보균이 부맹진에게 보낸 서한(郭宝钧致函傅孟真). 1931년 5월 3일.
47) 역사언어연구소 기록, 원 153-1, 본 연구소 고고팀 주임이 하남성 정부 유주석에게 서한을 보내 함께 하남고적연구회를 설립하고 준현(浚县)의 은릉(殷陵)에 대한 발굴을 진행할 것을 제안하였다. 1931년 9월 23일.

첫째, 본 연구회는 국립중앙연구원과 하남성 정부가 합작하는 방법으로 조직된다.

둘째, 본 연구회의 위원은 하남고적연구회 위원들로 구성되고 모든 연구진행 계획건을 의결한다. 회의 개최 시 법정 인수는 전체 위원의 과반수여야 한다.

셋째, 본 연구회의 위원장은 위원회의 책임자로서 회의를 소집하고 결의안을 집행할 권리가 있다. 업무 책임자는 모든 조사발굴 및 연구 작업을 조직해야 하고, 비서는 본 연구회의 일체 서류를 처리한다. 상술한 직무의 임기는 모두 1년이다.

넷째, 본 연구회는 업무 책임자나 비서를 도와서 모든 사무를 처리할 수 있도록 간사(干事) 두 명을 배치하는데 위원회에서 초빙한다.

다섯째, 본 연구회는 수요에 따라 수시로 고문 연구원과 조사원을 초빙할 수 있는데 고문 연구원은 명예직이다.

여섯째, 본 연구회는 매년 업무 계획과 업무성적에 대한 예산을 중앙연구원과 하남성 정부에 보고하여 검토하도록 한다.

일곱째, 본 연구회에서 규정한 비용 외의 경상비는 하남성 정부에서 지급한다.

여덟째, 본 규칙의 미진한 사항은 위원회의 결의를 거쳐 수시로 수정한다.

아홉째, 본 규칙은 본 위원회에서 통과하여 실행한다.[48]

이는 사실상 산동고적연구회의 규정을 따른 것이다. 다만 하남성 정부의 지지도가 더 커 실제 비용을 제공하였을 뿐이다. 본 연구회에서는 장가모張嘉謀를 위원장으로, 이제를 업무 책임자로, 관백익关伯益을 비서로, 왕해함王海涵, 곽보균을 간사로 선출하였다.[49] 이는 중앙연구원과 하남성

---

48) 역사언어연구소 기록, 고(考) 3-1-24, 중앙연구원과 하남성 정부가 합작하여 하남고적연구회를 성립할데 관한 회의기록(中央研究院河南省政府合组河南古迹研究会成立会纪录). 1932년 3월 8일.
49) 같은 책.

정부에서 각각 위원을 파견하여 호선互選한 결과이다. 하지만 실제 책임자는 중앙연구원 측 위원 곽보균이었다. 이 고적연구회 역시 산동고적연구회와 마찬가지로 역사언어연구소의 외곽 조직이었다. 곽보균은 하남사람으로 하남성 교육청에서 근무한 적이 있는데 1928년 은허의 제1차 발굴에 참가한 후 사실상 이미 역사언어연구소고고팀에 가입하였다. 고적연구회의 행정비용은 하남 정부의 교육특별비용에서 지출하고 발굴과 정리 등의 작업비용은 쌍방이 각각 절반씩 부담하였다. 합작 방법은 '하남성 정부에서 보호를 책임지고 중앙연구원에서 발굴연구를 책임진다', '준현을 시범구로 발굴작업을 한다'는 것이었다.50) 여기서 '준현'은 신촌을 가리킨다.

곽보균, 유요, 마원재馬元材 등은 신촌, 대뢰점大賚店 등지에서 연속적인 조사와 발굴을 진행하였다. 그들은 신촌에서 비교적 큰 규모의 서주시기 고분을 발굴, 정리하였다. 유요와 오금정은 대뢰점 유적을 발굴하였으며 앙소, 용산 시기의 문화층을 발견하였다. 이 시기 성자바위와 후강에 대한 발굴을 통하여 이미 지평층(層位)과 유물을 정확히 판단할 수 있었다. 유요는 대뢰점과 앙소촌에 대한 비교를 통하여 안특생의 발굴에 질의를 하였다. 후에 「용산문화와 앙소문화에 대한 분석」51)이라는 글을 발표하여 안특생이 말한 이른바 채색도자기 문화에서 앙소촌 용산유물을 명확하게 분리시켰다. 이는 중국의 고고학자들이 선사시대문화 연구에서 이미 서방의 선배들을 능가하였음을 보여준다.

신촌고분에 대한 발굴과 정리는 각각 1932, 1933년 여름과 가을에 걸쳐 4차례 계속되었는데 그 성과가 매우 컸다. 제1차 발굴에서는 두 개의

---

50) 역사언어연구소 기록, 고 3-1-16, 총사무소 서한에 대한 기록. 1931년 10월 20일.
51) 유요, 「용산문화와 앙소문화에 대한 분석(龙山文化与仰韶文化之分析)」,『야외고고 보고』제 2권, 중앙연구원 역사언어연구소, 1930년, 274쪽.

큰 고분을 발견했는데 모양과 구조가 모두 훌륭하였다. M1 묘실 통로의 길이는 19미터, 넓이는 3미터, 묘실 길이와 넓이는 각각 7미터였다. 비록 도굴을 당한 적이 있지만, 여전히 동으로 만든 장식품 28점을 얻을 수 있었다. 벽에는 여전히 수레바퀴의 흔적이 남아 있었는데 직경은 1.4미터였고 20여 개의 바퀴살이 있었다. M2 묘실까지의 통로 길이는 19미터, 넓이는 4미터이고 남쪽에서 북쪽으로 경사졌다. 묘실 길이는 6.4미터, 넓이는 4.9미터, 깊이는 11.2미터였다. 잔류 유물로는 과戈, 창矛, 극戟, 갑옷 장식품(甲饰), 수레 장식품(穀饰) 등 30여 점과 대합조개 조각(雕蚌) 100점이 있었고 그 밖에 용산시기 유물도 발견되었다. 제2차 발굴에서는 큰 고분 6곳과 작은 고분 5곳이 발견되었는데 그중에는 수레와 말이 함께 묻혀 있는 고분(M3)이 있었다. 고분은 정방형 모양이었고 면적은 약 90평방미터로 유물이 매우 많았는데 견골犬骨 8가, 수레 10대, 마골马骨 60여 개가 출토되었다. M5 고분의 모양과 구조도 매우 훌륭하였다. 남북으로 두 갈래의 통로가 있었고 남아있는 유물로는 술그릇(铜方彝), 골제 원앙새(骨制鸳鸯), 화골花骨, 대합조개 장식(蚌饰) 등이 있었는데 매우 정교하고 아름다웠다. 제3차 발굴을 진행할 때 안양소둔에 대한 제7차 발굴은 잠시 중단된 상태였다. 석장여 등은 신촌발굴팀에 가입하였는데 신촌 발굴은 그 규모가 가장 컸다. 고분 21곳이 발견되었고 수확한 유물들도 많았는데 동, 옥, 돌, 대합조개, 뼈, 짐승의 뿔 등이 모두 있었다. 동기로는 수레와 말의 장식품이 많았고 옥기로는 패용하는 장식품이 많았는데 이번 발굴에서 중대한 발견은 아름다운 금방울(金泡), 금으로 된 짐승의 머리였다. 이 외에 또 도굴당하지 않은 작은 고분을 발견하였는데 순장품으로 정鼎(발이 세 개, 귀가 두 개 달린, 음식을 익히는 데 쓰인 고대 솥), 역鬲(발이 세 개 달린 고대 솥의 일종), 언甗(옛날 시루의 일종) 각각 1점, 돈敦(고대 오곡을 담는 그릇) 2점, 과戈, 도끼(斧), 갑옷 장식품, 조개 등 여러 점이 있었다.

이것은 신촌발굴이래 전례없는 수확이었다. 제4차 발굴에서는 크고 작은 고분 52곳과 말(馬) 고분을 발견하였다. 큰 고분 중에는 과戈 12점, 극戟 2점, 구㺄 21점, 도끼 2점, 창 2점, (금으로 두른) 방상方相(상고시대 전설 중에 나오는 온역과 귀신을 쫓는 신령) 3면, 갑포甲泡 30면, 갑포차륜甲泡车轮 4조, 멍에(軛) 1틀 및 기타 물품 200여 점이 포함되었다. M60은 도굴당하지 않은 작은 고분이었는데 정鼎, (부을 父乙) 존尊(청동기 술잔), 작爵(고대의 술잔, 참새의 부리 모양을 본따 구리로 만들었는데 다리가 세 개 달렸음」, 유卣(옛날 술병의 한 종류로 '彝'보다는 작고 '罍'보다는 크다. 입구가 작고 몸통이 크며, 뚜껑과 손잡이가 있고 타원형으로 생겼음), 돈敦과 도끼 각각 1점, 과戈 9점, 위軎 (고대 수레의 부품으로 청동기로 제작된 것이다. 차축의 양단에 씌운다) 2 점, 육형물六形物4점이 출토되었다.[52] 관속에 있던 물건들은 아쉽게도 밤중에 도적들에게 도난당하였다.[53] 그리고 마을 남쪽에서 용산시기의 유적 한 곳을 발견하였다.[54] 유장刘庄에서도 두 차례 발굴을 진행하였는데 비교적 완전한 한汉왕조 시기의 고분을 발견하였다. 그 당시 역사언어연구소의 많은 사람들이 오로지 이른 시기의 고분만 찾고자 했기 때문에 이 고분은 너무 늦은 시기의 것이라 여겨 성에 차지 않았다. 하지만 이제는 한왕조 고분도 마땅히 발굴해야 한다고 하면서 앞서 은허 유적에서는 찾지 못했는데 이것도 하나의 새로운 형식이라고 하였다.

---

52) 곽보균, 「준현 신촌의 고대 잔여고분 정리」, 『야외고고보고』 제1권, 중앙연구원 역사언어연구소, 1929년, 167~200쪽.
53) 석장여는 돌발상황을 피면하기 위해 곽보균이 발굴팀을 보호하는 사병을 파견하여 옥상에서 지키게 하였으나 도굴자들은 옆으로부터 구멍을 파고 들어가 도둑질하였으니 아쉽기 그지없다고 말했다. 『석장여선생 방문기록(石璋如先生访问记录)』, '중앙연구원' 근대사연구소, 2002년, 65쪽.
54) 석장여, 『고고연표』, '중앙연구원' 역사언어연구소, 1952년, 14~16쪽.

신촌에서는 서주초기로부터 춘추초기까지의 고분 총 82곳(크고 작은 수레와 말의 고분을 포함)을 발굴, 정리하였고 신석기시대의 유적 3곳도 발견하였다. 고분은 대부분 도굴당했는데 곽보균은 남아있는 유물 특히 기물에 새겨진 명문銘文에 근거하여 이 부류의 고분은 주왕조 시기의 제후국 위나라(卫国)의 고분이라고 판정하였다. 시간적으로 보면 대체적으로 강숙康叔 (주무왕의 동생) 전, 성공成公 후인 민국원년전 3024~2512년 사이다.55) 고분 주인으로는 위나라의 귀족과 평민들이었는데 이는 이곳이 위나라의 '공묘(公墓)'와 '방묘(邦墓)'라는 것을 설명한다. 이런 자료에 근거하여 곽보균은 크고 작은 고분의 모양과 구조, 장례 의식, 순장제도 등 역사고고와 관련된 여러 가지 중대한 문제를 토론하였고 따라서 주나라시대에 관한 고고연구의 서막을 열게 되었다.56) 서주시기의 특수한 순차殉车(차량을 해체하여 놓는 것)제도는 바로 이번에 발견한 것이다.

신촌 발굴은 매우 중요한 의의가 있다. 역사언어연구소 지도자들은 처음부터 이 점을 인식하였다. 이제는 부사년에게 상황을 보고하면서 "이곳은 은허처럼 쉽게 포기할 곳이 아닙니다. 실물이 은허보다 더 풍부할 수도 있습니다. 아마 형님께서도 저와 같은 생각이실 겁니다"라고 말했다.57)

은허 발굴은 풍부한 실물을 얻게 된 것 외에 역사언어연구소가 은허의 상왕조 고고를 중심으로 전, 후 시기로 고고 연구의 범위를 넓히기 시작했음을 암시한다. 앞 시기에 대한 연구는 성자바위 등지의 선사시대 유적에 대한 발굴인데 사실상 안특생이 이미 연구한 기초에서 이루어졌기 때

---

55) 곽보균, 「준현 신촌 고대 잔여고분 정리(浚县辛村古残墓之清理)」, 『야외고고보고』 제1권, 중앙연구원 역사언어연구소, 1929년, 200쪽.
56) 추형, 「곽보균선생의 고고사적 및 학술상에서의 공헌(郭宝钧先生的考古事迹及其在学术上的贡献)」, 두정승, 왕범삼 주편, 『신학술의 길―역사언어연구소 70주년 기념문집(新学术之路――历史语言研究所七十周年纪念文集)』, 대북, '중앙연구원' 역사언어연구소, 1998년, 370쪽.
57) 역사언어연구소 기록, 원 25-19, 이제가 부맹진에게 보낸 서한. 1932년 12월 2일.

문에 비교적 쉽게 성과를 거두고 새로운 진전을 가져올 수 있었다. 은대 그 후의 역사 시기에 대한 고고연구도 당연히 역사언어연구소에서 맡아야 할 임무이다. 그 기점은 곽보균의 신촌 발굴이어야 한다. 역사 시기 고고를 연구하려면 고기물학古器物学, 각명학铭刻学, 고건축학 지식과 견실한 문헌 교양이 필요하다. 이 방면에서 역사언어연구소의 유학파들보다는 곽보균과 같은 보수파 학자들의 우세가 더 컸다. 그 당시 곽보균의 신촌 발굴은 소둔에서의 발굴보다 더욱 중요하여 역사언어연구소의 관계자들도 매우 중시하였는데 부사년과 이제는 직접 현장에 나가 시찰하기까지 하였다.

이 시기 즉 1933년 가을, 산동 고적연구회에서도 산동의 부동한 역사 시기 유물에 대하여 발굴을 진행하였다. 동작빈 등은 선후로 안상촌安上村, 조왕묘曹王墓, 왕분골王坟峪 등지에서 발굴작업을 하였고 산동대학에서는 유함刘咸이 8명의 학생을 데리고 발굴에 참가하였다. 학생들은 매일 진행한 발굴상황을 북평『세계일보』에 발표하여 사회의 이목을 집중시켰다. 발굴을 통해 2가지 중요한 수확을 거두었다. ① 용산말기 유물에서 복귀卜龟를 발견했다. ② 청동기시대의 고분 2곳을 발견하였다. 이 두 가지는 모두 전대미문의 발견이었다.[58]

---

58) 종백생(钟柏生), 「동작빈 학술 술략(董作宾学术述略)」, 두정승, 왕범삼 주편, 『새학술의 길―역사언어연구소 70주년 기념문집(新学术之路――历史语言研究所七十周年纪念文集)』, 대북(台北), '중앙연구원' 역사언어연구소, 1998년, 280쪽.

5. 제6차부터 제9차까지의 은허 발굴 및 발굴방법의 진보

9 · 18사변 이후 '1 · 28'사변이 발생하였다. 제5차 은허발굴이 끝나고 얼마 되지 않은 1932년 1월 28일, 일본군이 상해를 침략하였고 전쟁은 한 달 넘게 지속되었다. 중국에서 제일 유명한 출판기구인 상무인쇄관商务印书馆과 제일 큰 민간도서관인 동방문화도서관이 이번 전쟁에서 폭격으로 소각되었다. 2월 1일 일본군함이 장강까지 들어와 당시의 국민정부 수도인 남경을 포격하였다. 국민정부는 수도를 낙양으로 옮기기로 선포하였고 절대 굴복하지 않을 것임을 표명하였다(연말에야 다시 남경으로 옮겨왔다). 공동의 적에 대한 전국 인민의 적개심이 불타오르고 항일의 열정이 고조되었다. 중앙연구원 사람들도 마음이 불안정하기는 마찬가지였다. 그러나 채원배원장은 심각한 상황 속에서도 질서를 지키고 속도를 내 작업해야 한다고 하면서 "어둠 속에서 비바람이 몰아쳐도 닭울음 소리는 그치지 않는다"고 훈시했다. 따라서 나라가 위기에 처한 상황에서 고고학 팀 성원들은 '고고작업으로 나라에 보답'하려는 결심을 하게 되었고1932년 봄 계속하여 은허에 대한 제6차 발굴을 진행하게 되었다.[59]

---

59) 1932년 봄, 역사언어연구소에서는 원래 고고팀 전체가 산동 임치(临淄)에 가서 대거 발굴작업을 하기로 하고, 연속 3년간의 구체적인 발굴계획을 세웠다. 하지만 이 계획은 중 · 일전쟁으로 좌초되고 말았고 금년 봄, 소둔에서만 계속 소규모의 발굴을 진행하였다. 부사년「국립중앙연구원 역사언어연구소 19년도 보고(国立中央研究院历史语言研究所十九年度报告)」, 『부사년전집』 제6권, 호남교육출판사, 2003년, 201쪽. 원래는 전쟁이 잠잠해지면 안양에서의 발굴 외에 산동에서 임치를 중심으로, 하남에서 낙양을 중심으로 대규모의 발굴을 진행할 계획이었으나 후기 형세의 변화로 인해 실현하지 못했다. 부사년「국립중앙연구원 역사언어연구소 21년도 보고(国立中央研究院历史语言研究所二十一年度报告)」, 『부사년전집』 제6권, 호남교육출판사, 2003년, 391쪽. 여기서 꼭 주의해야 할 것은 역사언어연구소의 이

이번 발굴은 4월부터 5월까지 2개월간 이제의 인솔하에 지속되었다. 그는 '반년여 만에 야외에 나왔는데 갑자기 햇볕이 내리쬐고 모래가 날리니 정신이 번쩍 든다. 첫 며칠은 온몸이 쑤시고 아팠는데 지금은 이미 습관이 되었다'[60]며 재미있어 하였다. 작업인원으로는 동작빈, 오금정, 유서하刘屿霞, 왕상王湘, 주영학周英学, 이광우李光宇 등이 있었다. 하남성 정부에서는 마원재马元材를 파견하였고 석장여는 하남대학 학생 신분으로 계속 참가하였다. 고고팀의 핵심인물 인 양사영은 1932년 봄, 급성 늑막염에 걸려 2년 동안 병상에 앓아누워 있다가 1934년 봄에 점차 건강을 회복하였다. 결국 양사영은 제6차부터 제9차까지의 은허 발굴에 참가하지 못하게 되었는데 이는 고고팀의 큰 손실이었다.

소둔 발굴은B, E 두 구역에서 계속 진행되었다. 모두 93개의 구덩이를 팠는데 그 면적은 약 818평방미터에 달했다. 흔히 볼 수 있는 동굴가마 26곳과 고분 5곳이 발견되었다. 가장 중요한 발견은 주춧돌만 남아있는 B 구역 3개 출입구의 흔적이다. E 구역에서는 뚜렷하고 온전한 '달구질한 흙(夯土)' 토대를 발견했는데 그 주위에는 주춧돌이 있었다. 이것은 제일 처음으로 확실하게 발견한 궁전의 흔적이다.

이번 작업에서는 여전히 '사방을 겸해서 탐색'하는 방법을 사용하여 각각 고정태자高井太子, 사면비四面碑, 왕유구王裕口, 곽가소장霍家小庄에 대하여 발굴을 진행하였다. 오금정은 고정태자에서 앙소, 용산과 소둔 세 시기의 유적을 재차 발견하였다.[61] 그러나 그는 양사영보다 운이 좋지 못하였다. 이곳 유적들은 지층에서 층층이 순서대로 남아 있는 것이 아니라 하나의 평면에 흩어져 있었던 것이다.[62]

런 발굴계획이 모두 그 후의 역사시기 고고연구를 목표로 하였다는 점이다.
60) 역사언어연구소, 원 168-14, 이제가 부맹진에게 보낸 서한. 1932년 4월 18일.
61) 오금정, 「소둔 서쪽 유적 세 곳에 대한 발굴(小屯迤西三处小发掘)」, 『안양 발굴보고』 제 4기, 중앙연구원 역사언어연구소, 1933년, 627~634쪽.
62) 석장여의 『고고연표』 및 『석장여선생 방문기록』을 참조. 오금정은 『고정태자 세

제6차 발굴도 매우 중요한 의의가 있다. "소둔 작업은 건축기초를 찾는 것이 주요한 문제인데 거의 실마리를 얻게 되었다. 다만 실물발견이 너무 적었을 뿐이다."[63] 3년 넘게 계속된 작업을 통해 이제는 은허발굴의 핵심적인 학술문제가 건축터라는 것을 인식하게 되었다. 따라서 은허발굴은 점차 정상적인 궤도에 들어서게 되었다.

이 시기 이제뿐만 아니라 동작빈을 비롯한 발굴팀도 은허고고에 건축소재지 문제의 중요성을 알게 되었고 이로부터 중국고고학 역사상 제일 처음으로 유적 현장 보호문제에 대하여 생각해 보게 되었다.

　　소둔 발굴에 참여한 사람들은 유적 연구와 조사에 전력을 다하였다. 그리하여 매우 온전한 '달구질한 흙' 터를 발견하게 되었다. 터 옆에는 작은 부뚜막이 있었는데 그 위에 역(鬲)을 놓을 수 있었다. 나와 이제형님이 모형 하나를 모조했으나 너무 육중하여 아쉽게도 옮기기가 힘들었다. 또 하나의 발견은 아래 위 두 층으로 되어 있는 것인데 현재 한쪽만 정리하였다. 연구하고 관찰하고, 흙을 파는 데 시간이 걸리기 때문에 이번 시즌이 끝나기 전에 절반 이상을 완성할 것 같다. ……

　　유적을 보존할 것을 주장하는 이들도 있었으나 다만 처리하기가 너무 어려웠다(땅을 사들여야 하고 또 면적이 너무 컸다). 지금은 그 대체적인 모습을 볼 수 있으나 여름이 지나고 나면 분명히 무너지고 훼손되어 자취가 없어질 것이다(지금 작업하는 도중에 이미 네댓 곳이 무너졌다). 이제형님은 양사성(梁思成)선생에게 보일 생각이 있었으나 직접 서한을 보내지는 않았다. 내가 사영형님에게 말씀드리겠지만 과연 오실 수 있을지는 잘 모르겠다.

　　요즘 날씨를 보면 5월 말까지 작업을 해야 할 것 같다. 앞으로 남은

───────────

가지 도자기업에 대한 초론(高井台子三种陶业初论)』에서 고정태자에서 또 3첩층(三疊层)을 발견하였다고 하였다. 『소둔 서쪽 유적 세 곳에 대한 발굴』은 초보적인 연구보고로, 제한된 출토물에 근거하여 추정했기 때문에 당연히 석장여선생의 말이 맞다.
63) 역사언어연구소 기록, 원 168-14, 이제가 부맹진에게 보낸 서한. 1932년 4월 18일.

일들은 이제형님의 결정에 따를 것이다. 이번 시즌에 소량의 특이한 물건들이 발견되었고 나머지는 대부분 앞서 다섯 차례에서 발굴한 것과 같은 것들이었다. 단지 거주터 일부분에 대해서만 분명하게 정리하고 5년 이래 발굴된 유적들에 주석을 달아줌으로서 은왕조 시대 사람들의 거주 배치와 유물이 한 눈에 안겨오는 듯하였다. 따라서 앞에서 해결할 수 없었던 문제들이 쉽게 해결되었다. 물론 귀한 유물을 얻은 것은 아니지만 사실상 앞서 다섯 차례 발굴에서 얻은 것보다 더 많은 지식을 얻을 수 있어서 나는 상당히 만족한다.[64]

제5차부터 제7차까지의 은허 발굴은 시국의 영향을 받아 은허 발굴 역사상 비교적 쇠미한(式微) 시기였는데 특히 1932년 가을에 진행한 제7차 발굴은 규모가 제일 작은 작업으로 참가한 연구자는 동작빈, 석장여 등 세 사람뿐이었다. 그러나 제7차 발굴에서 체현된 지도적 의식은 제6차 발굴보다 더 진보적인 것으로 매우 중요한 의의를 가진다. 왜냐하면 이미 목적성 있게 순수한 고고학의 방식으로 여러 가지 중요한 문제를 탐색하기 시작하였기 때문이다. 이에 대하여 석장여는 다음과 같이 말하였다.

이번 발굴은 은허에서 유적을 찾는 데 중점을 두었다. 유적에서 유물을 찾고 유적들간의 연관성을 살펴보았으며, 또한 유물과 유물간의 관계를 관찰하였다. 그리고 유물과 유적이 발견된 정확한 곳을 상세히 기록하고 그들 사이의 의의에 대하여 탐색하였다.[65]

과거 금석학자 출신의 고고학자들은 물론이고 은허 고고를 갓 시작한 이제까지도 상상할 수 없었던 사고방식이다. 여섯 차례의 발굴과 탐색을 거쳐 은허 고고 연구는 이미 상당히 높은 수준에 이르렀다.

---

64) 역사언어연구소 기록, 원 23−18, 동작빈이 부맹진에게 보낸 서한, 1932년 4월 29일.
65) 석장여, 「제 7차 은허발굴, E구역 작업보고(第七次殷墟发掘:E区工作报告)」, 『안양 발굴보고(安阳发掘报告)』 제 4기, 중앙연구원 역사언어연구소, 1933년, 710쪽.

이번 발굴에서 비교적 중요한 발견은 다음과 같은 몇 가지이다. 유적으로는 더 많은 판축기초版築基礎를 발견하였는데, 기초의 윗쪽 혹은 기초 앞쪽에는 정연하게 배열된 기둥 주춧돌이 있었으며 남북이 모두 정확하게 자오선 방향으로 나 있었다. 거주동굴과 터의 분포 그리고 그들 사이 관계도 앞서 있었던 몇 차례 발굴보다 더 뚜렷하였다. 소둔 마을 북쪽 600미터 내에 판축기초 몇 곳이 있는 것으로 보아 이곳들이 확실하게 은왕조 시기 종묘왕실의 소재지라는 것을 알 수 있다. 출토된 유물도 매우 많았는데 그중 글자가 새겨진 도자기 한 조각이 제일 귀중하였다. 거기에는 '사祀'라는 먹으로 쓴 글자가 있었는데 예기와 재주가 상당한 것으로 보아 왕조시기에 이미 붓이 있었다는 것을 확신할 수 있었다.[66]

1933년 가을, 제8차 발굴이 진행되었다. 소둔발굴 외에 계속하여 후강과 사반마를 발굴하였는데 전체적인 규모는 그리 크지 않았다. 명의상 곽보균이 주관하였지만 그가 불행히도 중병에 걸리는 바람에 안양 발굴은 사실상 당시 아직 대학원생이었던 유요, 석장여 등이 담당하였다. 이 시기 역사언어연구소 제2세대 고고학자들이 점차 성장하여 과학고고학의 형성에 실제적인 공헌을 많이 하였고 여러 방면에서 선배들을 능가하였다. 새로운 실력자가 고고작업에 참가하였는데 예를 들면 기연패祁延霈와 이경담李景聃이다. 이경담은 이제가 남개대학에 있을 때 그의 학생이었다. 이들은 경험하는 가운데 점차 성장하여 스승과 선배를 대신하여 현장작업의 중임을 맡았다.

제8차 발굴도 대체로 유적을 발견하는 데 집중하였고 흑도자기와 회색도자기 문화간 관계를 관찰하였다. 이제는 비록 발굴에 참가하지 않았지만, 줄곧 편지를 쓰는 방식으로 지휘하였다. 그는 "모든 작업을 소둔에 집중시키는 것이 가장 중요하다. 달구질한 흙에 관한 문제와 판축기초 유적

---

66) 호후선(胡厚宣), 『은허발굴(殷墟发掘)』, 학습생활출판사(学习生活出版社), 1955년, 68쪽.

을 확실하게 밝혀내기만 하면 다른 것은 힘이 닿는 대로 해도 된다."고 특별히 강조하였다.[67] 이번 발굴에서도 동서방향으로 나 있는 판축기초 두 군데를 발견하였고 돌로 된 주춧돌 외에 동으로 된 주춧돌 10개도 발견하였다. 또한 판축 밑에서 용산시기의 둥근 구덩이 4개를 발견하였다.[68]

후강에서의 발견은 더욱 중요하다. 세 시기 문화층 외에 은왕조시기의 고분도 발견되었다. 후강에서의 고분은 동서 두 구역으로 나뉘어져 있었다. 동쪽 구역 고분에서는 여태껏 발견되지 않았던 동언(銅甗: 고대 시루의 일종)이 출토되었고 서쪽 구역에서는 '중(中)'자형으로 된 커다란 고분이 발견되었다. 석장여의 기억에 따르면 이런 중요한 발견으로 연말에 소둔 발굴 작업이 끝난 후에도 후강에 대한 발굴은 계속되었다고 한다. 큰 눈이 내린 후 날씨가 춥고 땅이 얼어 지하 7, 8미터 깊이에 있는 것은 장작불로 땅을 녹이고 천천히 작업할 수밖에 없었다. 사실상 이 고분은 이미 오래전에 도굴당했었다. 달구질한 흙 속에서 수많은 사람들의 두개골이 발견되었다. 매층마다 모두 하나씩 도합 20 여 개가 있었다. 이로부터 은왕조시기 달구질할 때 사람을 제물로 바치는 습관이 있었음을 알 수 있다. 매번 한 층씩 쌓아 올릴 때마다 사람의 머리를 잘라 제사를 치렀다.[69] 그러나 호후선은 이런 두개골(호후선은 28개가 있다고 함)에 대하여 다르게 해석하고 있다. 그것은 바로 은왕조시기 통치자들이 살인 순장한 확실한 증거라는 것이다.[70] 아마 발굴에 직접 참여한 석장여의 견해가 더 정확하고 신빙성이 있을 것이다.

후강에서 고분을 발견하면서 역사언어연구소의 연구자들은 이 근처에

---

67) 역사언어역구소 기록, 고(考) 4-3-28, 이제가 이광우에게 보낸 서한. 1933년 11월 15일.

68) 같은 책, 60쪽.

69) 『석장여선생 방문기록』, '중앙연구원' 근대사연구소, 2002년, 74쪽.

70) 호후선, 『은허발굴』, 학습생활출판사, 1955년, 70쪽.

아마도 은왕조 제왕의 능이 존재할 것이라고 추측하였다. 결국 서북강에서 왕릉을 발견하였고 이는 안양 발굴의 최고점이 되었다. 석장여는 훗날 다음과 같이 말하였다.

> 은왕조 시기 고분 발견은 후강에 대한 두 차례 발굴에서 상당히 큰 수확이다. 비록 상황이 혼란해지고 잔존 유물이 없었지만, 우리에게 큰 계시를 주었고 확고한 신념을 가지도록 했다. 우리는 안양이 은왕조 시기의 도읍일 뿐만 아니라 은왕조 능이 있을 가능성도 있다는 것을 알게 되었으며 공을 들여 찾게 되었다. 원북 후가장 서북쪽 언덕에서 은왕조 시기 고분이 발견된 것은 바로 이런 인식에서 나온 결과이다.71)

1934년 봄, 발굴팀은 동작빈의 인술하에 잠시도 쉬지 않고 계속하여 은허 제9차 발굴을 시작하였다. 그때 고고팀 책임자 이제는 이미 발굴현장 작업에서 점차 손을 떼기 시작하였다. 왜냐하면 고고팀은 역사언어연구소가 북평에서 철수하는 것을 책임져야 하고 동시에 학술, 문화계에서 그 신분과 지위로 인해 정력이 많이 소모되었기 때문이다. 원래는 계속하여 소둔과 후강에 대한 소규모의 발굴을 진행하려 했으나 우연한 발견으로 인하여 새로운 변화가 생기게 되었다.

원하 북쪽, 특히 무관촌武官村 촌민들은 후가장 일대에서 동기를 적지 않게 도굴하여 부유해지게 되었다. 후가장 빈민 후신문侯新文은 마을 남쪽에 반 무 정도의 땅을 가지고 있었는데 거기에서 동기를 파내려고 애를 썼다. 하루종일 땅을 파헤쳤지만 동기는 찾지 못하고 서푼어치의 문자가 새겨진 뼈(字骨)를 발견하였다. 그런데 이 시기에 고물상들이 동기만 중히 여겼기 때문에 갑골은 시장이 없었다. 갑골이 발견된 소식은 한 노동

---

71) 석장여, 「하남 안양 후강의 은나라 고분(河南安阳后冈的殷墓)」, 『육동별록(六同別录)』 상권에 수록, 중앙연구원 역사언어연구소, 1945년, 1~26쪽, 『역사언어연구소합종뵵』 제13권에도 수록, 1948년, 21~28쪽.

자의 입을 통해 동작빈에게 전해졌다. 역사상 원북에서 갑골문이 발견된 것은 이번이 처음이었기 때문에 매우 중요하였다. 동작빈은 즉시 연구원들을 모두 후가장에 파견하여 발굴작업을 펼치기로 하였다. 그는 비밀리에 지방관리, 현지사 등과 연락하여 발굴 당일 직접 현장에 가도록 했다. 따라서 다른 지방처럼 발굴과정에 촌민들의 저지를 받는 일은 일어나지 않았다. 일손이 부족한 관계로 소둔과 후강의 발굴작업은 잠시 중단하고 모두 후가장에 모이게 하였다. 선후로 동작빈, 이경담李景聃, 석장여, 유요, 윤환장尹煥章, 고립아顾立雅(H. G. Creel)등이 발굴에 참가했다.

이 시기 동작빈은 은허 작업으로 이미 국내에서 유명한 학자가 되었고 국제적으로도 명성이 높아 서방 학자들도 빌붙을 정도였다. 고대 동방에 관한 연구를 하는 미국 시카고대학의 고립아는 동작빈과 잘 아는 사이였기 때문에 참관자에서 참여자로 신분이 바뀌었다. 동작빈은「갑골문 시대구분 연구사례(甲骨文斷代研究例)」라는 글을 쓰고 있었기 때문에 현장 작업에 별로 참가하지 못했고 주로 석장여와 유요가 책임졌다.72) 석장여와 유요는 바로 이 시기에 대학원을 졸업하였고 곧 보조연구원으로 초빙되면서 중앙연구원의 정식 직원이 되었다.73)

이번 발굴에서 중요한 발견은 다음과 같다. 유적으로는 기지基址 2 곳과 주위에 배열된 주초柱礎가 있고 동굴가마 15곳, 고분 19곳을 발굴하였다. 이 모든 상황은 소둔과 기본적으로 비슷하다. 가장 중요한 유물은 '대귀7판(大龟七版)'인데 복갑腹甲 6개와 배갑背甲 1개이다. 대체적으로 완벽하였으며 귀판龟版에는 문자가 가득하였다. 이는 1929년 제3차 발굴에서 '대귀4판(大龟四版)'의 발견보다 더 중요한 발견이다. 이로써 안양에서 갑골문이 출토되는 곳으로 소둔과 후강 외에 후가장이라는 곳이 더 증가되

---

72)『석장여선생 방문기록』, '중앙연구원' 역사언어연구소, 2002년, 81쪽.

73) 역사언어연구소 기록: 잡(朵) 2-18-3-6, 채원배에게 올림. 석장여, 유요를 보조연구원으로, 호복림(胡福林)을 연구생으로 임용하기 바람. 1934년 6월 2일.

었다.[74] 석장여는 원하 북쪽에서 갑골을 발견한 것은 갑골학甲骨學 역사
상 전대미문의 대발견이라고 말했다.[75]

6. 유형학 탐색과 고고학 해석

현대고고학의 핵심방법으로서의 유형학은 무无에서 유有로, 반복적인
시도를 통해 점차 형성되었다. 이 작업은 주로 이제가 완성하였다. 특히
제7차 은허발굴이 시작된 후 이제는 현장작업에서 벗어나서 더 많은 시
간과 정력을 종합적인 연구에 쏟아부었다. 이제는 일정한 자료를 기초로
유형학에 대해 연구하기 시작하였고 초보적인 성과를 거두었으며 그로
써 은허문화를 해석하려 하였다. 그의 저서『은허의 다섯 가지 동기 및 그
관련 문제』[76]는 이 시기의 대표적인 성과로 유형학 연구의 시작을 열어
주었다.

연구는 주요하게 앞서 다섯 차례 발굴에서 얻은 동기에 대한 분석을 기
초로 하였다. 이제는 우선 동기에 대하여 화학분석을 진행하고 정확하게
그 성질을 확정하였다. 그는 선후로 지질조사소의 양관우梁冠宇, 화학연구
소 소장 왕진王璡, 영국 황실과학공업학원 광석채굴학과 교수 하로드(哈
罗得) 경을 초청하여 동기에 대한 성분 분석을 하였다. 하지만 산화로 인
해 분석 결과가 그리 이상적이지 못했다. 가장 중요한 것은 동기에 석錫
이 10% 이상 포함되어 있어 모두 청동기시대의 작품이라는 것이 증명되

---

74) 호후선,『은허발굴』, 학습생활출판사, 1955년, 71~72쪽.
75)『석장여선생 방문기록』, '중앙연구원' 근대사연구소, 2002년, 84쪽.
76) 이제,「은허의 다섯 가지 동기 및 그 관련 문제(殷墟铜器五种及其相关之问题」,『채원
　　배선생 65세 기념 논문집』(상권), 중앙연구원 역사언어연구소, 1933년, 73~104쪽.

었다는 점이다. 지금까지 출토한 동기는 주로 예기礼器, 장식품, 용기用器와 무기 네 부류로 나눌 수 있는데 그중 용기와 무기가 제일 많았다. 이제는 이것을 다시 다섯 가지로 나누어 논하였는데 주로 화살촉, 구병(勾兵: 끝에 갈고리가 달린 병기), 창,칼과 칼집,도끼와 자귀가 망라된다. 이 다섯 가지 용기와 무기는 완벽한 실물 증거가 있었다. 뿐만 아니라 모양과 구조도 복잡한 변화과정을 거쳤는데 그 과정에 대한 연구를 통해 중국의 동기시대 문화배경의 일부를 살펴볼 수 있었다. 특별히 위 다섯 가지를 선택하여 토론한 의의가 바로 여기에 있다. 이제는 고든 · 차일드(戈登 · 柴尔德)의 관점을 인용하여 자신의 견해를 표명하였다. 차일드는 유럽의 동기문화를 논할 때 금속재료는 값이 가장 쌀 때에만 화살촉으로 만들어 사용한다고 말한 적이 있다. 이 말은 사실상 청동기 문화시대에 가장 보편적인 화살촉 재료는 여전히 뼈와 부싯돌(燧岩)이었다는 뜻을 내포하고 있다. 이제는 대부분 서방의 관련 논저들을 통해 고고학을 이해했다. 그가 인용한 문장들에서 알 수 있다시피 주요하게는 영국을 위주로 한 유럽 학자들의 논저를 다루었는데 그중 이집트 고고학의 영향을 가장 많이 받았다. 미국의 고고학 논저에서 인용한 내용은 매우 적었다. 이제는 차일드의 관점을 잘 알고 있었지만 사람들의 칭찬을 받는 그의 중요한 이론들을 인용하지 않았는데 이는 아마 '공론空论을 좋아하지 않는' 이제의 학술관점 때문이었을 것이다. 하지만 차일드의 일부 구체적인 연구에 대해서는 적지 않게 인용하였는데 은허의 동화살촉(铜箭镞)에 대한 연구가 바로 그 영향을 받은 것이다. 이제는 또 플린더즈 페트리(弗林德斯 · 特里)의 이집트 화살촉에 대한 연구(그림 17)를 대량으로 인용하였는데 이는 그가 이미 서방의 유형학 방법에 대하여 어느 정도 알고 있었음을 말해준다. 실제로 그 당시 많은 고고학자들이 이미 유형학의 기본 원리에 대하여 그리 낯설어 하지 않았다. 여러 가지 도경을 통하여 몬텔리우스(蒙特柳斯)와 페트리 등 학자들의 저서를 접할 수 있었기 때문이다. 이제는 또 페트리의 중국 구즉구병瞿即句兵에 대한 비교연구에 유의했으며, 그린웰(格林威尔)의 영국 동창(铜矛)의 진화단계에 관한 논술을 인용하면서[77] 더 나아가 중국의 창끝(矛头)의 진화에 대한 인식을 논의하였다. 이제는 구라파 동기시대와 관련된 연구저서(주로 페트리와 차일드의 저서)를 대량으로 인용하였고 은허의 동기에 대한 분석을 통해 은허 동기가 어쩌면 유럽과 연관이 있을 것이라고 추측하였다. 이제는 관련된 서양어 원작에서 몬텔리우스의 유형학 연구에 대한 내용을 직접 인용하였다(그림 18). 이제는 또 자루 없는 도끼(竖头斧)에 대한 차일드의 견해를 논하였다. 차일드는 자루 없는 도끼가 메소포타미아에서 기원하였다고 보았는데 은허에서도 이런 물품이 출토되었다. 문장의 결론 부분에서는 은허문화와 세계와의 관계에 대하여 논하였는데 예를 들면 창과 이집트와의 관계, 도끼와 서아시아와의 관계 등이다. 결국 상왕조 시기 청동기 기술의 외래설이라는 중요한 결론을 얻게 되었는데 이는 은허문화에 대한 여러 가지 기원설과 밀접한 관계가 있다.

그러나 총체적으로 말하면 이 시기 이제는 유형학 사상을 논의하는단계였을 뿐이고 기물유형학의 진정한 의의에 대해서는 언급하지 못하였다. 이제는 자신의 유형학 연구를 그리 중요하게 여기지 않았고 심지어는 유형학 연구가 아니라 그저 분류를 했을 따름이라고 하였다. 그는 검사의 편리를 위해 조목을 나누어 배열했다고 말한 적이 있다. 어쩌면 미국에서 받은 통계학 훈련의 영향이 너무 커 지나치게 기물의 분류에 몰두해 오히려 논리추리의 성격을 띤 유형학적 사유에 장애가 되었을 것이다. 때문에 설령 이제가 서방의 유형학을 이해하고 몬텔리우스와 페트리 등 학자들의 원작을 참고할 수 있는 좋은 조건을 갖추었다고 해도 자신의 연구에 이용하지 않았을 것이다. 훗날 그는 페트리의 분류방법이 은허 도자기에는 적합하지 않다는 말을 하기도 했다.

---

77) `Canon Greenwell, Archaeologia, Vol.61, p. 439.

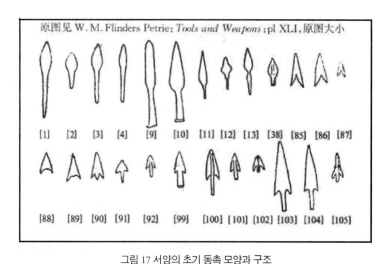

그림 17 서양의 초기 동촉 모양과 구조
(이제, 「은허 동기 다섯 가지 및 그 관련 문제(殷墟铜器五种及其相关之问题)」에 수록,
『이제문집(李济文集)』제3권, 상해인민출판사, 2006년, 461쪽 참조. 이제는 W. M. Flinders
Petrie:*Tools and Weapons*에서 인용)

이제는 차일드의 연구를 대표로 하는 서방 고고학이론에 대해서도 위와 같은 태도를 가지고 있었다. 그가 고고학을 연구하는 목적은 역사학을 발전시키는 것이었지만 그는 시종 자연과학의 연구방법을 취하였는데 이는 자연인류학에 관한 훈련을 받은 것과 직접적인 연관이 있다. 중국의 전통문화는 이제의 학술 목적에 영향을 주었고 서방의 자연과학훈련은 그의 연구방법을 주도主導하였다. 그는 부사년처럼서방 이론에 본능적으로 반감을 가지고 구체적인 재료 연구에 몰두하였으며 자료로써 증명할 것을 제창하였는데 이는 당시 비교적 보편적인 사조를 대표하였다. 그는 차일드의 원작을 많이 접하였지만 원작에서의 구체적인 자료를 이용하였을 뿐 서방에서 큰 영향을 미친 차일드의 개념과 이론, 예를 들면 고고학 문화, 신석기시대 혁명 등에 대해서는 거의 한 글자도 언급하지 않았다.

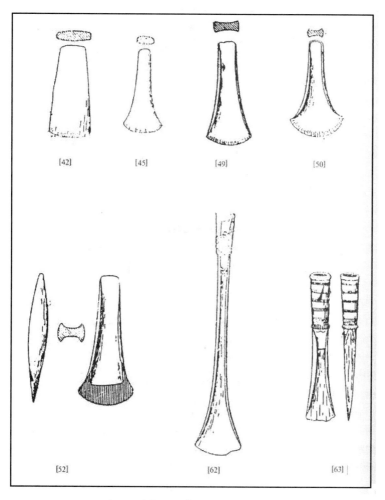

그림 18 스웨덴 동도끼(銅斧) 모양과 구조의 진화
(이제, 「은허 동기 다섯 가지 및 그 관련 문제(殷墟銅器五种及其相矣之问题)」, 『이제문집』
제3권, 상해인민출판사, 2006년, 465쪽 참조. 이제는 The Cambridge Ancient History Vol .1
에서 인용)

7. 결론

성자바위 발굴부터 은허의 제9차 발굴까지 즉 1929년부터 1934년까지, 이 5년간은 역사언어연구소에서 제일 중요한 발전단계로 중국 과학 고고학의 형성시기라고 할 수도 있다.

지나간 5년을 되돌아보면 역사언어연구소가 걸어온 고고의 길은 결코 순탄하지 않았다. 대체로 외부적인 환경으로 인해 고고활동에서 큰 혼란을 겪었는데 다행히 역사언어연구소의 부사년, 이제, 동작빈 등 많은 사람들이 능숙하게 대응하여 난관을 점차 극복할 수 있었다. 예를 들면 제2차, 제 3차 발굴 후 미국 프리어갤러리에서 지원을 중단하는 바람에 은허 고고연구는 비용문제로 위기에 처했고, 다행히 그 시기 상당한 성과를 올렸기 때문에 세인들의 주목을 끌었으며 결국 중화문화교육기금회의 경제적인 도움을 받을 수 있었다.[78] 역사언어연구소가 재정면에서 점차 강력한 지원을 받게 된 것은 역사언어연구소 작업이 중앙연구원 설립 이래 가장 중요한 성과였기 때문이다.

제1차부터 제3차까지의 은허 발굴은 중앙과 지방의 표면적인 통괄統屬 속에서 애써 노력한 결과이다. 중원대전이 일어나면서 전쟁이 지나가는 곳마다 모두 고고활동을 중단해야 했고 전쟁이 잠잠해진 다음에야 비로소 산동에서 발굴을 시작할 수 있었다. 중앙에서 하남을 통제하면서 은허 발굴은 정부 측의 보호를 받을 수 있었다. 그러나 지방에서 계속해서 일어나는 전쟁의 피해와 비적으로 인한 재난은 여전히 피할 수 없었다. 얼마 안 되어 9·18사변과 '1·28사변'이 일어났다. 나라는 위기에 처하고 고고학팀의 활동도 큰 영향을 받게 되었다. 비록 "어둠 속에 비바람 몰아

---

78) 중화문화교육기금회는 미국정부가 반환한 '경자배상(庚子賠款)'을 관리하기 위해 성립되었다.

처도 닭 울음 소리는 그치지 않는다"는 채원배의 깨우침 속에서 은허 고고작업을 정상적으로 진행하기는 하였지만, 규모는 은허발굴의 역사에서 제일 작았다. 그러나 이러한 내우외한의 상황속에서도 역사언어연구소 고고팀은 남경정부에 의지하고 유연한 전략을 취하여 고고활동을 지속적으로 진행할 수 있었으며 지방에 대한 중앙세력이 우세를 차지함에 따라 팀의 활동범위도 점차 넓어지게 되었다.

이 시기를 중국 과학고고학의 형성시기라고 말하는 것은 주요하게 역사언어연구소 고고학이 거둔 다음과 같은 두 가지 방면의 성과때문이다.

첫째. 고고학 연구 성과

당시 발견한 세 가지 고고학 문화간의 연대관계를 밝히고 선사시대의 고고학과 역사고고학의 기본 틀을 대체적으로 구축하였다.

선사시대 고고학은 앙소문화와 용산문화를 연구대상으로 하는 신석기시대 고고학을 대표로 하여 이 두 문화의 기본적인 내용과 범위에 대하여 대체적으로 인식하고 있다. 역사시기 고고학은 은허에 대한 연구를 대표로 하여 점차 다음 단계에 이르렀다.

안양고고는 이 시기 역사언어연구소의 가장 중요한 고고활동이다. 앞의 세 차례 탐색시기와 비교하면 이미 상당히 확실하고 심도있게 은허문화를 이해하고 있었다. 이는 상왕조 시기 고고에 있어서 중대한 진보였는데 이런 인식은 고고자료와 갑골문을 결부하여 연구한 결과이다. 첫째, 은허표몰설을 타파하였고 은허문화층의 형성원인을 밝혀냈으며 초보적인 시기를 획분하였다. 은허문화층은 장기적인 퇴적으로 인해 형성되었고 장기적인 거주과정을 대표하며 연속적인 퇴적으로 인해 형성되었지만 또한 계속해서 변천하는 특점을 보이기 때문에 적어도 두 시기로 나눌 수 있다는 점을 인식하게 되었다. 즉 굵은 도자기의 줄무늬와 격자무늬, 가는 도자기의 흑도자기와 백도자기 이 두 시기로 나눌 수 있다. 동기의 모양과 구조 그리고 무늬장식도 두 시기로 나눌 수 있고 갑골문 글자체

(字体)의 변천도 부동한 시기로 나눌 수 있다. 건축에서의 판축 및 원형 구덩이 역시 두 시기로 나눌 수 있다. 이는 우선 은허문화층의 형성요인에 대하여 정확한 인식이 있었음을 표명하는데 은허문화의 시기를 구분하는 문제에 있어서 첫 번째 시도였다. 다음은 은허문화의 구성에 관한 것인데 은허문화는 다원적이다. 출토품 중에 확실히 동방에서 시초를 찾을 수 있는 것은 골복, 귀복, 잠상업蚕桑业, 문신기술文身技术, 흑도자기, 과, 구, 척, 벽, 원(가운데 큰 구멍이 뚫린 옥), 종(옛날에 쓰던 옥그릇의 일종, 가운데 둥근 구멍이 뚫린 8각형으로 의식에 사용하였음) 등이다. 중앙아시아가 서아시아와 확실히 연관이 있는 것은 청동업青铜业, 창, 자루없는 자귀(空头锛) 등이고, 남아시아와 뚜렷한 연관이 있는 것은 견도끼(肩斧), 석석, 벼, 코끼리, 물소 등이다. 이런 실물들은 모두 은허문화를 구성하는 중요한 요소들이다. 시종일관 세계문화의 입장에서 은허문제를 살피는 것은 고고학을 연구하는 이제의 연구의 중요한 특징이며 그가 동시대 중국 학자들을 능가한 탁월한 점이다. 그 다음으로는 은허문화의 변화발전 추세이다.

이제는 은허에서 출토된 물품들은 그 모양과 구조가 언제나 변화속에 있고 고정적인 형태를 고수하지는 않는다고 하였다. 쉽게 변하는 이런 추세는 민족적인 표현인지 아니면 다른 원인이 있는지 단정지을 수 없지만 사실은 매우 명백한 것이라고 하였다.[79] 이제의 이러한 고고학적인 해석은 분명히 자신의 가치관을 보탠 것이다.

둘째. 기술방법의 진보

이 시기 많은 사람들이 같이 노력하고 모색한 결과 일련의 발굴정리방법을 형성하였다. 그중 양사영이 제일 중요한 공헌을 하였다.

(1) 점차 체계적인 야외발굴제도를 수립하였다. 위치측정, 기록, 사진촬

---

79) 이제, 「안양의 최근 발굴보고 및 여섯 차례 작업에 대한 총체적 예측(安阳最近发掘报告及六次工作之总估计)」, 『안양 발굴보고(安阳发掘报告)』 제4기, 중앙연구원 역사언어연구소, 1933년, 576~577쪽.

영, 정리 등 절차가 여기에 포함되는데 표준이 생기게 되면서 발굴된 자료들이 과학적인 데이터가 될 수 있게 되었다. 이제로부터 이것이 시작되었는데 양사영이 큰 개선을 하여 점차 보완되고 향상되었다.

(2) 유물을 중시하던 데로부터 유적을 중시하게 되었다. 주로 갑골 및 기타의 유물을 수집하던 데로부터 건축기초 등 유적 현상에 관심을 돌렸다. 이는 매우 중요한 전환점으로 역사언어연구소의 고고가 금석학자들의 보물파기식의 고고와 근본적인 구별이 있음을 보여주었으며 과학과 전통 영역도 대표하였다.

(3) 양사영의 지도하에 고고지질학의 발굴방법이 점차 형성되었다. 역사언어연구소 고고의 전 시기에는 기본적으로 수평층 발굴방법을 사용하였다. 양사영이 미국에서 배운 자연층 발굴방법을 이용하여 성자바위와 후강 등지에서 탐색작업을 하면서 문화층에 따른 발굴방법은 점차 성숙되었고 제일 대표적인 성과는 후강 3첩층의 발굴이다. 유요, 석장여, 오금정 등은 이 방법을 장악하여 현장작업에 운용하였으며 매우 중요한 발견들을 했다. 이외에 양사영은 현장 발굴 관리에 대하여 개혁을 진행하였는데 과거에 제각기 자기 생각대로만 하던 것을 통일적인 관리로 변경시켰다. 구덩이를 파는 일, 고분 번호, 사진 번호를 매기는 일 등은 모두 한 사람이 책임지고 관리하였다. 그리고 일부 구체적인 현작 작업의 기술, 예를 들면 흙을 분별하여 변두리를 찾는 방법, 현상을 기록하는 방법, 도면을 그리는 것과 사진촬영을 하는 방법, 유물을 정리하는 방법을 모두 실천하는 가운데 모색해냈고 일련의 규칙을 형성하였다. 당대 중국 고고발굴에서 자주 사용하는 기본규칙들은 모두 이 시기에 기초를 정립하였다.

(4) 이제는 기물유형학을 처음으로 시도하여 중요한 성과를 거두었는데 『은허 다섯 가지 동기 및 그와 관련된 문제』 등의 글에서 뚜렷하게 나타난다.

(5) 동작빈은 갑골을 통해 시대를 구분하는 문제에 있어서 이미 획기적인 연구성과를 거두었는데 구체적으로 1932년에 쓴 『갑골문 시대구분 연

구사례』80)라는 경전에 드러난다. 이제는 동작빈이 갑골문 연구에서 절대적인 성과를 거둘 수 있었던 것은 그가 고고학에서 제일 결정적인 시대구분 문제를 연구했기 때문이라고 말한 적이 있다.81) 이 경전은 『대구4판 고증·해석』에서 제시한 일부 관점을 보완하고 발전시켰으며 갑골로 시대를 구분하는 10 가지 표준을 작성하였다. 즉 ① 세계(世系); ② 명칭; ③ 정인(貞人: 점치는 사람); ④ 구덩이의 위치; ⑤ 방국(方国: 중국 하, 상왕조 시기의 제후부락과 국가); ⑥ 인물; ⑦ 작업의 종류; ⑧ 문법; ⑨ 글자의 형태; ⑩ 서체이다. 이로써 그는 이미 발견한 갑골문을 반경(盘庚)(상왕조 제 20대왕)부터 은주왕(帝辛)까지의 다섯 시기로 나누었다. 이 표준에 따라 동작빈은 매우 중요한 8 개의 성과를 거두었는데 여기에는 갑골문으로 유적의 절대적 연대와 상왕조 시기적 연대를 확정하는 것도 포함된다. 이로써 동작빈은 세계에 이름을 날린 중국 학자의 한 사람이 되었다.

이 시기 역사언어연구소의 고고성과는 다음과 같은 몇 가지 면으로 표현된다. 첫 번째는 발굴범위의 확대이다. 소둔에서 은허 주변 지역으로, 성자바위로, 그리고 하남의 준현 및 산동의 등현滕县에 이르기까지 발굴범위는 점차 전국 각지로 확대되었다. 두 번째는 연구범위의 확대이다. 은허로부터 시작하여 위로 거슬러 올라가서 앙소시기와 용산시기를 연구하고, 아래로는 서주와 춘추 나아가서 수당과 한왕조시대까지 연구하였다. 세 번째는 인재집단의 구축이다. 역사언어연구소는 창립 초기에 전업한 연구원 이제, 동작빈 두 사람밖에 없었다. 그 후 곽보균, 양사영, 석장여, 유요 등이 잇따라 가입하였는데 유학파와 본토박이 학자들이 결합되어 훌륭한 인재대오가 형성되었다. 또한, 신구 세대가 조합을 이루고 신

---

80) 동작빈, 「갑골문 시대구분 연구 사례(甲骨文断代研究例)」, 『중국현대학술경전·동작빈권(中国现代学术经典·董作宾卷)』, 하북교육출판사(河北教育出版社), 1996년, 1~140쪽.
81) 이제, 「남양동작빈선생과 중국 현대고고학(南阳董作宾先生与中国现代考古学)」, 『이제문집(李济文集)』 제5권, 상해인민출판사, 2006년, 207~215쪽.

인들이 끊임없이 성장하여 고고팀은 갈수록 강대해졌다. 따라서 중국의 제1세대, 2세대의 고고학자들이 나타나게 되었다.

이 시기 역사언어연구소는 일부 고고출판물을 편집하였는데 예를 들면 『안양발굴보고』, 『야외고고보고』, 『성자바위』, 『역사언어연구소집간』 등이다. 이러한 출판물들은 학술연구를 추진시키고 역사언어연구소의 영향력을 넓히는데 매우 큰 역할을 발휘하였다.

이제의 인솔하에 이 시기 중국의 고고학은 이미 나름대로 기본적인 특징을 가지게 되었다. 첫째, 고고학의 위치를 정하였다. 고대역사의 재건을 목표로 하는 고고학 연구의 목적은 결국 중국문화의 기원을 탐색하는 것이라는 점을 확정지었다. 둘째, 과학적 방법과 전통연구가 유기적으로 결부되었다. 현대 과학적인 방법과 전통적인 갑골문연구, 금석학은 모두 역사언어연구소의 고고연구에서 중요한 역할을 하였다. 셋째, 고고학의 다학과적 특징이다. 비록 고고학 학과는 역사학에 속한다고 하지만, 그 범위가 매우 넓다. 제일 대표적인 것은 주구점周口店 연구소에서 계승해온 전통으로, 사람의 뼈와 동물화석뿐만 아니라 심지어 식물표본 수집도 중시함으로써 인류학과 생태환경에 관한 문제를 연구하였다.

넷째, 시야가 넓다. 중국문화를 연구함에 있어서 시종 유라시아 태평양 관점을 고집하였고[82] 세계 문화와의 비교속 에서 중국문화의 발전을 살펴보았으며 그들간의 상호작용 관계를 연구하였다.

이 시기 역사언어연구소의 고고 연구에서 얻은 지식은 이미 학술계에 상당히 큰 영향을 주었으며 여러 가지 경로를 경로를 통하여 사회에도 영향을 끼쳐 중국인들의 역사관을 바꾸어놓았다. 삼황오제를 신화로 믿던 시대는 이미 과거가 되었으며 사람들은 중국의 선사시대 역사와 상왕조 역사에 대하여 과거와는 전혀 다른 인식을 가지게 되었다.

---

82) 장광직(張光直), 「인류학파의 고대사학가 이제선생(人类学派的古史学家李济先生)」, 『이제와 청화대학(李济与清华)』, 청화대학출판사, 1994년, 195~201쪽.

제5장 역사언어연구소 고고학의 전성시기(1934~1937년)

안양 제10차~15차 발굴

1934년 초, 양사영은 2년 만에 병석에서 일어나 봄에 안양에서 제9차 은허 발굴을 참관하고 가을에 제10차 발굴을 주관하였다. 조사를 통해 후가장 서북강의 왕릉을 발견하였고 세 차례의 대규모 발굴(제 10차~제12차)을 연속 진행하였는데 거액의 투자를 한 만큼 놀라운 성과를 이룩하였다. 은릉발굴을 한 단계 마친 후 제13차~15차 발굴은 다시 소둔으로 돌아와 주거 유적을 찾았다. 같은 시기 하남고적회도 활발히 발굴을 진행하여 유리각琉璃阁과 산표진山彪镇 등 역사시기의 중요한 유적을 발굴했다. 뿐만 아니라 선상문화(先商文化)의 단서를 찾고자 예동豫东 지역을 조사했다. 이경담李景聃과 왕상王湘은 안휘성 수현寿县을 답사하였다. 이 시기 은허 발굴을 대표로 하는 역사언어연구소의 고고학 활동은 전성기를 맞이하였지만 그후 7 · 7사변으로 중단되었다.

1. 양사영이 지도한 은허 발굴 및 중대한 성과

양사영이 주관한 제10차~12차 발굴활동은 주로 후가장 서북강에 있는 은왕조의 왕릉구역에서 진행되었다. 세 차례에 걸친 발굴의 규모와 성과를 보면 수년간 역사언어연구소에서 진행한 고고학 발굴의 최고봉이었다.

1) 은허 제10차 발굴

1934년 가을, 병으로 2년만에 복귀한 양사영은 석장여, 유요, 기연패祁延霈, 호후선, 윤환장尹煥章 등과 함께 제10차 은허발굴을 시작하였다.

처음 발굴을 시작할 때는 후강과 소둔 발굴을 계속 진행하려고 했는데 제9차 발굴시 무관촌 촌민이 후가장 서북강에서 동기를 많이 도굴했다는 단서를 얻었다. 안양 발굴에 상주하고 있던 석장여, 유요 등은 서북강을 발굴할 것을 제안했고 양사영은 그 제의를 받아 들였다. 따라서 세인을 놀라게 한 은대왕릉 발굴의 서막이 열리게 되었다.[1]

제10차 발굴은 1934년 10월 3일부터 1935년 1월 1일까지 91일간 지속되었다. 발굴지점은 후가장 서북강이고 서북강 꼭대기를 기점으로 동구东区와 서구西区로 나누어 발굴하였는데 그 면적은 약 3,000㎡였다. 결과 후가장 서북강지역이 바로 은대의 고분라는 것이 밝혀졌는데 그 발굴 범위는 약 5,60무에 달했다.

서구에서 대형고분 4개가 발굴되었는데 그 중에서 제일 큰 것이 1001호 고분이었다. 평면은 '亞'자형이었고 고분의 면적은 460평방미터, 4개의 통로가 있었다. 동구에서는 밀집되어 있는 소형 고분군 63곳을 발견하였고 32곳을 발굴했다. 이런 대소형 고분은 비록 몇 번이나 도굴당했지만 발굴된 물품들이 매우 다양하였는데 대체로 다음과 같은 10가지로 분류할 수 있다.

① 동제품铜制品. 동구 소형고분에서124점의 동기가 출토되었는데 같이 발굴된 물품으로 미루어 보아 은대 유물임이 틀림없었다. 이는 은대의 동기 연구에 대량의 새로운 자료를 제공해 주었을 뿐 아니라 확실한 기준

---

1) 『석장여선생 방문기록(石璋如先生访问记录)』, '중앙연구원' 근대사연구소,2002년, 85~86쪽.

을 제공해주었다. 서구에서는 동제품 조각과 소둔에서 발견된 것과 똑같은 동촉 9점만 발견되었으며 도기는 전부 도굴당한 듯하였다.

② 석제품石制品. 서구 대형고분에서 1000여 점이 넘게 출토되었다. 그 중에서 제일 귀중한 것은 백색 대리석에 입체적으로 조각된 신화 동물이다. 모양이 호랑이와 흡사하였는데 고서에 나오는 '도철饕餮'로 추측된다. 1929년 제3차 발굴에서 발견된 석제石制 '초상(人像)'과 같은 것으로 모두 건축물 부품으로 추정된다.

③ 옥제품玉制品. 모두 서구의 대형 고분에서 출토되었다.

④ 골제품骨制品. 대부분 서구의 대형 고분에서 발굴되었다. 제일 귀중한 것은 '화골花骨' 200여 점인데 정교한 꽃무늬가 동기 꽃무늬와 유사하였다. 은대 미술을 연구하는데 매우 귀중한 자료를 제공해 주었다.

⑤ 녹송석제품綠松石制品. 서구의 대형고분에서 1000여 점 발굴되었다.

⑥ 치아제품(牙制品). 800여 점의 치아제품은 다수가 서구의 대형 고분에서 발굴되었다. 대부분은 상감장식품(鑲嵌饰品)의 부품으로 그 형태가 10여 가지나 되었다. 재질은 멧돼지와 코끼리 이빨이었다.

⑦ 대합조개제품(蚌制品). 서구 대형고분에서 발굴된 500여 점의 대합조개제품은 수십 종으로 대부분 상감(鑲嵌) 장식품이다.

⑧ 백도자기(白陶). 서구 대형고분에서 백도자기 1000여 조각이 발굴되었다. 발굴된 백도자기는 은대의 귀중한 기물이다.

⑨ 귀판龟板. 서구 대형고분에서 한쪽에 주홍색을 칠한 귀판 몇 개가 발견되었는데 이는 특별한 의의가 있다.

⑩ 인골人骨. 사람의 두개골 100여 점이 출토되었는데 그중 1/3정도가 온전하였다. 사지골격(肢体骨架) 10여 구가 있었는데 이는 은대 인골연구 자료 발굴에서의 중요한 첫 성과였으며 이는 향후 은대 체질인류학体质人类学 연구의 중요한 표본标本이 되었다.

보다시피 서북강은 확실히 은대의 고분이었다. 서구에서 발굴된 대형 고분 4곳은 규모가 웅장하고 유물이 희귀한 것으로 보아 왕릉임을 확실시 할 수 있었다. 은릉의 정확한 위치는 역사적 기록에도 없고 관련 전설도 없는데 이번 발굴을 통해 세인들 앞에 진면목을 드러내게 되었고 고고학에큰 기여를 하였다.[2]

제10차 발굴은 주요하게 고분구(墓葬区) 발굴이었기 때문에 예전에 보지 못했던 유물들이 많이 발굴되었다. 하지만 새로운 연구과제는 그 기능을 구분하는 것이었다. 역사언어연구소 고고학 전문가들은 여기에 많은 심혈을 기울였는데 이는 은허고고학의 중요한 구성요소가 되었다. 이런 세부적인 문제는 사람들이 소홀하게 여길 수도 있지만 향후의 깊이 있는 연구에 토대를 마련하였기에 사실상 중요한 의의를 가진다.

예를 들면 유물이 많이 출토된 1005호 대형고분에서 동우銅盂 3점, (귀중한 '전룡완(转龙碗)' 1점 포함), 호壺3점, 동저銅箸 3쌍(6점), 삽 3점, 호미 3점, 도자기 동이 2 점, 동그란 동 조각 1 점, '목이 잘려 있는' 인골 6구, 상아질 골추骨锥 물품 25점 등이 잇따라 출토되었다.

이런 유물들간의 상호 관계 및 용도에 대한 해석은 천천히 모색해야 할 복잡한 과정이다. 세밀한 분석을 통해 이런 물품과 인골은 모두 3을 단위로 계산이 가능하다는 것을 알 수 있다. 인골은 상층에 3구, 하층에 3구가 있었는데 상층에 있는 3구의 인골은 호壺, 우盂 등 수기水器와 연관이 있고 하층3구의 인골에는 각각 동저銅箸 1쌍(사실 이런 동저들은 촛불의 등심일 가능성도 있다.)이 있었다. 상아 '골추'는 매우 반들반들했지만 끝부분이 그리 뽀족하지 않은 걸 보면 송곳이나 화살촉 같지는 않았다. 그 배열을 살펴보면 첫 번째가 크고 그 옆의 5개는 비교적 작았다. 큰 것은 기러기발(琴弦柱)로 추정되고 작은 것은 오현금五弦琴, 7개로 배열되어 있는

2) 호후선(胡厚宣): 『은허발굴(殷墟发掘)』, 학습생활출판사, 1995년, 74~78쪽.

2세트 '골추'는 칠현금七弦琴, 큰 '골'은 현을 치는막대기로 추정되었는데 총 3세트였다. 양사영은 동그란 동조각의 등쪽에 손잡이와 비슷한 것을 동으로 만든 거울이라고 추정했지만 공식적인 자리에서는 조심스럽게 '동그란 동 조각'이라고만 밝혔다. 고거심高去尋 은 더 깊은 연구를 통해 이 동그란 동조각이 바로 동거울임을 입증하였다. 1973년 부호고분(妇好墓)에서 동거울이 발굴되고 나서야 비로소 확실한 물증이 있게 되었다.[3]

이 시기 발굴은 정부의 지지를 받았지만 사회가 매우 불안정하여 발굴 팀은 수시로 비적과 도굴자들의 습격을 방비해야 했다. 가장 널리 알려진 사건은 바로 '11 · 15사건'이다. 후가장 일대에서 진귀한 보물이 출토되면서 많은 사람들이 눈독을 들이게 되었는데 이관李冠이라는 안양 정부 직원은 그 지역 주민과 결탁하여 '중앙야간발굴팀(中央发掘夜晚团)' (이들은 역사언어연구소 고고팀은 중앙주간(白天)발굴팀이라고 하였다)이라는 조직을 결성하고 공공연히 역사언어연구소의발굴지역 근처에서 도굴행각을 벌였다. 그들은 중앙 발굴팀의 호위대와 무력 충돌이 있었는데 나중에 지역 정부의 힘을 빌어서야 사태를 평정할 수 있었다.[4]

서북강 발굴과 동시에 양사영, 석장여와 후복림胡福林은 동락채同乐寨에 대한 발굴도 진행하였으며 앙소, 용산, 소둔 및 후기의 4층 문화를 발견하였다. 앙소유적은 제일 아래층에 있었는데 확실한 유적은 없었고 유물로는 홍도자기(红陶), 석기 등이 있었다. 용산층龙山层은 중간층으로 유적에서 주요한 퇴적층인데 혈穴, 부뚜막, 백회면 등이 있었다. 사실상 주거지 유적이었지만 그 당시는 분별하지 못하였다. 유물로는 흑도자기, 석기 등이 있었다. 동락채 동쪽과 북쪽에는 아직 발굴되지 않은 달구질을 한 대규모의 땅이 있었다.[5]

---

3) 『석장여선생 방문기록』, '중앙연구원' 근대사연구소, 2002년, 93~96쪽.
4) 같은 책, 91~93쪽.
5) 석장여, 『고고연표』, '중앙연구원', 역사언어연구소, 1995년, 79쪽.

제10차 발굴은 은허 발굴의 쇠미기式微期 이후에 진행하였다. 비용이 부족한 상황이었지만 양사영도 비용을 더 많이 얻을 방법이 없었다. 왕릉 발굴과 같은 큰 공사는 전에 예산했던 비용으로는 역부족이었다. 그럼에도 불구하고 제10차 발굴에서는 대량의 정교한 문물이 출토되었다. 양사영이 문물을 북평으로 운송해 간 후 사회 각계에서 센세이션을 불러일으키면서 순조롭게 제11차 발굴을 위한 비용을 얻을 수 있었다. 따라서 은릉에 대한 고고작업은 계속할 수 있게 되었다.

2) 은허의 제11차 발굴

제10차 발굴은 면적이 작아 서북강 서구지역이 은대 왕실고분인지 판단하기 어려웠다. 하지만 양사영은 자신만만하게 전례없는 방대한 계획을 세우고 1935년 봄에 은허 제11차 발굴을 시작하기로 했다. 발굴에 드는 총 예산액은 2~3만 은화였는데 이는 규정에 따라 역사언어연구소에 주어야 할 금액수를 훨씬 초과하였다. 이 시기 호적파胡適派의 중요한 인물인 정문강은 중앙연구원 총간사직을 맡은 동시에 중앙박물원이사회 이사직을 겸하였는데 그는 현장작업의 가장 적극적인 지지자이자 부사년의 절친이었다. 보고서를 받아 본 그는 추호의 망설임도 없이 거액의 비용을 결제해 주었다. 이제의 말에 따르면 구체적인 발굴방법은 정문강이 제의한 것으로, 즉 국립중앙박물원(준비중)을 프로젝트에 참여시켜 투자하도록 하는 것이었다. 쌍방은 협의를 통해 박물원이 후가장 현장작업 비용의 일부를 부담하고 출토된 문물은 연구가 끝난 후 박물원으로 보내 영구보존한다. 그 당시 박물원 준비처籌備處는 비용이 비교적 풍족하여 영국에서 받은 배상금(英庚子)으로 북평에 빌딩을 짓고 있었다.[6)]

여기에서 다음과 같은 몇 가지에 유의해야 한다. 첫째, 중앙박물원 준비처도 중앙연구원의 관할하에 있었다. 둘째, 중앙박물원 준비처의 주임은 바로 당시 역사언어연구소 대리 소장 이제였다.[7] 이제의 말에 따르면 이때부터 은허의 15차 발굴까지 발굴팀은 중앙박물원준비처에서 제공한 비용을 사용하였다고 한다.[8] 이 비용에 원래 중화교육문화기금회에서 제공받던 보조비용까지 더해지면서 은허 발굴팀의 비용은 대폭 늘게 되었고 제11차부터 15차까지의 발굴은 역사상 유례없는 규모에 이르게 되었다. 사실상 이 두 가지 비용은 경자배상금(庚子賠款)에서 온 것으로 한 몫은 미국에서, 한 몫은 영국에서 온 것임을 알 수 있다.

이제는 은허의 제11차 발굴에 대해 매우 높이 평가하였다. 그는 다음과 같이 회억하고 있다.

1935년 봄에 진행한 제11차 안양 발굴은 현장작업의 최고조였다. 비록지출은 컸지만 중요한 것은 풍부한 성과를 이룩하였다는 점이다. 이번 발굴은 완벽한 현장작업과 최고의 행정효율을 보여준 모범적인 발굴이었다. 특히 이러한 성과들은, 과학적인 고고학은 서책지식의 발전을 촉진시킬 뿐만아니라 매장되어 있는 보물들을 찾을 수 있는 방법도 제공하고 법적으로 보호해 줄 수 있다는 점을 일반인들에게 입증해 주었다.[9]

---

6) 이제, 「안양」, 『현대학술경전. 이제권』, 하북교육출판사, 1996년, 515쪽.

7) 역사언어연구소의 핵심 지도자층은 인맥관계와 학술세력을 통해 그 영향 범위를 점차 넓혔다. 예하면 부사년과 이제는 선후로 중앙박물원준비처(中央博物院籌備处) 주임직을 장기간 역임하였다. 국가의 최고문물관리 기구인 중앙고물보관위원회(中央古物保管委员会)도 역사언어연구소의 관할하에 있었을 뿐만 아니라 하남고적연구회, 산동고적연구회 등 지방 기구와 연합기구도 그 관할하에 있었다. 부사년, 이제, 동작빈, 곽보균 등은 모두 역사언어연구소의 주요 성원이었다.

8) 하지만 석장여는 부분적으로 중앙박물원준비처의 비용을 쓴 것은 제 13차 발굴부터 제 15차발굴까지였다고 했다. 석장여: 『고고연표』, '중앙연구원' 역사언어연구소, 1992년, 102쪽.

9) 이제, 「안양」, 『현대학술경전. 이제권』, 하북교육출판사, 1996년, 515쪽.

그림19 1934년~1935년 안양 후가장 1001호 대형고분 발굴 현장
(『이제문집』2권, 상해인민출판사, 2006년, 그림판 참조)

1935년 3월 10일부터 6월 15일까지 진행된 제11차 발굴은 양사영이 책임졌고 원래 작업인원 5명 외에 또 왕상과 하내가 참여하였다. 이번 발굴은 지난 작업에 이어 이미 윤곽이 드러난 서구의 대형 고분 4개를 끝까지 발굴하고 유물을 계속 찾는 것이었는데 그 면적은 8000평방미터로 약40

무이다. 서구에 있는 4개의 대형 고분은 발굴을 끝냈고 동구에서 411개 소형 고분을 발굴하였다.

'亞' 자형 대형고분(M1001)의 깊이는 12미터이며, 관을 넣은 동굴(椁穴) 밑 네 모퉁이와 중간에 작은 구덩이가 9개 있었는데 구덩이마다 사람 1명, 개 1마리, 과 1자루가 매장되어 있었다. 네 모퉁이에는 동과銅戈를 든 사람이 있고, 중앙에는 석과石戈를 든 사람이 있었는데 이 고분에 가장 많이 보존되어 있었다. 석각石刻도 대부분 여기서 출토되었다. (그림 19). 그리고 네모난 고분 2개가 있었는데 하나는 깊이가 13미터(M1002)이고, 다른 하나는 12미터(M1003)였다. 두 고분은 모두 도난당해 텅 빈 상태였지만 '亞'자형 관 밑 중앙에작은구덩이 하나가 여전히 보존되어 있었다. M1003의 남쪽 묘도墓道에서 고래의 갈비뼈가 발견되었고, 서쪽 묘도에서는 귀가 떨어진 석궤石簋가 출토되었는데 그 위에는 명문이 있었다. 장방형 대형고분(M1004)의 깊이는13미터로, 남쪽 도실道室과 인접하는 곳에서는 점모(矛)와 자루(柄)가 한무음에 10개씩 있는 과가 100 점 정도 발견되었다. 그리고 우정牛鼎, 녹정鹿鼎, 석경石磬, 동회銅盉 등도 출토되었다. 장방형 소형 고분에는전에 발굴되었던 몇 가지 종류의 유물 외에 개와, 과를 든 사람; 동척銅戚, 대합조개(蚌貝) 장신을 한 사람; 10자루의 큰 칼을 든 사람; 활과 화살을 든 사람; 그리고 크고 작은 동정銅鼎 3점을 가진 사람 등이 순장되어있었다. 차갱車坑도 있는데 그중에는 수백 점의 분해된 동제 마차 장식이 있었다. 구덩이마다 굴레를 쓴 말4필이 매장되어 있었고 수갱兽坑에는 짐승 3마리를 순장한 것과 코끼리 1마리를 순장한 구덩이가 각각 하나씩 있었다. 새갱(鳥坑)에는 조골鳥骨이 매우 많았다. 그리고 원숭이갱(猴坑)과 양갱羊坑 등도 있었다. 동기 중, 우정牛鼎의 높이는 0.74미터, 녹정鹿鼎의 높이는 0.62미터, 대원정大圓鼎의 높이는 0.6미터였다. 이 외 소정小鼎이 여러 개가 있고 마두도馬頭刀, 뇨鐃 그리고 정교한 말

장신구도 있었다. 석각제품은 부엉이(貓頭鷹), 우두牛頭, 양면수(雙面獸), 물고기, 개구리, 거북이, 매미 등이 있고 석조石雕, 그릇, 궤簋, 도끼, 척 등 기물도 있었다. 옥기玉器는 관管, 구슬, 물고기, 호랑이, 패옥(玦), 벽璧, 옥 고리(玉環)등이 있고 백도자기, 유도釉陶도 많았다. 녹송석綠松石이 박힌 뼈로 만든 골사骨柶, 말 장신구, 화골花骨, 골훈骨薰, 긴 상아 빗(象牙梳)등 이 있는 데 그중 녹송綠松으로 장식한 꽃무늬 상아 그릇이 가장 정교하였 다. 새와 짐승의 모양이 있는 각종 의장은 부식되어 무늬 장식만 남았지 만 색깔과 광택이 산뜻하고 풍격이 아름다웠는데 그 전에는 전혀 보지 못 했던 것이었다.[10] 특히 귀중한 것은 부식되기 쉬운 죽목섬유竹木纖維의 흔적인데 매우 정교하여 오직 훈련을 받은 고고학자들만이 그 윤곽을 그 릴 수 있었다. 가치가 있는 유물로는 조각한 대리석, 대형 동기와 정교한 옥기인데 이런 유물들은 원래 묻혀있던 곳이 아니라 도굴당한 후 묘도墓 道를 메우기 위해 덮어놓았던 흙속에서 발견되었다.[11]

M1001 남쪽 묘도의 3미터 되는 곳으로부터는 인골이 매장되어 있었는 데 매 층마다 달구질을 하고 사람을 한 줄씩 묻었다. 대부분 사지를 잘라 서 순장했는데 8줄에 대개 59구가 묻혀있었다. 동쪽 묘도에서 발견된 1구 까지 합치면 목이 잘린 골조骨架가 모두 60구였다. 이는 순장했음을 보여 주는 확실한 증거이다.

M1004에서 진귀한 문물이 가장 많이 출토되었다. 우정牛鼎, 녹정鹿鼎, 창(矛)과 과戈 뭉치, 그리고 이미 부식된 여러 가지 유물들이 주로 남쪽 도 실道室과 연접된 곳에 집중되어 있었다. 여기는 도굴자들이 그냥 지나쳤 던 곳이다. 이 엄청난 발견에 감탄한 이제는 바로부사년에게 보고하였다. 그 후 부사년은 중국을 방문하고 있던 국제한학계 지도자 폴 펠리오Paul

---

10) 석장여, 『고고연표』, '중앙연구원' 역사언어연구소, 1952, 19쪽.
11) 이제, 「안양」, 『현대학술고전●이제 권』, 하북교육출판사, 1966, 515쪽.

Pelliot를 초청하여 함께 서북강을 참관하였다. 서북강 은대 왕릉에서의 중대한 발견은 이러한 고위직 인물들을 통해 알려지면서 국내외 학술계의 중시를 받게 되었다.

3) 은허의 제12차 발굴

다음 단계의 현장발굴 즉 1935년 가을, 양사영은 서북강 발굴을 계속 주관하였다. 이번의 발굴 규모는 지난번보다도 더 컸다. 작업인원으로는 양사영, 석장여, 유요, 이경담李景聃, 기연패祁延霈, 이광우李光宇, 고거심, 반각潘愨, 윤환장尹煥章 등이다. 날마다 500명에 달하는 노동자를 고용하였는데 중국고고학의 현장작업 역사상 전례가 없었다.

9월 5일부터 12월 16일까지 총 99일간 작업하였으며 장소는 여전히 동구와 서구로 나누었다. 발굴 면적은 9600평방미터로 약 56무에 달하였다. 서구에는 대형고분 5개, 가짜 고분 1개 그리고 일부 소형고분이 있었다. M1217는 가장 큰 고분인데 도실道室과 인접한 곳의 한 구간은 폭이 넓어졌으며 서쪽 묘도의 끝에 가서 굽어들었다. 면적은 1200평방미터, 깊이는 13.5미터였다. 유물이 도굴당해 거의 남지 않았다고는 하지만 서묘도에서 북(鼓), 경쇠(磬) 및 대합조개가 박힌 용호도철龍虎饕餮 등과 같은 정교한 의장仪仗이 출토되었다. M1500은 방형이고 면적은 약 320평방미터였다. 서쪽 묘도에도 의장이 있었고 남쪽 묘도에는 궤几, 절구(臼), 용龙 등과 같은 석각石刻이 있고 실내에는 층마다 순장된 사람의 머리가 있었다. 장방형인 M1550의 전체 면적은 약 670평방미터이고 깊이는 10.9미터였다. 하부 구조는 M1011과 같고 조각된 돌 짐승(雕石獸), 화골花骨, 옥기등과 같은 유물이 많이 출토되었다. 북쪽 묘도에는 순장된 사람의 머리가

10여 줄, 매 줄마다 10두씩 배열되어 있었다. 가짜 대형고분인 M1567은 방형인데 묘도가 없었다. 그 면적은 약 510평방미터이고 깊이는 4.3미터이다. 옥코끼리(玉象), 화골花骨, 동기 등이 출토되었는데 그중에 목탄木炭이 가장 많았다. 서구에 있는 소형 고분은 무사(武士)갱과 말(马)갱으로 M1001의 동쪽과 북쪽을 감싸고 있었다. 동구에는 대형고분 2개가 있었는데 M1400는 '아(亚)'자형으로 면적이 550평방미터이고 깊이가 12미터였다. 동쪽 묘도의 밑부분에서는 우盂, 작勺, 인면人面 등 동기가 출토되었고 남쪽 묘도의 서쪽 윗부분에서는 존尊, 가斝, 곡斛, 작爵 등 동기가 출토되었다. 남쪽 묘도의 밑부분에서는 주사를 칠한 사람 머리와 석과石戈가 많이 발견되었다. 대형고분 M1443은 장방형으로 남쪽과 북쪽에만 묘도가 있었는데 면적은 약 300평방미터, 깊이는 8.4미터로 비록 유물은 적었지만 매우 정교하였다. 장방형 소형 고분에는 정鼎, 이彝, 병기兵器, 도끼를 든 사람(陶器者); 옥기玉器, 석기를 든 사람(石器者)이 순장되어 있었다. 방형 고분에는 작은 동방울 10개, 사람 머리 27~39개두, 새와 짐승 여러 마리가 있었고, 코끼리갱이 하나 있었는데 코끼리 와 그것을 길들이는 노예가 매장되어 있었다. 동서로 나있는 장방형 고분은 대부분 머리를 잘라 매장한 것으로 머리와 몸이 떨어져 있어 사람의 골격 수량이 좀 달랐다. 유물로는 우盂, 반盘, 인면人面, 악존鹦尊, 우작牛爵, 정, 유卣, 활장신구(弓饰), 말장신구 등 동기 ; 앉아 있는 짐승, 서 있는 호랑이, 물고기, 용, 소, 코끼리, 술잔, 그릇, 궤, 절구, 옥홀(琮), 구슬(璧), 패옥(璜), 결玦, 너럭바위, 향초, 무릎 꿇은 사람, 갓 장식 등 석옥기石玉器; 뼈로 만든 비녀, 녹송석 장신구, 의장 등 정교한 기물들이 출토되었다. 명문이 있는 기물은 약 10여점이었다.[12]

제 12차 발굴 기간 양사영은 유적을 어느 정도 발굴하면 정리를 해야

---

12) 석장여, 『고고연표』, '중앙연구원' 역사언어연구소, 1952년, 20쪽.

한다고 지적하였는데 그때 서북강은 3차례 정도 진행하였다. 그리고 또 현재처럼 공동으로 작업하는 것이 아니라 단독으로 하나의 작은 유적을 맡아야 새로 늘어난 성원들을 단련시킬 수 있다고 하였다. 이 이론을 바탕으로 양사영은 유요에게 대사공촌大司空村 발굴을, 기연패祁延霈에게 범가장范家庄 발굴을 맡겼다.13) 양사영은 원래 정리하고 나서 다음 발굴을 계속하려고 했는데1937년 일본의 침략으로 작업을 중단하게 되었다.

후가장 서북강에 대한 세 차례 발굴은 중국고고학과 은허 고고학뿐만 아니라 중국 고대사 연구에서도 큰 의의가 있다. 지난 9 차례에서는 대부분 은왕조의 도읍殷都을 발굴하였지만, 이번세 차례에서는 은왕조의 고분을 발굴하였는데 출토물이 은왕조 도읍때 것보다 더 귀중하고 풍부했으며 유적과 유물의 양과 질이 놀라울 정도로 큰 학술가치와 문물가치가 있었다. 서북강의 발견은 역사언어연구소의 상왕조 고고학 발굴에 매우 풍부한 자료를 제공해 주었다. 서북강의 발굴을 통해 작업대상은 주거지에서 고분(그림 20)으로 바뀌었으며 양사영의 지도하에 조직, 방법상에서 많은 개선을 가져왔고 진영도 새로워졌다. 양사영이 역사언어연구소에서 진행한 고고학 작업은 사전고고史前考古와 역사고고历史考古에 있어서 모두 거대한 기여를 하였다. 하지만 아쉬운 것은 서북강 발굴은 세 차례밖에 진행되지 못하였고 상세한 정리와 연구를 시작하기도 전에 양사영이 다시 병마로 쓰러지는 바람에 이 위대한 작업을 채 완성하지 못했다는 점이다. 양사영은 「후가장」 보고서를 초고밖에 쓰지 못하였는데 그 뒤 고거심이 반평생을 바쳐 완성하였다.

---

13) 『석장여선생 방문기록』, '중앙연구원' 근대사연구소, 2002년, 125쪽.

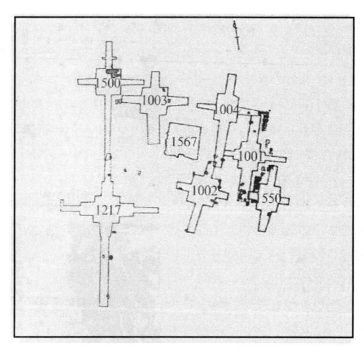

그림20 후가장(侯家庄) 서구 대형 고분 7곳과 구덩이 한 곳
(「안양」, 『이제문집』제2권, 상해인민출판사, 2006년, 461쪽 참조)

서북강 은대 왕릉의 발견은 국내외 학술계에 매우 큰 영향을 미쳤다. 특히 순장된 사람이 대량으로 발견된 것은 상왕조가 노예사회였음을 입증해주는 유력한 증거로, 당시 날로 유행하는 마르크스주의 역사학의 발전에 힘을 실어 주었다. 그 후 곽말약, 호후선, 곽보균 등 학자들은 이 문제에 대해 열렬한 토론을 벌였다.[14]

14) 예를 들면 호후선 저 「은왕조 비노예사회론(殷非奴隶社会论)」, 『갑골학 상조시기 역사논총(甲骨学商史论丛)』초집 제1책, 제로(齐鲁)대학교국학연구소, 1994년, 183~210쪽; 곽보균, 「곽말약에게 보내는 서한(致郭沫若函)」(곽말약『노예제시대(奴隶制时代)』에 수록, 인민출판사, 1954년)과 「은주시대 사람 순장에 관한 역사 기록(记殷周殉人之史实)」(광명일보 기재), 1950년 3월 19일).
호후선, 『은허발굴』, 학습생활출판사, 1955년, 97~98쪽.

서양의 한학계汉学界도 서북강 왕릉의 발견을 매우 중시하였다. 폴 펠리오 등 학자는 이런 재료를 이용하여 글을 발표하고 상왕조의 사회, 문화와 예술에 대해 토론하였다. 제일 관심을 많이 보인 것은 일본학자였는데 우메하라수에지(梅原末治)는 8편의 논문을 써서 은허에서의 발견과 상왕조의 청동문화에 대해 논술하였다.15)

2. 은허의 제13차~15차 발굴과 유적 발굴 방법의 성숙

서북강에 대한 세 차례 발굴이 끝난 후, 양사영은 정돈, 정리를 해야 한다고 생각하고 그 다음 단계의 은허발굴과 구체적인 지도를 맡지 않았다. 이 시기 이제는 고위간부로서 많은 직무를 담당하고 있었기에 이미 현장작업에는 참여하지 않은 상황이었다. 그리고 동작빈은『은허문자갑편(殷墟文字甲編)』을 편찬하고 있었으므로 제13차의 발굴은 명목상 하남성 고적회의 곽보균이 책임지게 되었다. 하지만 곽보균 역시 유리각琉璃閣 발굴에 몰두하고 있었기에 은허발굴은 돌볼 겨를이 없었다. 그리하여 실제 현장작업은 석장여 등 젊은 보조연구원들이 맡게 되었고 제13차, 14차 발굴에서는 집행지도자의 직능을 맡았으며 제15차 발굴은 독립적으로 지도하게 되었다.

이들은 다년간의 단련을 통해 풍부한 경험을 쌓았다. 특히 석장여와 왕상처럼 발굴에 일찍 참여한 사람들은 선배들의 수준에 버금갈 정도로 현장작업기술이 뛰어났다. 그들은 발굴 방법에 있어서 자신들만의 독특한 견해를 가지고 있었는데 혼자 한 부분을 담당할 수 있는 절호의 기회가

---

15) 호후선,『은허발굴』, 학습생활출판사, 1955년, 97~98쪽.

생기자 거침없이 자신의 포부를 펼치기 시작했던 것이다. 은허발굴에서 제1차부터 제9차까지는 주로 원남소둔의 주거지에 대한 발굴이었고 제 10차부터 제12차까지는 주로 원북 후가장 후강과 서북강의 고분 발굴이 었다. 제13차부터 제15차까지는 다시 소둔으로 돌아와 주거지에 대한 발굴을 진행하였다. 이 3차례 발굴은 제1차부터 제9차까지의 발굴에 비해 조직적이었고, 방법과 모든 시설면에서 큰 차이가 있었다. 새로운방법을 사용함으로써 유적과 유물들이 전례없이 많이 발굴되었다.16)

제13차~제15차 발굴 면적은 제1차~제9차보다 더 큰데 총 면적은 12000 평방미터였고 앞서 9차례의 발굴 면적은 8000평방미터였다.17)

서북강 시기 탐색(探沟) 방식으로 고분을 찾은 방법과 달리 이 세 차례의 발굴에서는 제4차에서 이제가 주장한 '전체적인 발굴(整个的翻)' 방법을 사용하고 개선하였다. 구체적인 방법은 10미터×10미터의 구덩이를 파고 네 개를 단위로40미터×40미터 즉 1600평방미터의 정방형을 만들어 지구의 경위선을 모방하여 유적의 유물을 찾아내는 것이었다. 중심 위치에 평판 측량기(平板仪)를 놓고 출토되는 유물을 줄자로 측량하고 도면에 기록하였다.18) 여기서 한 가지 짚고 넘어가야 할 것은 전체적인 발굴 방법은 서양의 것을 받아 들인 것이 아니라 중국고고학자들이 현장고고에서 조금씩 모색해 낸 것이라는 점이다. 대규모로 전체적인 발굴을 진행함으로써 이전에 볼 수 없었던 현상을 많이 발견할 수 있었는데 예를 들면 소, 양, 개 갱(坑) 간의 관계 등이다. 이전에는 탐색(探沟)와 하나하나 탐방(单个探方)하는 방법을 썼기 때문에 유적들 사이의 상호 관계를 소홀히 하게 되었는데 지금은 큰 구덩이를 파서 관찰하였기에 그 관계가 한눈

---

16) 석장여, 「최근 은허의 주요 발견 부론―소둔지층(殷墟最近之重要发现附论――小屯地层)」, 『중국고고학보』, 제2권, 중앙연구원 역사언어 연구소, 1947년, 3쪽.
17) 이제, 「안양」, 『중국 현대학술고전 · 이제권』, 하북교육출판사, 1996년, 532쪽.
18) 『석장여선생 방문 기록』, '중앙연구원' 근대사연구소, 2002년, 127쪽.

에 들어오게 되었다. 물론 전체적인 현상은 고찰할 수 있지만 깊이 파들어가면 층위가 분명하지 않을 수도 있다는 의문을 제기하는 사람도 있었다. 여기에 대해 그들은 알맞은 해결 방법을 찾았다. 층층이 깊이 파들어가면서 현상을 발견하면 바로 즉시 측량기록하고 층위의 변화도 기록하였으며 또 비교적 큰 비율로 도면을 그려서 나중에 입체 도형을 만들었는데 매우 정밀하였다. 찾고자 하는 것은 고립되고 흩어져 있는 구덩이가 아니라 현상이었으므로 이 방법은 매우 가치가 있었다. 소, 양, 개 등은 이전에 뼈만 발견되었지만 이번에는 전체적인 현상이 발견되었다. 구덩이에는 짐승뼈가 줄줄이 배열되어 있었고 무릎을 꿇고 있는 사람 한 조组, 소, 양, 개가 한 조를 이루고 있었다. 과거에 발견하지 못했던 유적현상들이 모두 나타났던 것이다.[19)]

그림 21 제13차~제15차 발굴때 발견된 판축기지와 난석
(호후선(胡厚宣), 『은허발굴』,학습생활출판사,1955년, 그림판53 참조)

---

19) 같은 책, 130~131쪽.

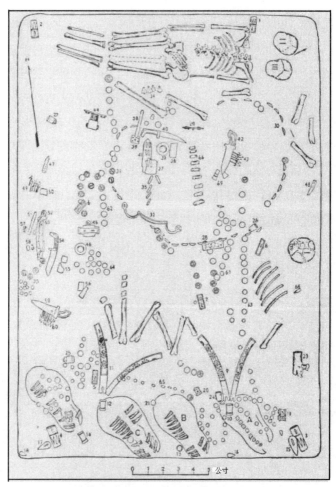

그림22 제13차 발굴 때 발견된 차마갱(車馬葬坑)

(호후선, 「은허발굴」, 학습생활출판사, 1955년, 그림판44 참조)

번호에 대한 기록을 가일층 규범화하고 체계화시켰다. 모든 10미터×10미터의 탐방探方은 다 일련의 숫자로 순서대로 표기하였다. 예를 들면 C126, 즉C구의 126호 탐방을 표시한다. 교혈窖穴과 고분도 자모와 숫자로 표기하는데 H127, M164처럼 H로 회색 구덩이(灰坑)를 표기하고 M으로 고분을 표기하였다. 지금까지 계속하여 사용해 온 이런 기록 방법은 모두 제13차 은허 발굴부터 시작된 것이다. 유물에 대한 기록은 일반적인 유물과 중요한 유물로 나누어 표를 작성하였다. 일반적인 유물은 바로 제1차부터 제9차 발굴까지 소둔 발굴에서 흔히 볼 수 있었던 물품으로, 도표와 유적번호를 작은 노트에 적고 그 수량을 기록했다. 기록부도 매우 중요한데 이는 그후의 작업일지와 비슷한 것으로 두 가지로 나눈다. 하나는 탐방을 위주로 기록하는 것으로 발굴과정과 발견된 것은 모두 기록하고 고분과 교혈들은 따로 기록하였다. 다른 하나는 작업자가 하루일과를 밤에 기록한 것인데 기록부는 객관적인 현상과 상황을 기록하는 것이지만 일기에서는 자신의 견해를 밝힐 수 있었다.[20]

1936년 3월 18일부터 6월 24일까지 진행된 제13차 발굴 장소는 주로 소둔촌 북쪽의 B구와 C 구에 집중되어 있었다. 구덩이를 47곳 발굴했는데 그 면적은 4700평방미터에 달하였다. 유적은 출토된 판축기지版筑基址 4곳, 회색구덩이(灰坑) 127개, 고분 181개를 발굴하였다. 기지基址 위에 초석이 일정한 간격으로(그림21) 가지런히 배열되어 있었고 기지 밑에는 규칙적인 배수시스템이 있었는데 그 길이는 60미터이고 양쪽 벽은 말뚝으로 단단히 해 놓았다. 고분에는 차车, 말, 소, 양 등의 갱이 있다. 차마장车马葬은 5개 구덩이가 있었지만 그중 M20만 원상태로 비교적 잘 보존되어 있었는데 마차와 말 4필이 온전하게 매장되어 있었다. 이는 중국 고대 차량 연구에 있어 최초의 현장작업 자료 중의 하나가 되었다(그림22). 또 동서와 남북으로 배열된 머리가 없는 부신장군俯身葬群이 있었는데 한 구덩이에 3,4구 내지 12구가 매장되어 있었다. 출토된 유물로는 흔한 도자기, 骨, 대합조개, 돌 등을 제외하고 동제차마铜质车马 장신구; 칼과 창, 석제 창촉(石质戈镞), 옥제 패용(玉质佩带), 금엽金叶과 녹송석 장신구, 그

---

20) 같은 책, 127~128쪽.

리고 주필朱笔로 쓴 도자기 그릇, 대량의 동범铜范, 유약을 바른 도두陶豆와 정교한 백도자기 등이 있다. 다량의 동범이 처음으로 발견된 것은 은대 청동기술 연구에 귀중한 자료를 제공하였다. 다른 중요한 발견은 M20의 전차战车와 무사, 그리고 M164의 무사와 전마战马이다. 무사와 전마가 같은 구덩이에 있는 것으로 미루어 보아 은대에 이미 기사술법(骑射之术)이 있었을 것이라 짐작된다.[21]

가장 중요한 발견은 H127갱에서 모두 갑골이 출토된 것이다. 발굴팀은 원래 6월 13일에 작업을 끝내려고 했는데 12일 오후에 H127갱을 발견하였다. 제거 공사의 규모가 방대하여 단시간에 끝낼 수 없었기 때문에 왕상과 석장여 등은 갑골갱을 형성한 회토주灰土柱를 통째로 나무상자에 넣어 운반하는 방법을 고안해냈다. 이것은 매우 중대한 발견이었기 때문에 석장여는 서둘러 남경에 있는 이제에게 전보를 보내 이제를 안양으로 불렀다. 4박 4일을 쉬지 않고 작업하여 귀중한 유물을 통째로 파냈다. 회토주와 흙으로 채운 상자 무게가 수 톤을 넘었는데 수십 명이 많은 어려움을 이겨내고 안양 기차역까지 운반하였다. 그런데 이 귀중한 보물을 운반하는 도중에 토비들이 약탈하려고 호시탐탐 노리고 있었다. 다행히 발굴팀은 미리 대비하여 병사를 배치하였으며 결국 토비를 물리쳤다. 안전하게 남경 역사언어연구소에 도착한 후 동작빈, 호후선은 실내에서 탁화拓画, 제거(剔剥)와 기록을 시작하였다.[22]

H127에서 출토된 갑골의 수량은 놀라웠다. 역사언어연구소의 대다수 갑골 조각은 모두 이번 발굴을 통해서 얻은 것이다. 이전에 얻은 완벽한 귀갑龟甲은 제3차 발굴의 '대귀4판'大龟四版과 제9차발 굴의 '대귀7판'大龟七版뿐이었지만 H127에는 완벽한 귀갑이 약 300판, 자갑字甲이 17756 조각, 자골字骨이 48 조각 있었는데 이 속에는 수많은 메시지가 담겨 있었

---

21) 호후선, 『은허발굴』, 학습생활출판사, 1955년, 99쪽.
22) 『석장여선생 방문기)』, '중앙연구원' 근대사연구소, 2002년, 133~137쪽.

다. 시대를 보면 반경盤庚에서 무정武丁까지 것인데 무정시기의 것이 많았다. 주필로 쓴 복사卜辭가 많은 것으로부터 갑골문자는 먼저 쓰고 후에 조각한 것이라는 것과 은대에 이미 글 쓰는 물감과 붓이 있었다는 것을 알수 있었다. 문자 각화에 주묵朱墨을 바른 예도 많았다. 많은 등귀背龜가 구멍이 있는 타원형 조각으로 개조된 것으로 미루어 보아 갑골을 뚫어 책자로 만들었음을 알 수 있다. 기록에 따르면 귀갑의 유래를 기록한 각사刻辭도 매우 많았다. 귀갑은 매우 컸는데 남방에서 온 것일 수도 있었으나 출토형태로 보아 의식적으로 매장한 것 같았다. 갑골퇴적 속에 옆으로 웅크린 인골이 구덩이 북쪽 벽에 인접해 있었다. 신체의 대부분은 갑골 속에 묻혀 있었고 머리와 상반신만 갑골밖으로 노출되어 있었는데 당시 갑골 관리인원으로 추정된다.[23]

H127은 상왕조의 '지하문서고地下档案库'로 알려져 중앙연구원의 전후 15차 안양 발굴 중 최대 성과와 최고 실적으로 널리 알려졌다. 이제는 부사년이 안양을 첫 번째 유적발굴의 대상으로 지정하여 현대고고학의 이론과 방법을 검증하고자 한 것은 주로 이곳에서 최초로 한자를 쓴 기록을 발견한 데 힘입은 것이라고 지적하였다. 과학적인 방법으로 8년간 피나는 노력을 한 끝에 결국 1936년 여름, H127 귀갑문서고龟甲档案库를 발견하게 되었다. 이 위대한 발견은 이성적인 추리와 현장작업의 경험을 토대로 한 발굴사업이 최고봉에 이르게 하였다. H127에 대한 발견은 우연이 아니라 체계적이고 과학적인 발굴작업의 결실이다. H127은 안양에서의 마지막 3차례 발굴에서 최고점에 달하는 발굴이었다. 학술적 가치가 높았을 뿐만 아니라 사람들에게 보통때와는 다른 정신적인 만족을 주었기 때문이다.[24]

제14차 발굴은 1936년 가을철, 9월 20일부터 12월 31일까지 103일동

23) 호후선, 『은허발굴』, 학습생활출판사, 1955년, 100~101쪽.
24) 이제, 「안양」, 『중국 현대학술경전 · 이제권』, 하북교육출판사, 1996년, 546~550쪽.

안 진행되었다. 발굴장소는 여전히 소둔촌 북쪽이고 제13차 발굴에서 채 완성하지못한 작업을 계속하였다. 책임자는 양사영과 석장여이고 작업인 원으로는 왕상, 고거심, 윤환장 등이며 이 외에 임시직원 4명이 있었는데 실은 공부하러 온 강습생들이었다. 이 시기 역사언어연구소는 벌써 전국 각지의 고고기구考古机构를 위해 인재를 양성할 만한 능력을 갖추었고 예 전의 발굴에서도 많은 고고연구원들을 배출해 내었다. 임시 작업장소는 고루장高樓庄으로 정하였고 현지에 주둔한 40군에서는 12명의 병사를 파 견하여 수행안보를 책임지도록 했다.

원래는 C구를 집중적으로 발굴하여 은대의 건축 유적을 대체적으로 정 리하고 결과를 고찰해 보기로 하였으나 지층의 복잡성으로 인해 은대의 진짜 지층을 찾아내는 중요한 문제가 야기되었다. 다방면의 세밀한 관찰 과 심사숙고 끝에 결국 비교적 확고한 해결방법을 찾게 되었다. 바로 '고 증불립'孤证不立 (충분한 증거가 없으면 결론이 성립되기 어렵다)과 '주수 난화'株守难获(어리석게 한가지만 고집하면 얻기 힘들다)의 교훈에 따라 심하게 파괴되지 않은 근처의 고지高地에서 진짜 은대의 지층을 찾는 것 이었다. 그리하여 작업장소는 I구(소둔 서북쪽 모퉁이와 마가백수분马家 柏树坟 서쪽 2군데)까지 연장하게 되었다. 하지만 유적발굴작업의 방해 등 원인으로 말미암아 '지층' 문제는 철저하게 해결되지 못하였다.

이번 발굴에서는 도합 60개 구덩이를 팠는데 발굴 면적은 3,590평방미 터에 달하였다. 유적으로 판축기지 26곳, 교혈 122곳, 고분132곳을 발굴 하였고 예전에 발견했던 배수구의 흔적도 발견하였다. 가장 중요한 발견 은 M188, M232에서 출토된 대량의 동기, 156갱의 양면 계단, 196갱에서 출토된 10여 점의 온전한 도자기, 243호의 수나라 고분 도자기, 도자기 인형(陶俑) 등이다.

인재 육성을 위하여 제12차 때는 유요가 발굴했던 대사공촌大司空村도

동시에 발굴하였는데 고거순과 석위가 작업을 책임졌다. 교혈 29곳, 은대, 전국 시대 그리고 시대불명의 고분 총 91곳을 발견하였다.[25]

1937년 3월 16일부터 6월 19일까지 진행된 제15차 발굴은 석장여가지도하고 왕상, 고거심, 윤환장 등이 작업에 참여하였으며 그 외 임시 작업인원 몇 명이 있었다. 이 시기 산동고적회, 하남고적회와 중앙박물원 준비처는 모두 스스로 발굴팀을 조직해야 하였다. 특히 중앙박물원은 국가기관으로서 전국 각지에서 작업할 수 있었기 때문에 발굴현장에는 인원조달이 매우 촉급했다. 은허발굴 현장은 훈련장이 되어버렸고 또한 제13차때는 H127에서 대량의 갑골이 발견되면서 널리 이름을 날렸기 때문에 많은 학교와 유명한 학자들이 참관하러 왔다. 구덩이를 모두 37곳 팠는데 발굴 면적이 3700평방미터에 달하였고 교혈窖穴 220곳, 판축기지 20곳, 고분 103개를 발견하였다. 또 도자기, 뼈, 대합조개, 돌 등 표본 50상자를 채집하였는데 그중 갑골, 백도자기, 동기, 옥기 등 비교적 중요한 것은 모두 200여 점이었다.

이번 발굴은 방법과 기술 등 면에 있어서 많은 진보를 가져왔는데그중 비교적 성공적인 것은 바로 심도측정深度測定과 비례촬영比例照相이다.

심도측정법은 12미터의 측량대를 만들고 맨 끝에 도르래를 설치한 후 끈으로 맨 측정기를 도르래에 걸쳐놓고 끈을 놓으면 측량대에 씌웠던 쇠고리가 아래위로 이동할 수 있게 하는 방법이다. 평판 측량기와 긴 측량대로 수평을 측량할 수 있어 매우 편리하며 깊이 5미터 이하의 깊은 구덩이에서도 사용할 수 있다.

비례촬영법은 특별한 사다리 2개로 이동할 수 있는 촬영대를 만드는데 사람이 촬영대 위에 올라가서 조작할 수 있게 하는 방법이다. 먼저 치수를 측정한 후에 촬영을 하는데 보통 촬영거리는 약 2.8~3미터이고 1/20을 촬영한다.

---

25) 석장여, 『고고연표』, '중앙연구원' 역사언어연구소, 1952년, 22쪽.

제13차~제15차 발굴에서 제일 중요한 성과는 출토된 도자기 조각에 대한 처리 방법이 개선된 것이다. 제13차 발굴에서 출토된 도자기 조각들은 모두 운반하여 갔고 발굴 작업이 다 끝난 후에 총괄적으로 정리하였다. 제 14차 발굴 때는 시간상, 인력상 이런 방법이 경제적이 아니라고 여겨 현장에서 직접 정리를 하였다. 새롭고 온전한 도자기들만 작업소에 가져가고 나머지는 모두 현장에 놓아두었다가 발굴이 끝난 후 전체적인 정리를 했는데 이것이 발굴작업의 마지막 절차이다. 온전한 모형으로 맞출 수 있는 조각은 모두 수집하고 그중에서 2,3 세트의 표본을 골라낸 후 흔히 보이는 조각들은 다시 구덩이에 파묻었다. 제15차 발굴에서는 또 14차의 발굴방법이 너무 촉박했다고 여겨 수시로 정리하는 방법으로 고쳤다. 하나의 탐색 구덩이(探坑) 혹은 하나의 회색구덩이(灰坑) 발굴이 끝난 후 도자기 조각을 초보적으로 정리하는데, 먼저 조각을 맞추고 그 도자기들을 작업소로 가져갔다. 그리고 발굴작업이 다 끝나고 구덩이를 메우는 동안 재정리를 하였다. 이는 도자기 조각 정리를 발굴작업의 일부분으로 여겼기 때문이다.[26] 이번 세 차례 발굴에서 수집한 도자기 조각은 매우 많았는데 역사언어연구소에 등록된 것은 25만개로, 80%가 소둔에서의 마지막 3 차례에서 발견된 것들이다.[27]

이 시기는 중국고고학의 유적 발굴방법이 점차 형성되고 완벽해지는 단계였다. 후강삼첩층의 분별과 발견은 단지 시작이었을 뿐, 유적발굴방법의 형성과 발전은 주요하게 지층상황이 복잡한 소둔 발굴에서 차츰 이루어졌다. 이는 역사언어연구소 제1대 고고학자들의 공헌과 갈라놓을 수 없는데 그중 오랫동안 제일선에서 일해 온 석장여의 공헌이 가장 크다. 추행(鄒衡)은 현장작업 방법을 고안한 사람은 석장여이며, 중국의 과학적

---

26) 석장여,「최근 은허의 중요한 발견-부론 소둔지층」,『중국고고학보』제2권, 중앙연구원 역사언어연구소, 1947년, 11~12쪽.
27) 이제,「안양」,『중국 현대학술고전●이제권』, 하북교육출판사, 1996년, 541쪽.

인 현장발굴 특히 유적의 발굴 역시 석장여가 이루어낸 것이라고 하였다. 석장여는 소둔의 실제 상황을 감안하고 평면과 단면을 성공적으로 결합하여 '전체적으로 발굴하는(整个的翻)' 발상을 철저히 실현하였다.[28]

소둔의 지층에 대하여 석장여는 다음과 같이 생생하게 말한 바 있다.

> 소둔 유적 발굴에서는 매번 새로운 발견이 있었다. 유물이 풍부할 뿐만 아니라 유적의 분포 범위도 넓었는데 은대의 퇴적만 있는 것이 아니라 은대 전후 시기의 풍부한 문화 유적도 있었다. 은대의 유적은 한 가지 방식으로 이루어진 것이 아니었다. 지하에 굴을 파기도 하고 지상에 가옥을 짓기도 하였는데 지상층의 외피를 벗기면 도처에서 옛 날 사람들이 공사한 흔적을 살펴볼 수 있었다.
>
> 굴(穴窖)만 보더라도, 파내고 메우고 또 다시 파고 등의 변화와 개조를 반복하였는데 실로 번잡하고 복잡한 과정이었다. 가령 지층에 뚜렷한 표기와 유물의 선명한 구별이 없었다면 이 광막하고 복잡한 유적의 비밀을 파헤치기는 굉장히 어려웠을 것이다.[29]

이는 은허의 제15차 발굴 후의 성과이다. 은허의 지층이 복잡하고 출토된 문물이 풍부하였기 때문에 지층학과 유형학이 현장발굴 기간과 그 후의 연구에서 끊임없는 시도와 시행착오 끝에 차츰 성숙해질 수 있었다.[30]

---

28) 추행(邹衡), 「중국고고학의 창시자의 한 사람-석장여선생 100세 탄신 축하(中国考古学的奠基人之一——祝贺石璋如先生百岁寿辰)」, 『석장여원사 100세 탄신 축하 논문집: 고고, 역사, 문화(石璋如院士百岁祝寿论文集:考古 `历史 `文化)』, 대북, 남천서국(南天书局), 2002년, 1~2쪽.

29) 석장여, 「최근 은허의 중요한 발견-부론소둔지층」, 『중국고고학보』 제2권, 중앙연구원 역사언어연구소, 1947년, 53쪽.

30) 장진화(臧振华), 「중국고고학의 전승과 창신(中国考古学的传承与创新)」, 『학술의 역사와 방법론에 대한 반성: 중앙연구원 역사언어연구소 70주년 학술연구회 논문집(学术史与方法学的省思: 中央研究院历史语言研究所七十周年研讨会论文集)』, '중앙연구원' 역사언어연구소, 2000년, 160쪽.

3. 산동 고적회의 조사와 양성진(两城镇) 발굴

역사언어연구소와 산동 측에서 같이 구성한 고적회는 1930년과 1931 년 성자바위에서의 두 차례 발굴 후에도 연구를 계속하였다. 하지만 성자 바위 외의 다른 작업에 대해서는 공개적으로 발표하지 않았다. 여기에는 오금정의 1930년~1933년 산동성 중부 태역산泰峄山 일대에 대한 여러 차 례 조사가 망라된다. 당시 총 20여 개의 유적을 발견하였는데 그중 3개는 용산문화에 속했다(임기临沂, 성자바위와 등현藤县의 봉황대凤凰台 포함). (「3년간 산동 고적에 대한 조사 총보고(三年间山东古迹之调查总报告)」 참 조). 고적회는 성자바위 및 등현, 안상촌安上村, 조왕고분(曹王墓)에서 발 굴을 진행하였다. 1934년 춘왕상과 기연패는 산동 연해에서 2개월 동안 조사를 하였는데(「산동 일조현 고고 조사기山东日照县考古调查记」, 「노동 조사(鲁东调查)」 참조) 양성진两城镇 유적에 유품이 제일 많고 유적의 범위 가 제일 컸으며 복구한 도자기도 제일 많았다.[31)]

왕상과 기연패는 등현에서 발굴을 마친 후 이제, 동작빈, 양사영의 지 시에 따라 1934년에 제남을 떠나 채색도자기와 흑도자기의 분포 범위를 찾아볼 목적으로 일조, 즉묵即墨, 주성诸城 에 갔다. 그때 이미 일본 학자 고마이 가즈아이(驹井和爱)가 황현黄县 용구패총龙口贝冢에 관한 논문을 발표했기 때문에 조개무덤(贝冢)(방개퇴)를 찾는 것 역시 이번 조사에서 중점적으로 다루었다. 조사목표가 여러 가지로 다방면이었는데 고고팀에 서 산동지역을 책임진 양사영은 출발하기 전에 다음과 같은 점에 주목하 라고 지시하였다.

---

31) 이영적, 「1930년대 중앙연구원 역사언어연구소 산동지역 용산문화의 발굴과 조사 작업(1930年代中研院史语所山东地区龙山文化的发掘与调查工作)」, 『동양 고고연구 통신(东方考古研究通讯)』 총 제5기, 2005년 12월, 13쪽.

1) 선사 시대 유적(특히 조개무덤(贝冢)에 유의할 것)

2) 기타 고적 1. 고분(古坟) 2. 고탑 (古塔) 3. 고사관(古寺观) 4. 고옥
(古屋) 5. 고교량(古桥梁) 6. 한화(汉画) 7. 폐성(废城) 8. 비문(碑记)

3) 민속(물건이나 고고와 관련된 사항에 유의할 것)

4) 각종 공업(도구 제작과 방법에 유의할 것) 1. 요업 (窑业) 2. 농업
(农业) 3. 염업(盐业) 4. 동철공업(铜铁工业) 5. 골각 공업(骨角工
业) 6. 방직업 및 기타 공업

5) 육군부 15년 산동성 10만분의 1 지도 수정

6) 지리연혁 자료 수집[32]

왕상과 기연패는 같은 해 4월부터 즉묵, 일조로부터 산동 연해지역을 조사하고 5월 하순에는 해안선을 따라 북쪽 교현과 주성에 갔고 5월 23일에는 청도를 거쳐 제남으로 돌아왔다. 5월 중순에 기연패가 사정이 생겨 하남에 가는 바람에 그후의 조사는 왕상이 혼자 진행했다. 두 달 이틀 동안의 조사에서 모두 10여 개의 유적을 발견하였는데 즉묵 성자촌, 대와大注, 양성진, 단토촌丹土村, 대장台庄, 소나장小挪庄, 임자두林子头, 취기원臭杞园, 요왕성尧王城, 진관장秦官庄, 유가루刘家楼, 안가령安家岭, 낭야대琅琊台 등이 포함된다. 즉묵, 낭야대, 진관장과 취기원 외 기타 지역에서 모두 용산문화의 도자기조각을 발견하였다. 9개 유적 중에서 단토촌만 주성현에 속하고 기타 유적은 모두 일조현日照县 경내에 있었다. 왕상과 기연패는 보고서에서 "일조의 흑도자기는 하남과 다를 뿐만 아니라 용산진의 흑도자기와도 차이가 있다."고 지적하였다. 이번 조사에서는 채색도자기와 조개무덤이 발견되지 않았다.[33]

성자바위를 발굴한 후, 산동고적연구회는 발굴 작업을 계속할 예정으로 1936년 여름, 양성진을 선택하여 양사영이 유요와 기연패를 이끌고 와

---

32) 역사언어연구소 서류, 고13-46, 왕상이 이제에게 보낸 서한, 1934년 3월 23일.
33) 같은 책.

옥촌과 대고퇴에서 발굴을 진행하였다(「양성진-산동 일조현 양성진의 용산문화유적지」참조). 양성진 발굴은 산동고적회의 명의로 진행된 4번째 발굴이다.

1936년 봄, 양사영, 유요와 기연패는 산동성 동남부의 일조 양성진에서 발굴을 진행하였는데 이곳은 매우 중요한 용산문화유적이다. 5월17일부터 7월22일까지 양사영과 유요는 와옥촌을 발굴하였다. 유적지는 마을 서북쪽에 있는데 높은 곳에 십자 모양의 구덩이를 파고 사방에서 발굴했다. 모두 52곳을 팠는데 그 면적이 366평방미터에 달하였다. 유적은 매우 적었고 사토면燒土面, 춘와椿窩와 사토와燒土窩만 발견되었다. 유물은 도자기가 많았고 복원된 기물로는 정鼎, 규鬹, 잔, 접시, 관罐, 분盆, 콩 등 10여 점으로 정교하고 재질이 부드럽고 까맣고 반지르한 것이 용산문화 도기의 전형적인 특징을 지니고 있었다. 고분 43곳을 발견하였는데 부장품은 주로 도자기이고 유적에 있는 도자기보다 더욱 정교했다. 5월27일부터 7월7일까지 양사영과 기연패가 양성진 서북쪽 500미터 지점에서 대고퇴를 발굴하였는데 그 동쪽에 80미터 간격의 구덩이가 두 세트가 있었다. 구덩이는 모두 28개 팠는데 그 면적이 470여 평방미터였다. 유적이 적고 도석陶石이 위주였는데 모형과 재질은 와옥촌 유물과 비슷했다. 고분 6개가 발굴되었는데 부장품은 잔, 관, 정과 그릇 등이었다. 심하게 부식된 인골은 와옥촌 고분과 유사하였는데 모두 분말로 되어 있었다. 고분형은 장방형으로 그 형태가 뚜렷하지 않았다.[34]

양사영은 발굴 초기에 두 지역의 발굴 작업을 지도하였다. 보존되어 있는 서신에 따르면 양성진 발굴은 안양의 기술자가 현지 노동자들을 훈련시켜 진행하였다고 한다. 노동자들이 모두 초보자였기 때문에 대고퇴와 와옥촌의 발굴은 모두 역사언어연구소 초기 발굴에 사용된 장탐색(长探沟)

---

34) 석장여, 『고고연표』, '중앙연구원' 역사언어연구소, 1952년, 22쪽.

방법을 사용하였다. 지형에 따라 남북과 동서 방향으로 배열하였다. 와옥촌에서 주로 43개 용산시기의 고분이 발굴되었는데 그중 13개 고분에 순장된 도자기가 있었다. 이외에도 건축물 유물로 사토면과 주동柱洞(장와)이 발굴되었다. 출토된 기물은 도자기와 석기가 포함된다. 대고퇴의 6, 7개 고분중 M2에서 재질이 좋은 옥월玉鉞이 출토되었다. 그 외 주요한 발견으로는 '도기퇴' 몇 개인데 집 내부의 퇴적일 수도 있었다. 복원할 수 있는 도기가 많았고 출토된 기물 중에는 석기도 적지 않았다. 양성진 발굴에서 장탐색 방법을 사용하였기 때문에 발굴기록과 출토된 실물로 와옥촌과 대고퇴의 진면모를 뚜렷하게 알아낼 수 없었다.35)

4. 역사시대 고고학에 대한 하남성 고적회의 노력

하남성 고적회는 설립되고부터 줄곧 곽보균이 주관해 왔고 끊임없이 야외작업을 진행하였으며 성과도 많았다. 고적회에서는 역사시대의 고고를 위주로 하면서 선사시대도 살펴보았다. 앞서 언급하다시피 고적회는 서주 위나라 고분이 있는 신촌유적을 3차례 발견하였을 뿐만 아니라 선사시대의 대뢰점大賚店 유적도 발견하였는데 이는 모두 대단한 공헌이었다.

1934년 이래 그들은 원래의 생각을 고수하면서 조사와 발굴을 계속하였고 고찰시기를 그 전 시기까지 더 연장시키고 지역 범위도 확대하기로 하였다. 사실 역사언어연구소가 고고학에서 이룩한 성과는 그들의 이러한 작업과 갈라놓을 수 없다. 1934년 춘계 작업 단계에서는, 예서豫西에서

---

35) 이영적(李永迪), 「1930년대 중앙연구원 역사언어연구소 산동지역 용산문화의 발굴과 조사 작업」, 『동양 고고연구 통신』 총 제5기, 2005년 12월, 13쪽.

의 조사 결과에 따라 곽보균과 한유주韓维周, 조청방赵青芳이 5월에 탑파塌坡, 마령구马岭沟, 조구赵沟, 진구陈沟 등을 선후로 발굴하였는데 조구赵沟의 발굴은 수확이 없었다. 기타 3곳은 앙소유적과 용산유적이다. 1934년 10월 곽보균은 팀을 이끌고 청태青苔 유적을 발굴하였으며 선후로 앙소시기와 용산시기의 유적을 발견하였다. 청태 유적의 앙소시기 유물에는 사토면, 석회갱石灰坑, 부뚜막, 홍소토红烧土 등이 있었다. 홍소토 평면은 장방형이고 중간에는 유적을 3등분한 벽 2개가 있었다.[36] 이는 중국 고고사상 최초로 발굴된 앙소문화의 거실 건축물이다.

1935년 초여름, 하남 급현汲县의 한 농민이 산표진山彪镇에서 대형고분을 발견하고 대동정大铜鼎 하나와 작은 기물 몇 점을 파냈는데 현지 폭군들과 분쟁이 생기게 되어 하남성 정부에 고발하였다. 하남성 정부는 중앙고물보관 위원회에 도움을 청하였고 중앙에서는 곽보균을 파견하여 이 일을 처리하게 하였다. 곽보균은 1935년 8월 5일부터 9월 8일까지 하남고적회의 명의로 팀을 이끌고 산표진에서 35일동안 정리, 발굴작업을 진행하였다.[37] 산표진은 매우 중요한 대형 유적으로 전국시기 위나라 고분과 한대 고분이 망라된다. 그중 전국시기의 대형고분 1곳, 소형고분 7곳, 차마갱车马坑 1곳이 발굴되었고 유물도 매우 풍부하였는데 동편종铜编钟 2세트, 화개립조동华盖立鸟铜, 희존牺尊, 수로공참도동감水路攻站图铜鉴 등이 가장 주목받았다.

이번 발굴에서의 성과는 주로 전국시기 대형고분에 집중되었는데 다음과 같은 다섯 가지 중요한 발견이 있었다. 첫째, 이 고분은 '적석적탄고분(积石积炭墓)'으로 「여씨춘추 · 절상편(吕氏春秋 · 节丧篇)」의 관련 기록을 증명하였다. 둘째, 이 고분은 '열정列鼎'을 부장하였는데 이는 주나라의 정鼎 사용제도를 연구하는 데 직접적인 증거를 제공하였다. 셋째, 이

---

36) 석장여,『고고연표』, '중앙연구원' 역사언어연구소, 1952년, 18쪽.
37) 역사언어연구소 서류: 고 6-2-52, 곽보균이 이제에게 보낸 서한. 1935년 6월 26일.

고분에서 총 14매의 편종 2세트, 총 10매의 편경 1세트가 출토되어 주나라의 악현제도乐悬制度를 연구하는 데 매우 좋은 자료를 제공해 주었다. 넷째, 출토한 2쌍의 화개호华盖壶는 신정연학방호新郑莲鹤方壶의 조형문제를 해결하는 데 단서를 제공해 주었다. 다섯째, 수로공전도동감水路攻战图铜鉴의 발견은 전국시대의 병사, 장군, 복장, 무기, 전쟁 등에 관한 구체적인 상황을 제공해 주었다. 이는 중국에서 최초로 전쟁 상황을 사실적으로 그린 유일한 그림이다.[38]

1935년 가을과 1937년 봄, 하남고적회는 하남 휘현의 유리각을 연속 2차례 발굴했는데 이 역시 매우 중요한 역사시대의 유적이다. 동주东周시대 대형고분 5곳, 일반 고분 44곳, 한대와 그후의 고분 20여 곳이 발굴되었는데 그중 동주의 50여 곳의 고분 자료가 가장 중요하다. 춘추 중기, 말기부터 전국시대까지 이어진 동주고분(东周墓)은 명백하게 3개의 고분군群으로 나눌 수 있었다. 매 고분군마다 대형고분도 있고 소형고분도 있었다. 비교적 규칙적으로 분포되어 있었는데 이는 위국의 '공묘'公墓임에 틀림없었다. 그리고 짝을 이룬 고분 M80과 M55을 발굴하였는데, 고분 갑과 고분 을은 나란히 배열되어 있었으며, 이는 신촌고분에서 보여지는 M17과 M5, M1과 M6이 나란히 배열되었던 것과 같은 모습을 하고 있었다. 이는 아마도 「예기 · 단궁(礼记 · 檀弓)」에 '위나라 사람들이 합장 할때 고분을 나란히 배열한다(卫人之祔也, 离之)'라고 적혀있는 것처럼, 한 쌍의 부부가 서로 다른 고분에 나란히 묻혔음을 알 수 있다. 이번에 출토된 문물은 특히 풍부하였는데 대형 고분들에는 7열정七列鼎과 5열정五列鼎이 있었다. 이는 열정이 이미 하나의 제도가 되어 위나라 고분(魏墓)에서 보편적으로 유행되었음을 보여준다. 또한 여러 점의 무락수렵문렴舞乐

---

38) 추형(邹衡), 「곽보균선생의 고고사적 및 학술상의 공헌(郭宝钧先生的考古事迹及其在学术上的贡献)」, 두정승, 왕범삼 주편 『신학술의 길―역사언어연구소 70주년 기념문집』, '중앙연구원' 역사언어연구소, 1998년, 371쪽.

狩猎纹盉 도안은 칼끝으로 조각한 것으로 무늬가 머리털처럼 가늘었다. '인(人)'자가 연속적으로 새겨져 있는 정방형 주전자의 무늬는 음양선阴阳 线이 잘 어우러진 정밀하고 화려하였다.[39] 유물로는 동종铜钟, 정鼎, 감鉴, 호壶, 역鬲, 반盘 등 예기礼器; 과戈, 검, 촉镞 등 병기; 도끼, 착凿, 톱, 삭削등 공구; 란銮, 할辖 등 차마기车马器; 금검金剑, 산폐铲币, 대구带钩 등이 있었 다. 그 외에 옥과 여러 가지 미석美石(마노, 수정, 송록석)으로 조각된 옥식 세트와 도훈陶埙, 석경石磬등 악기도 있었다.[40] 1937년 여름, 7·7사변의 발발로 발굴작업은 부득이하게 중단되었고 1950년이 되어서야 최종적으 로 완성할 수 있었다.

곽보균은 역사언어연구소에서 매우 특별한 인물이다. 그는 원래 전통 교육을 받은 보통의 지식인이었는데 특수한 기회와 인연으로 역사언어연 구소라는 현대 학술기구에 들어갈 수 있게 되었던 것이다. 당시 중앙연구 원에는 현대적인 과학교육을 받은 유학 박사들과 국학에 능통한 학자들 이 모여 있었는데 곽보균은 전문교육을 받지 않았기 때문에 지도자들의 중시를 받지 못했다고 했다. 하지만 곽보균은 역사언어연구소 고고팀에 서 현장 실천경험이 가장 많고 풍부하여 그만의 특별한 장점이 있었다. 은허의 첫 번째 발굴부터 시작하여 그는 현장작업 제일선을 떠난 적이 한 번도 없었다. 석흥방石兴邦이 말하기를, 곽보균은 본인이 현대적인 교육 을 못 받았기에 중앙연구원과 같은 곳에서 부지런히 결점을 보완하고, 성 과를 거두기 위해 노력해야 한다는 점을 잘 알고 있었다고 하였다. 곽보 균은 우공이 산을 옮기듯 밤낮없이 전심전력으로 발굴에 몰두하였다. 그 는 은허 발굴에 참가했을 뿐만 아니라 하남성 청태青苔, 신촌辛村 등 지역 에서도 대량의 고분과 주거지를 발굴하였는데 당시 발굴자 중에서 발굴 한 고분이 가장 많고 경험과 인식이 가장 풍부하며 공헌이 가장 큰 선배

---

39) 같은 책, 371~372쪽.
40) 석장여,『고고연표』, '중앙연구원' 역사언어연구소, 1952년, 19~21쪽.

였다. 곽보균은 비록 현대적인 고고학 교육은 못 받았지만 국학 기초가 튼튼하였다. 그는 고문헌의 기술記述 속에서 답을 찾고 정리하였지만 현대적인 고고학 방법으로 발굴한 실증결과를 받아들였다. 안타까운 것은 그가 낡은 사유방식으로 고고연구를 하였기 때문에 고증과 실증을 결합했지만 서로 조화되지 않았다는 점이다.[41)]

이 단계의 후기에 와서 하남고적회는 예동豫东 지역의 선상문화先商文化에 대하여 탐색하였는데 이는 중국 고고사에서 선구적인 의의를 가진다.

성자바위 발굴로 은허의 판축유적과 용산문화 문제가 해결되었고 역사언어연구소의 고고학자들도 큰 계시를 받았다. 그들은 비교의 방법이야말로 고고연구의 좋은 방법이라는 것을 인식하고 은허 주변과 관련 지역에서 새로운 비교 재료를 찾기 시작했다.

1936년 하반기, 은허 발굴은 이미 13차 진행되었으며 은허의 찬란한 문화에 대하여 충분한 인식을 가지게 되었다. 갑골문은 은허 문화가 반경盘庚이 은殷에 천도迁都한 후의 것임을 증명하였다. 따라서 은허문화 이전 시기에 이미 상당기간의 발전역사가 있었음은 의심할 바 없다. 그렇다면 은허문화는 어디서 발생되었으며 어떻게 발전하였는가? 그리고 은허문화의 모체는 어디인가? 이는 당시 중국 상고사中国上古史 연구자들이 시급히 해결하고자 했던 문제였다. 이제는 은허문화는 다원적이며 앙소문화와 용산문화의 일부를 계승했을 뿐만 아니라 그 외에도 중요한 기원이 있다고 하였다. 이 문제 역시 사람들이 간절히 찾고자 하는 문제였다.

따라서 하남성 상구商丘 지역은 자연스럽게 고고학자들의 눈길을 끌게 되었다. 대량의 문헌기록을 통해 알 수 있다시피 이곳은 송나라宋의 땅으로 선상문화의 소재지일 가능성이 높기 때문에 은허문화의 모체를 찾으

---

41) 석흥방(石兴邦), 「내가 아는 곽보균선생(我所知道的郭宝钧先生)」, 『중국문물보』, 2003년 6월 1일 제7판.

려면 가장 먼저 이곳을 선택해야 한다. 때문에 부사년, 이제, 양사영, 동작빈, 곽보균 등은 하남고적회의 민국 25년 하반기 업무계획을 작성할 때 하남성 동쪽에 위치한 상구 일대를 조사내용으로 선정하였다.

구체적으로 이경담과 한유주 두 사람이 이 일을 맡았는데 그들은1936년 10월 11일에 출발하여 총25일 동안의 조사와 시굴을 진행하였다. 많은 사람들이 이미 장기간의 실천을 통하여 선사시대 유적의 대부분이 하류 근처에 분포되어 있다는 것을 알고 있었다.

1934년, 이경담과 왕상이 수현 조사를 할 때 회하유역淮河流域에서 흑도자기 유적을 여러 군데 발견한 적이 있었기 때문에 이경담은 이번 조사에 있어서 목표가 확실하였고 자신감이 넘쳤다. 하지만 상구영성商丘永城일대는 지형이 상당히 복잡하였다. 이곳은 황하가 흘러 지나가는 곳으로 역사상 여러 차례의 홍수 피해를 입으면서 황사침전물(黃沙沉积)이 너무 두껍게 쌓여 선사시대의 유적을 찾아내는 데는 어려움이 많았다. 이경담 일행은 조율대造律台, 흑고퇴黑孤堆, 조교曹桥와 청강사青冈寺 등 유적을 발견하였는데 대부분 고퇴유적(堌堆遗址)으로 용산문화에 속하는 것이었다. 같은 해 11월부터 12월까지 이경담 등은 각각 조율대, 흑고퇴와 조교 등에서 시굴을 진행하였다. 조율대에서 열흘 반 동안 면적이 154평방미터에 달하는 구덩이 12개를 팠는데 회토갱과 대합조개껍질층을 발견하였다. 대합조개껍질층에는 토막으로 된 소라와 방합조개가 쌓여 있었다. 유물로는 편족정扁足鼎, 역鬲, 언甗, 규鬹, 반盘, 분盆, 그릇, 콩, 잔, 증甑, 도륜陶轮, 그물추(网坠) 등 도기들이 있었고, 석기로는 도끼, 자귀, 망치, 칼, 화살, 맷돌과 돌방망이 등이 있었으며, 골기로는 청(凿), 송곳(锥), 물고기 모양의 수리검(鱼镖), 화살 등이 있었다. 이외에도 녹각기鹿角器와 멧돼지 이빨로 만든 장신구, 그리고 대합조개로 만든 것도 적지 않았다. 흑고퇴는 사흘 반 발굴하고 서안사변으로 인해 중단되었다. 발굴된 유적과 유물은 조율대와 유사했다. 화호귀판火号龟版이 출토되었는데 동작빈이 산동성 등현 안상촌에서 발견한 것과 같다는 말을 한 것으로 미루어 보아 이는 말기 유물일 가능성이 컸다. 그리하여 이경담은 윗층의 것이 섞인 것이 아닌지 의심했다.[42]

이경담은 이번 예동 조사에서 중앙고물관리위원회의 위탁을 받고 영성 보안산永城保安山에 있는 서한 량효왕 고분(西汉梁孝王墓)과 망탕산芒砀山의 석관石棺을 탐사하였으며 량효왕의 거대한 석실石室고분을 자세히 측량하고 제도했다. 비록 이경담은 유적의 성격에 대하여 단정짓지는 못했지만 그의 연구는 사실상 한대 고고연구에 대한 역사언어연구소의 초보적인 탐색을 대표하였다.

5. 역사언어연구소 고고학 활동이 안휘성으로 확대

부사년이 지도한 역사언어연구소의 고고활동은 중앙연구원의 명의로 안양에서 시작되었고 지방과 협력하는 방법을 취하면서 선후로 산동고적회와 하남고적회를 결성하여 이 두 성에서 비교적 큰 규모의 고고조사와 발굴을 전개하였다.

역사언어연구소는 세력이 확대됨에 따라 더 많은 자원과 기구를 장악하였다. 예컨대 중앙박물관준비처는 부사년과 이제가 선후로 관리하였다. 역사언어연구소의 세력은 점차 학술문화계에서 정치계로 확대되었는

---

42) 이경담(李景聃), 「예동 상구영성 조사 및 조율대, 흑고퇴, 조교 3곳의 작은 발굴(豫东商丘永城调查及造律台黑孤堆曹桥三处小发掘)」, 『중국고고학보』 제2기, 중앙연구원 역사언어연구소, 1947년, 83~120쪽.

데 중앙고물보관위원회를 주도한 것과 이용한 것이 그 전형적인 예이다. 역사언어연구소는 국가행정기관의 힘을 빌어 고고활동을 다른 지역과 성으로 확대시킬 수 있었다. 중앙고물보관위원회의 명의로 안휘성에서 고고활동을 펼친 것이 가장 전형적인 사례이다.

1928년, 남경정부는 창립되자마자 즉시 고물보관위원회를 설립하고 전국의 문물고적에 대한 보관, 연구 및 발굴 등을 기획하고 관리하였는데 국민당 원로인 장계張继가 주임을 맡았다. 고물보관위원회는 초기에 대학원에 소속되었다가 나중에 교육부 산하로 들어갔다. 1930년 반포된 <고물보존법>에서는 중앙고물보관위원회를 결성하고 전국의 고물을 보관하는 법정 주관기구로 정하였다. 1932년 6월 18일, 국민정부는 <중국 고물보관위원회 조직조례>를 반포하여 중앙고물보관위원회가 행정원의 직접적인 관할하에 전국의 고물고적의 보관, 연구 및 발굴 기획을 맡을 것을 규정하였다. 1933년 1월 10일 행정원은 이제, 엽공탁叶恭绰, 황문필黄文弼, 부사년, 등고滕固, 장복총蒋复璁 및 부여림傅汝霖 등을 위원으로 초빙할 결의를 통과시켰다. 1934년 7월 12일에 중앙고물보관위원회가 설립되었다. 부사년, 이제, 동작빈과 곽보균 등 역사언어연구소의 중요한 인물들은 모두 이 위원회의 요원要员이 되었다. 1937년 10월 29일, 전쟁으로 비용이 부족하여 위원회가 폐지되기 전까지 역사언어연구소의 연구원들은 시종 중요한 자리를 차지했다.[43]

이경담의 수현 조사보고[44] 기록에 따르면 안휘에서 진행한 역사언어연구소의 고고과정은 다음과 같다. 20세기 20년대 안휘성 수현에서 동기가 대량으로 출토되었다. 그중 대부분은 당시 방부蚌埠에 주류해(留驻) 있

---

43) 마수화(马树华) 저, 전해림(田海林) 지도, 「중화민국의 문물보호(中华民国的文物保护)」, 산동사범대학 석사논문, 2000년, 27~31쪽.
44) 이경담, 「수현 초고분 조사보고(寿县楚墓调查报告)」, 『현장고고 보고』 제1기, 중앙연구원 역사언어연구소, 1936년, 217~279쪽.

던 스웨덴 공정사 엔지니어(O.Karlbook)의 손에 들어가게 되었고 또 그의 손을 거쳐 구미 각 지역에 팔리면서 전 세계에 널리 알려졌다. 그 후 고물상들이 동기를 사들이고 판매하기 시작하면서 사람들은 농사짓는 일을 소홀히 하였고 도굴 바람이 불게 되었다. 특히 1930년대 초에 들어와 수현에 수재와 가뭄이 잇따라 백성들이 먹고 살길이 없어지면서 위험을 무릅쓰고 고분을 도굴하는 것으로 생계를 유지하는 사람들이 많아지게 되었다. 한편에서는 공산당이 이끄는 농민혁명의 기세가 충천했고, 또 한편에서는 무덤을 파고 고대의 기물을 도굴하는 것이 당지 사람들의 생존수단이 되었다.[45] 민국22년(1933년) 여름, 지방 세력가 주홍초朱鴻初가 마을 주민 100여명을 집결시켜 수현 동향 주가집寿县东乡朱家集 근처의 이삼고퇴李三孤堆에서 대규모의 도굴활동을 벌였다. 대량의 고물이 출토된 사실이 신문에 보도되면서 세상이 들끓기 시작하였다. 역사언어연구소도 이 사실에 주목하고 22년 가을에 사람을 파견하여 진상을 조사하고 발굴할 필요성이 있는지 알아보려고 하였지만 결국 민국23년(1934년) 중앙고물보관위원회가 설립된 후에야 시행할 수 있었다. 11월 초, 역사언어연구소의 핵심 인물인 이경담과 왕상이 안휘성에 들어가유적조사를 시작하였다. 그리고 12월 초에 동작빈의 편지를 받고 중앙고물보관위원회의 명의로 '주가집사건朱家集事件'에 개입하여 마을 촌민들이숨긴 출토 동기를 조사하고 몰수하기 시작하였다. 하지만 토호열신土豪劣绅들은 서로 결탁하

---

45) '주가집사건(朱家集事件)'이 발생한 후, 주가향 이장인 주원초 등은 현정부에 다음과 같은 글을 올렸다. "우리 향 농민들이 수해를 입은 데다가 가뭄까지 들면서 생계를 유지할 방도가 없었는데 34년, 구리구, 사석항 일대에서 고물을 도굴하여 이익을 얻게 되면서 살 수 있게 되었다. 그래서 봄에 대책을 세우고 발굴을 함으로써 박리를 얻고 입에 풀칠이라도 할 수 있게 되었다". 이는 비록 책임을 회피하려는 혐의에서 벗어나기는 어려웠지만 전혀 근거가 없는 말은 아니었다. 이경담, 「수현초고분 조사보고」, 『현장고고보고』 제1기, 중앙연구원 역사언어연구소, 1936년, 217~279쪽.

면서 이 유명무실한 중앙대표들을 전혀 두려워하지 않았다. 현정부에서 성의없이 어물쩍 넘기려 한 탓에 결국 두 사람은 고작 동반铜盘 한 점과 동정铜鼎 한 점을 몰수하였다.46) 마을 주민들이 도굴한 이삼고퇴李三孤堆의 대형고분에서는 동기를 비롯한 3000여 점의 고물이 출토되었다. 정鼎, 언甗, 궤簋, 보簠, 호壶, 뢰罍, 돈敦, 유卣, 두豆, 반盘, 감鉴, 수勺, 양量, 기箕, 노炉 등과 병기, 생산도구 등으로 약 700여점의 상등품은 안휘성 도서관에 소장되었다. 그중에는 명문铭文이 주조된 청동기가 다수(유명한 '주객铸客' 대정을 포함)를 차지하였다. 이는 전국시기 말기의 초나라식(楚式) 표준기标准器를 판단하는 중요한 기준이었다. 학자들의 연구에 따르면 이 무덤은 초유왕楚幽王 웅한熊悍의 고분일 가능성이 컸다. 문물을 몰수한 외에도 이경담과 왕상은 초나라 고분에 대해서 고찰, 기록하였다.

이경담과 왕상이 안휘에 간 목적은 두 가지가 있는데 첫째는 주가집朱家集 이삼고퇴李三孤堆의 실제상황에 대해 조사하는 것이고 둘째는 회하유역의 선사시대 유적을 찾는 것이었다. 그들은 주가집 이삼고퇴 대형고분을 고찰한 후 바로 선사시대의 유적을 찾기 위해 동분서주하였다. 위가영자魏家郢子, 팽가영자彭家郢子, 고성자古城子, 도가사陶家祠, 강황성江黄城, 장라성张罗城, 묘욱자庙旭子, 주류교酒流桥, 유비성刘备城, 장비대张飞台, 투계

---

46) 주가집에서 출토된 초나라(楚国)의 동기는 수량이 매우 많았고 극히 귀중하였다. 이번에 발견된 보물의 귀속을 둘러싸고 주가집(朱家集) 마을주민, 수현 현정부(寿县县政府), 안휘성 정부 및 중앙고물보관위원회 등 집단들간에 치열한 각축전이 벌어졌다. 주가집 마을 주민들이 일찍이 팔아버린 일부 동기 외의 대부분은 수현 현정부에 몰수되었다가 안휘성 정부로에 강제 점유되었다. 이밖에 마을주민들이 숨긴 것 중에서 중앙고물보관위원회에서는 두 점밖에 얻지 못했다. 성정부(省政府)와 현정부(县政府) 간의 쟁탈이 매우 격렬하였는데 수 차례의 반복적인 쟁탈 끝에 결국 성정부에서 강제적으로 대부분을 차지하게 되었다. 이는 중화중화민국 시기에 중앙과 지방간에 갈등이 있었을 뿐만 아니라 지방의 상층과 하층 간에도 치열한 이익충돌이 존재하였다는 것을 보여주는 것으로 국가의 형성과정에지방과 국가간의 힘겨루기가 있었음을 보여주는 대표적인 사례이다.

성斗鸡城, 양림교楊林桥 등 12곳에서 신석기시대의 유적들이 잇따라 발견
되었다. 이 유적들은 공통적인 특징이 있었는데 바로 물과 가까운 높은
'고퇴' 위에 있었고 작은 고둥껍질이 대량으로 존재한 점으로 미루어 보아
옛날 사람들이 먹다 버린 것으로 추측할 수 있다. 왕상은 또 용산시기의
유적도 적잖게 있다는 점에 주의를 돌리게 되었다. 하지만 앙소시기의 채
색도자기는 시종 발견하지 못하였다.[47]

6. 현장고고학 기술과 정리 방법의 형성과정

이 단계에 와서 역사언어연구소는 장기간의 탐색과정을 걸쳐 고고학
의 조사, 발굴, 정리 등 면에서 이미 완벽한 기술과 방법을 장악하였다. 이
는 무에서 유, 초보에서 완벽함에 이르기까지 하나하나 모색해낸 것으로
서양의 것을 배워서 가능했겠지만 더 중요한 것은 역사언어연구소의 고
고학자들이 심혈을 기울였기 때문에 가능했던 것이다. 석장여는『고고연
표』에서 이에 대하여 체계적으로 논술하였는데[48] 주로 다음과 같은 몇
가지로 나누어 살펴볼 수 있다.

---

47) 왕상(王湘), 「안휘 수현 선사시기 유적 조사보고(安徽寿县史前遗址调查报告)」, 『중
   국고고학보』 제2기, 중앙연구원 역사언어연구소, 1947년, 179~180쪽.
48) 석장여, 『고고연표』, '중앙연구원' 역사언어연구소, 1952년, 105~108쪽.

1) 조사 방법

역사언어연구소의 조사방법은 4단계로 나눌 수 있다. 첫 번째 단계는 서적에 근거하여 찾는 것이다. 즉, 고적이나 현지_{其志}에 기록된 고대 유적의 위치에 따라 조사한다. 진나라_秦와 한나라 이전의 고대 유적은 대부분 실존한 것이지만 상나라와 주나라 이전의 고대 유적은 대부분 억지가 많아 이런 방법으로 조사하는 것은 그리 효과적이지 못했다.

두 번째 단계는 도굴당한 고분을 조사하는 것이다. 즉 도굴 사건이 발생한 곳에 가서 조사하는 방법이다. 도굴자들이 눈독들이는 것은 대부분 금, 은, 옥기인데 이런 보물들은 고대무덤이 있는 곳에 있다. 도굴당한 곳도 대부분 고적에 기재되지 않은 곳들이다. 신촌, 유리각과 산표진 등은 바로 이렇게 발견된 유적들이다.

세 번째 단계는 하곡_{河谷}에 대한 조사이다. 부동한 지역에서 얼마간의 유적을 발굴한 후 고고팀은 옛날 사람들 대다수가 강을 따라 모여 살았음을 알게 되었다. 강기슭과 골(路溝)이 지층현상을 관찰하기에 매우 좋은 단면이라는 것을 알게 되면서 유적발굴은 전보다 더 큰 성과를 거두게 되었고 따라서 이 시기에 유적이 가장 많이 발굴되었다.

네 번째 단계는 계획적인 조사이다. 세 번째 단계에서 큰 성과를 거두었지만 헛수고를 많이 한 것도 사실이다. 네 번째 단계에서는 더 많은 고대유적의 분포규칙을 발견함으로써 조사의 목적성이 강화되었다. 중요한 것부터 선택하여 계획적인 조사를 벌이는 것, 즉 한 지역 내에서 중요한 유적을 여러 군데 찾아 이 지역의 기준으로 삼는 것이다. 예를 들면 하남성 동쪽에 위치한 상구_{商丘} 일대에 가서 상나라의 도성을 찾고, 하남성 서쪽에 위치한 낙양에 가서 상도_{上都}와 하도_{下都}를 찾으며 섬서성에 가서 서주 및 그 이전의 도성을 찾는다.

도성의 형성에 있어서 그 전, 후 시대는 모두 비교적 중요하다. 여러 층으로 퇴적이 형성되었을 가능성이 있고 퇴적층이 많을수록 고고학적 가치도 크다.

2) 발굴방법

은허의 15차례 발굴을 예로 고고팀의 발굴방법에 대한 탐색과정을 다음과 같은 네 단계로 나눌 수 있다.

첫 번째 단계는 점點에 대한 발굴이다. 예를 들어, 1, 2차 발굴에서는 길이 3미터, 너비 1미터 혹은 길이 3미터, 너비 1.5미터 크기의 구덩이를 여기저기 아무런 연결없이 팠었다. 이런 방법은 지하의 토질을 탐측할 때는 유용하였지만 본격적인 발굴작업에서는 고찰할 수 있는 것이 없었기 때문에 이 단계에서 유적 발굴은 성과가 크지 않았다.

두 번째 단계는 선線에 대한 관찰이다. 예컨대 3차, 4차, 5차 발굴에서 길이 10미터, 너비 1미터 크기의 구덩이를 팠는데 대부분 수십 미터 혹은 백여 미터 길이의 선으로 연결하여 유적의 종단면 혹은 횡단면을 만들었다. 때로는 두 개의 긴 골을 파기도 하였는데 중간에 10미터 혹은 20미터의 거리를 두고 평행선을 이루거나 '十' 자형으로 교차하거나 'ㄱ'자 모양으로 연결시키기도 하였다. 따라서 발굴면적이 비교적 큰데다가 쭉 연결되었기 때문에 귀중한 유물들을 많이 발견할 수 있었다. 그중 '대귀4판(大龜4版)', 짐승 머리에 새긴 글, 부신장俯身葬, '황토당기(黃土堂基)' 등은 그 전에 보지 못했던 것들이다.

세 번째 단계는 표면面에 대한 발굴이다. 6차부터 9차까지 네 차례에 걸친 발굴에서는 여전히 길이 10미터, 너비 1미터 혹은 2미터 크기의 구덩이를 1미터 가량 간격을 두고 팠는데 수요에 따라 이 1미터 간격도 파버리는 경우가 있었다. 이 단계의 주안점은 기지에 두고 있었다. E구역에서 온전한 기지 몇 군데가 발견되고 가지런히 나열된 돌기반(石础)과 동기반(铜础)도 발견되었지만 그 길이와 너비를 알 수 있을 뿐 알고 두께는 파악하지 못해 기지의 구성을 파악하기는 어려웠다. 기지를 온전하게 보호하기 위해서는 그 윤곽만 찾아내고 중단해야 하였다. 땅을 다지지 않은 곳에서는 지층의 퇴적에 유의하였다. 이 단계에서는 온전한 기지를 발굴해냈고, 은나라 사람들이 소둔에 오기 전에 이미 선은문화先殷文化 퇴적이 있었음을 보아냈다.

네 번째 단계는 형체(体)에 대한 발굴이다. 13, 14, 15차 발굴에서는 앞서 여러 차례의 경험이 있었고 더한층 탐색해야 했기 때문에 어느 한 면面만 볼 것이 아니라 그 전체를 보고, 그 전체를 보기 위해서는 전반적인 구조를 알아야 한다는 점을 인식하게 되었다. 그리하여 이번 단계에서의 발굴은 전체를 단위로(以体为单位) 하여 교혈窖穴이든 고분이든 기지基址든 모두 온전한 윤곽을 찾는 것을 우선으로 하고 그 다음 전체적인 발굴작업을 진행하였다. 따라서 윗층 전체를 다 파헤치게 되었다. 작게는 10㎡, 크게는 40㎡를 단위로 하여 큰 단위의 중앙에 평판 측정기와 30m 길이의 줄자를 설치하여 발굴 과정에서 중요한 현상이 발생하거나 중요한 기물이 출토될 경우 하나도 빠짐없이 즉시 배치도에 그려넣었다. 그리하여 지하의 현상들을 빠짐없이 기록할 수 있었고 물체의 구조도 보다 상세히 살펴볼 수 있었다. 이 세 차례 발굴에서는 유물도 많이 발굴했을 뿐만 아니라 여러 가지 현상들의 연관성에 대해서도 더 많이 알게 되었다. 이런 발굴 방식은 영국의 고고학자 죤 마샬Sir John Marshall[49])이 인도

---

49) 죤 마샬(Sir John Marshall)은 20세기 20년대에 인도에서 모헨조다로(Moenjodaro) 유적을 발굴했는데 이는 가장 뛰어난 업적이다. 탁실라(Taxila)에서 발굴은 Ancient India No. 1, January 1946에 수록되어 있는데 역사언어연구소 고고학자들도 알고 있었다.

북부 탁실라(Taxila)를 발굴할 때 사용한 방법과 비슷하다.

상술한 내용은 주로 유적의 발굴에 대한 것들이다. 이외에도 후가장 서
북강, 준현 신촌浚县辛村, 급현 산표진汲县山彪镇과 휘현 유이각辉县琉璃阁 등
은 청동기 시대의 고분이었기에 다른 발굴 방식을 사용하였다.

3) 정리 방법

부동한 재질의 유물은 부동한 방식에 따라 정리하였다. 동기와 같은 경
우는 녹이 슨 부분을 제거하고 문양을 본떴지만 갑골은 흙을 제거하고 풀
칠(泡胶)을 했다. 도면을 그리고, 사진을 찍고, 탑본, 도량 하는 등은 모두
부동한 방식으로 진행되었다. 도자기의 정리 방법은 다음과 같은 네 단계
로 나누어 진행되었다.

첫 번째 단계는 정품精品 선정이다. 한 주거지의 유물 중 가장 많은 것
이 도자기 조각이다. 도자기 조각에 대한 깊은 연구가 없으면 모든 것이
다 똑같이 보일 수 있다. 실내에서의 정리는 현장작업에서의 수집과도 연
관된다. 수집한 도가기 조각들이 모두 원두圆头, 원각圆角 모양의 작은 조
각일 경우 분류 작업은 힘들어진다. 이 단계 즉 1차부터 3차 발굴에서는
완전하거나 반쯤 완전한 도기들을 중시하면서 모두 정품만 선정하여 수
집하였다.

두 번째 단계는 구부口部의 선택이다. 기물의 모양과 구조를 알아내는
데는 구부만큼 중요한 것이 없다. 4차 발굴부터 수집한 도자기 조각은 구
부를 위주로 보았다. 큰 조각의 복편腹片도 수집 범위에 속하는데 구부의
각도를 보고 도기의 모양을 추측할 수 있었고 복편의 문양을 보고 어떤
기물인지 상상할 수 있었다. 이상 두 단계는 모두 도자기 조각들을 실내
에 옮겨가서 정리하였고 현장에서는 주로 수집과 기록만 하였다.

세 번째 단계는 현장작업에서의 분류이다. 은허의 8차 발굴부터 실내 정리 작업의 일부는 현장에서 진행하였다. 사람들은 은허의 도기분류 도록图录을 한 권씩 지니고 하루에 두 번씩 자료를 수집하는데, 그때마다 먼저 분류하고 기물을 종류별로 기록하였으며 수집한 것과 버려진 수량을 모두 기록하였다. 이렇게 함으로써 출토된 도자기 조각들의 양을 계산할 수 있었고 실내 정리 작업의 부담을 덜어주었다. 또한 이 단계에서는 새로운 종류에 유의하여야 했는데 신기형新器形이 나타나는 즉시 모든 작업원들에게 알려야 하였다.

네 번째 단계는 현장작업에서의 정리이다. 제 13차 발굴부터는 출토된 도자기 조각을 하나도 버리지 않고 모두 작업실로 옮겨갔으며 발굴 작업이 끝난 후 정리작업을 진행하였다. 표본은 상자에 넣어 포장하고 남은 것은 교외에 버렸다. 14차 발굴에서는 방법을 개선하여 작업지점 부근에 도장陶场을 설치하고 현상에 따라 회색 구덩이, 탐갱 등을 깊이에 따라 배열하였다. 현상에 따른 배열작업이 끝나면 즉시 정리 작업을 시작하는데 먼저 조합과 부착을 한 후 나머지를 분류하고 기록하였다. 완전한 형태를 갖춘 기물이나 중요한 표본은 작업실로 옮겨가고 쓸모없는 것은 다시 원위치에 묻어버렸다.

4) 도자기 조각 등 유물의 수집, 기록 및 정리

이제는 「은허기물갑편(甲编): 도자기(상편)」[50]의 1장 <서론>에서 역사언어연구소 고고팀의 도자기, 도자기 조각의 수집표준과 기록방법의

---

50) 이제, 「은허기물갑편(殷墟器物甲编) : 도자기(상편)」, 『이제문집』, 상해인민출판사, 2006년, 49~488쪽. 『중국 고고보고집2 · 소둔(中国考古报告集之二 · 小屯)』제 3 책, '중앙연구원' 역사언어연구소, 1956년.

개선과정에 대해 상세히 기록하였다. 아래 이제의 기록에 따라 요점을 적어본다.

동작빈이 주관한 소둔 제1차 발굴(1928년 10월)은 '갑골을 대거 발굴'하기 위한 것으로 그외의 출토물에 대해서는 별로 유의하지 않았지만 일부 도자기와 도자기 조각을 간선하기도 하였다. 보고에는 109점이라고 적혀 있었지만 정확한 통계에 의하면 도자기 조각은 13개, 도자기는 4점이다.[51]

1929년 봄, 이제가 주관한 은허의 제2차 발굴부터는 모든 출토물을 갑골과 동등한 위치에 놓고 도자기 수집을 각별히 중요시하였다. 맨 처음에 사용한 방법은 도기를 포함한 지층의 모든 출토물을 수집한 것으로 비교적 간단하였다. 2차 발굴에서 출토된 도자기 조각은 2000여 개에 달하였다.

그해 가을에 진행한 제3차 발굴에서는 유물과 현상에 대하여 각별히 유의한 결과, 채색도자기 하나를 발견하게 되었고 따라서 은상문화와 선사시대 채도문화는 연관성을 갖게 되었다. 이때로부터 현장작업 팀원들은 도자기 조각의 수집에 있어 실용적인 기준을 찾을 수 있게 되었고 대체적으로 일부를 보고 그 전체적인 모양을 추측할 수 있었다. 구부, 저부底部 및 부록 중의 귀耳,流,병柄과 같은 형태상 특이하거나 또는 문양이 있는 단일 조각도 모두 수집하여 5000여 개를 기록하게 되었다.

1931년부터 1932년까지, 봄철과 가을철 각각 한 차례씩 모두 네 차례에 걸쳐 안양에서 발굴을 진행하였는데 이것이 안양에서의 제4차부터 7차까지의 발굴이다. 모두 네 차례에 걸친 현장작업 과정에서 도자기와 도자기 조각의 수집 방법은 점차 그 틀이 형성되었다. 작업팀에서는 도자기 조각 발굴작업에 가장 힘쓰는 왕상에게 수집 임무를 맡겨 분류 작업을 시

---

51) 동작빈, 「민국17년 10월 안양 소둔 시굴 보고서」, 『안양발굴보고서』 제1기, 중앙연구원 역사언어연구소, 1992년, 3−36쪽.

도하였다. 도자기 조각의 재질에 대한 초보적인 감별부터 시작하여 모양과 구조, 형태를 단면도로 작성하고 분류 통계하고 그 수량과 출토 지점에 대해 상세히 기록하였다. 이 부분의 현장작업은 갑골문 발굴보다 더 흥미진진하였다. 팀원들은 새로운 실천 경험을 통해 견문을 넓히게 되었고 기록 방법, 수집 기준에 대해 새로운 의견을 내놓고 열띤 토의를 진행하기도 하였다. 당시 다음과 같은 문제에 대하여 집중적으로 논쟁을 벌였다. 하나는 통계 단위인데 최종적으로 하나의 도자기 조각을 통계단위로 정하기로 하였다. 다른 하나는 통계 숫자가 반영하는 실제 상황이다. 여건이 제한되어 있었기 때문에 제 4차부터 7차까지의 자료를 모두 수집한 것이 아니라 3차 발굴에서 중요한 것만 가려서 채집하였는데 결과 기록된 수치도 비교적 대표적이었다. 수집된 양을 보면 4차 발굴에서는 8716조각, 제5차 발굴에서는 4828조각, 6차 발굴에서는 5917조각, 7차 발굴에서는 14514조각이다.

이상의 7 차례의 발굴 경험을 바탕으로 도자기 조각에 대한 수집과 기록 방법을 원활하게 활용할 수 있는 체계가 기본적으로 형성되었고 현장작업에서의 과정마다 점차 고정된 절차가 있게 되었다. 소둔 후기의 다섯 차례 발굴에서 다소 개선되기는 하였으나 기본적으로 큰 변화는 없었다.

8차와 9차 발굴에서의 도자기 조각에 대한 기록은 4가지 수치가 포함된다. 즉 ① 출토량, ② 채집 수량, ③ 기록된 수량, ④ 통계표의 수량이다. 출토량은 매 구덩이마다 출토된 도자기 조각의 실제 수량인데 현장작업에서 통계한다. 수집량은 작업실로 옮겨간 도자기 조각의 수량이다. 운반 전에 작업자가 가치가 없다고 여기는 작은 조각들은 모두 버려진다. 작업실에서의 정리작업에서는 흔하게 볼 수 있거나 전체적인 형태를 알아내기 힘든 것은 모두 버리고 나머지를 기록하는데 이것이 바로 등기부의 수치이다. 통계표의 수치는 작업실로 운반하여 최종적으로 정리하여 얻어낸 것이다. 계산 단위는 조금 변경되었는데 부착할 수 있는 것은 다 부착하여 큰 조각으로 만들었다. 그 중 전체적인 형태가 복원된 것도 있어 하나의 계산 단위가 최초 출토량의 몇 배 또는 몇십 배가 될 수 있었다. 따라서 통계수치와 기록된 수치가 대표하는 실물에 큰 차이가 없었다. 오직 부착하기 전 단위가 부착 후의 단위보다 적어졌을 뿐이다. 두 번에 걸쳐 기록된 도편의 수량은 다음 표와 같다.

표1 은허의 8차, 9차 발굴에서 출토된 도자기 조각 통계표

발굴차수 / 수량종류	8차	9차
출토	16 783	1 388
채집	11 276	872
등록	10 015	1 142
통계	6 127	763

제 10차부터 13차까지의 안양 발굴은 주로 후가장 서북강의 고분에 집중되었는데 출토된 도자기 조각은 그리 많지 않았다.

제 13차부터 15차 발굴은 다시 소둔으로 돌아와서 진행되었다. 마지막 세 차례 발굴은 그 전의 아홉 차례 발굴경험이 있었기에 수집, 정리가 보다 체계적으로 진행될 수 있었다. 출토량과 수집량은 모두 상세히 기록되었다. 수집자는 도자기 조각의 질과 형태에 관한 많은 지식을 얻었고 작업팀의 조직구성도 개편되어 수집에서 통계에 이르기까지 보다 간소화되었다. 8차, 9차에서는 고유의 등기 품목을 취소하였지만 기록된 것은 더 상세하였다. 다음은 제 13차부터 15차 발굴까지 출토된 도자기 조각의 수량이다. 8차, 9차, 13차, 14차, 15차, 다섯 차례에 걸쳐 소둔에서 출토된

것은 206232조각으로 총 수집량(247565조각)의 83%를 차지했다.

마지막 세 차례 발굴에서 기록된 도자기 조각은 약 20만 조각으로 총량의 80%를 차지하였다. 이렇게 급증한 원인은 두 가지로 볼 수 있는데 하나는 작업 범위의 확대이고 다른 하나는 분류 기록방법의 사용이다. 13차부터 15차까지 매번 평균 20000입방미터의 흙을 팠는데 8차 발굴에서는 2200입방미터, 9차 발굴에서는 510입방미터를 팠다. 처음 일곱 차례의 발굴에 대해서는 기록을 하지 않았는데 대체적으로 마지막 세 차례 발굴에서 출토한 양의 3분의 1정도 된다. 분류하여 통계하는 방법을 사용하였으며 거의 모든 도자기 조각을 기록범위에 포함시켰는데 이는 중요한 것만 골라서 기록하던 것과 다른 방법이었다.

표2 은허의 13차~15차에서 발굴된 도자기 조각 통계표

발굴차수 / 수량종류	13차	14차	15차
출토	110 059	63 313	99 876
채집	103 679	62 284	99 731
통계	97 164	19 674	82 504

분류기록법은 분류를 시도한 과정에서 얻은 가장 중요한 성과이다. 도자기 조각은 부동한 기준에 따라 분류되는데 재질, 색깔 및 문양 대부분은 그 자체로부터 알아낼 수 있다. 하지만 형태의 분류에서는 어려움을 겪게 된다. 조각들을 통해 그 기물의 모양을 추측하는 것은 보는 이마다 견해가 다르고 의견히 분분하여 논쟁을 일으키기 쉽다. 때문에 역사언어연구소의 고고팀은 '현장호(田野号)'라는 제도를 만들어서 낡고 통속적인 명칭을 점차적으로 대체하기 시작하였다.

이른바 '현장호'제도는 숫자로 개별적인 명칭을 대체하는 것이다. 매일 수집한 도자기 조각과 모양이 갖추어진 도자기들을 통계하는데 현장에서 발굴한 것 중에 발굴자가 같은 종류라고 여기면 같은 숫자로 표시하고 부록에 단면도나 기타 설명을 첨부하였다. 분류 작업은 더 나눌 수 없을 때까지 진행하였다. 하나의 숫자는 유형별 최소 단위를 대표한다. 분류 기준은 형태를 위주로 하고 있는데 형태를 판단하기 힘들면 무늬, 색깔, 재질에 따라 독립적인 번호를 매기기도 하였다. 사실상 이러한 작업은 시작할 때부터 끊임없이 개정되었다. 그 이유는 새로운 도자기들이 계속 출토되어 분류의 기준과 수의 계량이 자주 바뀌고 다른 하나는 이러한 방법을 채택함으로써 실험 태도에 변화가 생겼기 때문이다.

분류 작업에 관한 두 가지 원칙은 시종일관 변하지 않았다. 첫째, 온전한 형태를 갖춘 기물의 구조를 바탕으로 하여 첫 분별 작업을 시작한다. 온전하지 않은 도자기 조각은 따로 놓아두고 다른 기준에 따라 분류한다. 둘째, 온전한 도자기는 일단 가장 밑부분의 형태와 구조를 첫째 기준으로 보고 다시 도자기의 구조의 차이에 따라 차등의 분별기준을 선택한다.

은허에서 출토된 대부분의 도자기 조각들은 그 도자기의 온전한 형태를 알아낼 수 있었으며 또한 초기에 분별하기 어려웠던 작은 조각들을 보고 온전한 도자기의 모양을 알 수도 있었다. 은허에서 현장실험 기록을 분류하는 기간, 숫자 체계를 두 번이나 고쳤다. 제1차부터 9차까지의 분류 숫자는 최초의 숫자 체계이고 제13차부터는 1차 개정을 실시한 두 번째 숫자체계이다. 14차 때 또 한 차례의 개정을 진행하였는데 바로 세 번째 숫자체계이다. 맨 마지막의 정리작업 때는 14차에서 개정한 체계의 숫자들에 괄호를 덧붙여 사용하였다.

7. 결론

1934년부터 1937년까지, 역사언어연구소 고고활동은 전성기에 들어섰는데 주요하게 다음과 같은 몇 가지 측면으로 표현된다.

① 세력이 강해지고, 조직이 강화되었으며 자원이 증가되었다.

역사언어연구소는 학술세력이 점차 강해짐에 따라 부사년, 이제, 동작빈 등 거물급 인물들을 중심으로, 행정권과 학술역량을 다 갖춘 단체가 되어 전국의 문화박물고고사업을 통제하였다. 역사언어연구소 고고팀을 핵심으로 확대된 중앙박물원준비처, 중앙고물보관위원회, 지방 학술단체인 산동고적회와 하남고적회 등 기구들은 역사언어연구소의 고고활동에 플랫폼을 제공해 주었을 뿐만 아니라 비용도 제공해 주었다. 특히 국가의 명의, 행정권과 대량의 비용을 소유한 중앙고물보관위원회와 중앙박물원준비처를 장악한 후 역사언어연구소는 사실상 남경 국민정부의 문화 박물고고사업을 관리하였다. 그리고 이에 힘입어 전국적 범위에서 고고활동을 추진할 수 있게 되었다.

인재 대오를 보면, 제1세대 고고학자인 이제, 동작빈, 양사영, 곽보균은 모두 유명한 학자가 되었고, 제2세대 고고학자인 오금정, 석장여, 유요, 기연패, 왕상, 이경담 등도 크게 성장하였다. 또한 부사년의 '엘리트주의'의 인재사상의 영향하에 북경대학, 청화대학 및 다른 경로를 통해 많은 인재들이 고고학 대열에 가입하였다. 예를 들면 윤환장, 호후선, 고거심, 하내 등은 모두 그 당시 은허발굴에서 단련받고 후에 유명한 학자가 되었다. 곽보균이 이끈 하남고적회도 조청방趙青芳, 한유주韓維周 등 일부 인재들을 양성하였다. 그 당시 중국에는 역사언어연구소의 훈련을 통해 과학적 고고 교양을 받은 인재가 20세기 20년대의 몇 명에서 수십 명으로 늘어났으며, 많은 사람들이 현장작업 경험이 풍부하고 이론적 교양을 갖춘 수준 높은 전문가가되었다.

비용문제는 중화중화민국 시기 고고발굴에 관심을 가진 많은 기구들이 실천연구를못하게 가로막는 주요한 장애요인이었다. 그러나 이 시기 역사언어연구소의 비용은 비교적 충분하게 보장되었다. 처음에는 중화문화교육기금회에서주는 정액의 보조금이 있었고 그 다음으로 중앙박물원 준비처의 영국 배상금(英国庚款), 중앙연구원의 예산, 각 성 고적회의 지방 지급금 등이 있었다. 이로 인해 역사언어연구소는 지속적으로 대규모의 현장작업을 펼칠 수 있었다.

표3 제1차~제7차 은허 발굴 상황

(『안양발굴 보고』 제4권, 중앙연구원 역사언어연구소, 1933년, 730쪽,이제 편집 후기 참조)

발굴 차수	시간	작업인원	참가인원	발굴지	비용
1	1928. 10. 13~30	동작빈 조지정 이춘욱 왕상	장석진 곽보균	소둔촌 북쪽 마을 안쪽	역사언어 연구소작업
2	1929. 3. 7~5. 10	이제 왕경창 동작빈 왕상	배문중	소둔촌 북쪽, 안쪽 남쪽	미국프리어 갤러리협조
3	1929. 10. 7~12. 12	이제 장울연 동작빈 왕상 동광충		소둔촌 북쪽 마을 서북쪽	미국프리어 갤러리협조
4	1931. 3. 21~5. 11	이제 유서하 동작빈 이광우 양사영 왕상 곽보균 주영학 오금정	관백익 곡중륜 허경삼 석장여 풍진현 유요 마원재	소둔촌 북쪽 후강 사판마	역사언어 연구소작업

발굴 차수	시간	인원		발굴지	발견	비용
5	1931. 11. 7~12. 19	동작빈 유서하 양사영 왕상 곽보균	장선 이영백 석장여 유요	소둔촌 북쪽 마을 안쪽 후강	중화교육 문화기금회 보조금	
6	1932. 4. 1~5. 31	이제 이광우 동작빈 왕상 오금정 석장여 유서하 주영학		소둔촌 북쪽 왕유구 곽가소장 후가장	중화교육 문화기금회 보조금	
7	1932. 10. 19~12 15	이제 이광우 동작빈 석장여		소둔촌 북쪽	중화교육 문화기금회 보조금	

표4 제8차~제15차 은허 발굴상황 집계표
(석장여, 「최근 은허에 대한 중대 발견 부론 소둔지층(殷墟最近之重要发现附论小屯地层),
『중국고고학보』제2권, 중앙연구원 역사언어연구소, 1947년, 12쪽 참조)

발굴 차수	시간	인원	발굴지	발견	비용
8	1933. 10. 20~12. 25	곽보균 석장여 이경담 유요 이광우 마원재△	소둔 사판마 후강	용산혈, 대기지, 주신, 동초, 은대 대소고분	중화교육 문화기금회 보조금
9	1934. 3. 9~5. 31	동작빈 석장여 이경담 유요 윤환장 풍진현△	소둔후강 후가장 남쪽	은대기지, 교혈고분, 대귀7판자골 일부	중화교육 문화기금회 보조금
11	1935. 3. 15~6. 15	양사영 석장여 유요 기연패 호복림 이광우 왕상 부사년*	후가장 서북강	서구 대형고분 최종 발굴, 동구에서 소형고분 411개 발굴,	중화교육 문화기금회 보조금

		이제* 동작빈* 하내+ 마원재△		대량의 석물, 화골, 동기, 옥기 발견.	
12	1935. 9. 5~12. 16	양사영 석장여 유요 이경담 기연패 이광우 고거심 윤환장 번각 (왕건훈) (동배헌) 이춘암△ 황문필 이제*	후가장 서북강 범가장 대사공촌	서구에서 대형고분3개, 가짜 대형고분 1개, 일부 소형고분 발견. 동구에서 대형고분 2개, 일부 소형고분 발견. 두 구역에서 발굴된 소형고분 총 785곳, 회색 구덩이 37곳, 고분64곳	중화교육 문화기금회 보조금
13	1936. 3. 18~6. 24	곽보균 석장여 이경담 왕상 기연패 고거심 윤환장 번각 손문청△이제* 동작빈* 왕작빈	소둔	판축기지4곳, 교혈127곳, 고분18곳, 병차마갱 및 H127 갑골갱 등	중화교육 문화기금회 보조금 중앙박물원 준비처협조
14	1936. 9. 20~12. 31	양사영 석장여 왕상 고거심 윤환장 번각 (왕건훈) (위홍순) (이영감) (석위) 왕사예 △원동례	소돈 대사공촌	판축기지26곳, 교혈122곳, 고분132곳, 도랑유적29곳, 은대와 전국시기의 고분 91곳	중화교육 문화기금회 보조금 중앙박물원 준비처협조

		석장여 왕상 고거심 윤환장 번각 (왕건훈) (위홍순) (이영감) (석위) 장광의 △ 동작빈* 양사영* 서초석°			
15	1937. 3. 16~6. 19		소둔	판축기지 20곳, 교혈220곳, 고분103곳, 120미터 길이의 도랑 유적, 백도두(白陶豆), 관(罐) 및 동기	중화교육 문화기금회 보조금 중앙박물원 준비처협조

(주석: 이 도표는 소둔과 서북강의 발굴을 포함. 인원란 중 표기가 따로 없는 것은 정식인원; ( )는 임시 작업 인원; △는 하남성 정부 참여 인원; +는 청화대학교 졸업생; *는 본 연구소의 시찰원; °는 중앙고물보관위원회에서 보낸 감시인을 표기함)

② 활동의 시공간 범위가 확대되었다.

1934년 전, 역사언어연구소의 고고활동은 하남의 안양, 준현, 산동의 성자바위 등 몇 곳에서만 진행되었다. 그후 범위가 점차 확대됨에 따라 산동고적회는 1933년에 등현의 안상촌, 조왕고분(曹王墓), 왕분협王坟峪을 발굴한 뒤, 산동의 동남지역을 조사하고, 일조, 양성진의 와옥촌과 대고퇴를 발굴하였다. 하남고적회는 더 적극적이었는데 전후로 예서, 신정新郑, 광무厂武, 원하 연선沿线, 탕음汤阴, 예북, 우주禹州, 급현, 언사偃师, 예동, 등봉登封 등지를 조사하였다. 당시 알려진 하남성 대부분의 중요한 곳들이 다 포함되었다. 그리고 광무厂武, 청대青台, 급현汲县, 산표진山彪镇, 휘현, 유리각, 전장둔毡匠屯,고유촌固维村 및 예동의 조율대, 흑고퇴, 조교曹桥를 발굴하였다. 1934년에는 '주가집(朱家集) 사건'을 빌미로 하고 중앙고물보관위원회의 명의로 안휘성에 들어가서 이삼고퇴의 초나라 대고분을 측량하고, 원하유역의 여러 개의 유적을 조사하였다. 동시에, 분산되어 있는 고고조사와 소규모의 발굴 활동도 전국 각지에서 끊임없이 진행되었다. 그중에서 제일 중요한 것은1936년 오월吳越 역사지리연구회와 서호西湖 박물관의 초청에 응하여, 동작빈, 양사영, 석장여가 중앙고물보관위원회의 대표로 시흔경施昕更의 저장성 항현杭县 양저진良渚镇 발굴을 협조, 지도한 것이다.

이 시기 역사언어연구소 고고연구의 시대적 범위는 크게 확대되었다. 1934년 전에는 주로 은대와 선사시기를 위주로[52] 연구하였으며, 범위는 대체로 서주 신촌까지 확대되었다. 그러나 이 시기에 와서는 시대적 범위가 지속적으로 확장됨에 따라 춘추전국, 한위육조, 심지어 명대의유물에 대해서도 탐색하려고 하였다.

특히 언급해야 할 것은 은허의 발굴이다. 후가장 서북강의 왕릉구를 찾아냈고, 유적 발굴에서 능묘에 대한 대규모의 발굴로 발전하여 발굴대상이 크게 달라졌다.

③ 기술방법이 진보하였다.

이 시기 역사언어연구소의 고고학자들은 현장, 실내정리, 자료분석 등에 대한 기술방법에서 모두 비약적인 발전을 가져왔다. 예를 들면, 복잡한 유적에 대한 식별, 차마갱에 대한 복원, 왕릉의 유물(여의장)에 대한 채취, 발굴 및 기록방법의 개선, 소둔의 전체적인 발굴방법의 채택 등은 역사언어연구소 고고팀의 기술이 질적으로 향상되었음을 말해준다.

④ 인식이 향상되었다.

약 10년간의 작업을 거쳐, 1937년에 이르러 중국의 선사문화와 은대문화에 대한 인식에 있어서 역사언어연구소 고고학은 중대한 진전을 가져왔다. 선사연구는 이미 안특생 시대의 수준을 훨씬 초과하였다. 중국선사문화의 연대, 범위와 내용, 앙소문화와 용산문화 간의 관계에 대하여 모두 새로운 인식을 갖게 되었다. 그리고 은대문화의 성격, 내용과 근원

---

52) 소둔 상층에서 수나라의 고분이 발견되었지만 결코 발굴대상이 아니었다.

등 다방면의 연구에서 알찬 성과를 이룩하였다.

총괄하면, 이 단계는 중국의 과학 고고학이 이미 형성된 시기였다. 1936년에 이제는 "야외고고작업이……중국에서는 이미 시도 단계를 넘어섰으며 이는 진정한 학술로 연구에 필요한 철학적 기초, 역사적 근거, 과학적 훈련, 실제적인 설비를 갖추었다"[53]고 말하였다. 이는 현재 역사언어연구소 고고팀의 현대고고학의 지식체계가 상당히 완벽했음을 상징한다.

---

53) 이제, 「현장고고 보고 편집요지(田野考古报告编辑大旨)」, 『현장고고 보고』 제1권, 중앙연구 역사언어연구소, 1936년.

제6장 역사언어연구소 고고학의 지속적 발전 단계(1937~1949)

항일전쟁과 국내전쟁 시기의 고고활동

1928년부터 1937년까지는 남경정부의 노력으로 이룩한 '10년의 황금기(黃金十年)'이며, 역사언어연구소를 대표로 하는 중국의 과학고고학이 힘든 상황을 이겨낸 '10년의 황금기'이다. 10년이 채 안되는 이 소중한 시기는 중화중화민국 시기 중국 현장고고의 전부였다. 그 후 12년간 연속된 항일전쟁과 해방전쟁은 국가와 민족에게 극심한 재난을 가져다 주었을 뿐만 아니라 막 흥기하기 시작한 중국의 고고학에 치명적인 타격을 주었다. 현장작업이 극도로 위축되고 실내에서의 연구는 겨우 진행되었으며 별로 많지 않던 고고팀 팀원들도 많이 줄어들었다.

이와 같은 곤경 속에서도 역사언어연구소는 연구활동을 꾸준히 진행하였으며 국가 정책에 발맞춰 일부 현장조사를 진행하였다. 특히 이미 발굴한 자료에 대한 정리와 연구를 통하여 중요한 성과를 거둠으로써 지난 10년간 이룩한 과학고고 전통의 계승과 발전에 힘을 실어주었다.

규모가 큰 현장조사와 발굴활동은 주로 역사언어연구소의 신세대 연구자들이 맡아서 하였는데 특히 영국에서 유학하고 돌아온 오금정과 하내가 큰 역할을 하였다. 두 사람은 체계적인 학습을 통하여 선진적인 고고학 이론과 방법을 장악하였으며 전쟁시에도 여전히 전력을 다하면서 큰 기여를 하였다. 이 시기에 역사언어연구소의 가장 주된 고고 성과는 실내연구에서 이루어졌다. 이제, 동작빈, 양사영 등 학자들은 과거의 발굴자료들에 대한 정리, 연구를 통하여 중요한 성과를 이룩하였다. 이로써 역사언어연구소의 과학고고학은 최고의 수준에 오를 수 있게 되었다.

유위초는 고고학이 일반적 학과로부터 독립할 수 있었던 특수 방법론에서 가장 기본적인 것은 지층학, 유형학과 실물자료에 근거하여 역사를 복원하는 방법이라고 하였다. 지층학은 발굴기술과 깊은 관계가 있고 유형학은 정리와 밀접한 관계가 있으며 실물에 근거한 역사복원 방법은 고고학에 대한 해석으로, 가장 중요한 방법이며 고고학의 목표이다.

지층학을 중심으로 한 중국 과학고고학의 핵심 발굴기술의 발전은 이제, 양사영, 오금정과 하내의 활동을 대표로 다음과 같은 세 단계로 나누어볼 수 있다.

첫 번째 단계는 서음촌에서 은허 발굴의 제1단계까지인데 중국의 과학고고학 발굴 방법의 초기단계로, 대표인물은 이제이다. 이 시기에는 수평층위의 발굴방법을 점차 개선하여 새로운 것을 많이 탐색한 것이 그 특징이다. 예를 들면, 시굴조사(钻探), 탐색구덩이를 파는 방법(开探沟), 유적지의 타파打破 관계를 찾는 것 등이다. 이제는 고고학 전공 출신도 아니고 미국에 있을 때 현장작업에 참여한 적도 없었지만 자신의 과학적 소양과 탐색정신을 바탕으로, 중국 선사학의 선구자인 안특생 등이 모색한 몇 가지 방법을[1] 수용하고 개선하여 20세기 20년대보다 더 높은 수준의 발굴 실력을 보여주었다. 근대 고고학은 19세기말에 이미 성숙되었다고 하지만 발굴방법에 있어서는 20세기 상반기까지 여전히 수평층위의 방법에 머물러 있었다. 글린 다니엘(格林 · 丹尼尔)은 아나우(安诺) 유적지의 발굴이 고고학 기술 발전사에서 중요한 위치를 차지한다고 하였는데 이 발굴 역시 수평층위의 방법을 사용하였다. 아메리카의 고고학도 20세기 20년대에 이르러서야 엄밀한 지층학 방법을 사용하였는데 바로 고든 윌리(戈登 · 威利)의 '지층학에서의 혁명(地层学上的革命)'이다. 20세기 20년

---

[1] 서음촌의 발굴자 원복례는 안특생의 앙소촌 발굴에 참여한 적이 있다. 이제는 원복례로부터 안특생의 방법을 전수받았을 것이다.

대에 고고학자들은 수평층위의 발굴방법을 사용하였지만 이미 지층의 자연변화에 관심을 가지고 있었다. 이로부터 볼 때 인위적인 수평층에서 자연층으로의 발굴방법을 사용하는 것은 단지 시간적인 문제였다.2)

두 번째 단계는 은허의 제4~15차 발굴시기로, 수평층발굴로부터 자연층발굴로 이행되는 과도기적 시기이며 점차 성숙되어가는 단계였다. 가장 결정적인 공헌을 한 사람은 미국에서 현장훈련을 받은 양사영으로, 대표적인 업적은 바로 후강삼첩층의 발견이다. 1930년, 양사영은 미국 하버드대학에서 학업을 마치고 귀국하였고, 1932년에 안양 후강 제2차 발굴사업을 주도하였다. 그 과정에 앙소, 하남의 용산과 소둔의 삼첩층을 발견하였으며 이 3자의 선후관계에 대하여 연구하였다. 은허발굴을 주관할 때는 본격적으로 지층학 원리에 따라 작업을 진행하였다. 양사영이 후강삼첩층을 발견하고 은허 발굴을 주관하면서 중국고고학계에서는 지층분석을 통하여 고고발굴을 해야 한다는 인식이 주도적 위치를 차지하게 되었다. 오늘날 후강삼첩층의 단면도를 보면, 한 층의 갈색토(褐土)와 한 무더기의 황토燒土가 녹토绿土 위에 겹쳐 있고 또 녹토绿土에 눌려 있는 등의 결함이 있다. 하지만 양사영은 지층의 겹층(叠压) 관계에 근거하여 앙소, 용산과 은허 보존물의 선후관계를 분명하게 논증하였으며 이것이 바로 고고지층학이 중국에서 확립된 표지라고 하였다.3) 후강삼첩층의 발견을 고고지층학 확립의 표지로보는것은중국고고학계의공통된인식이다. 토질과 토색에 근거하여 지층을 구분하는 것은 원칙이고 경험으로서. 오랜 실천을 통해야만 정확한 구분이 가능하다. 후강삼첩층 발견이 바로 그 예이다. 이는 수평층위 방법의 시대가 지나가고 지층학의 새로운 시대가 열렸음을 의미한다.

2) 진성찬,『중국 선사고고학사 연구 1895-1949』, 생활 · 독서 · 신지 삼련서점, 1997년, 150~151쪽.
3) 유위초,「'고고 지층학' 문제에 대하여」,『고고학이란 무엇인가—유위초 고고학 이론 문선』, 중국사회과학출판사, 1996년, 9~11쪽.

제3단계는 항일전쟁시기이다. 이 시기에 발굴방법이 진보하였는데 주로 오금정과 하내가 어려운 상황에서 유럽에서 배워 온 방법을 고고활동에 활용한 데서 보여진다. 새로운 지식이 보충되면서 중국의 과학고고학 발굴방법은 한층 더 발전할 수 있었다.

아래 관련 인물들을 중심으로 이 시기 역사언어연구소의 현장조사와 연구성과에 대하여 중점적으로 논술하고자 한다.

1. 오금정과 서남지역 고고학의 개척

오금정은 젊은 나이에 세상을 떠났지만 중국 현대고고학 역사에서 매우 중요한 인물로, 중국의 선사시기 문화를 발견하고 연구하였으며 서남 고고를 개척하는 등 여러 방면에서 빛나는 공적을 쌓았다. 이에 대하여 장광직이 언급한 적이 있다.4)

1933년 가을, 오금정은 산동성 정부의 지원으로 영국 런던대학교에 연수를 가게 되었다. 영국에 있는 동안, 런던 중앙고등공업학교에서 원시도자기 제작방법을 배웠으며 이집트 고고학 거장인 피트리(皮特里)를 따라 팔레스타인에서 진행된 발굴작업에도 참여하였다. 성자바위 발굴 이후에는 중국의 신석기 시대 문화를 전문적으로 연구하려는 뜻을 굳혔으며 도자기에 각별한 관심을 가졌다. 영국에 있을 때 그는 『중국 선사시대 도자기』5)라는 저서를 집필하였는데 이는 당시 중국 선사시기 도자기에 관한 가장 상세한 참고서였다. 그는 연구를 위하여 이미 출판된 중국 선사시대

---

4) 「장광직이 말하는 중국고고학의 문제와 전망」, 『고고』 1997년 제9기, 85~92, 96쪽.
5) Wu, G. D., *Prehistoric Pottery in China*, Kegan Paul, London, 1938.

도자기 관련 서적을 모두 찾아보았으며, 출토된 몇만 점에 달하는 도자기 조각 실물을 정리, 연구하였다. 1937년, 오금정은 박사학위를 수여받았으며 서양에서의 수년 동안의 훈련과 탐색을 거쳐 당시 중국에 몇 명 안되는 최고의 선사시기 고고학 학자로 성장하였다.

1937년, 그가 귀국할 당시 이미 항일전쟁이 발발하였으므로 역사언어연구소와 중앙박물원 설립사무소를 따라 돌아다니며 고난의 고고여정을 시작할 수밖에 없었다. 그의 주된 고고활동은 다음과 같다.

1) 창이(苍洱) 고적 고찰팀의 조사와 발굴

1938년 1월, 항일전쟁으로 시국이 악화되자 역사언어연구소는 장사로에서 곤명으로 거처를 옮겼다. 10월에 역사언어연구소와 중국박물원 설립사무소는 창이 고적 고찰팀을 설립하였다. 오금정이 팀장을 맡았고 팀원으로는 왕개침王介忱, 증소율曾昭燏이 있었다. 고찰팀은 대리大理 및 이해洱海일대를 조사하였다. 창이 고적 고찰팀의 활동은 역사언어연구소가 곤명에서 진행한 3년간의 고고활동 중에서 가장 중요한 위치를 차지하였다.

고고팀은 1938년 11월부터 1939년 1월 사이에 대리 여강丽江에서 창산苍山 · 마룡马龙 · 용천龙泉 · 하관서下关西 등 유적을 발견하였다. 1939년 2월부터 12월까지 또 다시 대리에 가서 중화북中和北 · 소잠小岑 · 불정갑佛顶甲 · 청벽清碧 · 불정을佛顶乙 · 마이马耳 등 선사시기 유적을 발견하였고, 오화루五华楼 · 중화중中和中 · 만년교万年桥 등 남소南诏 유적 3 곳과 기타 몇 개의 고적을 발견하였다. 1940년 1월부터 2월 사이에는 대리 희주喜州에서 오대갑지五台甲址 · 오대을지五台乙址 · 창랑갑지苍浪甲址 · 창랑을지苍浪乙址 · 창랑병지苍浪丙址 · 소계족小鸡足 등 선사시대 유적 6곳을 발견하였다. 같은 해 3월부터 6월까지 대리에서 창랑정舊浪丁 · 창랑무舊浪戊 · 삼양三阳 · 연화갑蓮花甲 · 연화을蓮花乙 · 호산虎山 · 학운鶴云 · 착어촌捉鱼村 등 선사시대 유적 8곳과, 상관上矣 · 탑교성塔桥城 · 백운갑白云甲 · 백운을白云乙 · 백운병白云丙 등 남소유적을 발견하였다. 이처럼 3년동안 무려 38곳에 달하는 유적을 발견하였다.

조사 외에도, 1939년부터 1940년 사이에는 대리 일대에서 발굴작업을 진행하였는데 마룡 · 청벽 · 불정갑 · 불정을 · 중화중 · 용천 · 백운갑 등 유적 7곳이 포함된다.

위에서 언급한 고고 활동들은 『운남 창이 경내 고고학 보고서』로 정리되었으며 서남의 선사시대 고고학의 기초를 마련하였다. 보고서는 1942년 중앙박물원에서 출판되었다.

2) 천강(川康) 고적고찰팀의 조사와 발굴

1941년 봄, 전면滇缅 도로가 위험해지면서 역사언어연구소는 곤명으로부터 사천 의빈 남계 이장四川宜宾南溪李庄으로 자리를 옮기게 되었고 중앙박물원 설립사무소와 영조학사营造学社도 같이 옮겨갔다. 이 세 단체는 연합하여 천강고적고찰팀을 구성하였다. 오금정이 팀장을 맡고 고거심, 증소율曾昭燏, 왕개심王介忱, 조청방赵青芳, 하내, 진명달陈明达을 팀원으로 정하고 천강경내에서 고고활동을 시작하였다.

1941년 1월부터 2월까지 서부叙府 일대에서 조사를 진행하여 남계南溪 장지葬地 · 구가촌九家村 바위 묘(崖墓) · 쌍강두双江头 · 구주성旧州城 등 유적을 발견하였다. 3월부터 4월 사이에는 의빈으로부터 민강岷江을 따라 성도成都에 이르렀고 신진新津에서 보자산堡子山장지 · 구현성旧县城 고적

등을 발견하였다. 팽산彭山에서 채가산蔡家山장지·쌍강双江 장지를 발견하였고 온강溫江에서 고성경古城埂 유적을 발견하였으며, 성도에서 청양궁青羊宮 장지, 비현郫县에서 마진고성马镇古城 유적을 발견하였다.

1941년 7월부터 1942년 12월까지 오금정은 고찰팀을 인솔하여 팽산 강구진江口镇 일대에서 대규모의 발굴활동을 진행하였다. 팽산 강구진 두아방豆芽房에서 바위 묘 21곳, 두아방 동북쪽의 채자산砦子山에서 바위 묘 39곳을 발굴하였다. 바위 묘는 남방지역 특유의 고분제도의 하나이다. 강구진에서의 발굴은 중국고고학자들이 처음으로 진행한 비교적 큰 규모의 발굴과 연구였다. 또한 채자산 동북쪽의 진가편陈家扁 유적에서 쌍동화전묘双洞花砖墓, 석인동굴묘石人洞墓, 소형묘小型墓를 발굴하였고 강구진 동북의 이가만李家湾 유적에서 바위묘 9곳을 발굴하였다. 그리고 강구진 동북 목마산牧马山에서 고부전묘高阜砖墓, 고부토묘高阜土墓, 왜대토묘矮台土墓, 지하토묘地下土墓 등 네 종류의 무덤을 발굴하였다. 이 때는 항일전쟁이 가장 간고한 시기였으므로 발굴팀의 비용도 많이 부족하였다. 게다가 강구진 일대는 편벽지고 생활여건이 어려워 역사언어연구소는 고고작업을 시작한 이래 가장 곤란한 처지에 놓이게 되었다.

3) 금대(琴台) 정리사업팀의 활동

1943년 봄, 중앙연구원, 중앙박물원 설립사무소, 사천성 박물관은 합작하여 금대 정리사업팀을 구성하였는데 팀장은 오금정, 팀원으로 왕진탁王振铎, 왕문림王文林, 유역화刘绎和, 풍한기冯汉骥, 막종강莫宗江 등이 있었다. 이 사업팀은 1943년 3월 2일부터 9월21일까지, 무금대抚琴台 의 전촉前蜀 왕건묘王建墓 에 대한 발굴과 정리작업을 계속하였다. 이 무덤은 벽돌을 쌓아 만든 것이었는데 높이는 약 1장 5척이고, 너비는 1장 남짓하며 길이는 7장 정도였다. 전, 중, 후 3개의 방으로 나뉘어져 있었고, 옥대玉台, 호상胡床 등이 놓여 있었으며 호상 중간에는 높이가 3자 정도 되는 왕건의 돌조각상이 세워져 있었다. 그리고 전실前室의 벽화와 옥대 주위의 돌조각이 매우 정교하고 아름다웠다. 이 무덤의 발견은 당나라 말기부터 오대五代에 이르기까지의 예술사 연구에 있어서 매우 중요한 의의를 가진다.[6]

오금정, 증소율, 왕개심 등이 창이 지역에서 진행한 고고발굴은 그 시기 최대 규모의 고고활동으로, 전 시기 현장작업의 전통을 계승한 동시에 새로운 발전을 가져왔다.

진성찬은 일찍이 마룡유적을 예를 들어 오금정의 지층발굴방법에 대하여 구체적으로 분석하였다. 이 유적은 토색, 토질에 근거하여 6개 층으로 나눌 수 있는데 아래로부터 위로 모래층, 홍회토紅灰土층, 옅은 회색토浅灰土층, 짙은 회색토深灰土층, 황회토黃灰土층, 초근토草根土층이다. 발굴자는 각 종단면에서 토층의 분포상황을 중시했을 뿐만 아니라 횡단면 분포에도 유의하면서 각 층이 유적에서 차지하는 면적 비례를 통계하였는데 각 지층에 대하여 매우 정확하게 알고 있었다. 여기에서 중요한 것은 발굴자가 출토된 유물에 대하여 부동한 지층에 따라 부동한 통계를 냈다는 점이다. 그리고 출토물의 유형에 따라 6개 층을 4개의 문화층으로 분류하였는데, 모래층과 홍회토층을 합쳐서 제1문화층으로, 황회토층과 초근토층을 합쳐서 제4층으로 규정하였다. 4개의 문화층은 각각 4개의 문화를 대표한다. 또한 발굴자는 유물의 형태와 구조에 근거하여 이 4개 층을 두 시기로 나누었는데 1, 2층은 초기, 3, 4층은 후기에 속한다고 하였다. 이와 같은 방법은 일부 작은 자연층의 지층변화와 출토유물에 주의하

---

6) 석장여, 「현장고고의 일인자－오금정 선생」, 두정승, 왕범삼 주필 『새로운 학술의 길－역사언어연구소 70주년 기념 문집』, 중앙연구원 역사언어연구소, 1998년, 631~637쪽.

여 상세히 기록할 수 있었고, 제반 유적의 지층변화도 살필 수 있었다. 그리하여 작은 자연층에 대한 구분 때문에 의의있는 문화층의 차이가 홀시되어 일이 복잡해지는 결과는 나타나지 않았다. 그리고 작은 자연층에 따라 유물을 기록하였기 때문에 오늘날 우리는 문화층 구분에 대한 정확여부를 검증할 수 있고 지층에서의 유물의 위치를 복원하는 데도 중요한 의의를 가진다.

이는 출토유물을 단지 홍도자기층과 흑도자기층에만 근거하여 기록한 후강 등 유적지의 발굴보다 분명히 더욱 세부적이다.[7]

오금정과 증소율은 모두 영국 유학파들이다. 오금정은 피트리를 따라 팔레스타인에서 발굴작업에 참여한 적이 있고 '현장작업의 일인자'로 불리웠으므로 오금정 등이 사용한 현장작업 방법은 당시 영국 나아가 세계에서 비교적 높은 수준을 대표한다고 할 수 있겠다.

역사언어연구소는 비록 서남일대에서 오랫동안 고고활동을 진행하였고 자료도 적지 않게 수집하였지만 중요한 연구성과는 그리 많지 않다. 전쟁으로 인해 작업이 어려웠을 수도 있겠지만 주된 원인은 역사언어연구소의 학술경향이다. 역사언어연구소의 연구 중점으로 볼 때, 서남지역의 고고학 자료는 학자들의 큰 관심을 불러일으킬 수 없었다. 그들은 여전히 중원과 은허에 관심을 가졌고 중국 문명의 기원과 3대의 역사문제를 학술의 중점으로 삼고 있었다. 이는 중국고고학의 특성으로부터 결정된 것이라고 볼 수도 있고 또한 사명이라고 볼 수도 있다.

금대에서의 활동을 마지막으로, '현장고고의 일인자'(석장여의 말)로 불리던 선사 고고의 신예―오금정은 역사언어연구소를 떠났고 고고사업을 그만두었다. 그는 군사위원회에 가입하여 사천 신진四川新津의 미국 공

---

7) 진성찬, 『중국 선사시기 고고학사 연구 1895-1949』, 생활 · 독서 · 신지 삼련서점, 1997년, 311쪽.

군 제2초대소 주임직을 맡고 항일사업을 위하여 복무하였으며 항일전쟁이 끝난 후, 모교인 제로대학교에 돌아가 교정复校 일을 책임졌다. 1948년 9월 18일, 48세 나이에 병으로 제남에서 세상을 떴다. 그때 제남은 이미 해방전쟁 속에서 고립되어 있었다.

같은 영국 유학파 출신인 하내는 오금정과 우정이 깊었는데 그는 오금정의 재능과 학문에 대하여 높이 평가하였다. 오금정이 병으로 세상을 떠난 후 그를 기념하는 글에서 하내는 양사영의 말을 빌어 "오우명(吳禹铭) 선생같은 분이야말로 현장고고학의 정통파라 할 수 있다. 그는 현장고고를 중시하고 자료 연구를 경시했다."고 하였다. 하내는 또 중국고고학이 바야흐로 시작될 때 특히 오금정과 같은 정통파의 현장고고학이 필요하다고 하였다. 현장작업을 많이 해야 새로운 자료들을 많이 발견하고 더 나아가 실용적이고 확실한 종합연구를 할 수 있기 때문이다.[8]

2. 서북지역에서의 하내의 고고학 활동 및 성과

하내와 오금정은 친구였으며 서로 비슷한 경력을 갖고 있었다. 두 사람은 같은 시기에 중국고고학의 신예로 영국에서 유학하였다. 하내는 오금

---

8) 하내, 「고고학자 오우명(吳禹铭) 선생을 추모하여」, 원래『중앙일보(中央日报)』(남경) 1948년 11월 17일 6판『앙앙(泱泱)』부록 제638기에 실렸고 또『중국고고학보』제4책, 중국과학원 역사언어연구소, 1949년에 실렸다.『하내문집』(상), 사회과학문헌출판사, 2000. 하내의 이러한 인식은 역사언어연구소에서의 경력에서 유래한 것이 분명하며 양사영, 오금정의 영향을 많이 받았다. 하내는 평생동안 이러한 사상으로 연구를 계속하였으며 신중국고고학의 일인자로서 중국고고학의 발전에 결정적인 영향을 미쳤다.

정보다 나이가 어렸지만 오금정보다 출신이 더 좋았다. 오금정은 20세기 20년대에 청화연구원에서 학위를 얻지 못하였지만 하내는 30년대 청화연구원 전성기에 이름난 국학'3재자(三才子)'9) 중의 한 사람이었다고 한다.

사실 하내가 영국에 가서 고고학을 배우게 된 경위를 살펴 보는 것은 매우 의미있는 일이다. 왜냐하면 이는 20세기 30년대, 세계고고학의 발전 주류에 대한 중국고고학계 지도자들의 인식, 판단과 연관되며 그들의 가치관과 기존의 에 대한 취사선택을 반영하였기 때문이다.

부사년은 역사언어연구소의 인재선발에서 줄곧 '엘리트주의(拔尖主义)'10)를 주장하면서 북경대학, 청화대학과 같은 명문대에서 가장 우수한 학생들을 받아들였다. 역사언어연구소의 고거심, 호후선 등 많은 신예들이 바로 그 예이다. 하내처럼 학문과 일처리가 뛰어난 인재는 더욱이 부사년의 신임을 받았다.11)

1934년, 하내는 청화대학교를 졸업하고 그해, 청화대학 '역사상 가장 좋은' 성적으로 미국에 국비유학할 수 있는 장학금庚款12) 을 타게 되었다. 하지만 재미있는 것은, 원래 이제, 양사영의 뒤를 이어 하버드대학에서 고고학을 배우려던 하내가 1935년 떠나기 직전에 미국이 아닌 영국에 유학가기로 결정했다는 점이다.13) 누군가 그 원인에 대하여 말하기를 "이

---

9) 이러한 표현은 매우 많은데 보통 전종서, 하내, 오함(吳晗)을 일컫는다.
10) 상소명(尙小明), 「중앙연구원 역사언어연구소와 북경대학 역사학과의 관계」, 『사학월간』 2006년 제7기, 80~87쪽. 그 외 부사년은 또 유명한 견해를 내놓았는데 바로 '30 세 전에는 학문을 하지 말고 외국에 가야 한다'는 것이다. 하내는 이 두 가지 기준에 다 부합된다.
11) 1947년, 부사년은 병치료를 하기 위해 미국에 갈 때, 37세 부팀원인 하내에게 역사언어연구소의 업무를 맡겼다.
12) 당시 청화대학 총장이었던 매이기(梅貽琦) (매월함, 梅月涵)선생은 하내에게 보내는 회답편지에서 '작년에 본 시험에서 당신이 역대 최고점수였다'고 하였다. 서현수(徐賢修), 「당대 최고의 고고 역사학자 하내를 추모하며」, 대만, 『전기문학』, 1986년 제4기 (총 제49기) 1쪽. 강파(姜波), 「하내선생의 학술사상」, 『화하(华夏)고고』 2003년 제1기, 100~112쪽에서 재인용.

제와 양사영은 모두 하버드대학 딕슨Roland B Dixon 교수의 제자였는데 딕
슨 교수가 1934년에 병으로 갑자기 세상을 뜨는 바람에 두 사람은 영국의
런던대학을 중국고고학자들을 육성하는 기지로 정하게 되었다. 젊고 전
도유망한 유학생 오금정이 학업을 마치고 귀국하자 이제와 양사영은 하
내를 런던대학에 보내려는 결심을 굳히게 되었다."14)고 하였다.

하지만 이는 상상에 의한 추측이 많았을 것으로 보인다. 사실상 딕슨의
전공은 고고학이 아니라 인류학이었으며 '인류학사상 실종된 사람'15)이
었다. 하버드대학의 고고학 학자는 후톤E. W. Hutoon등 이었다. 미국 고고
학계에서 얼마나 많은 것을 배워올 수 있을지 이제와 양사영은 잘 알고
있었을 것이다. 그 당시 세계 고고학의 중심은 영국이었으며 새로운 이론
과 방법도 발전하기 시작하였다. 이제와 양사영 두 사람은 비록 유럽 고
고학계의 상황에 대하여 자세히 알지 못하였지만 전반적인 대세는 장악
하고 있었다.

영국에 유학간 하내는 영국 고고학계의 복잡한 상황에 망연자실하면
서 어떻게 학문을 해야 할지 몰라 이제에게 편지를 써서 도움을 청한 적
이 있다. 이제는 '영국대학의 상황에 대해서 나도 잘 모르니 외람되게 뭐

---

13) 당시 중국에서 유학관련 사항은 대부분 '호적파(胡适派) 학인군(学人群)'이 독차지
   하고 있었기 때문에 이와 같이 변경하는 것은 역사언어연구소에 있어서 그리 어려
   운 일이 아니었다.

14) EDWARD FIELD , WANG TAO,Xia Nai : the London connection °(Orentions,
   1997, 28 (6)에 수록) 역문은 「하내선생과 영국의 인연(夏鼐先生的英伦之缘)」, 『문
   물천지(文物天地)』1998년 제6기 6~10쪽. 석홍방(石兴邦), 「하내선생 행전(夏鼐先
   生行传)」, 두정승, 왕범삼 주필, 『새로운 학술의 길ㅡ역사언어연구소 70주년 기념
   문집』, '중앙연구원' 역사언어연구소, 1998년, 709~735쪽.

15) 우도환(于道还)의 연구에 의하면, 딕슨과 같은 하버드대학의 인류학자들은 당시 학술
   주류와 동떨어진 연구를 하였다고 한다. 훗날 그들의 학술견해와 방법까지도 다 틀렸
   다고 주장하는 이들이 있었다. 우도환의 「역사언어연구소의 체질인류학가(史语所的
   体质人类学家)」 참조, 두정승, 왕범삼(王汎森) 주필, 『새로운 학술의 길ㅡ역사언어연
   구소 70주년 기념 문집』, '중앙연구원' 역사언어연구소, 1998년, 163~188쪽.

라 말씀을 못 드리겠습니다만, 어제 이미 편지내용에 관하여 부맹진 선생과 의논하였습니다.'라고 회답하였다.16) 중요한 시점에 부맹진 선생이 명확하고 결정적인 의견을 내놓았다. 부사년은 명예를 추구하기 위하여 유명한 교수를 찾을 필요가 없다고 하면서 '예츠(Yetts)17)에게서 배운다면 별 의미가 없다. …… 이런 외국 한학가들은 중국 학생을 모집하는 것을 자랑거리로 삼는데 사실상 그들한테서 배울 것이 별로 많지 않다. 당신과 우명禹铭이 그쪽에 있으니 그를 고문으로 삼으면 될 것이다.'18)라고 하였다. 그리고 앞으로 중국고고학의 발전에 유리할 것이라 생각되는 교과목 목록을 열거하고 하내가 공부하기를 바랐다. 목록은 다음과 같다. ① 선사학(史前学) ② 이집트학 ③ 아시리아학(亚述学). 극동(远东), 소아시아를 포함 ④ 고전 고고학 ⑤ 비잔티움(拜占庭)과 아랍 고고학 ⑥ 인도 고고학 ⑦ 대양주 고고학 ⑧ 아메리카 고고학이다. 부사년은 또 선사학, 아시리아학, 인도 고고학이 특히 중요한데 이는 중국고고학과 '직접적인 연관'이 있기 때문이라고 하였다.19)

부사년은 하내의 의견에 동의하면서 에딘버러(爱丁堡)에 가 고든 · 차

---

16) 「하내가 매이기(梅贻琦) 총장에게 쓴 유학기간 연장 관련 청원편지」 부록3에서 이제가 1936년 5월 9일, 하내에게 보낸 회신 참조. 『청화대학학보』(철학사회과학과분) 2002년 제6기, 1~5쪽.

17) 영국의 이름난 고고학자이며 한학가(汉学家)인 예츠(Percebal Yetts,1878—1957)를 가리킨다. 당시 런던대학교에서 교직을 맡고 주로 예술사를 가르쳤고 중국고고학에 대해서도 연구하였다.

18) 「하내가 매이기 총장에게 쓴 유학기간 연장 관련 청원편지」 부록2에서 부사년이 1936년 5월 8일 하내에게 보낸 회신 참조. 『청화대학학보』(철학사회과학과분) 2002년 제6기, 1~5쪽. 부록 3에서 이제가 5월 9일에 보낸 회신에서도 '외국교수들은 보통 제자를 받을 때 자신의 흥취에 따라 받기 때문에 학생들의 전도를 상관하지 않는다. 누구나 다 자신의 수요가 무엇인지를 가장 잘 알고 있기 때문에 만약 스승을 바꿔야겠다고 생각했다면 절대 난감해 할 필요가 없다.'고 하였다.

19) 같은 책. 부사년이 이와 같은 목록을 제시할 수 있었던 것은 이제와 협상한 결과일 것이다. 하지만 이를 통해 우리는 그가 현대 고고학 연구 영역에 매우 해박한 인식을 갖고 있었음을 알 수 있다.

일드20)에게서선사학을배우지않아도된다고하였다. 하내가 편지에서 차일드에 대해 별로 안 좋게 생각한다고 했기 때문이기도 하지만 부사년이 역사언어연구소의 고고학 인재 구성을 염두에 두고 고민하였기 때문에 '제가 보기에 에딘버러로 갈 필요가 없다고 생각합니다. 중국에 선사 고고학을 연구하는 인재들이 많은데 그중 양사영 선생이 제일 유명합니다. 모두다 같은 길을 걷는 것은 학문발전에 불리하다고 봅니다.'21)라고 하였다.

차일드에 대한 하내의 평가는 주로 주배지周培智의 영향을 받은 것이다.22) 하내가 영국에 갔을 때는 청화대학교 제1기 출신인 주배지가 이미 에딘버러에서 차일드를 따라 고고학을 3년 반 정도 배웠을 때였다. 주배

---

20) 호주 출신의 영국 고고학자 차일드(V. Gordon Childe,1892~1957)는 20세기의 가장 위대한 고고학자이다. 1927~1946년에는 영국 에딘버러대학교 선사고고학 교수로 있었다.

21) 「하내가 매이기 총장에게 쓴 유학기간 연장 관련 청원편지」 부록2에서 부사년이 1936년 5월 8일 하내에게 보낸 회신 참조.『청화대학학보』(철학사회과학과분), 2002년 제6기, 1~5쪽.

22) 왕세민(王世民)은 「하내가 매이기 총장에게 쓴 유학기간 연장관련 청원편지」의 주해에서 주배지(周培智)에 대하여 다음과 같이 쓰고 있다. 주배지가 영국에 유학간 후 사람들이 그의 상황을 잘 모르고 있어서 여기에 잠깐 소개하고자 한다. 주배지(1902~1981)는 청화대학 제1기 학생으로 1931년, 영국 에딘버러대학교에 유학가 먼저 차일드, 콜링우드(柯林伍德)에게서 역사를 배우다가 경제로 전공을 바꿔 철학박사학위를 얻었다. 1938년에 귀국하여 중앙대학, 복단대학, 남개대학 등 대학교의 역사학과 교수를 역임하였다. 신중국이 창립된 후, 대만으로 건너가 담강대학교(淡江大学)에 역사학과를 창립하고 학과장직을 맡았다. 상술한 내용은 「주배지선생을 그리며」에 근거하여 정리한 것이다. 담강대학교 역사학과『구술(口述)역사－학과 창립 30주년 경축 특집』, 1997. 주배지의 경력으로 볼 때, 그가 차일드를 거론한 적은 거의 없다. 단지 하내의 편지를 통하여 그가 중화중화민국 시기 차일드를 따라 고고학을 배운 유일한 중국 유학생이었다는 것과 학습 기간이 꽤 길었다는 것을 알 수 있다. 하내는 주배지가 '유학하기 전까지 중앙연구원 고고팀에서 연구를 진행하였'고 하였다. 역사언어연구소 서류 원 45 '주배지' 서류 기록에 따르면 주배지와 그의 동급생 두 사람은 나가륜의 소개로 이제가 주도하는 제2차 은허발굴에 한달 간 실습생 신분으로 참여하였다고 한다. 후에 주배지도 역사언어연구소 보조연구원을 신청하였는데 뜻대로 되지 않았다.

지는 에딘버러대학의 고고학 상황에 대하여 문의하는 하내의 편지를 읽고 다음과 같이 회답하였다.

차일드 교수는 스코틀랜드 고고학 방면에서 이름난 권위자임이 틀림없습니다. 하지만 말하고 가르치고, 남을 도와주는 것 등에서 전혀 열정을 보이지 않습니다. 유색인종을 경시하여 저는 여러 번 그와 모순이 있었습니다. 여기서 고고학과는 전문 분야가 될 수 없습니다. 왜냐하면 차일드 외 강사나 조교가 한 명도 없으며……고고학 표본도 매우 적습니다. 이른바 고고학 연구실이란 차일드의 방에 있는 몇 개의 서랍과 그 속에 들어 있는 표본이 전부입니다. …… 저에게 고물 수집 및 발굴작업에 대하여 문의하였는데 여기에서는 자주 볼 수 없습니다.'(1936년 2월 4일 서한)[23]

주배지가 이렇게 말했지만 하내는 차일드의 명성때문에 마음을 완전히 접지 못하였다. 그는 매이기에게 보내는 편지에 다음과 같이 적었다. '학생은 차일드 교수가 이 분야에서 권위자라고 생각합니다. 비록 설비는 갖추지 못해도 그를 따라 고고학 명작을 읽으면서 가르침을 받고 노력해보는 것도 괜찮을 것 같다고 생각합니다.'[24] 하지만 부사년이 지적한 것을 보고 하내는 자신의 생각을 완전히 바꾸게 되었다. 부사년은 상술한 교과목들을 열거하였을 뿐만 아니라 하내에게 이집트 고고학을 배울 것을 권유하였다. "이집트학은 고대 서양의 아시아 고고학과 중국고고학처럼 직접적인 관계가 있는 것이 아니지만 그 해석과 방법을 논증에 이용하는 사람들이 많습니다. 그러니 예츠를 따르지 않고 이집트학을 전공하겠다는 생각에 저는 대찬성입니다."[25]

---

23)「하내가 매이기 총장에게 쓴 유학기간 연장 관련 청원편지」참조.『청화대학학보』(철학사회과학과분), 2002년 제6기, 1~5쪽.
24) 같은 책.
25)「하내가 매이기 총장에게 쓴 유학기간 연장 관련 청원편지」부록2에서 부사년이

결국 하내는 1936년 여름, 런던대학교 이집트학 학과로 전공을 바꾸고 이집트 고고학[26]을 배우기 시작하였다. 지도교수는 글랜빌교수(Stephen Glanville, 1890~1977년)였다. 1936년 하내는 이름난 고고학자 휠러 교수(Mortimer Wheeler, 1890~1977년)의 수하에 파견되어 잉글랜드 도체스터 메이든캐슬(Maiden Castle) 유적 발굴에 참가하였는데 이는 그가 처음으로 외국에서 참여한 현장고고 발굴이다. 휠러는 당시 세계에서 가장 선진적인 방법을 사용하였다. 먼저 시굴트렌치로 조사한 후, 그물망식으로 사각형 구덩이를 파고 이를 단위로 발굴을 진행하였다. 남겨진 구덩이의 벽과 중요한 기둥에 근거하여 지층이 퇴적된 상황을 보여준다. 이번 현장 실습은 하내에게 큰 영향을 주었다. 이 방법은 나중에 하내에 의해 중국에 들어왔고 오늘날까지 널리 응용되고 있다. 1937년부터 1939년까지 하내는 연속하여 이집트 헤르몬티스(艾尔曼特) 유적과 팔레스타인 두웨이르(杜韦尔) 유적 발굴[27]에 참여하였으며 고대 이집트 상형문자에 대한 논문을 발표하였다. 총명하고 재질이 뛰어났던 그는 학교 측의 인정을 받았으며 그 학교에서 제일 첫 번째로 마리(玛利) 장학금을 타게 되었다. 이는 1938년 6월 30일 글랜빌 교수가 학장에게 보낸 편지에 잘 나타나 있다.

1936년 5월 8일 하내에게 보낸 회신 참조. 『청화대학학보』(철학사회과학과분) 2002년 제6기, 1~5쪽.
26) 원래 이 학과에는 이집트의 고고학 거장인 피트리가 있었는데 이미 퇴직하였다. 이 학과는 영국에서 최고의 실력을 갖춘 고고학 교육기관의 하나로, 유명한 학자들을 매우 많이 육성해 냈다. 하내 이전에 일본의 현대 고고학의 창시자인 하마다 고사쿠(滨田耕作, 1881~1938년)도 이 학과에서 공부했었다.
27) 하내는 팔레스타인에서 발굴작업에 참가하였을 때, 피트리를 모시고 학문을 닦은 적이 있다. 오금정과 하내는 피트리의 가르침을 받은 것을 자랑으로 여겼다. 당시 중국고고학계 학자들이 피트리를 매우 우러러 보았음을 알 수 있다.

그는 남달리 뛰어난 학생입니다. 제가 그를 처음 만났을 때 그는 이집트학에는 전혀 문외한이었습니다. 하지만 타오르는 열정으로 학과의 여러 영역에 뛰어들어 빠른 시간에 고대 이집트어 지식을 능숙하게 장악했습니다. 이는 그가 고고학에 신속히 적응한 것과 같습니다. …… 이집트와 팔레스타인에서의 고고학 경력으로 볼 때, 저는 그가 이미 부동한 유형의 유적 발굴 기술을 통달했음을 믿어 의심치 않습니다. 저는 그가 중국에 돌아가면 고고학계의 유명한 학자가 될 것이라고 굳게 믿습니다.

1941년, 하내는 런던대학교 이집트학 박사학위(2차대전의 영향으로 학위증서는 1946년에 보충 수여되었음)을 수여받았고 이집트 카이르 박물관에서 1년간 일하다가 1941년에 귀국하였다. 외국에서의 6년간의 학습과 훈련을 거쳐 하내는 아무런 경험도 없던 젊은이로부터 '가장 우수한 훈련을 받은 중국고고학자'[28]가 되었다.

하내가 귀국할 당시 중국은 항일전쟁으로 가장 힘든 시기였다. 역사언어연구소, 중앙박물원 준비사무소, 영조학사营造学社 등 학술단체는 모두 사천성 남계 이장南溪李庄에 피신해 갔다. 영국에서 유학하고 돌아온 하내와 오금정, 증소율은 이제가 주임을 맡고 있는 중국박물원 준비사무소에 배치받아 전문위원직을 담당하였다. 1941년부터 1942년까지 하내는 오금정이 책임진 천강川康 고적고찰팀에 참여하였고 오금정, 증소율, 고거심 등과 같이 팽산현彭山县 두아방豆芽房, 채자산砦子山에서 한나라 바위묘를 발굴하였다. 1943년에 하내는 역사언어연구소 고고팀 부팀원이 되었다.[29]

항일전쟁시기 하내의 가장 중요한 고고활동은 서북과학고찰팀에서의 작업이다. 이 고찰팀도 국민정부가 항일전쟁시기 변강边疆을 다스리기 위

---

28) 강파(姜波), 「하내 선생의 학술사상」, 『화하고고』 2003년 제1기, 100~112쪽.
29) 왕세민(王世民), 「하내동지(同志) 학술활동 연표」, 『중국고고학 연구논집—하내 선생 고고 50주년을 기념하여』, 삼진(三秦)출판사, 1987년, 40쪽.

한 국책으로 설립한 것인데 중앙연구원 역사언어연구소, 중앙박물원 준비사무소, 중국지리연구소, 북경대학문과연구소 등 4개 문화단체로 구성되었다. 역사언어연구소에서는 하내를, 중국지리연구소에서는 이승삼李承三, 주연유周延儒를, 북경대학교 문과연구소에서는 향달向达, 염문유閻文儒를 파견하였다. 이 고찰팀은 1943년부터 1945년까지 감숙, 신강에서 활동하였는데, 고고활동은 사실상 감숙성 경내에서만 진행하였다.30)

1944년 가을, 하내와 향달은 감숙 돈황지역에서 고고발굴을 진행하여 5월부터 7월 사이에 부처묘(佛爷庙) 묘지를 발굴하였고, 고분 10여 곳을 정리하였는데 북조北朝시기의 것이었다. 8월부터 10월까지 월아천月牙泉 묘지와 고분 7곳을 발굴하였는데 이 속에는 육조六朝와 당나라 때의 무덤도 있었다. 같은 해 10월에는 염문유와 같이 작은 사각판인 옥문관玉门关을 발굴하여 한나라 옥문관의 정확한 위치를 측정할 수 있었다. 1945년 1월부터 2월까지 염문유와 같이 장성 봉화(长城烽燧) 유적을 발굴하여 큰 사각판 부근에서 진晋나라 비석 등 중요한 발견을 하였다.31) 4월 22일부터 30일까지 임조사临洮寺 와산洼山에서 선사시대 유적을 발굴하였고, 5월 12일부터 13일까지 영정 양와만宁定阳洼湾에서 선사시대 묘지를 발굴하였으며 제가문화齐家文化 고분 전토填土에서 두 점의 앙소문화 채색도자기32)를 발견하였다. 6월에 염문유와 민근사정民勤沙井 유적을 발굴함으로써 사정기沙井期의 중요한 유적을 발견하게 되었다. 11월에는 염문유와 같이 무위남산武威南山 라마만喇嘛湾의 당나라 시기 토욕혼吐谷浑 묘지를 발굴하여 금성현주金城县主 및 삭방 절도사朔方节度使 모용희광慕容曦光의 묘지를

---

30) 석장여, 「고고연표」, '중앙연구원' 역사언어연구소, 1952년, 27~28, 102쪽.
31) 하내, 「새로 얻은 돈황 한간(新获之敦煌汉简)」, 『고고학논문집』, 하북교육출판사, 2000년, 169~209쪽.
32) 하내, 「제가기 고분의 새로운 발견 및 그 연대에 대한 수정(齐家期墓葬的新发现及其年代的改订)」, 『중국고고학보』 제3집, 중앙연구원 역사언어연구소, 1947년, 101~117쪽.

발견함으로써 대량의 문물을 얻었다.[33] 1944년부터 1945년까지 서북과학고찰팀에 있는 기간, 오량재吳良才와 같이 난주蘭州 부근의 여러 곳에서 계속하여 선사시대 유적을 조사하였다.[34]

하내 등은 감숙에서 2년간 부지런히 작업하여 큰 수확을 거두었는데[35] 중국의 역사문화 여러 문제들을 두루 섭렵하였으며 독창적인 견해도 내놓았다. 그중에서도 특히 1945년 5월 12일과 13일, 양와만阳洼湾에서의 발견은 중국고고학사상에서 매우 중요한 의의를 가진다. 양와만에서 제가齐家 고분을 발굴하면서 처음으로 앙소문화가 제가문화보다 더 이른 시기의 것임을 지층학으로 확인할 수 있었다. 이로써 감숙 원고远古문화 시기 구분에 대한 안특생의 착오를 시정하였으며 황하유역의 신석기 시대 문화의 정확한 연대 순서를 정립하는데 기초를 닦아 주었다.

하내는 양와만 제2호 무덤을 발굴할 당시, 규정을 엄격히 준수하였기 때문에 정확하게 사람의 골격 족부足部 양측에서 제가문화의 전형적인 도자기 2 세트를 발견하였을 뿐만아니라 늑골과 왼쪽 팔 사이에서 골추骨锥 하나를 발견하였다. 그리고 결정적인 것은 지하 1.2미터, 골반에서 0.1미터 떨어진 곳에서 흑색 꽃무늬가 있는 도자기 조각 한 개, 지하 1.4미터, 두개골 앞부분에서 약 0.1미터 되는 곳에서 꽃무늬를 띤 다른 도자기 조각 한 개를 발견하였다는 점이다. 도자기의 질과 꽃무늬는 마가요马家窑문화(즉 앙소문화)의 전형적인 채색 도자기임이 확실하였다. 하내는 고분을 메운 흙이 두 부분으로 나누어져 있는 점에 주목하였다. 하반부는 갈색 황토였는데 두께가 0.8미터이고 매우 견고하였지만 다져진 것은 아니었

33) 하내, 「무위 당대 토곡혼 무용씨 묘지(武威唐代吐谷浑慕容氏墓志)」, 『역사언어연구소합종봅』 제20집, 313~342쪽.
34) 하내, 「난주 부근의 선사시대 유물(兰州附近的史前遗存)」, 『고고학논문집』, 하북교육출판사, 2000년, 119~168쪽.
35) 하내, 「돈황 고고 만필」, 『고고통신』 1955년 1~3기.

고, 상반부의 것과 무덤 주위 겉 부분의 토양은 조금 짙은 갈색이었는데 두께가 0.5~0.6미터이고 토질이 느슨하였으며 후기에 뒤섞인 것 같았다. 하지만 하층의 성토는 조금도 흐트러 놓은 흔적이 없었다. 그렇다면 제가무덤 전토墳土에서 발견된 마가요문화의 도자기 조각은 어떻게 해석해야 하는가? 진성찬의 분석에 따르면, 하내는 무덤의 흙이 서로 뒤섞이면서 마가요의 도자기가 섞여 들어갔을 것이라고 가정을 했다가 바로 부정해 버렸다고 한다. 사람의 골격과 순장된 도자기가 전혀 교란되어 있지 않았기 때문이다. 따라서 사람 골격 가까이에 있는 두 개의 도자기 조각은 후에 섞여 들어온 것이 절대 아니다. 하내는 빈틈없는 발굴작업과 기록을 기반으로 이와 같은 결론을 얻었다. 이는 단지 제가유적의 반산기半山期 채색도자기를 근거로 마가요문화가 제가문화보다 더 후기의 것이라고 여긴 안특생의 추론에 비하면 훨씬 믿음성이 있다. 이로써 제가문화가 마가요문화보다 늦은 시기의 것이라고 여겼던 선인들의 생각은 매우 확실하게 그 정확성이 증명되면서 안특생의 앙소문화 6기六期说설의 합리성은 근본적으로 부정되었다. 하내의 이번 발굴은 기술면에서뿐만 아니라 중국 선사시대의 고고학 이론연구에 있어서도 중요한 의의를 가진다.(그림 23).[36]

하내는 영국에서 유학하는 기간, 피트리, 휠러, 글랜빌 등 학자들로부터 당시 세계에서 가장 높은 수준의 발굴기술과 연구방법을 배웠다. 1949년 이전에는 전쟁으로 인해, 실천기회가 매우 적었지만, 제가고분 발굴을 통하여 하내는 자신의 뛰어난 기술을 보여줄 수 있었다. 하내의 발굴기술로 1949년이래 중국고고학은 외국과의 교류가 거의 없었지만 오랫동안 일정한 수준을 유지할 수 있었다.[37]

---

36) 진성찬, 『중국 선사고고학사연구 1895-1949』, 생활 · 독서 · 신지삼련서점, 1997년, 312~314쪽.
37) 같은 책.

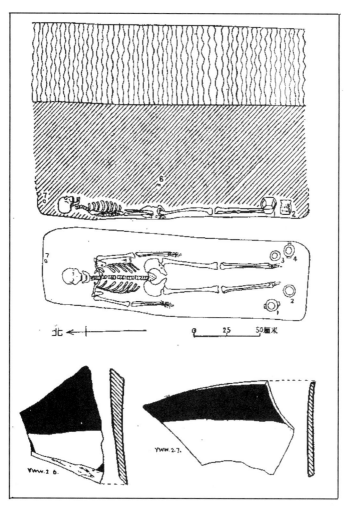

그림23 1945년 하내(夏鼐)가 발굴한 감숙성 영정(宁定) 양와만(阳洼湾)
제가(齐家)무덤 및 전토(填土)에서 나온 마가요(马家窑)문화의 도자기 파편
(하내, 「제가기 무덤의 발견 및 그 연대에 대한 시정」, 『중국고고학보』제3책,
중앙연구원 역사언어연구소, 1948년 참조. 이 그림은 하내가 직접 그린 것이다.)

3. 석장여의 현장발굴과 역사언어연구소 민족고고학 탐색

석장여는 역사언어연구소에서 키워낸 신세대 고고학자들 중에서 가장 뛰어난 학자로, 그의 경력이 대표성을 갖기 때문에 출신, 경력, 학문 등을 살펴 보는 것은 중국고고학의 초기 역사를 연구하는 데 매우 큰 도움이 될 것이다.

석장여는 하내 등과 달리 출신이 그리 좋지 않았는데 우연한 기회에 역사언어연구소에 들어가게 되었다. 한때는 유요와 같이 열심히 노력하였지만 당시 가장 중요시하던 출국 연수의 기회가 주어지지 않아 시종일관 현장 일선에서 작업하게 되었다. 이는 '토박이 전문가(土专家)' 곽보균의 상황과 매우 흡사하였다. 하지만 석장여의 전공 실력을 얕보아서는 안 된다. 그는 역사언어연구소 대륙시기, 현장 제일선에서 가장 오래 작업한 고고학 학자일 것이다. 그는 1931년, 하남대학교 실습생으로 처음으로 은허 발굴에 참여하고부터 1949년, 중국 대륙에서 철거하기까지 근 20년간, 조사와 발굴작업을 한시도 중단한 적이 없었다. 한평생 역사언어연구소 고고팀에서 일한 석장여선생은 2004년 3월, 대북(台北)에서 104세의 고령에 세상을 떴다. 장장 73년이라는 긴 세월을 고고사업에 바쳤다.

전쟁기간, 역사언어연구소의 현장조사는 매우 적었다. 앞서 논의한 오금정, 하내의 연구 외에 주로 석장여의 연구가 있었는데 다음과 같이 나누어 설명할 수 있다.

1) 진수(晋绥) 조사, 천공학사(天工学社)와 역사언어연구소의 민족고
고학의 실천

사실상 은허의 마지막 세 차례 발굴작업에서 석장여는 이미 책임자의
역할을 하였다. 이 시기 해결해야 할 문제가 매우 많았다. 고고팀의 학자
들이 안양 은허발굴이래 대량으로 발견된 '땅굴(穴窖)'(회갱(灰坑)을 가리
킴)에 대하여 의문을 가졌지만 만족스러운 답을 내놓는 사람이 없었다.
그러다가 수원绥远에 모양이 제대로 보존된 땅굴이 있다는 말을 듣게 되
었으며 은허의 땅굴과 유사성이 있는지 고찰하기로 하였다. 제15차 발굴
이 끝날 무렵, 석장여는 고고팀의 책임자 이제와 의논하고 조사하기로 하
였다. 1937년 7월 초, 석장여는 위선신魏善臣과 같이 안양에서 출발하여
수원에 가기로 하였다. 석장여는 북평에 잠깐 머무르는 동안 서쪽 교외의
고묘촌古庙村, 남성南城의 제동업制铜业, 서성西城의 도업陶业에 대한 조사
를 진행하였으며[38] 7월 7일, 노구교사변卢沟桥事变이 발발한 몇 시간 후,
북평을 떠났다.[39] 후 2개월간 산서 · 섬서 · 내몽골의 여러 지역을 조사하
였다. 여기에는 대동 운강大同云冈의 조각상造像 및 도자기업, 포두包头 ·
수원绥远의 모피업毛业, 석괴자石拐子의 도업, 오달소五达昭의 건축, 고양固
阳 · 오원五原의 양식저장굴, 그리고 살현萨县 · 포두包头에서 출토된 청동
기가 포함된다.[40]

이는 중일전쟁 초기, 역사언어연구소의 얼마 되지 않는 현장조사의 하
나였으며[41] 제일 처음으로 진행한 민족고고학 전문 조사로 그 의의가 매

---

38) 「고고연표」, '중앙연구원' 역사언어연구소, 1952년, 6쪽.
39) 「석장여선생 방문기록」, '중앙연구원' 근대사연구소, 2002년, 163~182쪽.
40) 「고고연표」, '중앙연구원' 역사언어연구소, 1952년, 6쪽.
41) 같은 해, 역사언어연구소는 지질조사소와 같이 천강(川康)고찰팀을 결성하였으며
   안특생(安特生)과 기연패(祁延霈)의 주관하에 6월부터 10월까지 서강(西康)지역을
   조사하였고 유적지 20여 곳을 발견하였다.

우 크다. 그 후, 연구소를 따라 서남에서 전전할 때 쓴『진수기행(晉綏纪行)』42)에서 석장여는 이번 조사의 목적, 의의, 과정과 성과에 대하여 자세히 밝혔다.

석장여는 이 책의 제1절「은허의 땅굴문제로부터 수원绥远조사를 언급하다」에서 수원에 대한 조사 계기에 대하여 다음과 같이 적고 있다.

> 국내외에서 주목을 받고 있는 은허발굴 작업은 1926년 6월까지 이미 15차 진행되었다. 그 과정에서 역사책에 기재되지 않은 많은 새로운 사실과 전설에도 없는 비밀들이 발견되었다. 그리고 의문으로 남았던 은왕조시기 문제를 해결할 수 있는 귀중한 자료를 많이 얻었다. 중국 고대문화에 대한 기여도가 얼마나 큰 지에 대해서는 여기에서 굳이 논할 필요가 없다. 학술과 고고사업에 주목하는 사람이라면 누구나 다 잘 알고 있을 것이다. 물론 유력한 증거를 발견하지 못하고 오랫동안 탐색하였지만 여전히 합리적인 해답을 얻지 못하는 등 문제가 많다. 특히 두드러진 문제는 은허에서 가장 흔하고 일반적이며 가장 번거로운 땅굴문제이다. 일반성을 띠었기 때문에 중요하고 따라서 사람들은 여러 가지 추측과 추리를 통해 해석하려고 하는 것이다. 은왕조 시기 사람들은 귀신을 숭상했으므로 모든 일에서 점을 보는 습관이 있었다. 마침 땅굴에서 골격이 온전한 돼지 해골과 활촉(矛镞) 등이 발견되었는데 어떤 사람들은 이것이 제사와 연관되어 있다고 하였다. 전설에 따르면, 고대 사람들은 사냥해 온 짐승을 생으로 먹고, 땅굴을 파서 살았으며 풀로 지붕을 덮고 흙으로 계단을 만들었다고 한다. 공교롭게 땅굴에서 발자국이 발견되었고 또 계단이 발견되었으므로 이는 거주와 연관되어 있다고 해석하였다. 이 두 가지 해석은 모두 어느 정도 이유가 있고 사실적 근거가 있다. 하지만 모두 그 진실을 장악하지는 못하였으므로 추후 더 합리적인 해답이 필요하다.43)

---

42) 석장여,『진수기행』, 독립출판사, 1943년.
43) 석장여,『진수기행』, 독립출판사, 1943년, 1쪽.

진수晉綏에 대한 고찰에서 주목한 것이 매우 많았지만 식량을 저장하는 땅굴이 가장 큰 관심을 불러일으켰다. 제일 처음으로 발견된 식량저장굴은 포두包头 근처의 고성만촌古城湾村에 있었다. 포두 북쪽에서 10리 떨어진 후영자后营子에도 있었고 또 고양현固阳县과 오원현五原县에도 있었다. 석장여는 땅굴을 찾기 위하여 분주히 돌아다녔다. 그는 상술한 몇 곳을 찾아낸 후, 자세히 기록하였으며 관련 인원들과의 인터뷰를 통해 더 구체적인 정보를 얻었다.

진수고찰은 은허의 회색 구덩이(灰坑)를 계기로 시작되었으며, 전쟁으로 인해 이리저리 떠돌아다니면서 매우 어렵게 완성되었다. 필자는 석장여가 은허에서 발굴한 여러 종류의 땅굴과 내몽골 지역의 현대땅굴을 비교하지 않았다. 사실상 고찰기考察记 와도 같은 본 저서에서 은허 땅굴의 기능을 추정할 수는 없다. 하지만 현대 땅굴에 대한 석장여의 서술은 고고학 목적이 뚜렷하였기 때문에 연구대상이 매우 명확하였고, 고고학에서 언급한 여러 가지 회색 구덩이를 이해하는 데 큰 역할을 하였다.[44]

중국고고학사상 민족고고학은 이른 시기에 시작되었지만 충분히 중시를 받지 못한 연구영역이다. 제1대 고고학자들 중, 민족 고고학에 가장 흥미를 가졌던 사람은 석장여이다. 관련 연구로는 주천酒泉의 제옥업制玉業[45]·곤명昆明의 제동업制铜业[46]·운남 화녕云南华宁의 요업窑业[47]에 대한 것과 대만에서 진행한 초기 연구 양매杨梅의 전와업砖瓦业[48]과 토장土

---

44) 성찬,「회색 구덩이에 대한 민족고고학적 고찰-석장여『진수기행』의 재발견(灰坑的民族考古学考察——石璋如<晋绥纪行>的再发现)」,『중국문물보』 2002년 3월 1일 제7판.

45) 석장여,「주천의 제옥공업(酒泉的制玉工业)」,『기와 예(技与艺)』1, 4(1952), 18쪽.

46) 석장여,「곤명의 4가지 동업에 대하여(记昆明的四种铜业)」,「'중앙연구원' 원간(院刊)』3, 1956년, 227~237쪽.

47) 석장여,「운남 화녕 와요촌의 요업(云南华宁瓦窑村的窑业)」,「'중앙연구원' 원간(院刊)』2(1955), 275~291쪽.

48) 석장여,「양매의 전와업(杨梅的砖瓦业)」,『대만문화계간(台湾文化季刊)』6, 1(1949).

葬49)에 대한 조사, 앵가鶯歌의 도자업陶瓷业50),서암瑞岩 민족학 조사51) 등
이 있다.

　석장여 외에, 양사영도 같은 조사에 관심을 보였다. 그는 주로 수공업
에 관심을 가졌으며, 일찍이 옛사람들이 기물을 어떻게 제작하는지 알려
면 민간 수공예 기술로부터 착수하는 것이 좋다고 여겼었다. 항일전쟁
전, 그는 북경에서 옥으로 기물을 제작하는 기술에 대하여 조사한 적이
있었고 그 도구와 표본들을 수집하였다.52) 곤명으로 옮겨간 역사언어연
구소는 당지에 많은 자료가 있다는 것을 발견하게 되었다. 양사영은 영조
학사营造学社의 선례를 모방하여 관심사가 같은 석장여와 합작하여 '천공
학사(天工学社)'를 조직하였고, 여가시간을 이용하여 수공업에 대하여 조
사하였는데 이제의 지지를 받았다. 이들이 제일 처음 조사한 것이 바로
역사언어연구소 맞은 편에 있는 와요촌瓦窯村이었다. 그들은 기와 가마를
측량하고 사람들이 흙을 이기고, 도자기를 구워내는 과정을 매일 관찰하
였다. 일요일에는 하루종일 관찰하기도 하였다. 그 후 석장여는 혼자서
좀 멀리 떨어진 화녕현华宁县 탄갱에 가서 흙을 반죽하고, 모양을 만들고,
햇볕에 쪼이고, 말리고, 유약을 바르는 등 전반 과정을 관찰하고 사진을
찍었다. 그 후로 계속하여 곤명 부근의 의량宜良과 정공呈贡의 탄갱을 조
사하였다. 양사영과 석장여는 또 곤명의 제동업을 조사하였는데 그들의
기록에 의하면 곤명의 동은 4가지 종류인데 홍동, 백동, 오동과 황동으로
그 제작방법과 가치가 매우 달랐다. 두 사람은 또 옥기 제조업과 상아제
조업에 대하여 조사하고 상세한 기록을 남겼다.53)

---

49) 석장여,「양매 토장의 세 절차(杨梅土葬三步骤)」,『공론보(公论报)』1951, 4, 6.
50) 석장여,「앵가의 도자기업(鶯歌的陶瓷业)」,『대만문화』6, 3/4(1950), 7~10쪽.
51) 석장여,「서암민족학에 대한 초보적인 조사보고(瑞岩民族学初步调查报告)」(의식
　　주 부분은 진기록(陈奇禄)과 합작하였음), 대만성문헌위원회문헌특집(台湾省文献
　　委员会文献专刊)2, 1950년.
52) 하내,「양사영선생 약전」,『고고학보』1954년 제1기.

천공학사의 조사범위는 매우 넓었는데 농업생산, 사회조직, 건축과 민속 모두 관심의 대상이었다. 예를 들면, 곤명의 농업관개시스템을 조사한 결과, 매우 발달하였고 수로 양측에 말뚝을 박아 보강하였음을 알게 되었다. 양사영은 이것이 그물모양으로 서로 연결하고 말뚝을 박아 양쪽 벽을 단단히 한 안양 소둔의 지하수로와 매우 흡사하다는 것을 발견하였다.

또 용두촌龙头村의 농업사회조직과 생활에 대하여 자세히 조사하였는데 진공소진公所에서 지목地目, 책자, 지도 등 자료를 빌려다 베꼈다. 곤명 당지에는 많은 뤄뤄인儸儸人들이 살고 있었는데 생활습관이 한족과 많이 달랐다. 양사영은 뤄뤄인 사회를 조사하기 위하여 많은 것을 기록하였다. 그 중에는 '도신자(跳神子)' 즉 매년 정해진 날, 뤄뤄인과 한족이 한데 모여 장소를 정하고 신 앞에서 춤을 추는 행사인데 여러 가지 춤이 있었다. 이에 대하여 석장여는 논문에서 논술한 바 있다.[54] 그들은 영조학사의 유치평刘致平과 합작하여 곤명의 건축에 대해서도 조사하였는데 집 모양을 관찰하고 크기를 측정하였으며 건축구조도 고찰하였다. 그리고 건축 전과 후에 벌이는 재미있는 의식에 대해서도 관심을 보였다. 신을 모시고 제사를 거행하는 등은 은허의 건축 희생(牺牲-제사에 쓰이는 짐승)을 연상케 하였다. 운남의 민속도 천공학사의 조사범위에 속하였는데 이에 대하여 양사영은 특히 큰 관심을 보였다. 그들은 이웃집에서 딸을 시집보내는 전반 과정을 처음부터 끝까지 관찰하고 기록함으로써 혼례풍속을 상세히 알게 되었다. 당지에는 또한 조상과 친인척을 만나기 위한 무당작법이 있었는데 '관망(观望)'이라 불렀다.[55] 이와 같은 자료들은 양사영이 병으로 앓아 눕게 되고, 전쟁과 생활고에 시달리면서 논문으로 씌어지지 못하였고, 나중에 대만으로 건너 간 석장여에 의해 정리되었다.[56]

---

53) 『석장여선생 방문기록』, '중앙연구원' 근대사연구소, 2002년, 204~208쪽.
54) 석장여, 「양담석 도신자(两担石跳神子)」, 『설문월간(说文月刊)』3, 12(1944), 47~55쪽.
55) 『석장여선생 방문기록』, '중앙연구원' 근대사연구소, 2002년, 214~218쪽.
56) 하내, 「양사영선생 약전」, 『고고학보』1954년 제1기.

역사언어연구소가 서남지역에 임시 거처하고 있을 때, 천공학사가 나타날 수 있었던 원인 중의 하나는 바로 전쟁으로 인해 현장발굴작업이 한동안 불가능해지자 역사언어연구소의 고고학자들이 변경지역을 전전하면서 민족학 자료를 접촉할 수 있는 기회가 많아져 조사활동을 폭넓게 진행할 수 있었기 때문이다. 그리고 전 단계의 발굴자료에서 나타난 문제들로 인해 조사활동은 더 강한 목적성을 띠게 되었으며 비교연구의 가치를 가지게 되었다.

그러나 역사언어연구소의 민족고고학 연구는 발전할 수 없었고 양사영과 석장여의 조사는 고고학연구에 직접 응용된 적도 없었다. 그 주된 원인은 민족학 자료가 고고학 해석에 어떻게 응용되는지에 대한 학자들의 인식이 서로 달랐기 때문이다. 그 중 책임자인 이제의 관점이 제일 대표적이다. 이제는 인류학 전공 출신이었으므로 민족학 조사의 한계와 고고학 자료해석의 한계 등에 대하여 잘 알고 있었다. 항일전쟁 초기에 역사언어연구소가 곤명으로 옮겨갔을 때, 운남민족학회 회장직에 있던 이제는 「민족학 발전 전망과 비교법 응용의 한계」[57]라는 연설에서 이 문제를 다룬 적이 있다. 중국의 민족학은 고고학과 마찬가지로 사실상 서양에서 들어왔으며 현장작업을 특징으로 하는 새로운 학문영역이었다. 민족학은 민족, 국가 및 이데올로기와 그 관계가 더 밀접하였다. 이제는 중국 민족학의 포지셔닝에 대하여 다음과 같이 말하였다.

우리는 자신의 것을 포함한 인류 전체의 문화를 목표로 출발하여야 한다. 특히 우리 자신의 문화를 고정된 위치에 정해 놓아서는 안된다. 위치를 너무 높이 정해서도 안 되고 너무 낮게 정해서도 안 된다. 가장 바람직한 것은 우리의 것을 간직하고 객관적인 사실로 평가하는 것이

---

57) 이제, 「민족학의 발전 전망과 비교법 응용의 한계」, 『이제 고고학 논문선집』, 문물출판사, 1990년, 37~45쪽. 연설은 1939년 6월 10일에 했다.

다. 하지만 우리는 또 유럽 민족학의 선진적인 방법을 따라 배워야 할 것이다.[58]

이제는 외국의 것이라고 해서 전부 받아들여서는 안 되며 선택성 있게 학습해야 한다고 특히 강조하였다.

외국의 자료와 이론은 당연히 참고할 수 있다. 하지만 외국문자가 만들어 낸 논리적인 속임수는 중국의 것과 마찬가지로 잘못하면 위험을 초래할 수 있다. 지금 서양의 것을 속임수로 파는 자들이 너무 많아 유행이라 착각하고 있다. 사자를 다룰 줄 모르는 사람이 우리 안에서 사자를 끌고 나와 사람들이 모인 장소에서 먹이를 준다면 그 사자가 사람을 잡아먹을 수도 있다는 점을 우리는 꼭 알아야 한다. 청년들 가운데는 이미 이런 사자에게 먹힌 사람들이 적지 않다. 우리는 반드시 실력을 갈고 닦아 이런 외세의 난폭에 저항해야 한다.[59]

이제는 민족학 조사의 객관성을 보유하는 태도였기 때문에 이로써 고고학자료를 해석한다는 것은 더욱 불가능한 일이었다. 역사언어연구소 고고팀 출판물의 주필을 맡은 이제가 연구논문에서 민족학 자료로 억지스러운 해석을 하는 것을 절대 허용할 리 없었다.

천공학사의 양사영과 석장여의 활동이 유일한 예는 아니다. 항일전쟁 시기 많은 문화교육기관들이 서남 후방으로 철거하였는데 당시 곤명 부근에는 용천진龙泉镇 용두촌龙头村의 역사언어연구소 외에도 죽원촌竹园村의 중앙박물원, 맥지촌麦地村의 영조학사, 와요촌瓦窑村의 중앙지질조사소, 낙색파落索坡의 중앙연구원 사회연구소, 흑룡담黑龙潭의 북평팀원 등등이 있었다.[60] 이와 같은 기관의 성원들 일부는 본래부터 민족학 연구에

---

58) 같은 책.
59) 같은 책.

종사했던 학자들이고, 일부는 서남에 대량으로 분포된 새로운 자료를 보고 큰 관심을 가진 사람들이었다. 그 외 연경대학교燕京大学, 남개대학교南开大学, '향토건설파(乡土建设派)'(양수명梁漱溟 등) 는 모두 농촌 조사를 진행하였다. 물론 그들의 연구가 단지 민족학에만 머물러 있었던 것은 아니었다.[61]

소문에 따르면 일부 학자들은 '서남민족학회'를 조직하고 흥미진진하게 이 방면의 학문을 연구한다고 하였다. 그들은 서남민족사를 연구하면서 서남지역 민족역사의 독립성에 대하여 큰 토론을 벌인 적이 있다. 부사년은 논문을 보고 크게 노하여 다음과 같이 질책하였다. 지금 일본 군국주의는 범태국주의(大傣主义)를 제창하면서 운남이 중국에서 이탈하여 태국과 연합할 것을 꾀하고 그들 종족이 중국과 다르다고 한다. 또 용운 등이 중국사람으로서 같이 항일하느라고 애쓰고 있는데 그들은 본래 뤄뤄, 백족民家이라고 하면서 '탁상공론으로 학문을 위한 학문을 하며 정치와 무관하다'고까지 한다. 부사년은 이러한 연구성과들이 '전문학술지'에 발표되는 것은 큰 문제가 아니지만 여러 신문에서 떠들썩하게 발표한 것을 통분해 하면서 '서남민족학회'가 연구하는 학문은 '너절한 학문'이라고 질책하였다.[62]

2) 서북사지(西北史地) 고찰팀의 고고활동

역사언어연구소 고고팀의 젊은 세대 고고학자들은 항일전쟁으로 정세가 악화되면서 장사(长沙)에서 흩어졌고, 각자 스스로의 생계를 위하여 동

---

60) 『석장여 방문기록』, '중앙연구원' 근대사연구소, 2002년, 213쪽.
61) 같은 책, 215쪽.
62) 나지전(罗志田) 주필, 「20세기의 중국: 학술과 사회 · 역사권」(상), 산동인민출판사, 2001년, 111쪽.

분서주하였다. 그중에서 석장여만이 여전히 고고활동을 견지하였다. 그는 장사를 떠난 후 고향에 돌아가 한동안 지내다가 바로 조사활동을 시작하였다. 먼저 북평연구원에서 발굴한 보계 투계대(宝鸡斗鸡台) 유적을 고찰하기로 하였다. 왜냐하면 1937년 7월 석장여가 북평에 갔을 때, 북평연구원의 소병기苏秉琦와 백만옥白万玉이 발굴한 투계대 유물 중의 차车가 석장여의 주의를 끌었기 때문이다. 당시 날씨가 무더워 차 전체에 대한 발굴을 끝내지 못하고 다시 땅에 파묻었으며, 작은 동포铜泡만 북평으로 가지고 왔던 것이다. 석장여는 보계 차와 안양 차의 차이에 대하여 알아보기 위하여 보계로 떠났다. 새해가 되자, 석장여는 소병기 등이 발굴했던 보계 북령北岭에서 자세히 고찰한 후, 1938년 3월 초에 보고서를 만들어 이제에게 보냈다.[63] 석장여는 섬서 보계 · 예천醴泉 일대에서 홀로 조사하다 약탈을 당해 생명을 잃을 뻔하기도 하였다. 한달 가량 지나서 '속히 곤명 청운가青云街 전화항靛花巷 3호에 오라'는 이제의 전보를 받게 되었다.

복귀한 후에도 석장여는 작업을 계속하였다. 전쟁기간, 실내연구 외 가장 중요한 현장실천은 서북사지고찰팀에서 진행한 작업이다. 이 시기, 항일전쟁이 가장 힘들고 대후방大后方의 역할이 점점 중요해졌다. 정부와 민간에서 서북열로 들끓었고, 각계 인사들은 분분히 단체를 조직하여 서북으로 들어갔다.[64] 서북사지고찰팀은 1942년 봄, 중앙연구원 역사언어연구소, 중앙박물원 준비사무소, 중국 지리연구소 등 문화단체로 구성되었는데 후에 하내 등이 참가했던 서북과학고찰팀의 전신이라 할 수 있다. 신수치辛树帜가 단장으로 임명되었으며 역사언어연구소에서는 노간劳干 · 석장여를 파견하였고, 중앙박물원 준비사무소에서는 서남연합대학교 교수 향달向达을 초청하였으며 중국 지리연구소에서는 이승삼李承三 · 주연유周延儒를 파견하였다. 또한 동제同济대학교 교수 오정선吴静禅을 초청하

---

63) 이 보고서는 훗날 석장여가 신속히 연구팀에 돌아오게 된 결정적인 계기가 되었다.
64) 『석장여선생 방문기록』, '중앙연구원' 근대사연구소, 2002년, 247쪽.

여 식물방면의 조사를 책임지게 하였다. 1942년, 감숙 · 녕하 · 청해 경내에서 작업하였고, 고고작업은 감숙, 녕하 두 성의 일부에만 제한되었다. 1943년, 고찰팀은 섬서로 옮겨갔다.[65]

1942년 4월, 이장李庄에서 출발한 석장여와 노간은 2개월 반이 지나서야 감숙에 도착하였다. 그 후 일년 반 동안 석장여는 서북일대에서 현장작업을 계속하였다. 감숙에서는 노간과 같이 작업하였고 그 다음 해에는 홀로 섬서 관중關中 일대에서 조사를 진행하였다.

석장여와 노간은 먼저 돈황 막고굴 일대의 동굴유형과 지형에 대하여 측량하고 제도하는 작업을 하였다. 비록 역사언어연구소 고고연구의 첫 번째 작업이었지만 석장여는 효율적인 방법을 많이 생각해냈다. 동굴을 측량하는 기재는 매우 간단하였는데, 30미터, 10미터짜리 줄자가 하나씩 있었고, 작은 평판 측량의(平板儀)가 두 개 있었다. 하지만 동굴에서는 평판 측량의도 쓸 수 없고, 준비한 측량대와 가늠자도 쓸 수 없었다. 그리하여 조금 긴 막대기를 묶어 측량에 사용할 장대를 만들었다. 석장여는 동료에게 줄자 한쪽을 잡아 지정된 위치에 놓게 한 후, 치수를 확인하고 네 모칸이 있는 노트에 한 자를 측량하면 선 하나를 그어 기록하였다. 먼저 평면을 측정하고, 다음 입면을 측정하였다. 입면은 측량하기 위해 장대의 꼭대기에 못을 박고 줄자 두 개를 드리워 놓았다. 줄자 하나는 높이를 재고 다른 하나는 너비를 재, 서로 충돌되지 않게 하였다. 측량작업은 매우 복잡하였다. 동굴 안에는 불단佛龕, 불굴佛窟, 그리고 신위神位가 있었으며 위에는 조정藻井이 있고 물건들이 많았다. 동굴 안에 있는 중요한 머리말을 기록하고 연대를 조사해야 했기 때문에 진도가 느려 하루에 하나밖에 측정할 수 없었다. 그외 방위도 측정해야 했는데 동굴이 산세를 따라 구불

---

65) 석장여, 『고고연표』, '중앙연구원' 역사언어연구소, 1952년, 102쪽. 원문에서는 1945년으로 잘못 표기되었다.

362 **중국 과학 고고학의 흥기** _ 1928년~1949년 역사언어연구소 고고학사

구불하게 나있었기 때문에 방위가 다 달라 지남침을 이용하여 측량하였다. 큰 동굴은 종이 한 장에 기록하고, 작은 동굴은 종이 한 장에 여러 개를 기록하였다. 그리고 동굴과 동굴 사이의 거리도 기록해야 하였다. 도로, 평지와 떨어진 거리도 서로 달랐기 때문에 이에 대해서도 자세히 기록하였다. 일부 동굴은 절벽에 있었는데 당지 사람들이 묘회(庙会) 관광의 수요로 통로를 만들어 다른 동굴들과 서로 연결시켜 놓았다. 이러한 통로도 그 방위, 길이, 너비, 높이에 대하여 기록하였으며, 동굴의 당시 보존 상황도 모두 기록범위에 속하였다. 측량과정에서 촬영도 진행하였는데 동굴을 측정한 후 사진을 남길 필요가 있다고 생각되면 촬영해 놓았다.[66] 이 동굴들은 나중에 대부분 파괴되거나 멸실되었기 때문에 남겨진 측량자료는 대단히 소중하다. 석장여와 노간은 3개월간 부지런히 작업하여 돈황 막고굴에 관한 대량의 자료들을 남겼다. 이는 훗날 『막고굴의 형태(莫高窟形)』3책으로 정리되었으며 반세기가 지난 1996년에 출판되었다.[67]

천불동千佛洞 측량 외에도 석장여와 노간은 대량의 조사활동을 거쳐 많은 역사 유적들을 발견하였다. 비교적 중요한 것으로 옥문관玉门关과 양관阳关 일대, 흑수黑水유역 등이다. 이 기간, 고고팀은 또 고동탄古董滩, 차커투(察克图) 봉화, 양관阳关 묘지에 대한 발굴작업을 진행하였다.[68] 1942년 말, 서북사지고찰팀은 감숙에서의 작업을 마쳤다.

1943년 2월부터 8월까지 석장여는 섬서지역에서 혼자서 6개월간 현장작업을 진행하였으며 전후하여 경하泾河 유역, 당나라 등 역대 능묘 및 석조각, 용문龙门 조상造像(염문유阎文儒와 같이 진행하였음), 요현耀县 석조각, 서안西安 인근의 불교유적지, 위수渭水 유역, 옹수雍水 유역 유적지, 시

---

66) 『석장여선생 방문기록』, '중앙연구원' 근대사연구소, 2002년, 253~255쪽.
67) 현장작업보고3, 『막고굴의 형태(莫高窟形)』(1, 2, 3책), '중앙연구원' 역사언어연구소, 1996년.
68) 석장여, 『고고연표』, '중앙연구원' 역사언어연구소, 1952년, 26쪽.

황릉始皇陵 등을 조사하여 큰 수확을 거두었다.[69] 석장여는 또 빈현邠县 노호살老虎煞 · 풍호촌丰镐村과 기양보岐阳堡에서 소규모의 시험발굴을 진행하였으며[70] 발견된 대량의 주나라 유적지와 관련 기록은 특히 중요한 의의가 있다. 예를 들면 위수 유역의 주나라 수도에 관하여 조사하면서, 풍수丰水 일대에서 풍호촌丰镐村 · 두문斗门 석조각 · 회회분回回坟 · 장가파张家坡 · 마왕촌马王村 · 두문진斗门镇 · 개서장开瑞庄 · 복응사福应寺 · 낙수촌落水村 · 보도普渡 · 영대灵台 · 대북台北 · 희가보姬家堡 · 예현촌礼贤村 · 노점涝店 · 최가분崔家坟 · 조풍교兆丰桥 · 을당묘圪垱庙 · 두가파杜家坡 · 강원취姜嫄嘴 · 백룡만白龙湾 등 20여 곳에 달하는 유적지를 발견하였다. 그 중 여러 곳이 신중국 설립 후에 발굴한 것인데 실로 중요한 발견이었다. 서북사지고찰팀에서부터 관중 일대까지의 조사는 대부분 석장여의 개인 주장에서 비롯된 것이지만 큰 수확을 거두었으며 이제의 인정도 받았다. 석장여는 그 후 이장李庄에서의 세밀한 정리작업을 거쳐「관중고고 조사보고」[71]를 써냈다.

중국고고학에 있어서 주나라 고고는 매우 중요한 위치를 차지한다. 중화중화민국 시기, 발굴에서는 북평팀원의 보계 투계대宝鸡斗鸡台 작업을 선두로 하였으며, 조사에서는 석장여의 관중조사가 제일 큰 성과를 이룩하였다. 하지만 시국의 변화로 인해 신중국고고학계는 매우 오랜 기간 석장여의 조사결과에 대하여 정확하게 인식하지 못하였으며 고고연구에 응용하지 못하였다.

---

69) 같은 책, 9~10쪽.
70) 같은 책, 27쪽.
71) 석장여,「관중고고 조사보고(关中考古调查报告)」,『'중앙연구원' 역사언어연구소 합종봅』제27집, 1956년, 205~323쪽.

4. 전쟁시기 역사언어연구소의 고고학 연구

1937년부터 1949년까지 끊임없는 전쟁으로 인해 역사언어연구소의 고고작업은 부진 상태에 처하게 되었다. 앞서 서술한 바와 같이 제한된 현장고고 작업만 일부 진행하였다. 비록 대규모의 현장조사는 전개할 수 없었지만 이제의 인솔하에 고고팀 성원들은 실내연구에서 큰 성과를 거두어 중화중화민국 시기 과학 고고연구의 최고성과를 이룩할 수 있었다. 여기에서는 항일전쟁 시기와 전쟁이 승리한 후의 활동을 대표로 하여, 해당 시기 역사언어연구소 고고팀의 실내연구에 대하여 중점적으로 살펴보고 같은 시기 중국 과학고고학의 발전에 대하여 총괄적으로 논의해 보고자 한다.

은허자료에서 이제가 중점적으로 다룬 문제에서 가장 중요한 것은 도자기와 동기에 대한 연구로,[72] 동작빈의 갑골문연구와 은어연구의 쌍벽으로 불리운다. 이는 또한 두 사람이 은허에서 합작하면서 약속했던 결과로, 해당 방면의 저작은 매우 많다. 논문으로는 「은상 시대 도자기에 대하여 처음 논함(殷商陶器初论)」(1929), 「은허동기 5종 및 그 관련 문제(殷墟铜器五种及其相关之问题)」(1933), 「소둔에서 출토된 청동기에 대하여(记小屯出土之青铜器)」(상, 중편)(1948), 「예북(豫北)에서 출토된 청동기에 대한 분류 도해(豫北出土青铜句兵分类图解)」(1950), 「은상시대 청동기술의 네 가지 풍격(殷商时代青铜技术的第四种风格)」(1964), 「은상에서 출토된 청동예기에 대한 전면적 검토(殷商出土青铜礼器的总检讨)」(1976) 등이 있고 전문 저서로는 『은허기물 갑편: 도자기(상집) (殷墟器物甲编:

---

72) 장광직, 「이제선생의 고고학 연구에 대한 약간의 견해」, 『이제문집』권1, 상해인민 출판사, 2006년, 서문 2, 16쪽.

陶器(上辑)』(1956), 『고기물연구 전문간행물古器物研究专刊』 5권(1964~ 1972) 등이 포함된다.

　이제는 대륙에 있는 기간 주로 발굴과 정리에 정력을 쏟았다. 전쟁과 기타 업무문제 및 전쟁으로 인한 가족의 재난 등이 그의 개인연구에 큰 영향을 미쳤다. 그리하여 그의 종합적인 연구성과는 별로 뚜렷하지 못하였다. 이제 스스로도 동작빈의 『은력보(殷历谱)』와 같은 거작을 써내지 못한데 대하여 매우 유감스럽게 생각하였다. 이제는 장기간 중앙박물원 준비사무소의 책임자(1934~1947)직을 맡았으며 1938년에는 역사언어 연구소 대리 소장을 한 적도 있는데 업무량이 너무 많았다. 아울러 그의 겸직도 적지 않았는데1939년에는 운남민족학회 회장으로 당선되기까지 하였으므로 그가 고고연구에 몰두할 시간은 그리 많지 않았다. 따라서 은허자료에 대하여 종합적인 연구를 하고 저서를 써낼 수 있는 일은 해방전쟁시기, 그가 중앙박물원 준비사무소의 주임이라는 가장 중요한 직무에서 사퇴한 후에야 가능하였다. 중앙박물원 준비사무소의 주임이라는 신분때문에 이제는 많은 시간과 정력을 중국 박물관의 사업과 발전에 쏟게 되었고 결국 고고학이라는 본업과 멀어지게 되었다. 은허연구 그리고 국내에서 매우 중요시되고 있는 유형학연구에 관한 이제의 주요 성과는 대만에 있을 때 발표되었지만 초기의 일부 논문에서 이미 모습을 드러내고 있었다.73) 1949년 후에 쓴 논저들은 본고에서 정한 시기를 벗어난 것이고, 신중국의 고고학발전 추세에 거의 영향을 미치지 못하였기 때문에 여기에서 논술하지 않기로 한다.

　항일전쟁 전, 도자기와 동기에 대한 이제의 초보적 연구는 앞장에서 이

---

73) 이제의 주된 학술성과는 은허 발굴자료를 중심으로 한 전문연구와 종합연구였다. 그중 가장 뛰어난 성과가 바로 은허의 도자기와 청동기에 대한 체계적인 연구이다. 해당 방면의 연구 논저는 대부분 1949년 이후에 발표되어 신중국고고학의 발전에 큰 영향력을 미치지 못하였다.

미 논술한 바 있다. 여기에서는 주로 1937년부터 1949년까지의 연구활동과 성과에 대하여 논의하고자 한다.

1) 도자기에 대한 분류와 정리

항일전쟁시기 특히 곤명과 이장에 머무르는 동안, 이제는 고고팀을 인솔하여 은허 도자기 연구에 전력하였고『은허도자기도록(殷墟陶器图录)』의 편집을 중심으로 많은 작업을 추진시켰다.

이제는 현대 고고학에서 도자기가 차지하는 위치에 대하여 분명히 인식하고 있었다. 그는 도자기가 그토록 중요한 것은 다른 실물이 구비하지 못한 다음과 같은 세 가지 특징을 가지고 있기 때문이라고 하였다. ① 수량이 많다. ② 지하에 오랫동안 보존되어도 변하지 않는다. ③ 형태와 재질이 시대에 따라 변하는데 변화된 부분은 시대정신을 충분히 반영한다.[74]

15차의 은허발굴작업을 거쳐 25여만 개의 도자기 조각과 복원이 가능한 도자기 1,500여건을 수집하였다. 사실상 이 도자기들은 은허문화층뿐만 아니라 은허 전기의 문화층도 포함하였지만 나중에 분류할 때 시대와 층위의 연속성을 고려하지 않았을 뿐이다. 이 도자기들은 모두 완전한 발굴기록이 남아 있었는데 (갑) 출토시기 기록 및 지하에서의 원시 상태, 그리고 보존되어 있던 지층과 기타 지층의 상대적 위치, (을) 같은 지층 및 무덤에서 출토된 기타 기물과의 관계를 포함한다. 상술한 기록은 모두 발굴시기의 기록, 사진과 도록을 포함한다. 더 구체적인 실내연구는 재질, 제작방법, 형태 및 무늬에 대한 연구를 포함하는데 이는 전문적인 기술을

---

74) 이제,「은허기물 갑편: 도자기 (상)」서문,『이제문집』권3, 상해인민출판사, 2006년, 51쪽.

필요로 한다. 예를 들면, 도자기 질에 대한 화학적 분석은 전문가를 청하여 진행해야 하는바 항일전쟁 전에는 이러한 협조가 자주 있었으나 전쟁으로 인해 여건이 나빠지면서 점차 불가능해졌다. 곤명에 있을 때, 역사언어연구소는 화학연구소에 도자기 조각들을 보내 화학적 분석을 의뢰하였으나 화학실험 재료가 결핍하여 완성하지 못하였고, 그 후부터 화학적 분석은 이루어지지 않았다.

항일전쟁시기 역사언어연구소는 이사를 가면서 고고학 표본을 많이 옮겨갔지만 도자기는 남겨둔 것이 많았다. 미처 가져가지 못한 표본은 각각 안양安阳의 관대항冠带巷,[75] 북평의 참단蚕坛, 남경의 북극각北极阁[76]에 나누어 보존하였다. 역사언어연구소에서 옮겨간 것은 고고학 연구원들이 늘 말하는 '형태와 구조形制를 대표할 수 있는 표본(type specimens)'들뿐이었는데 이는 분류를 통하여 선정된 대표적인 도자기들이었다. 고고팀에서는 원시기록만은 시종 갖고 다녔다.

고고팀의 실내연구는 원시적 기록과 대표적인 표본을 이용하여 전쟁 중에도 계속되었다. 곤명에 머물 때, 오금정은 복원이 가능하거나 온전한 도자기 표본의 제작방법, 형태 및 무늬에 대한 해석을 마무리하였고, 석장여는 곤명 도자기업에 대한 조사를 진행하여 은허도자기업을 이해하는데 도움을 주었으며 동시에 도자기의 흡수율吸水率 및 경도硬度 등에 대한 물리적 실험을 하였다. 통계표의 정리, 현장 번호(田野号)의 조절 및 도록의 배치, 순서의 편성은 모두 이 시기부터 시작된 것이다. 그중 모든 표본을 통일적인 비례(원래의 1/4)로 도면에 옮기고 온전한 표본은 사진으로 남기는 일이 특히 번잡하고 힘들었다. 결국 반각潘慤과 이련춘李连春의 도움으로 작업을 완성하였는데 몇 년이 걸렸다.[77]

---

75) 이 곳은 역사언어연구소 은허발굴팀의 장기 주둔지였다.
76) 이 두 곳은 모두 역사언어연구소의 주둔지였었다.
77) 이제, 「안양」, 『중국 현대학술경전·이제권』, 하북교육출판사, 1996년, 565~566쪽.

여기서 꼭 짚고 넘어가야 할 것은, 1939년에 이제가 곤명에서 진행한 은허 도자기 조각의 흡수율에 대한 실험이다.[78] 원래는 의의가 더 큰 도자기 용량을 측정하려고 했는데 조건이 여의치 않아 흡수량으로 바꾸게 되었다. 1939년 역사언어연구소가 곤명에 있을 때, 이제는 역사언어연구소 근처의 종피영棕皮營에 살았는데 중앙박물원은 1킬로미터 떨어진 죽원촌竹園村 토주묘土主庙 안에 있었다. 박물원 실험실에는 매우 정확한 비중천평比重天平이 있었는데 이제는 매일 혹은 적어도 이틀에 한 번은 실험을 하러 갔었다. 그의 방법은 다음과 같았다. ① 먼저 도자기 조각이 건조한 상태에서 중량을 측정한다. ② 증류수에 36시간 담궈둔다. ③ 말꼬리(马尾)로 도자기 조각을 묶어 증류수 속에서의 중량을 측정하고 꺼낸다. 그리고 그 위에 있는 물을 닦은 후, 물에 넣지 않고 측정한다. 매 도자기 조각마다 세 번씩 측정하여 공식을 만들고 그 비중을 얻어낸다. 재질과 색깔이 부동한 도자기 조각들을 특별히 선정하여 일일이 실험하고 그 흡수율을 얻어낸다. 본 연구결과는 나중에『은허 기물 갑편: 도자기(상집)』[79] 제2장에 발표되었다.

곤명에서 이장으로 옮겨간 후, 역사언어연구소는 비교적 긴 안정기를 맞이하게 되었다. 이제는 전 시기의 작업을 기초로, 은허에서 출토된 도자기들을 종합하여 순서(序数)[80]를 정하였다. 그 성과물이 바로『은허 기물 갑편: 도자기(상집)』에 편입된『은허 도자기도록』이다. 이 도록은 고고팀의 도자기 연구에서 가장 중요한 성과로, 이제가 가장 중요시하였던 부분이다. 도자기의 분류와 유형학 연구에 대한 이제의 사상이 여기에 집중적으로 반영되었으며, 이는 장기적인 실험과 사고를 통해 얻어낸 결과

78) 「이제선생의 학술활동 간략표」, 『이제와 청화』, 청화대학출판사, 1994년, 219~25쪽.
79) 「은허기물 갑편: 도자기 (상)」, 『이제문집』권3, 상해인민출판사, 2006년.
80) 이제가 도자기를 분류할 때 사용한 전문용어로, 모종의 질서에 따라 형태가 부동한 기물에 매긴 번호이다.

물이다. 「총론」부분에서 이제는 도록 및 순서의 배열 원칙에 대하여 상세하게 규정하였다.

1. 수록하는 도자기는 용기로 제한한다. …… .
2. 용기 내의 도자기는 제일 하단의 형태를 첫째 기준으로 배열한다. 첨저(尖底)와 환저(圜底)는 000-099, 평저(平底)는 100-199, 권저(圈底)는 200부터 299까지, 삼족(三足)은 300부터 399까지, 사족(四足)은 400부터 499이내에 배열한다.
3. 매 조목마다 최상단의 형태를 기준으로 1~99로 표기하고 배열 순서는 대체로 구경(口徑)의 크기 및 전체 용기의 얕고 깊음을 기준으로 하여 크고 얕은 것은 앞에, 작고 깊은 것은 뒤에 놓는다. 중간의 것들은 또 도자기 벽과 하단의 각도, 변두리(緣)의 구조에 따라 상세하게 분류하는데 밖으로 기운 것은 앞쪽에, 안쪽으로 굽은 것은 뒤쪽에 배열한다.
4. 기타 형태의 변화 예를 들면, 도자기 벽의 곡선, 최대 횡단면의 위치, 귀·손잡이(把)·코·손잡이(柄)·주둥이·술(流) 등 부착기(附着器)의 유무가 보통 용기의 특성을 구성—이러한 변화는 무질서하기 때문에 도자기의 일반적인 형태와 구조에 따라 배열하고 영문 자모를 달아 특성을 표시한다.[81]

위와 같은 편성방법에 따라 은허에서 출토된 1,500여점의 온전하거나 복원이 가능한 도자기들을 하나의 체계로 통일하였으며 매 하나의 형태, 양식에 모두 고정된 명칭을 달매웠다. 그리고 순서에 따라 배열된 매 도안마다 표본의 윤곽, 구조와 무늬를 그림으로 그려 표현하였다. 도록은 총 16폭이었는데 은허 도자기군(陶器群)의 다양한 모습을 순서에 따라 배열하였다(그림 24).[82]

---

81) 이제, 「은허기물 갑편: 도자기 (상)」, 『이제문집』권3, 상해인민출판사, 2006년, 97~98쪽.
82) 같은 책, 53쪽.

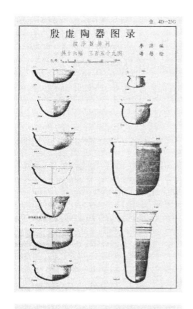
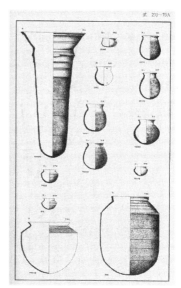
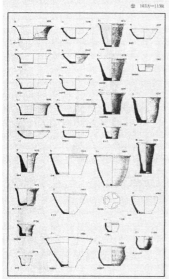
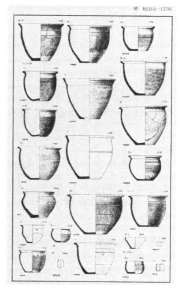

그림 24 은허 도자기 도록(图录) (일부분)

(이제편,반각회(潘愨绘), 『이제문집』권3, 상해인민출판사, 2006년, 134~149쪽. 그림은 총
16폭인데, 여기에는 앞에 있는 4폭만 선택 함)

이와 같은 기초 연구는 최대한 기물의 본래 모습에 따라 기물유형의 귀속을 복원하려는 데 그 목적이 있었다. 두 번째 항목은 형태 분류分型, 세 번째 항목은 양식 규정定式이었는데 그 배열이 분명하였다. 네 번째는 기타 형태적 특징에 관한 항목인데 여기에 대해서도 분류하였다.[83] 이제의 이러한 표현과 분류방법은 훗날 응용한 사람이 많지 않다. 그것은 이제가 배열에서 제일 중요시하였던 두 가지 가정假設과 무관하지 않을 것이다. 첫째는 형태에 대한 가정으로, 밑부분의 모양에 따라 형태를 구분한 것이고, 둘째는 양식에 대한 가정으로 최상단의 형태 변화를 의거로 구경의 크기 및 전체 도자기의 깊고 얕음, 도자기 벽과 밑바닥의 각도, 변두리의 각도 변화로 배열의 순서를 정한 것이다. 이는 이제 등 학자들이 장기간의 탐색을 통해 얻어낸 결과로, 합리적인 부분이 있기는 하지만 임의적이고 상상의 요소가 너무 많다. 기물의 실제 유형과 변화된 차례를 반영할 수 있을지에 대해서는 문제가 많다.

사실이 증명하다시피, 최종적으로 유형 변화의 배열 순서를 확정하는 가장 중요한 의거는 여전히 지층관계에 있다. 지층관계로부터 검토하여야만 기물의 상대적인 연대와 변화의 관계를 정확하게 확인할 수 있다. 은허의 도자기는 참고할 수 있는 지층 자료들이 적지 않다. 하지만 이제의 도자기 유형학에서는 지층관계를 그리 중요시하지 않았고 배열순서의 중요한 요소 및 최종 근거로 삼지 않았다. 따라서 이제의 도자기 배열 변화 탐색은 성공할 수 없었던 것이다. 그렇다고 해서 이제가 현대 고고 유형학을 전혀 모른 것은 아니었다. 중국고고학의 아버지로 불린 이제는 유형학에 대하여 잘 알고 있었는바, 청동기 및 골계骨笄 대한 연구에서 충분히 체현되었다. 하지만 관련 성과들이 주로 대만시기에 발표되었기

---

[83] 하지만 이제의 '형태(型)'와 '양식(式)'에 대한 정의는 훗날 중국 대륙의 고고학계에서 상용되는 것과 달랐다. 오히려 정반대라고 할 수 있겠다. 「소둔에서 출토된 청동기에 대하여」, 『이제문집』권3, 상해인민출판사, 2006년, 472쪽.

때문에 많은 사람들에게 잘 알려지지 않았던 것 같다. 이제의 도자기 배열이 상술한 특징을 가지게 된 데는 주로 다음과 같은 두 가지 요소가 작용하였다.

첫째, 이제의 연구목적은 도자기 변화에 대한 탐색이 아니라 도자기에 대한 분류였다. 훗날 그는 '이렇게 분류하고 배열하는 목적은 매우 단순하다. 바로 검토하기 쉽다는 것이다. 배열 순서를 통하여 형태상의 관계를 알아낼 수 있는지에 대한 것은 별개의 문제이지만 확실한 것은 배열순서가 큰 도움이 되었다는 점이다.'[84]라고 하였다. 사실상 은허의 도자기 도록 편성 당시, 이제는 피트리의 도자기 유형학의 배열방법에 대하여 익숙히 잘 알고 있었고, 피트리의 대표작의 하나인『선사 이집트』를 참고하기도 하였다. 하지만 이제는 피트리의 분류기준이 본인의 연구목적과 '매우 적합하지 않다'[85]고 하면서 피트리의 편성방법을 포기하고 동인들과 같이 상술한 체계를 만들어냈던 것이다. 피트리는 유형학으로 분기分期문제를 탐색하였지만 이제는 은허의 모든 도자기들을 한 체계에 넣고 그 위치를 배열하였고, 피트리는 전형적인 기물들로 구체적인 문제를 해결하고자 하였으나 이제는 방대하고 복잡한 자료들을 정리하고자 하였기 때문에 결국 양자의 목적이 다르다고 했던 것이다. 이는 이제가 은허 도자기 배열에 있어서 피트리의 유형학 방법을 따르지 않았던 구체적인 원인이다. 무질서하고 번잡한 재료가 이제의 유형학 연구에 큰 방해가 되었고 자료 자체가 오히려 인간의 창조력을 속박하였던 것이다. 하지만 이제는 구체적인 편성과 배열에 있어서는 피트리의 방법을 사용하였다. 예를 들면, 피트리는 아구리가 가장 큰 것(과 얕은 것)을 앞에 놓고 아구리가 가장 작은 것은 마지막에 놓는 방식으로 배열하였는데 이제도 마찬가지로 이

84) 이제, 「소둔에서 출토된 청동기에 대하여」,『이제문집』권3, 상해인민출판사, 2006년, 472쪽.
85) 이제, 「안양」,『중국 현대학술경전 · 이제권』, 하북교육출판사, 1996년, 566~567쪽.

방법에 따라 아구리가 제일 큰 것과 얕은 것을 앞에 놓고, 키가 크고 아구리가 작은 것을 마지막에 놓았다.[86)

두번째 중요한 요소는 바로 전체적으로 볼 때 방대한 양의 도자기들이 지층자료가 그리 명확하지 않다는 것이다. 비록 이제가 온전한 도자기의 현장발굴 자료를 가지고 있었지만 당시의 발굴수준으로 그렇게 많은 도자기들의 층위관계를 정리한다는 것은 매우 어려운 일이었다. 이제는 다음과 같은 말을 한 적이 있다.

> 소둔지하의 선은(先殷)문화와 은상(殷商)문화의 층차를 명확히 구분할 수 있는 것이 얼마 되지 않는다. 대부분의 지층은 모두 후기에 교란되었거나 파괴되었다. 전혀 파괴되지 않은 지층으로 선은 도자기의 형태와 구조를 단정지을 수 있겠지만 제반 선은 도자기군의 범위를 구분할 수는 없다. 선은시대의 도자기군이 지층에서 전부 확증될 수 없는 만큼 은상 도자기군의 범위 또한 확정지을 수 없다. …… 지층이 별 도움이 되지 못한다면, 이 문제를 해결하는데 있어 먼저 지하에서의 도자기 분포 상황을 연구한 후에 지층의 순서를 구분할 수 있고 파괴가 가장 적은 위치에 분포된 실물을 기초로 지하에 분포된 선후순서를 찾아내어 두 시기를 구별해야 한다.[87)

그러므로 도자기 유형학에서 큰 돌파구를 찾지 못하게 된 데는 혼란스러운 지층관계 자료도 제약요소로 작용했던 것이다. 시간의 순서를 단서로 도자기의 발전 순서를 배열한다는 것은 힘든 작업이 아닐 수 없다. 바꾸어 말하면 이러한 상황이 벌어지게 된 것은 이제가 은허의 도자기를 모두 연구대상으로 하였기 때문이다.

이제는 모든 정력을 도자기 분류에 쏟았지만 그의 분류가 도자기의 본래 유형과 귀속을 정확히 체현하였는지는 의문스러운 데가 있다. 먼저,

---

86) 같은 책, 567쪽.
87) 이제, 「은허기물 갑편: 도자기 (상)」, 『이제문집』권3, 상해인민출판사, 2006년, 53쪽.

제일 중요한 것이 연구의 출발점이다. 즉 밑바닥 형태로 분류하는 방법의 정확성 여부이다. 예를 들면, 삼족三足과 사족四足 기물은 전혀 다른 목록에 분류되었는데 사실 대부분의 경우, 사족 기물은 단지 삼족 기물의 변종일 뿐이다. 이 두 가지는 기능도 같고 친연亲缘관계도 매우 근접하므로 차이가 큰 두 종류의 기물로 분류하는 것은 합당하지 않다.

이제의 분류방법은 지나치게 기물들간의 차이만 중요시하고 그들간의 연관성은 소홀히 하였기 때문에 같은 종류에 속하는 기물들의 부동한 변화과정을 연구하기는 힘들었다. 비록 기물의 유형은 잘 구별할 수 있었지만 동일한 기물유형의 복잡하고 미세한 형태차이에 대해서는 기록하거나 해석할 수 없었다. 따라서 기물형태의 변화과정을 찾아내고 기억하기가 쉽지 않았다. 이와 같은 방법은 기물 형태의 배열 순서를 찾는 목적과 완전히 분리되었기 때문에 연구작업에 불필요한 항목을 증가시켜 매우 불편하였다.[88] 반면 소병기의 유형학방법은 이러한 결점을 극복하고 두 가지를 합침으로써 훗날 규범이 될 수 있었다.

총괄하여 말하면 이제의 도자기 연구는 분류와 정리의 초보 단계에 머물러 있었다. 유형학 탐색에 있어서 이제의 성과는 주로 후기의 청동기 연구와 골계骨笄 연구에서 체현되었다.

2) 청동기 분류와 연구

항일전쟁이 승리한 후, 역사언어연구소는 다시 남경으로 옮겨갔다. 이제는 복구와 대일对日 접수 작업을 끝낸 후, 모든 행정직무를 사임하고 은허 자료연구에 몰두하였다.

---

88) 유위초(俞伟超), 「고고 유형학'의 문제에 대하여」, 『고고학이란 무엇인가-유위초의 고고학이론 문선』, 중국과학출판사, 1996년, 58~59쪽.

1948년, 이제는 중국 대륙시기, 그의 은허 관련연구에서 중요한 논문의 하나인 「소둔에서 출토된 청동기에 대한 기록」(상, 중편)[89]을 써냈다. 몇 년간의 탐색을 거쳐 이제의 유형학 연구는 이장李庄에서의 도자기 배열에 비해 큰 발전을 가져왔다.

「소둔에서 출토된 청동기에 대한 기록」이 중요하다고 하는 것은 이 글에서 분류방법과 유형학에 대한 이제의 견해가 집중적으로 체현되었기 때문이다. 그 후, 이제는 이 방면의 연구에서 큰 성과를 거두었으며) 수준이 매우 높았다. 이는 그가 남긴 가장 중요한 학술유산이다.[90] 「은허 동기 5종 및 그 관련 문제」로부터 시작하여 이제는 장기간의 탐색을 거쳐 유형학에서 매우 성숙되고 체계적인 성과를 이룩하였으며 청동기 연구가 고기물학의 구속에서 벗어날 수 있게 함으로써 과학연구에 기초를 마련해 주었다.

논문의 시작부분에서 먼저 이제는 가장 기초적인 문제 즉 청동기 분류에 대하여 논의하였다. 그가 싫증내지 않고 논의를 한 것은 청동기가 줄곧 중국 고기물학 연구의 주된 대상의 하나로, 전통적인 관습에서 벗어나야 할 필요성이 도자기보다 더 절박하였기 때문이다. 그는 고기물학자들이 기능에 대한 추측으로 분류를 진행한 것은 정확하지 않다고 반복적으로 강조하면서, 이는 고기물학이 800년간 발전이 없게 된 주요 원인이라고 하였다.[91] 이제는 도자기와 마찬가지로 청동기 분류도 형태로부터 착

---

89) 이 원고는 채 완성하지 못하였으며, 완성된 부분만 두 차례에 나눠 발표하였는데, 각각 「소둔에서 출토된 청동기에 대하여」(『중국고고학보』 제3집, 중앙연구원 역사언어연구소, 1948년, 1~100쪽)와 「소둔에서 출토된 청동기에 대하여(중편－봉인기(鋒刃器))」(역사언어연구소 편 『중국고고학보』 제4집)이다. 원고는 상해 상무인서관(商务印书馆)에 보존되었다가 1949년 12월 중국과학원 역사언어연구소의 명의로 출판되었다.

90) 장광직, 「이제선생의 고고학연구에 대한 약간의 견해」, 『이제문집』 권1, 상해인민출판사, 2006년, 서문 2, 서문 17쪽.

91) 이제, 「중국 고기물학의 새로운 기초」, 『이제문집』 권1, 상해인민출판사, 2006년, 334~344쪽.

수하였다. 그는 소둔에서 출토된 76점의 청동예기(10 곳의 무덤에서 출토)들을 최하단의 형태배열에 따라 환저기園底器 · 평저기平底器 · 권족기圈足器 · 삼족기三足器 · 사족기四足器 · 기물뚜껑 등 6가지로 나누었다. 그리고 기물의 형태에 따라 최하단 형태를 제1 분류 기준으로 삼았으며 은허도자기 연구에서 사용했던 방법을 계속 채용하였다. 이와 같이 배열하면 검사하기 편리하고 자연적인 유형을 알 수 있다고 하였다.

아울러 그는 형태로부터 착수하면 재질의 제한을 타파하고 기물형태의 변화관계를 찾아낼 수 있다고 하였다. 예를 들면, 도자기와 동기銅器는 비록 재질은 다르지만 동일한 유적, 동일한 시대에 출토된 것이라면 필연적으로 그 형태와 구조에 연관성이 있을 터인데, 문제는 그들의 구체적인 관계가 어떠한지를 잘 살펴보는 것이라고 지적하였다. 그러면서 만약 고기물학자들이 이 원칙을 지키게 된다면 고기물학 연구는 반드시 새로운 경지에 들어설 것이라고 하였다.

그는 동기 분류 표준은 반드시 엄격해야지 마음대로 기준을 바꿔서는 안된다고 하면서 일본 고고학자 우메하라 수에지(梅原末治)의 분류 방법을 타겟으로 삼고 비판하였다. 우메하라 수에지는 1940년, 『고대 동기 형태의 고고학 연구』[92]라는 저서를 출판하였는데 형태에 근거하여 중국 고대 동기를 13개 부류로 나누었다. 이는 금석학金石学의 새로운 돌파였다. 하지만 이제는 이 분류 기준에는 여전히 많은 착오가 있다고 하면서 '기준의 선택을 완전히 기물 형태에 둔 것 같지만 사실상 어떤 때는 전체에, 또 어떤 때는 구경口徑에, 혹은 밑바닥에 두었기 때문에 전반적으로 일치하지 않아 분류의 가치가 소실되었다.'[93]고 비판하였다.

---

92) 우메하라 수에지(梅原末治), 「고대 동기(古銅器) 형태의 고고학 연구」, 『동양문화연구소 연구보고』 제15집, 동양문화연구소 출판, 1940년.
93) 이제, 「소둔에서 출토된 청동기에 대하여」, 『이제문집』 권3, 상해인민출판사, 2006년, 471쪽.

이제는 은허 도자기의 분류 기준을 참조하여 청동용기(容器)를 밑바닥의 형태에 따라 환저목圜底目 · 평저목平底目 · 권족목圈足目 · 삼족목三足目 · 사족목四足目 · 개형목盖形目 등 6개 부류로 나눈 후, 그 아래에 양식, 또 양식 아래에 형태를 배열하고 수치를 통계하였다.

이제는 도자기보다 동기에 대하여 깊이 있게 연구하였다. 도자기에 대한 분류와 달리 동기 작업은 초보적이었으며, 연구의 목적과 중점은 동기 형태와 구조 변화에 대한 것으로 큰 편폭을 차지하였다. 다시 말해 이제는 첫 단계의 연구를 완성하였을 뿐만 아니라, 두 번째 단계에 대하여 더욱 집중적으로 탐색하였는데 이것이 진정한 유형학 연구였다. 이제가 동기연구에서 새로운 진전을 가져올 수 있었던 데는 다음과 같은 몇 가지 원인이 있다. ① 자료가 많지 않아(76점) 분류와 배열이 쉬웠으며 출토상황도 매우 명확하였다(무덤 10곳에서 출토). ② 수년간 도자기 연구를 추진하면서 풍부한 경험을 쌓았다. ③ 몬텔리우스 등 학자들의 동기 유형학 연구 범례를 직접 참고하였다.

논문에서 이제는 도자기, 석기와 결부하여 각종 동기가 대표하는 기물 형태의 가능한 변화궤적에 대하여 자세히 논술하였다. 상편에서는 주로 각 유형의 청동용기의 변화과정에 대하여 논술하였고 중편에서는 한걸음 더 나아가 봉인기鋒刃器에 대하여 논의하였다. 예를 들면, 상편에서는 고형기觚形器의 원류를 거슬러 올라가 용산문화의 도두(陶豆ㅡ제기祭器의 일종)가 가능하게 고형기의 초기형태였거나, '흑도자기업 풍격의 영향을 크게 받았을 것'이라고 하였다. 이는 고형기의 각 부분에 대한 세밀한 관찰과 도두와의 비교를 통해 얻은 결과이다. 그는 또 용산문화 도두의 초기형식은 흑도자기 잔(黑陶杯)이며 이것이 발전하여 두 가지 형식의 두豆가 되었으며 나중에 변화를 거쳐 그중의 하나가 고형기가 되었다고 하였다. 여기서 주목해야 할 것은 이 변화궤적의 정확성 여부가 아니라 이제가 aal, aa2와 abl, ab2 등 이중부호로 도자기 잔의 두 방향으로의 발전을 표시한 점이다. 청동가마(铜鼎)·옥잔(斝)·잔(爵)등 기물을 분석할 때에도 같은 방법을 사용하였다. 이제는 각 무덤에서 공존하는 기물들의 관계에 근거하여 가능한 연대관계를 논의하였고, 무덤 속에서의 부동한 동기의 조합상황에 근거하여 부동한 예제礼制(술잔(觚)과 잔(觚)의 조합, 솥(鼎)의 조합 등)의 존재 가능성을 인식하였다.

후자는 사실 유형학 방법을 사회관계에 대한 분석의 차원으로 끌어올린 것이다. 이는 이제의 유형학 방법이 한층 더 발전했음을 보여준다.[94]

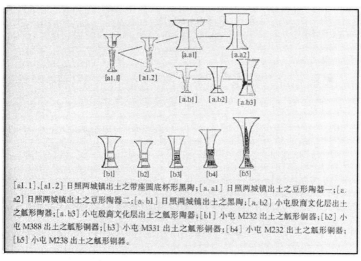

그림25 고형기(觚形器) 형태의 변화 및 두형제기(豆形器)형태와의 관계도
(「소둔에서 출토된 청동기에 대한 기록」 상편에 수록. 『이제문집』 권3, 상해인민출판사,
2006년, 543쪽)

청동기에 대한 이제의 연구에서 또 다른 하나의 특징은 측량과 통계를 대량으로 했다는 점이다. 하내의 말에 따르면, 이제는 영국 과학자 K.피

---

94) 진성찬, 『중국 선사시대 고고학사 연구 1895-1949』, 생활·독서·신지삼련서점, 1997년, 319~320쪽.

어슨95)의 생물측량 통계학방법을 고기물연구에 응용하였다.96) 예를 들면, 술잔(爵杯) 하나에 15가지나 되는 측량수치와 용량이 있고, 7가지에 달하는 형태와 무늬장식에 대한 묘사가 있었다.97) 청동활촉(銅鏃) 비교표를 보면, 매 조마다의 측량 통계수치는 42항목이나 되며 치수를 측량하는 외 각 조별로, 종류별로 그 치수의 최대치, 최소치, 평균치, 편차계수와 표준편차계수 등을 구하였다.98) 이와 같은 통계방법은 이제가 미국에서 유학할 때, 심리학, 사회학, 인류학을 공부하면서 통계학도 배우고, 많은 실천과 훈련을 거쳤기 때문에 가능했을 것이다.

대만시기, 이제는 계속하여 은허자료에 대한 종합 연구를 진행하여 유형학 연구에서 더욱 큰 발전을 가져왔으며 탁월한 성과를 이룩하였다. 이 방면의 논문으로 다음과 같은 것들이 있다. 「예북에서 출토된 청동병기 분류 도해(豫北出土青铜句兵分类图解)」(1950), 「은허에서 출토된 날 있는 석기에 대한 도해(殷墟有刃石器图说)」(1952), 「비녀형태의 변화과정을 통해 본 소둔유적과 후가장 무덤의 시대관계(筓的形制及其原始由笄形演变所看见的小屯遗址与侯家庄墓葬之时代关系)」(1958), 「비녀의 8가지 형태 및 무늬장식의 변화(笄形八类及其文饰之演变)」(1959), 「어떻게 중국의 청동기를 연구할 것인가—청동기의 6가지 방면에 대하여(如何研究中国青铜器——青铜器的六个方面)」(1966), 「옥잔(斝)의 형태 및 그 원초」(1969) 등이다. 저서로는 『은허기물갑편: 도자기(상집)(殷墟器物甲编:陶器(上辑)』(1956), 『중국 문명의 시작(中国文明的开始)』(영문, 1957), 『고기물 연구

95) Karl Pearson(1857~1936)는 영국인이며 현대 통계학의 아버지로, 20세기 초 생물 통계 방면에서 탁월한 공헌을 하였다.
96) 하내, 「고고학에서의 호적파의 자산계급사상을 비판하며」, 『고고통신』 1955년 제 3기, 1~7쪽.
97) 이제, 「소둔에서 출토된 청동기에 대하여」(상편), 『중국고고학보』 제3책, 중앙연구원 역사언어연구소, 1948년, 22쪽, 표6.
98) 이제, 「소둔에서 출토된 청동기에 대하여」(중편), 『중국고고학보』 제4책, 중앙연구원 역사언어연구소, 1949년, 57쪽, 표30.

전문간행물(古器物硏究专刊)』계열: 제1집『은허에서 출토된 청동 고형기 연구 하편: 꽃무늬의 비교(殷墟出土青铜瓺形器之研究下篇:花纹的比较)』(1964), 제2집『은허 출토 청동 작형기(爵形器) 연구 하편: 청동작형기의 형태 꽃무늬와 명문(殷墟出土青铜爵形器之研究下篇:青铜爵形器的形制花纹与铭文)』, 제3집『은허출토 청동가형기 연구 하편: 청동가형기의 형태와 꽃무늬(殷墟出土青铜斝形器之研究下篇:青铜斝形器的形制与花纹)』(1968), 제4집『은허출토 청동정형기(鼎形器) 연구 하편: 청동정형기의 형태와 꽃무늬(殷墟出土青铜鼎形器之研究下篇:青铜鼎形器的形制与花纹)』(1970), 제5집『은허출토 청동용기 53점에 대한 연구 하편: 은허에서 발굴 출토된 53점 청동용기의 형태와 무늬장식에 대한 분석 간술 및 개론(殷墟出土五十三件青铜容器之研究下篇:殷墟发掘出土五十三件青铜容器的形制和文饰之分析简述及概论)』(1972) 등이 있다.

『중국 문명의 시작』에서 이제는 1950년에 내놓은 「예북에서 출토된 청동병기 분류 도해」의 성과를 인용하여 중국에서 수천 년동안 전해 내려온 '창(戈)'이 예북에서 발전 변화한 과정에 대하여 자세히 논술하였다. 이제는 논문에서 석기시대 창의 원시형태, 청동으로 된 모제품 및 여러 가지 청동창의 변화단계로부터 『고공기(考工记)』에 기록된 표준형태까지의 변화과정에 대하여 고찰하였다. 그는 208점의 창을 선출하여 분석 대상으로 삼았는데 각각 소둔(35건), 후가장(31건), 준현신촌(浚县辛村, 67건), 급현산표진(汲县山彪镇, 59건), 휘현유리각(辉县琉璃阁, 16건)에서 출토된 것으로, 상대商代, 서주西周, 전국战国 시기에 속하는 것들이었다. 이제는 석창(石戈)−동창(铜戈)−동미늘창(铜戟)의 변화궤적에 대하여 자세히 논의하였고, 창의 각 구성부분이 허술하던 데로부터 완벽한 데로 발전변화한 세부적인 과정에 대하여 논술하였다.[99] 이 창의 변화사는 신석

---

99) 이제, 「중국 문명의 시작」, 『이제문집』 권1, 상해인민출판사, 2006년, 389~390쪽.

기시대의 돌칼사용으로 거슬러 올라가 고찰할 수 있는데, 돌칼은 낫처럼 농작물을 베기 위해 쓰였을 것이라고 하면서, 초기의 청동기 창은 여전히 석창을 모방한 흔적이 있고 '호(胡)'가 드리워 있지 않았다고 하였다. 청동 창의 특징은 바로 호의 산생과 발전이다. 호가 아래로 드리운 정도는 시대의 변화에 따라 변화, 발전되었다. 가로로 베는 병기—즉 창(戈)이 직접 찌르는 병기(창)와 합쳐 전국시대의 미늘창(그림26)으로 변화되었다. 석창으로부터 청동미늘창으로의 발전과정은 거의 1000년이라는 시간이 걸렸다.[100] 이는 유형학 방법의 전형적인 응용이다.

유형학에 대한 이제의 인식은 신중국고고학계가 20세기 50년대에 비판했던 것과는 달리, 단지 형태적인 변화 분석에만 국한된 것이 아니다.[101] 사실상 이제도 기능적인 측면을 더 주목하였다. 1948년, 「중국 고기물학의 새로운 기초」[102]라는제목으로진행된강연에서그는유형학의원리와역할에대하여충분히해석한후다음과같이말하였다. '하지만, 형태적인 변화에만 공을 들인다면 아무리 철저하다고 해도 고기물을 완벽하게 이해하기에는 역부족이다. 기물은 인류가 제조한 것으로 인간이 있기 때문에 존재한다. 그들과 인간의 관계—기물의 기능—도 확실하게 연구해야만 그들의 존재 및 형태 변화의 의의를 명백히 해석할 수 있을 것이다."[103]

100) 이제, 「어떻게 중국의 청동기를 연구할 것인가-청동기 연구의 6가지 방면에 대하여」, 『이제문집』 권1, 상해인민출판사, 2006년, 431쪽.
101) 북경대학 역사학과 고고전공 학술비판 소조, 「이제의 반동적인 학술사상을 비판하며」, 『고고』, 1959년 제1기, 14~17쪽.
102) 이제, 「중국 고기물학의 새로운 기초」, 『이제문집』 권1, 상해인민출판사, 2006년, 334~344쪽. 대만대학교『문사철학보』제1기, 1950년에 수록. 논문 마지막에 '1948년 1월 11일 오전, 남경 북극각(北極閣) 중앙연구원 강당에서 중앙연구원과 북경대학 동학회(同学会)가 연합하여 조직한 채혈민(蔡孑民) 선생 기념 학술 강연에서 낭독되었음.'이라고 기록되어 있다.
103) 이제, 「중국 고기물학의 새로운 기초」, 『이제문집』 권1, 상해인민출판사, 2006년, 344쪽.

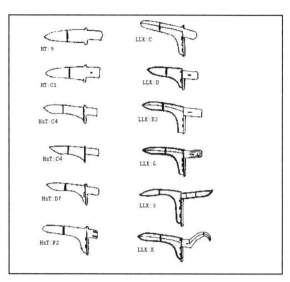

그림 26 과 형태 변화도
(이제, 『중국 문명의 시작』, 『중국 현대학술경전 · 이제권』,
하북교육출판사, 1996년, 420쪽 참조)

방법과 절차에 있어서 이제는 민족학이 가장 효율적이라고 하였다. '고기물 해석에 있어서 민족학 훈련이 가장 큰 도움이 될 것이다. 이는 이미 여러 방면에서 증명되었다. 선사시대를 연구하는 학자들이 인도인들이 석기를 만들어 사용하는 방법을 잘 알게 되면 석기시대 생활에 대한 이해를 증진시킬 수 있다. …… 이와 같은 참고자료는 고기물에 대한 개별적 이해를 깊게 할뿐만 아니라 고기물이 대표하는 전반 사회의 전망에 대하여 확실하게 인식할 수 있게 한다.'[104]

20년간의 탐색과정을 통해 20세기 40년대 말, 중국 과학고고학의 주된 분야에 대한 이제의 인식은 매우 성숙하고, 완벽하였으며 확실하였다. 이는 중국 과학고고학이 이미 비교적 성숙한 단계로 발전하였음을 말해준다.

---

104) 같은 책.

3) 이제의 유형학사상의 근원 및 특점

유형학은 오랫동안 중국고고학 연구에서 사용해온 핵심적인 방법인 만큼 그 근원 등에 대하여 폭넓게 논의할 필요가 있다. 소병기, 이제, 배문중裴文中, 양사영, 오금정 등 선각자들이 모두 유형학에 대해 탐색을 진행했는데 여기서는 이제를 중심으로 논의하고자 한다.

유위초와 진성찬은 이제의 도자기 및 동기 분류방법에 대하여 분석하면서 엄연히 체질 인류학에서 차용한 것으로, 기물의 변화과정을 이해하는 데는 별 도움이 되지 못하였다고 하였다.[105] 이제가 생물 분류학에 대하여 매우 익숙했음은 의심할 바 없다. 그의 '문(门)－목(目)－식(式)－형(型)－개체(个体)'의 기물 분류와 '문(门)－강(纲)－목(目)－과(科)－속(属)－종(种)'의 생물 분류방법은 본질적인 구별이 없다. 이러한 방법은 인류학에서도 통용되는데 이는 린네(Carolus von Linné,1707~1778)의 위대한 공헌에서 비롯되었다. 하지만 앞에서 논의한 바와 같이, 이제에게 있어 분류와 유형학 연구는 부동한 단계의 개념으로, 분류는 단지 그 다음 단계인 변화과정 연구에 기초를 제공할 뿐이었다. 이제는 도자기연구에서는 분류에 그쳤지만 동기연구에서는 분류뿐만 아니라 유형변화까지 해명하였다. 따라서 이제의 유형학 연구에 대하여 논의하려면 그의 청동기 연구와 골계 연구를 대상으로 해야 한다.

이제의 논저를 보면, 몬텔리우스와 피트리 등의 연구방법을 모두 참고하였는데 몬텔리우스의 영향을 더 크게 받은 듯하다.[106] 이제는 서양의

---

105) 유위초, 「'고고 유형학'의 문제에 대하여」, 『고고학이란 무엇인가－유위초 고고 학이론 문선』, 중국사회과학출판사, 1996년, 54~107쪽. 진성찬, 『중국 선사시대 고고학사 연구 1895－1949』, 생활 · 독서 · 신지삼련서점, 1997년, 317~319쪽.
106) 여기서 주의해야 할 것은, 중화중화민국 시기의 중국고고학은 사실상 서양 고고 학계와 거의 단절된 상태에 처해 있었다는 점이다. 이제와 같은 학자들은 서양의

고고학자와 한학자들의 논저와 관점을 대량으로 인용한 적이 있다. 그중 가장 많이 인용한 것은 중국고고학에 계몽역할을 한 안특생의 관점이었으며 그외 차일드, 피트리, 몬텔리우스,[107] 칼그렌(高本汉), 데이비든슨 블랙(步达生) 등과 일본 고고학자 하마다 고사쿠(濱田耕作), 우메하라 수에지(梅原末治) 등의 관점도 인용하였다. 기물 분류와 연관있는 사람은 피트리였는데 이제는 피트리의『선사 이집트』의 배열원칙을 일부 참고하였다. 예를 들면, 구경이 가장 큰 것(그리고 얕은 것)을 앞에 놓고 제일 작은 것을 마지막에 놓는 것 등이다. 하지만 이제의 동기 유형 변화과정에 대한 연구는 주요하게 몬텔리우스 등의 방법을 참고하였다.

이제는 유럽 동기 변화의 유형학 연구에 대하여 어느 정도 장악하였는데, 1932년에 쓴「은허 동기 5종 및 그와 관련된 문제」에서 여러 학자들의 관련 연구를 인용한 적이 있다.

먼저, 창(矛)의 변화에 대한 연구에서 이제는 영국에서의 창끝의 변화과정을 보여준 그린벨의 논술을 인용하면서 은허의 창끝과 대조하였으며 '은허에서 출토된 창끝 형태의 많은 특징들은 영국의 창끝의 변화과정과 서로 대조하여 증명할 수 있다. ……원래 손잡이(柲) 안에 있는 비수가 자루(柲) 끝에 달린 창끝으로 변화되었다. 그 변화 횟수는 그린벨이 말한 영국 창끝의 변화와 거의 맞먹는다.'[108]고 하였다. 은허에서 출토된 절삭 공

고고학 이론, 기술과 방법을 주로 서책이나 간행물을 이용하여 공부할 수밖에 없었는데 이 역시 당시에는 얻기 힘들었다. 예를 들면, 이제가 도자기를 연구할 때, 유일하게 참고할 수 있었던 저작은 피트리의『선사 시대 이집트』였는데 이는 도자기 유형학연구에 대한 피트리의 대표작이 아니었다. 따라서 서양 고고학에서 어떤 지식을 학습할 수 있을지는 어느 정도 우연성을 띠게 되었다. 그러나 1903년에 출판한 몬텔리우스의 저작『동양과 유럽 고대문화의 제반(诸) 시기』는 제 1장「방법론」에서 유형학 원리와 약간의 실례에 대하여 논술하였는데 그 영향력이 커 동아시아 고고학계의 필독서가 되었다.

107) 이제는 피트리와 몬텔리우스를 각각 페이쥐리와 무타이니스로 번역하였다.
108) 이제,「은허 동기 5종 및 그와 관련된 문제」,『이제문집』권3, 상해인민출판사, 2006

구에 대한 연구에서는 서양 청동문화에서의 칼의 변화에 대한 차일드, 피트리 등의 관점을 인용하였는데 외날(単刃) 청동칼을 보면, '외날 청동칼은 유럽 중부 청동기 시대 중기에 출현하였으며 말기에 이르러 그 양식이 점점 다양해졌는데 손잡이 끝에 갈구리가 있거나 혹은 환이 달려있었다. 이와 같은 변화는 매우 분명하다.'[109]

몬텔리우스의 방법에 대하여 이제는 다음과 같이 말하였다.

유럽 동기(铜器)시대의 문화는 문자가 없었기 때문에 대개 기물형태의 변화에 근거하여 그 연대를 상대적으로 확정하였다. 고물학자들은 실물형태의 변화에서 시대성을 가장 잘 대표할 수 있는 것으로 다음과 같은 세 가지를 언급하였다. 1. 도끼와 자귀. 2. 비수와 검. 3. 바늘. 이 세 가지 중에서 특히 도끼의 형태 변화가 청동기 문화의 분기(分期)를 보여줄 수 있는 가장 믿음직한 기준으로 간주되었다. 이 방법을 창시한 사람은 스위스의 고고학자 몬텔리우스(Montelius)와 뮬러(Montelius)이다. 훗날 고고학자들은 대부분 이 방법을 사용하고 실증하였는데, 연대의 선후관계에 대해서만 일부 논의가 있었다. 실물형태의 변화에 대해서 모두 인식하고 있었던 것이다.

몬텔리우스는 대영제국(不列顚) 동기시대의 연대문제를 논한 글에서 지하에 퇴적되어 있는 고기물의 연동성(联锁性)에 대하여 다음과 같이 적고 있다. '가장 중요한 것은, 시대와 형태 및 구조가 다른 실물을 한곳에서 찾아냈을 경우, 그중의 한 가지는 분명히 앞선 시기의 것이라

년, 449쪽. 인용한 논문은 그린웰의 Canon Greenwell, *Archaeologia*, Vol. 61, p. 439 이다. 영국에서의 창끝의 변화과정은 다음과 같은 몇 단계로 나누었다. 1. 비수. 2. 비수에 손잡이(柄)를 만들고 머리쪽 창끝을 자루(柲) 속에 숨긴다. 3. 손잡이(柄)를 넓히고 손잡이(柲) 안쪽에 테를 둘러 틈이 생기는 것을 방지한다. 4. 테와 창끝이 합쳐서 통(筒)의 초기 형태가 이루어진다. 5. 통(筒) 옆에 고리를 달아 견고하게 한다. 6. 고리가 위로 올라간다.
109) 같은 책, 451쪽. Childe: *The Bronze Age*, pp. 94~97; Petrie: *Tools and Weapons*, pp. 22~27 인용.

는 점이다. 때문에 제1기와 제2기의 실물(영국 청동시대의 경우를 가리킴), 혹은 제3기와 제4기의 실물은 한 곳에서 찾을 수 있지만 제1기와 제3기, 제2기와 제4기는 한 유적지에 병존해 있을 수 없는 것이다. 이러한 현상은 청동시대의 유적에서 거의 예외가 없다.(Archaeology, Vol. 61. Part I. p.99)'

이와 같은 규칙은 청동문화 유적의 퇴적현상을 대표할 수 있을 뿐만 아니라 모든 고물의 지하 퇴적 상황—구석기시대로부터 역사시기까지 확대될 수 있다. 따라서 이론적으로 보면, 어떤 고물이든간에 출토 상황을 알게 되면 상대적 시대성도 알 수 있다.110)

사실 피트나 몬텔리우스의 유형학 방법은 그 연구에서 고립된 존재가 아니라 문화의 변화과정을 연구하는 하나의 수단으로, 연대학年代學 문제나 혹은 분기문제를 해결하는 데 그 목적이 있다. 이제는 이 점에 대하여 잘 알고 있었다.111) 하지만 유럽 청동문화의 복잡한 상황과 달리 은허문화는 이미 역사시기에 속하였고 시간적 좌표도 상대적으로 분명하였기 때문에 이 방면에 대한 수요는 그리 절실하지 않았다. 이제의 목적은 주로 기물형태의 변화궤적을 추종하는 데 있었기 때문에112) 기물의 변화궤적을 배열함에 있어서 몬텔리우스 등 유럽 고고학자들이 자주 쓰는 방법을 사용하였던 것이다.

---

110) 같은 책, 452~453쪽.
111) 역사학이든 고고학이든 가장 기본적인 단서는 모두 연대 혹은 시간문제이다. 이제는 이에 대하여 충분히 인식하고 있었다. 그는 동작빈의 갑골학 연구를 언급하면서, 단대(斷代) 연구에서 동작빈이 위대한 성과를 이룩할 수 있은 것은 그가 매우 예리하고 신속하게 시간이라는 이 결정적인 문제를 잘 포착하였기 때문이라고 지적하였다.
112) 이제는 '소둔에서 출토된 자료들은 시대가 매우 명확한 것들이다. …… 소둔에서 출토된 청동용기는 비록 100점도 안 되지만 변화의 흔적이 매우 뚜렷하다. 이러한 변화과정의 질서를 찾아 내려면 실물의 형태와 전통적인 관점을 종합하여 논의해야 한다.'고 하였다. 이제, 「소둔에서 출토된 청동기에 대하여」(상편), 『중국고고학보』 제3집, 중앙연구원 역사언어연구소, 1948년, 3쪽.

하지만 몬텔리우스 유형학에 대해 이제의 이해는 매우 편파적이었다. 그는 기물의 변화궤적을 탐색해야 할 필요성을 느꼈지만 변화형식과 궤도의 복잡성에 대해서는 충분히 인식하지 못했던 것 같다. 손조초孫祖初는 몬텔리우스의 유형학 방법론의 정화를 다음과 같이 종합하였다. 첫째, '인류가 모든 물품을 제조하는 데 있어 오늘날까지 모두 발전법칙을 따랐으며 앞으로도 변함이 없을 것이다.' 하지만 부동한 물품은 그 변화에 대한 민감정도가 다르다. 민감할수록 고고연구에서의 의미가 더 크다. 동일한 기물이라 할지라도 부위에 따라 변화 시기의 차이가 있다. 퇴화 추세를 보여주는 기물들의 위치는 순서배열에 가장 큰 역할을 한다. 둘째, 부동한 기물의 순서와 그들간의 공존관계를 결합하여 고찰해야 하며 필요한 층위관계에 의하여 보존된 기물간의 상대적 연대와 분기를 확정할 수 있다. 하지만 이제의 견해에 따르면, 이른바 공존이라는 것은 '모든 물품이 동일한 시대에 매장되었음을 증명하는 것일 뿐'이다. 때문에 매장방식에 따라 공시성도 서로 다르다. 구체적으로 말하면 고분은 동굴장(窟藏)보다 공시성이 훨씬 더 정확하다. 같은 물품의 공존 차수가 많을수록 정확성이 더 높기 마련이다. 셋째, 가계학(Genealogie)의 중요한 개념을 제시하였다. 즉 '한 형식(体制)(유형을 말함)의 연관(联类) 부류(서열을 말함)를 가지 없는 나무에 비유하거나 위로만 자라는 종려나무에 비유해서는 안된다. 하지만 그 발전 과정은 마치 가지와 나뭇잎이 무성한 상수리나무와 같거나 혹은 가계학(Genealogie)에서 말하는 계통수系统树와 같다.'[113] 몬텔리우스의 사상은 소병기의 유형학 연구에 방법론적 기초가 되었다. 유형학의 중요한 내용에 대하여 이제는 소병기만큼 철저히 이해하지는

---

113) 손조초(孫祖初), 「고고 유형학의 중국화 여정(考古类型学的中国化历程)」, 『문물계간』 1998년 제4기, 38~53쪽. 그중 인용문은 등고(滕固)가 번역한 몬텔리우스의 『선사 고고학 방법론』(상무인서관, 1937년)에서 인용한 것이다.

못하였다. 특히 가계(譜系)방면에 대해서는 거의 진척이 없었다. 하지만 소병기의 연구는 매우 철저하여 중국 선사시대 연구에서 가장 중요한 방법의 하나가 되었다.

19세기의 고고유형학 연구자들은 생물진화론의 영향을 크게 받았다. 그들은 기물의 고고 및 역사적 근거들을 고려하지 않고 간단한 몇 개 원칙에만 근거하여 형태 차이의 변화를 해석하였다. 사실상 실제 궤적에 따라 배열한 것이 아니라 기물발전의 이상적인 상태에 따라 배열하였다. 두정승은 헨리 밸푸어Henry Balfour와 피터 리버스(皮特·里弗斯)의 연구사례로 설명한 적이 있다. 헨리 밸푸어가 예로 든 하프(竪琴)는 고금古今의 여러 지역의 것을 한데 모은 것이다. 근대 아프리카주, 남아메리카주, 기네 등 후진 민족이 사용한 간단한 현악기는 하프의 초기형태이고, 그것이 진보된 형태는 고대 이집트, 시리아, 희랍과 인도의 복잡한 하프이며 민족의 이동, 문화교류 여부와 관계없이 무릇 인류가 사용한 하프라면 틀림없이 이와 같은 단계를 거친다고 가정하였다. 사실상 이른바 '진정한'(actual) 시대적 연속은 역사와 고고증거가 충분하지 않다. 그들은 단지 형태의 유사성에 근거하여 이른바 주류(main stream)를 장악하고 그 진화과정을 구축할 수 있다고 여겼다. 결국 이는 사실이 아니라 이상적인 형태일뿐이다. 근대 고고학의 선구자의 한 사람인 피터 리버스도 이와 같은방식으로 진화이론을 구축하였는데 가장 간단한 막대기도 무수한 형태와 구조로 변할 수 있다고 하였다. 하지만 이 병기兵器 혹은 도구의 발전계보는 단지 형태학에서의 관계도일뿐, 역사나 고고적 근거가 없거나 혹은 진실한 진화표가 아닐 수도 있다.[114] 이러한 연구방식은 유럽의 초기 유형학 연구자들의 일반적인 방식이었다. 피트리와 몬텔리우스의 연구도 역시 이러한 문제들이 존재한다.

---

114) 두정승, 「신사학과 중국고고학의 발전」, 『문물계간』 1998년 제1기, 44쪽.

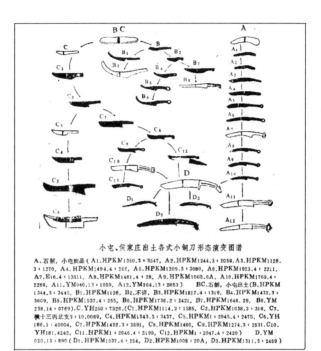

小屯、侯家庄出土各式小铜刀形态演变图谱

A. 石制、小屯饰品（A1. HPKM1350.3：3547，A2. HPKM1244.3：2059，A3. HPKM1128. 3：1270，A4. HPKM1494.4：266，A5. HPKM1209.3：3080，A6. HPKM1923.4：2211，A7. E16.4：13611，A8. HPKM1461.4：28，A9. HPKM1008.6A，A10. HPKM1769.4：2269，A11. YM040.13：1059，A12. YM164.13：2853） BC. 石制、小屯出土（B. HPKM 1344.3：3445，B1. HPKM1128，B2. 不详，B3. HPKM1817.4：1319，B4. HPKM1432.3：3609，B5. HPKM1537.4：255，B6. HPKM1736.2：2421，B7. HPKM1648. 29，B8. YM 238.14：0769）. C. YH250：7326，(C1. HPKM1114.3：1585，C2. HPKM1038.3：318，C3. 横十三丙北支3：10.0089，C4. HPKM1343.3：3437，C5. HPKM1：2045.4：2475，C6. YH 186.1：40004，C7. HPKM1432.3：3591，C8. HPKM1460，C9. HPKM1274.3：2631.C10. YH181.4242，C11. HPKM1：2046.4：2199，C12. HPKM1：2047.4：2420） D. YM 020.13：890（D1. HPKM1537.4：254，D2. HPKM1008：20A，D3. HPKM1311.3：2459）

그림27 소둔(小屯) `후가장에서 출토된 여러 가지
청동도(铜刀)모양 변화도(演变图)
(이제, 『소둔에서 출토된 청동기에 대하여』(중편), 『이제 고고학
논문선집』, 문물출판사, 1990년, 647쪽 참조)

훈련받은 경력이 있어서인지 몰라도 이제의 유형학은 단선单线 진화론의 색채가 매우 뚜렷하였다. 예를 들면, 그는 소둔에서 출토된 여러 가지 형태의 청동칼을 연구할 때, 간단한 데로부터 복잡한 데로의 원칙으로 계보[115](그림 27)를 만들었다. 등이 들어가고 날이 나온 북방식 칼과 등이 나오고 날이 들어간 중원식 칼을 모두 한 부류에 넣고, 고리 손잡이와 짐승머리 손잡이가 있는 북방식 칼과 중원 칼을 같은 과에 귀속시켰다. 오

---

115) 이제, 「소둔에서 출토된 청동기에 대하여」(중편), 『이제 고고학 논문 선집』, 문물출판사, 1990년, 647쪽.

늘날 우리는 고리 손잡이와 짐승머리가 있는 칼과 검은 북방 민족문화의 전형적인 기물이라는 것을 잘 알고 있다. 은허에서 이와 같은 기물들이 출토된 것은 그 당시 북방문화가 중원에 영향을 주었다는 것을 설명한다. 하지만 이제는 은상殷商의 짐승머리 칼은 모두 간단한 데로부터 시작하여 장기적인 변화와 발전을 거쳐 이루어진 것이며, 짐승머리 장식을 하게 된 풍조는 상인들이 동물무리와 가까이 하였기 때문이라고 해석하였다. 이는 분명히 외부요소를 고려하지 않은 해석으로 도끼자루 구멍이 있는 병기를 대하는 태도와 전혀 다르다. 물론 과학고고를 강조한 이제는 고대병기 계보를 구축함에 있어서 벨푸어처럼 기물발전의 '주류'만을 장악하고 역사와 고고의 증거를 무시하지 않았다. 그는 은상시기부터 전국战国시기까지 약 1000년이나 되는 예북 청동 무기의 역사를 연구할 때, 지역에 따라 소둔, 후가장, 신촌, 유리각과 산표진山彪镇 등으로 나누고, 청동창의 아래 위 날선의 비율에 따라 호(胡戈)가 무에서 유로, 적은 데로부터 많은 데로 발전한 역사를 구축하였다. 이와 같은 발전 순서는 대체로 사실과 부합되었지만 은대에 호가 있는 창이 없었다는 결론은 서북강西北冈 1003호 대무덤에서 출토된 청동창에 의하여 부정되었다. 이는 기물형태의 발전순서를 구축하는 작업에서 자주 나타나는 문제로 이제 혼자서 해결할 수 있는 문제가 아니었다. 이제는 학문을 연구함에 있어서 엄밀하기로 소문이 났지만 이와 같은 잘못을 범하였다. 정확한 지층을 근거로 삼고, 풍부한 자료로 문화유형을 정확하고 세밀하게 구분하여 기물형태의 변화양상을 보여주어야 한다. 그렇지 않으면 진화파론进化派论의 폐단이 발생할 수 있다. 소병기는 많은 자료를 기초로 이 방면에서 큰 진보를 가져왔고 공헌이 크다. 그는 형태학의 기초는 지층학이라는 원칙을 견지하였으며 '기물 형태학을 이용하여 시기를 구분하고 연대를 단정짓는 것은 지층의 겹층(叠压)관계 혹은 유적의 타파打破관계를 근거로 해야 한다'고 하였다.

그리고 기물과 인간, 사회 요소를 결합해야 하며 '기물 형태의 변화를 생물진화처럼 이해해서는 안된다'고 하였다. 그래야만 기물 유형의 계보가 진실에 더 다가갈 수 있고 기물이 대표하는 인간과 사회의 역사가 복원될 수 있다는 것이다.116)

소병기는 중국고고학계의 기물 계보에 대한 분석방법을 창조하였으며, 유형학의 형성을 위해 중요한 공헌을 하였다. 소병기는 도자기 연구 과정에서 역사언어연구소 고고팀의 이제 등 학자들과도 밀접한 교류가 있었다. 보계현 투계대에서 발굴된 기와솥(瓦鬲)에 대한 연구』는 소병기의 유형학 연구의 대표작의 하나이다.117) 1941년 6월 27일, 서병창徐炳昶은 서언에서 '…… 그의 원고를 역사언어연구소의 이제, 양사영 등에게 보여주었다. 이제, 양사영 등은 이 분야에서 경험이 풍부하고 학식이 깊은데다 친절해서 많은 조언을 해 주셨다. 소병기는 가르침에 따라 초고를 고치고 책으로 펴냈다. 이는 소병기가 처음으로 출판한 저작이다. 그가 부지런히 노력하였기 때문에 좋은 결과가 있을 수 있었고, 선생들의 가르침이 큰 도움이 되었다.'118)라고 적었다. 1948년, 소병기는 다년간 심혈을 기울여 완성한 『투계대 도랑 동쪽 구역 고분(斗鸡台沟东区墓葬)』119)이 출판된 후에도 이제에게 편지를 써서 가르침을 받고자 했던 것 같다. 회신에서 이제는 책이 매우 중요하다고 극찬하면서, 아직 자세히 읽어 보지는 못하

---

116) 두정승, 「신사학과 중국고고학의 발전」, 『문물계간』 1998년 제1기, 44~45쪽.
117) 1941년 봄에 탈고되자마자 홍콩 상무인서관과 출판협의서를 체결하였으며 6월 달, 원고와 삽화고를 부쳐 보냈다. 그해 연말에 태평양전쟁이 폭발하고 홍콩이 함락되면서 해당 원고는 행방불명이 되었다. 그 후 발표자가 소병기(苏秉琦)로 되어 있는 원고가 있었지만 결국 해방 전에 출판되지 못하였다.『소병기 고고학 논술 선집(苏秉琦考古学论述选集)』, 문물출판사, 1984년, 93쪽.
118) 소병기, 「섬서성 보계현 투계대에서 발굴한 기와솥에 대한 연구(陕西省宝鸡县斗鸡台发掘所得瓦鬲的研究)」,『소병기 고고학 논술 선집』, 문물출판사, 1984년, 93쪽.
119) 이는 북평연구원 사학연구소가 다년간의 고고발굴연구를 하면서 처음으로 출판한 고고보고서이다.

였다고 하였다.[120] 이는 중국고고학의 정통파임을 자처하는 역사언어연구소 고고팀이 기타 학술유파에 대한 태도를 보여준 것이라고 할 수 있다.

당시 중국은 내우외환의 시기에 처해 있어 국제 학술계와의 교류에는 한계가 있었다. 직접적인 교류는 물론 이용할 수 있는 서양의 저서나 간행물도 매우 제한되어 있었다. 당시 역사언어연구소는 중국의 학술기관 중에서 도서자료가 가장 풍부하였지만[121] 고고학연구에서 참고할 만한 서양 저서가 그리 많지 않았다. 동기 연구에서 이제가 자주 인용했던 서양의 고고학 저서는 몇 권뿐이었는데, 피트리의 『선사시대 이집트』(Prehistory Egypt), 『도구와 무기』(Tools and Weapons), 차일드의 『청동시대』(The Bronze Age)[122] 등이었고, 간행물로는 Bulletin of the Museum of Far Eastern Antiquity(Stockholm 출판, 1929년부터 매년 한 기씩 발행,간략하여BMFEA 라고 함)와 Archaeologia(그는 이 간행물을 통해 몬텔리우스에 대하여 알게 되었다)였다. 일본과 연락을 취하기는 비교적 쉬웠으므로 일본 고고학의 진척상황에 대해서는 잘 알고 있었다. 역사언어연구소는 일본 고고학자들의 저작인 『동양고고학총간(东方考古学丛刊)』, 『동양문화연구소 연구보고(东方文化研究所研究报告)』등을 모두 소장하고 있었다.

---

120) 이제가 1948년 10월 25일 소병기에게 보낸 회신의 내용을 요약하면 다음과 같다. '윤장(潤章) 선생(물리학자 이서화(李书华)를 가리킴-필자)이 대작이 나오자마자 고고팀 연구원이 가져갔습니다. 이 보고는 본 연구소에 한 부밖에 없는데, 읽고자 하는 사람이 많습니다. ……제가 급히 펼쳐 보니, 원시자료를 자세하고 정확하게 처리하였는데 일반 기준을 뛰어넘었습니다. 그중 제 흥미를 불러일으킨 문제가 적지 않은데 나중에 자세히 읽어보고 졸견을 보내도록 하겠습니다. 참고해 주시기 바랍니다.' 『소병기 고고학 논술 선집』, 문물출판사, 1984년, 58쪽.

121) 석장여의 기억에 따르면, 항일전쟁시기 역사언어연구소 도서실의 중서문(中西文) 도서가 13만권에 달하였다. 그중 중문서적이 12만권, 외문서적이 1만권이었다. 석장여, 「장정랑(张政烺)선생과 대일 항전시기 역사언어연구소 도서관에 대한 담론」, 『읍분집(挹芬集)(장정랑 선생 90돌 생신 기념 문집)』, 사회과학출판사, 2002년, 15~20쪽.

122) Gorden Childe, The Bronze Age. Cambridge, 1930.

이제는 기물유형학 방면의 일부 경전 원서 예를 들면 몬텔리우스와 피트리의 관련 저서들을 인용하지 않았다.123) 그것은 아마도 이와 같은 자료들이 이제의 연구목적에 부합되지 않았기 때문이었을 것이다. 이제의 연구대상은 주로 역사시기에 속하는 은상고고학인데 서유럽 고고학에서의 이론과 방법은 선사학을 둘러싸고 진행되었다. 그 외 차일드의『유럽 문명의 서광(欧洲文明的曙光)』,『선사시대 다뉴브강(史前多瑙河)』과 같은 저서는 고고학 문화방법으로 종합적인 연구를 진행하여 문화사 고고학의 효시가 되었고 서양에 큰 영향을 주었지만 이제는 인용하지 않았다. 역사언어연구소에서 폭넓은 '비교법' 연구를 찬성하지 않은 것이 주된 원인이지만 더욱 중요한 것은 역사언어연구소에서 당시 이러한 저서들을 접촉하지 못했기 때문일 것이다.

---

123) 플린더스 · 피트리와 오스카 · 몬텔리우스는 19세기말 20세기초, 유형학의 방법으로 연대를 판단한 대표인물이며 많은 저서를 남겼다. 피트리는 제일 처음으로 철저하게 과학적 방법을 사용하여 이집트 발굴을 진행하였으며, '순서연대결정법(序列断代法)'을 창안하여 전 왕조 유물의 연대문제를 해결하여 후세에 큰 영향을 미쳤다. 주요 저작으로는『이집트의 10년 발굴(埃及十年之发掘)』(1893),『이집트사(埃及史)』(1994~1905),『고대이집트의 종교의식(古代埃及的宗教意识)』(1898),『시리아와 이집트(叙利亚和埃及)』(1898),『힉소스와 이스라엘도시(海克索斯和以色列城市)』(1906),『고대이집트의 종교(古代埃及的宗教)』(1906),『이집트의 예술과 공예(埃及的艺术与工艺)』(1909),『제1왕조의 왕릉(第一王朝的王陵)』(1900),『문명의 혁명(文明之革命)』(1911),『선사 이집트(시기史前埃及)』(1920),『고대이집트의 사회생활(古代埃及的社会生活)』(1923) 등이 있다. 몬텔리우스의 연구 중점은 선사문화의 분기와 연대이며 특히 서유럽과 북유럽 지역의 청동문화에 관심을 가지고 유형학방법을 제창하였다. 주요 저서로는『청동시대의 연대문제(青铜时代年代问题)』(1885),『이단종교시대의 스웨덴문명(异教时代的瑞典文明)』(1888),『금속기구를 사용한 이래 이탈리아 원시문화(使用金属器以来的意大利原始文化)』(1895~1910),『동양과 유럽 상고문화 제 시기(东方与欧洲上古文化诸时期)』(1903~ 1923),『영국 청동시대 연대학(英国青铜时代年代学)』(1908),『선사시기 희랍(史前希腊)』(1924) 등이 있다.『중국 대백과전서 고고학권(中国大百科全书考古学卷)』참조. 20세기초, 피트리와 몬텔리우스 등 학자들의 성과를 기초로 서양 고고학의 이론과 방법은 신속하게 발전하였으며, 중국고고학은 내우외환 속에서 힘들게 걸음마를 떼기 시작하였다.

4) 이제의 사상행위의 특징

학계에서 '중국고고학의 아버지'[124]로 불리는 이제는 1949년 전, 중국에서 과학고고학과 탄생, 이 신흥학과에 대한 지지, 인솔 등 면에서 거대한 공헌을 하였다.[125]

물론 중국고고학의 아버지로 불리는 학자의 사상을 평가한다는 것은 매우 큰 과제이다. 이제의 학술사상에 대한 평가와 관련된 논저는 매우 많다.[126] 본고에서는 학술선배에 대하여 평가를 하려는 것이 아니라 이제의 고고학 연구 특징에 대하여 약간의 논의를 하고자 한다. 이제의 개성 특징 또한 역사언어연구소 고고팀의 특징이기도 하다.

(1) 순수한 학자

호적파胡適派 학자들 가운데 많은 사람들이 민국 정계에서 활약하였다. 그들은 직접 정치에 참여(옹문호翁文灝, 장정불蔣廷黻, 오경초吳景超, 주의춘周詒春 등)했거나 혹은 학술교육기관의 세력으로 정부에 영향을 주었다.

---

124) 이제를 '중국고고학의 아버지'라고 한 것은 주로 장광직의 「고고학과 중국역사학」(『고고와 문물』 1995년 제3기, 7쪽)을 참조할 수 있다. 이 글은 영문으로 되어 있으며 『세계 고고학』(13권 2기, 1981년)에 게재되었다.

125) 장광직, 「편집후기」, 『이제의 고고학 논문 선집』, 문물출판사, 1990년, 977쪽.

126) 이제에 대한 기념 및 연구 논저는 헤아릴 수 없이 많다. 전기작품 중에서 자제 이광모(李光謨)가 편집저술한 『괭이 고고학자의 발자취—이제의 학문생애 잡기(鋤头考古学家的足迹——李济治学生涯琐记)』, 『이제와 청화』, 『청화원으로부터 역사언어연구소까지』 등이 비교적 상세하다. 고고학에서의 대표작은 석장여(石璋如)의 「이제선생과 중국고고학」, 두정승·왕범삼 주필의 「새로운 학술의 길—역사언어연구소 70주년 기념문집」('중앙연구원' 역사언어연구소, 1998년, 135~162쪽.), 장광직의 「인류학파의 고사(古史)학가—이제선생」(『이제와 청화』, 청화대학출판사, 1994년, 195~201쪽.), 유문쇄(刘文锁)의 「이제를 논하다」(『고고』 2005년 제3기, 86~94쪽) 등이 있다.

(호적, 부사년, 임홍전任鴻隽, 장해약張奚若 등). 하지만 이제는 그들과 달리 시종일관 정치와 거리를 두었으며 국가 학술문화기관에 몸담고 본직에 충실하였으며 학술에만 전념하였다. 1932년부터 1933년 사이, 민권보장 동맹인 북평분회를 조직하는데 참여한 것 외에 한평생 정치단체에 참가한 적이 거의 없었다.127) 이는 물론 그가 문화엘리트권의 변두리에 속해 영향력이 작았던것과 무관하지 않지만 더 중요하게는 그의 인생태도에 의해 결정된 것이다. 1977년 9월, 비위매費慰梅는 노년의 이제를 방문하고 다음과 같이 이야기한 적이 있다. "이제는 정치에 선입견을 갖고 있음을 인정하면서 부친의 영향을 받은 것 같다고 하였다. 그의 부친은 지방의 장관직은 '사람을 타락하게 하고 죄악, 부패, 권력과 연결되어 있'기 때문에 차라리 하급관리로 일하는 것이 낫다고 하였다. …… 공산당에서 세 차례나 이제를 만나 합작을 요구했지만 모두 거절당하였다."128) 사실상 정치에 대한 이제의 견해는 매우 재미있다. '이제는 국민당의 실패는 주요하게 진씨 두 형제의 소행에 의한 것이라고 여겼다. …… 그리고 공상희孔祥熙와 송자문宋子文이 있다."129) 대만시기 이제의 학생도 유사한 평가를 하였다. '그는 자유주의자로서 타인의 정치적 관점을 억지로 따르지 않고 단호히 …… 학술과 정치를 분리시키려고 하였다. …… 그가 소장직을 맡은 동안, 역사언어연구소는 '중앙연구원'에서 사무시간에 공개적으로 정치활동을 벌이지 않은 유일한 곳이었을 것이다. ……'130)

이와 같은 이제의 정치적 태도는 고고학계의 일반 정서를 대표하였다. 1955년, 대규모 비판(大批判) 글에서 하내는 다음과 같이 지적하였다.

---

127) 이광모, 『괭이 고고학자의 발자취−이제의 학문생애 잡기』, 중국인민대학교출판사, 1996년, 91~93쪽.
128) 같은 책, 176쪽.
129) 같은 책.
130) 사검(謝劍), 「이제 선생을 그리며」, 『명보월간(明報月刊)』 1979년 9월호. 이광모의 『괭이 고고학자의 발자취−이제의 학문생애 잡기』(중국인민대학교출판사, 1996년, 179쪽.)에서 재인용.

호적, 부사년 등은 정치에 열중한 사람들이었지만 그들의 영향을 받은 학자들은 정치와 관계없이 '학술을 위한 학술'을 할 것을 바랐다. '나라의 문화와 학술을 정리한다'는 것은 지식인들을 이끌고 혁명단체에서 이탈하려는 것이었을 뿐이다. 나는 항일전쟁시기에 집필된 중국 현장고고 저서의 원고를 본 적이 있다. 저자는 10여년간 현장작업을 한 고고학자였는데 자서(自序)에서 다음과 같이 고고사업의 장점을 찬양하였다. '최근 들어 모두들 중국 사회에 유행되고 있는 사상을 따르고자 서로 싸우고 살인을 저지르기까지 한다. …… 일부 문인소객(文人騷客)들은 청고함을 보여주기 위하여 은거하였다. 사회활동에 종사하면 성공할 기회가 적고 몸이 상하기 일쑤이지만 고고사업은 다른 일에 관여할 필요도 없고 서로 다툴 필요도 없다.'131)

이와 같은 생각과 기풍은 1949년 전에 고고학계를 주도했을 뿐만 아니라 후세에도 매우 큰 영향을 끼쳤다.

(2) 업무 자율 규칙의 창시자

1929년 봄 은허 제2차 발굴 때, 이제, 동작빈 등 고고팀의 모든 성원들은 출토물이 전부 국가재산에 속하기 때문에 사들이거나 소장하지 않기로 약속하였다. 도굴이 성행하고 고물 수집벽이 날로 심해 가는 당시 사회에서 이와 같은 약조는 사람들을 놀라게 하였다. 이제는 한평생 이 약조를 지키려고 솔선수범하였고, 그의 학생과 젊은 동료들도 잘 지켰기 때문에 이미 해협 양안海峽兩岸 의 고고학, 문물박물관 그리고 민속학 분야에서 성문화되지 않은 규범이 되었다.132)

---

131) 하내, 「고고학에서의 호적파(胡適派) 자산계급사상을 비판하며」, 『고고』 1955년 3기, 1~7쪽.
132) 20세기 50년대초, 신중국 황하저수지 고고팀(黃河水庫考古队) 설립 당시, 팀장인

(3) 현대과학을 제창하고 실천한 학자

이제는 학술에서 과학을 논한 사람이다. 이는 국민시기 현대교육을 받
은 학자들의 공통점이다. 하지만 체계적인 과학훈련을 받은 이제는 말로
만 '과학방법'을 제창했던 호적 등의 인문학자들과 달리 과학방법에 대하
여 구체적인 인식과 해결책을 갖고 있었다. 혹자는 중국에서 과학사상이
추진될 수 있었던 것은 이제의 학술사상 때문이라고 한다.[133]

이제는 창조적인 연구 방법을 많이 고안해 냈다. 첫째, 물리적 관찰 혹
은 화학적 분석의 방법을 사용하여 은허의 도자기와 청동기 등을 연구하
였다. 둘째, 인류학 방법으로 통계분석을 시도하였으며 또한 민족학의 비
교연구를 진행하였다. 이는 중국의 고물연구에 있어서 유례없는 분야였
다. 총괄적으로 말하면 이제는 자연과학적인 연구방법으로 객관적인 실
험을 진행하였으며 발굴자료들을 기초로 연구하였다. 그는 스스로 할 수
있는 실험은 스스로 하고, 할 수 없으면 기타 전문가들을 초청하였다. 예
를 들면 도자기와 동銅에 대한 성분분석은 화학자를 청하여, 석질에 대한
감별은 암석학 전문가를 청하여 그리고 동물해골에 대한 변별은 고생물
학자를 청하여 진행하도록 하였다. 그리고 전문가의 보고에 근거하여 더
깊은 연구를 진행하였다. 다시 말하면 완전히 과학자의 태도로 전문가들
의 성과를 연구 기초로 삼았다. 20세기 30년대 초, 이제는 다음과 같이 이
야기한 적이 있다.

하내는 전체 팀원들에게 절대 개인이 고물을 수장해서는 안된다고 하였다. 이 역시
역사언어연구소 고고팀의 전통에서 유래된 것임이 분명하다. 이광모, 『괭이 고고
학자의 발자취―이제의 학문생애 잡기』, 중국인민대학교출판사, 1996년, 170쪽.
133) 유문쇄(刘文锁), 「이제를 논하다」, 『고고』 2005년 제3기, 86~94쪽.

민생이 힘든 이때, 우리가 이 사회에 받아들여지고 어느 정도 고고 사업을 진행할 수 있는 이유는 송나라때부터 전해 내려 온, 옛 것을 좋아하는 민족적 특성때문이라고 할 수도 있다. 하지만 여기까지 말할 수밖에 없다. 그 외는 모두 중국 학술계에 없었던 자연과학의 방법에 의한 것이다. 중국에서 지금도 고고작업을 할 수 있는 이유는 자연과학 방법을 차용하여 일련의 발견을 했기 때문이며 이는 외국에서 중국에 증여한 것임을 반드시 기억해야 할 것이다.[134]

(4) 종합능력을 구비한 고사(古史)학자

이제의 학술성과로부터 볼 때, 그를 단지 순수한 고고학자로 보아서는 안 된다. 광의적인 의미에서 보면, 이제에게 고고학은 가장 중요한 도구일 뿐이다. 그의 학문은 고고학에만 제한되지 않았고 서양의 자연과학방법에만 제한되어 있는 것도 아니었다. 그는 모든 것을 받아들이고 포용하여 집대성한 독창적인 인물이다. 장광직은 이제를 '인류학파의 고사학자',[135] '다원포용파(兼容幷包派)', '다학과병진파(多学科幷进派)'라고 하였는데 그 뜻인즉, 여러 가지 방법을 사용하여 역사학을 연구했다는 것이다. 장광직의 기억에 따르면, 1950년 초, 대학교에서 인류학에 관한 첫 수업을 할 때, 이제는 학생들에게 인류학을 연구하려면 중국과 서양의 전문용어와 관점을 모두 통달해야 하기 때문에 서양의 것이든 중국 고유의 문화든 간에 연구논제와 연관된다면 모두 수용해야 한다고 하였다. 다시 말하면, 연구논제와 관계된 것이라면 자료와 학과를 불문하고 망설임없이 모두 가져다 쓸 수 있다고 하였다. 이제가 평생 추구했던 역사학

---

134) 이제, 「『성자바위 발굴 보고』서문」, 『이제문집』 권2, 상해인민출판사, 2006년, 206쪽.
135) 장광직, 「인류학파의 고사학자—이제선생」, 『이제와 청화』, 195~201쪽. 대북 『역사월간』(제9기, 1988년 10월)에 게재되었었다.

과제는 중국의 민족 기원이었다. 이제는 학생시절부터 인류학의 새로운 길을 걸었다. 고고학자 또는 자연과학자로서의 역할과 지위에만 국한되지 않고 다방면의 기초 자료들을 사용하였으며 여러 가지 방법으로 다각적인 연구를 진행하였다. 당대 중국고고학계에 가장 결여된 것이 바로 이러한 특징이었다.

(5) 세계적인 안목으로 중국고고학을 연구.

세계문화 속에서 중국 문화를 연구하는 태도 역시 이제의 인류학파 고사관의 주된 내용의 하나라고 장광직은 말하였다. 이제가 『중국 상고사 편집 요지(中国上古史编辑大旨)』에서 정한 규칙의 하나가 바로 '중국 상고사는 세계사의 일부분으로 간주해야 하며 편협한 지역적인 선입견이 있어서는 안된다.'[136)는 것이다. 이와 같은 관점은 한 인간의 도량을 보여주는 것이 아니라 상고사 자료연구에 있어서 실사구시의 태도를 반영한다. 예를 들면, 논문 「중국 상고사의 재건문제를 다시 논함(再谈中国上古史的重建问题)」에서 이제는 은상시대 중국 문화의 기원문제에 대하여 종합적으로 논술하였다. '은상시대의 중국문화…… 발전의 배경에 대하여 우리는 태평양 연안에 널리 전파된 원시문화라고 생각한다. 이러한 원시문화를 기초로 하여 은상시대 사람들은 위대한 청동문화를 구축하였다. 청동문화의 기원은 매우 복잡한데 나는 양하유역兩河流域─즉 중앙아시아와 밀접한 관계가 있다고 생각한다.'[137) 동기연구뿐만 아니라 도자기, 예술적 꽃무늬에 있어서 그는 은상시대와 아시아 중부, 서부의 동시대 문명

---

136) 이제, 「중국 상고사 편집 요지」, 『이제문집』 권1, 상해인민출판사, 2006년, 153쪽.
137) 이제, 「중국 상고사의 재건문제를 다시 논함」, 『이제 고고학논문 선집』, 문물출판사, 1990년, 88~97쪽.

간의 일련의 유사성에 대하여 지적하였다.138) 이제가 세계적인 안목으로 연구를 진행한 점은 역사언어연구소의 우수한 전통이 되었으며, 나중에 젊은 학자들에 의해 계승되었다. 그 대표적인 인물은 유럽, 아시아태평양 시각에서 중국문화를 연구한 고거심高去킁이다.139)

(6) 한계성

시대적 제한성 및 학술훈련의 부족 등 원인으로 말미암아 이제의 학술사상은 일부 한계성을 갖고 있는데 그중 가장 두드러진 것이 바로 고고해석이 불충분하고 종합연구가 부족하다는 점이다. 이제는 과학정신을 주장하면서 모든 방법과 자료의 판단은 과학적인 기준에 따라야 하고 절대로 남용하거나 무관한 것을 논의해서는 안 된다고 하였다. 이제가 과학을 인식하고 방법을 터득할 수 있었던 것은 그가 미국에서 인류학과 심리학 훈련을 받았기 때문이다. 이러한 훈련은 고고발굴과 연구의 과학성에 도움을 주기는 하였지만 제한성이 있었기 때문에 역사언어연구는 고고학 해석에서 뚜렷한 성과를 거두지 못하였다. 장광직은 자신의 스승인 이제에 대하여 다음과 같이 평가한 적이 있다. 이제의 연구성과는 그리 뛰어나지 않다. 고고학 저서에 획기적인 공헌을 하였지만 시대의 제한성을 받았다. 그는 중국 역사학에서 새로운 자료가 필요할 때 발 벗고 나서서 찾았으며 최고의 자료를 고집하였다. 하지만 수집한 자료를 어떻게 정리해야 하는지에 대해서는 체계적이고 이론적인 설명을 하지 못하였다. 이제는

---

138) 장광직, 「인류학파의 고사학자—이제선생」, 『이제와 청화』, 청화대학출판사, 1994년, 200~201쪽.

139) 두정승, 「통재 고고학자 고거심(通才考古家高去킁)」, 두정승 · 왕범삼 주필, 「새로운 학술의 길－역사언어연구소 70주년 기념문집」, '중앙연구원' 역사언어연구소, 1998년 10월, 677~708쪽.)

자료에서 많은 결정적인 문제를 틀어쥐었지만 이러한 문제들 간에 존재하는 체계적이고 유기적인 연관성에 대하여 명확하게 지적하지 못하였다.[140) 장광직의 평가는 매우 충격적이었다. 왜냐하면 고고학 연구의 핵심은 고고학 해석이기 때문이다. 역사언어연구소 고고학 연구에서 불충분한 점은 아래에서 자세히 평가하고 해석하도록 하겠다. 장광직의 위와 같은 관점은 이론해석에 치우친 미국 신고고학 등 현대 학술유파의 영향을 어느 정도 받았다.[141)

중국 과학고고학의 기초단계에서 이제의 공헌은 그 누구도 대체할 수 없다. 장광직의 평가에 따르면, 이제의 연구취향과 성과는 다음과 같은 몇 가지 방면에 큰 영향을 주었다. 이제는 한평생 실천조사에서 과학을 통해 얻은 경험자료(과거 서책에 씌어진 교조주의가 아닌)를 신앙과 입론의 근거로 삼았다. 그는 고기물은 양이 정해져 있고 형태가 있는 기물을 기초로 분류해야 한다고 주장하였으며 문화인류학의 관점으로 고고자료를 해석하였다. 또한 세계적인 안목으로 중국의 문제를 연구해야 한다고 하였다. 오랫동안 고고학 연구에 몸담고 많은 성과를 이룩한 이제의 생애에 대하여 자세한 평가를 할 수 없지만 위와 같은 몇 가지 방면에 대한 설명만으로도 우리는 중국고고학이 이제의 시대에 놓여있었음을 충분히 알 수 있다.

---

140) 장광직, 「이제선생의 고고학 연구에 대한 약간의 생각」, 『이제문집』권1, 상해인민출판사, 2006년, 서문 2, 19~20쪽.
141) 장광직의 중요한 성과 즉, 중국 신석기시대 구역분포와 발전, · 상주(商周)시대 청동예술 · 초기 샤먼(薩满)과 정치권력에 대한 연구 등은 모두 미국 취락 고고학(聚落考古) · 샤머니즘 등 서양고고학 사조의 영향을 받았다.

5. 결론

1937년부터 1949년까지 10년간의 역사언어연구소의 고고활동은 다음과 같은 몇 가지 특징을 지니고 있다.

① 현장조사를 계속하였다. 이 시기에 끊임없는 전쟁으로 말미암아 역사언어연구소 고고팀의 현장조사는 저조기에 처하게 되었으며 주로 국민정부의 변경정책과 학술계의 풍조에 보조를 맞추어 변경지역에서 고고작업을 전개하였다. 이로 인해 역사언어연구소의 고고는 지역과 연구내용에 있어서 새로운 영역을 개척할 수 있게 되었다. 서남과 서북의 많은 곳까지 연구 범위가 확대되어 사천의 바위묘, 전촉前蜀의 왕건王建묘, 서북의 돈황, 장성 고고, 관중지역 주周나라 유적지 조사 등 새로운 방면을 개척하였는데 이는 역사에 유례가 없었다.

② 실내정리와 연구에서 보다 큰 성과를 이룩하였다. 발굴이 제한을 받으면서 고고팀은 연구중점을 과거자료에 대한 정리와 연구로 바꾸게 되었으며 큰 성과를 이룩하였다. 그중 제일 중요한 것은 이제가 조직, 인솔한 은허의 도자기와 청동기에 대한 연구로서 과거 많은 자료를 체계화할 수 있었으며 이로부터 중국고고학에서 가장 중요한 방법과 결과가 형성되기 시작하였다. 예를 들면, 기물의 분류방법에 대한 탐색, 은상 청동문화에 대한 연구 등등이다.

③ 고고 인재대오人才队伍의 변화와 발전이다. 항일전쟁으로 말미암아 지난 10년동안 육성한 고고대오는 큰 피해를 입게 되었다. 어떤 학자는 고고학계를 떠났고, 어떤 학자는 전쟁의 시련속에서 타계하였다. 항일전쟁 중기에 고고대오의 구성에 변화가 생겼다. 오금정, 하내 등이 항일전쟁시기 영국 유학을 마치고 귀국하여 역사언어연구소에 들어가게 되면서

고고팀의 인원은 많이 증가되었고 지식구조가 새롭게 바뀌었다. 오금정, 하내의 기여가 있었기 때문에 서남 및 서북지역의 고고활동은 전에 없었던 새로운 성과를 거둘 수 있었다.

④ 고고자료에 대한 전쟁의 파괴이다. 항일전쟁시기 여기저기 옮겨다니는 바람에 역사언어연구소의 고고자료는 일부 손실되었다. 수집한 일반 도자기 등은 포기할 수밖에 없었고 소중한 안양 식물유존 채집품도 보존하지 못하였으며, 인골자료도 여러 가지 원인으로 인해 충분한 연구가 이루어지지 못하였다. 비록 주요한 자료들은 보존하였지만 전체적으로 볼 때 손실이 막대하였다.

1937년부터 1949년까지 중국 전역에서 전쟁이 끊임없이 일어났다. 8년 간 지속된 항일전쟁은 중국의 근대화 발전을 방해했고 중국의 교육문화사업은 크게 파괴되었으며 고고활동 역시 예외가 아니었다. 항일전쟁이 승리하고 바로 전면적인 내전이 시작되었다. 이 시기 중국의 사회경제는 이미 완전히 파탄에 이르렀고 문화사업은 난항을 겪게 되었다. 3년 만에 나약하고 부패한 국민당 정부가 여지없이 참패하였고 정권이 바뀌었다.

남경정부의 통치를 받던 중앙연구원 역사언어연구소는 중국 대륙에서의 고고활동에 끝내 종지부를 찍고 말았다. 1948년 말, 회해淮海전역이 결속되고 남경정부의 패국이 정해지자 행정원行政院에서 철거 지시가 내려졌고, 역사언어연구소는 부사년의 주최하에 토론회를 열어 대만으로 옮겨가기로 결정하였다. 정부는 군함을 동원하여 역사언어연구소의 자료와 문물을 대만으로 옮겨갔고, 그 과정은 이제가 감독하였다.[142] 역사언어

---

142) 『'중앙연구원' 역사언어연구소 70년 대사기』, '중앙연구원' 역사언어연구소, 1998년, 20~22쪽. 정권이 교체되는 결정적인 시기에 대다수의 지식인들은 새 정권을 맞이하였다. 하지만 역사언어연구소는 일부 연구자들만 대륙에 남고 대부분은 대만으로 건너갔다. 이는 중앙연구원의 대다수 성원들이 조국대륙을 선택한 것과는 선명한 대조를 이루었다.

연구소 고고팀의 다수의 연구원들과 전부의 문물자료가 대만으로 건너갔다. 하지만 양사영, 하내, 곽보균 등은 중국 대륙에 남기로 하였다. 그들은 역사언어연구소가 20년간 이룩한 과학고고학의 전통을 계승하여 새로운 시대 중국고고학의 새 기원을 열게 되었다.

부록 1: 역사언어연구소 초기 고고 인재대오의 구성 및 그 운명

항일전쟁 초기, 전쟁은 참혹하였고 남경이 함락되었다. 역사언어연구소는 1938년 1월에 곤명으로 철거하기 전, 장사에 단기간 머문 적이 있었는데 이곳에서 역사상 가장 비참한 시기를 맞이하게 되었다.

20세기 20년대부터 지질조사소에서 중국의 고고학 전문 인재를 육성하면서 고고학 대오는 점점 강대해져 항일전쟁 전까지 높은 발굴 수준을 갖춘 전문인원이 20명가량 되었다. 이들은 주로 중앙연구원 역사언어연구소 고고팀과 역사언어연구소와 밀접한 연관이 있는 중국박물원 준비사무소, 지질조사소, 북평팀원 등에 널려 있었는데 역사언어연구소 고고팀에 가장 많이 집중되어 있었다. 중국에서 대규모적이고 수준이 높은 과학 고고작업을 할 수 있는 사람은 주로 역사언어연구소 고고팀의 10여명[1]뿐이었다.

중국의 제1대 고고학자들이라 할 수 있는 이들은 경력, 교육, 출신, 스승 및 학파 등에서 차이를 보이고 있는데 다음과 같다.

---

1) 하내는 1948년, 「고고학자 오우명(吳禹铭) 선생을 추모하며」라는 글에서 '오늘날 중국고고학계에서 고생을 마다하지 않고 기꺼이 현장발굴작업에 나설 수 있으며 풍부한 현장작업 경험과 고고학 지식을 갖춘 학자는 불과 10여명에 지나지 않아 인재가 부족함을 실감하게 된다. 오늘, 이 10여명에서 또 한 사람을 잃었다.' 고 하였다. 『하내문집』(사회과학문헌출판사, 2000년, 223쪽) 참조. 이는 8년간의 항일전쟁을 거치면서 연구팀 인원이 줄어들고 있음을 말한다.

1. 경력

제1세대에 속하는 선배학자들로는 역사언어연구소 창립에 기여를 한 이제, 동작빈, 곽보균 등이다. 이들에 비해 경력이 조금 부족한 "제자"벌에 속하는 세대로는 '10형제'[2] 의 다수와 유서하刘屿霞,[3] 조청방赵青芳[4] 그리고 외국에서 유학한 오금정 및 하내가 포함된다.

제 1세대와 제자들 사이의 관계는 매우 복잡하다. 예하면, 제1세대에 속하는 이제는 사실상 양사영의 선배였다. 이제는 청화연구원에 있을 때 양계초와는 동료였으며 연구원의 지도교수였다. 양사영은 이제가 발굴한 서음촌 도자기 조각에 대한 내용으로 석사학위논문을 썼는데 이제가 논문을 지도하였다. "제자"들의 경력과 수준 차이는 더욱 컸는바, 현장 경력과 능력을 따지면 왕상, 석장여, 유요가 제일 먼저 현장작업에 참가하였고, 작업 횟수도 제일 많았으며 그 기술도 제일 좋았다.'[5] 10형제' 중 일부

---

2) 양사영이 주도했던 제10-13차 은허 발굴 시기는 최고의 전성시대였고 팀에 젊은 일대 고고학자들이 많고 사이도 좋아 '10형제'라 불리웠다. 그들은 각각 맏이 이경담(李景聃), 둘째 석장여(石璋如), 셋째 이광우(李光宇), 넷째 유요(刘燿), 다섯째 윤환장(尹煥章), 여섯째 기연패(祁延霈), 일곱째 호후선(胡厚宣), 여덟째 왕상(王湘), 아홉째 고거심(高去尋), 막내 반각(潘愨)이다. 양사영은 사실 이들과 나이 차이가 많이 나는 것은 아니었지만 스승이었기 때문에 모두들 그와 호형호제할 수 없었다. 이광모, 「고고팀 '10형제'」 참조. 『팽이 고고학자의 발자취ー이제의 학문생애 잡기』, 중국 인민대학교출판사, 1996년, 98~100쪽.

3) 유서하는 공개 초빙과정을 거쳐 역사언어연구소 고고팀에 들어왔으며 제도원(绘图员) 작업을 하였다.

4) 조청방은 중앙연구원과 하남(河南) 정부가 같이 조직한 하남고적연구회의 일원이었다.

5) 왕상은 은허 제1차 발굴부터 참여하였고, 석장여와 유요는 제4차부터 참여하였는데 이 세 사람은 모두 총명하고 성실하고 열정이 넘쳤으며, 선배에게서 과학방법을 배우고 실천을 통해 많은 것을 발명창조하여 역사언어연구소 고고팀에서 가장 뛰어난 현장작업능력을 과시하였다. 그중 석장여는 12차례나 은허발굴에 참여하였는데 역사언어연구소 고고팀에서 은허발굴에 참여한 횟수가 가장 많은 사람이다.

는 이들 몇 사람으로부터 훈련을 받았으며 모두가 은허연구에 참여했다. 성자바위를 연구한 오금정은 산동, 하남, 서남에서 고고작업을 하였으며, 뛰어난 성과를 거두었다. 그는 역사언어연구소의 초기 고고학 연구에 큰 공헌을 하였으며, 후배학자들 중에서 가장 뛰어난 학자로 인정받았다.

2. 교육배경

이들의 교육배경은 유학파와 본토파로 나누어 볼 수 있다.

유학파에는 초기 미국 하버드대학에서 유학한 이제와 양사영을 포함하여 영국 런던대학에서 유학한 오금정과 하내가 있고 그외 동작빈, 곽보균, '10형제' 등은 모두 본토파라 할 수 있다.

이제와 양사영은 유학가서 서양의 근대고고학을 배운 선구자이다. 이제는 체질인류학을 배우면서 고고학 지식도 같이 배웠다. 양사영의 유학 목적은 이제에 비해 명확하였는데, 고고학을 배우는 것이었다. 양사영은 석사학위만 따냈지만 미국에서 유학한 시간이 가장 길었다. 1923년부터 1930년에 이르기까지 장장 7년간의 유학생활을 하였는데, A.V. 키더와 같은 대 학자 밑에서 공부하면서 일정한 현장발굴 경험을 하게 되었다. 하여 나중에 중국 현장고고학의 근대화를 촉진시키는 데서 가장 중요한 인물로 부상할 수 있었다. 오금정과 하내가 영국에 가서 고고학을 배우게 된 것도 이제와 양사영의 영향을 받았기 때문이다. 당시 세계 고고학의 중심지인 영국에 유학을 갔다는 것은 중국 학술계가 세계 학술주류를 인식하고 있었음을 보여준다. 오금정과 하내는 이 소중한 기회를 통하여 당시 세계에서 가장 선진적인 고고학지식과 기술을 배웠다. 그들의 근대 고고학 소양은 선배들을 뛰어넘었지만 전쟁으로 인해 여건이 안 좋은 바람에 증명할 기회가 없었다. 나중에 오금정은 직업을 바꾸고 고고학계를 떠났으며 1948년에 젊은 나이로 세상을 하직하였다. 하지만 더 큰 우세를 갖고 있던 하내는 신중국시기 선배들을 초과하는 성과를 이룩할 수 있었다.

본토파는 모두 국내에서 교육을 받았지만 차이가 있었는데 대체로 3가지 유형으로 나눌 수 있다. 첫 번째는 문화의 중심지 북경 등의 명문 대학에서 고등교육을 받은 사람들로, 동작빈, 고거심, 호후선 등은 북경대학을 졸업하였고, 오금정, 하내, 기연패 등은 청화대학을 졸업하였으며 이경담은 남개대학을 졸업하였다. 이들은 새로운 사상과 새로운 지식의 영향을 받았으며 당시 중국에서 가장 선진적인 지식인들이었다. 그들은 새로운 사물을 받아들이는 동시에 뛰어난 학습정신과 전파능력을 보여주었다. 두 번째는 내륙 도시에서 고등교육을 받은 사람들이다. 곽보균, 석장여, 유요 등은 하남인사로, 비록 새로운 사상, 새로운 지식의 영향을 받기는 했지만 비교적 간접적이고 미약하여 전자에 비하면 학습자에 지나지 않았다. 세 번째는 고등교육을 못 받은 사람들이다. 예를 들면 왕상, 유서하, 반각 등이다. 이들은 기회가 생겨 부지런히 현장작업 훈련을 받고 전문가가 되었다. 특히 왕상은 고고기술이 높았을 뿐만 아니라 고고연구에서 수확이 많았다.[6] 그는 항일전쟁 시기에 고고학계를 떠났는데 이는

---

6) 왕상은 다년간의 실천을 거쳐 고고유형학을 철저히 이해하였다. 역사언어연구소 서류: 고 1-1-87, 왕상이 이제에게 보낸 편지, 1933년 4월 14일. 편지에서 보여진 왕상의 학술수준은 사람을 놀라게 할 정도였다. 특히 다음과 같은 초록을 첨부한다.
이번 유가장(河家庄)에서 다섯 곳의 유적을 발견하였다. 이 다섯 곳의 유적에서 앙소(仰韶)시기의 것을 하나 선출하여 시험적으로 조사하였는데 조사 초기에 정교한 채색도자기들을 적잖게 얻었다. ……
근래에 앙소유적에서 솥(鬲)이 변화된 과정을 발견하였다. 분명한 것은 이 앙소유적에서 솥(鬲)은 발견하지 못했지만 이곳에는 솥(鬲)과 같은 역할을 하는, 연기에 그을린 흔적인 있는 사질(砂质)로 된, 밑바닥이 평평한 단지(罐)가 극히 많다는 점이다. 이런 단지가 모든 층의 도자기에서 차지하는 비례가 솥(鬲)이 소둔의 회색도자기(灰

고고학계에 매우 큰 손실이 아닐 수 없었다.

역사언어연구소 고고학 발전사에 있어 본토파와 유학파의 지위와 역할은 매우 달랐다. 유학파는 근대 고고학을 도입하였으며 사상의 선구자, 행동의 선도자였다. 본토파는 실천을 통하여 과학고고학을 학습하고 학습을 통하여 과학고고학을 발전시켰다. 양자는 상부상조의 관계이다. 하지만 과학고고학의 흥기에 있어서 유학파의 주도적 역할은 의심할 바 없다.

이로부터 우리는 역사언어연구소의 몇몇 유학파 고고학자들이 중국 과학고고학사에 있어서 얼마나 중요한 위치에 있었는지 알 수 있다. 하지만 다른 한편으로 왜 고고학 전문지식을 장악한 기타 사람들이 역사언어연구소에 들어가지 못했는지에 의문을 가지게 한다.

20세기 30년대, 역사언어연구소는 중국 문화계에서 전성기를 이루었으며 대우와 여건이 매우 좋았다. 지식인이라면 누구나 역사언어연구소에 들어가서 일하거나 역사언어연구소에 이름이라도 걸어 놓게 되면 영광으로 생각하였다. 일부 이름난 학자들은 스스로 자신을 추천하기도 하였다. 예를 들면, 곽소우郭紹虞는 1936년, 본인의 연구성과를 나열하고, 역사언어연구소에서 일하고 싶다는 내용으로 편지를 써서 부사년에게 보냈다.

陶) 전기(前期)의 도자기에서 차지하는 비례보다 훨씬 컸다. 사질의 솥(鼎)은 조금밖에 없었다. 분명한 것은 앙소시기 밑바닥이 평평한 사질의 단지를 제일 많이 썼다는 점이다. 솥(鼎)의 제작에 관한 것도 발견되었는데 소둔의 흑색도자기(黑陶)시기에 밑바닥이 평평한 단지가 작아(적어)지고 솥(鼎)이 많아졌으며 공족(空足)의 시루솥(甗)(솥(鼎)의 발이 없어져 비게 되었다. 다시 말해 밑바닥이 평평한 사질의 단지 아래 공족(空足)이 세 개 달린 것이다)이 생겼다. 소둔의 회색도자기 전기에 이르러 거의 대부분이 모두 솥(鬲)을 사용하였다. 전시기 밑부분에 공족 세 개를 만들어야 했던 둔하고 시끄러운 제작방법이 발과 배가 한데 연결되고 세 발사이도 한데 합쳐지는 교묘한 제작방법으로 변했다. 소둔의 회색도자기 시기에 솥(鬲)의 뾰족한 발은 평평해졌으며 그 후 발이 세 개 달린 사질의 도자기는 종적을 감추었다. 이 몇 시기의 연기에 그을린 사질 도자기를 약도로 그려 편지와 같이 보내니 그 분명한 변화과정을 보아낼 수 있을 것이다.

부록 1: 역사언어연구소 초기 고고 인재대오의 구성 및 그 운명 413

부사년은 곽소우가 연구한 전통적인 문사고증(文史考证)과 시화(诗话)가 당시. '유행'하는 학술이 아니기 때문에 '본 연구소의 연구범위에 속하지 않는다'고 하면서 거절하였다.[7]

그러나 호조춘胡肇椿의 상황은 곽소우와 조금 달랐다. 호조춘은 20세기 30년대에 외국에서 고고학 방면의 정규 교육을 받은 유학생이 몇 명 안 되었는데 그 중의 한 사람이었다. 자료에 따르면 당시 국내에서 꽤 영향력이 있는 고고학자, 박물관 전문가인 호조춘은 이제가 이끄는 역사언어 연구소 고고팀 및 중앙박물원 준비사무소와 거의 교류하지 않았다.

호조춘은 일본 도쿄제국대학을 졸업하고 하마다 고사쿠 등 일본의 제1대 고고학자를 따라 수년간 고고학을 전공하고 1930년에 귀국하였다. 그는 고고학 유학생 신분으로 귀국하였지만 전공분야에 종사할 수 있는 좋은 기회를 얻지 못하여 한평생 은행직원, 박물관 관장, 대학교 교수 등 여러 가지 직업에 종사하였다. 중국 근대학술사에 남긴 호조춘의 주요 공적은 일본어로 된 문물고고와 역사에 관한 중요한 학술저서들을 대량 번역한 것이다.[8] 고고학에 관한 역서는 2부가 있는데, 그중 하나는 그가 은행직원으로 있을 때 정사허郑师许와 같이 번역한 몬텔리우스의『고고학

---

7) 역사언어연구소 서류 원(元)자 34번 2・3 참조. 두정승의「무에서 유를 창조하는 사업—부사년과 역사언어연구소의 창립」(두정승・왕범삼(王汎森) 주필, 「새로운 학술의 길—역사언어연구소 70주년 기념문집」, '중앙연구원' 역사언어연구소, 1998년, 37쪽 재인용.

8) 20세기 초, 일본의 각종 저서들이 중국어로 대량 번역되었다. 이는 서양 역서의 대부분을 차지하였으며 거의 다 상해에서 출판되었다. 추진환(邹振环)의「서양 저서 중역사의 명작 시대가 상해에서 형성된 원인 및 그 문화적 의의(西书中译史的名著 时代在上海形成的原因及其文化意义)」(『복단학보』1992년 제3기, 87~93쪽)에서는 20세기 상반기에 나타난 번역붐에 대하여 자세히 정리, 평가하였다. 장봉의『고고학』, 정사허・호조춘의『고고학 연구법』, 등의『선사 고고학 방법론』등은 모두 이때 나온 역서로, 오스카・몬텔리우스의『방법론』의 세 가지 역본으로 중국에 일정한 영향을 끼쳤으며 윤달, 소병기도 이 책을 읽었다는 기록이 있다.

연구법』9)이다. 이 책은 일본어 저서를 중국어로 번역하였을 것이다. 왜냐하면 스승인 하마다 고사쿠의『고고학 통론』방법론의 주된 내용이 바로 몬텔리우스의『방법론』이었기 때문이다. 다른 하나는 그가 독자적으로 번역한 영국학자 울리의『고고발굴 방법론』10)이다. 이 외에 호조춘은 하마다 고사쿠의『고옥(古玉)개설』,11) 버클의『영국문명사』12) 등 명작도 번역하였다. 특히 버클의『영국문명사』는 영향력이 매우 컸다. 1930년대 초, 호조춘은 황화黃花고고학원에서 교직을 맡았으며 동교목당강东郊木塘岗 한묘汉墓와 서교대도산西郊大刀山 진묘晋墓를 발굴하였다. 그 후 호조춘은 방향을 바꿔 박물관학을 연구하고 가르쳤으며 전후하여 상해박물관 관장, 중산대학교 박물관학 교수직 등을 역임하였다.

호조춘처럼 전공출신이지만 역사언어연구소의 주목을 받지 못한 학자들이 적지 않았다. 그 원인은 아마 파벌이 달라 편견이 있었을 수도 있고, 당시 유럽과 아메리카에서 유학한 역사언어연구소 학자들이 일본 고고학과 거리가 있었으며 민족주의 의식을 갖고 있었기 때문일 것이다.

---

9) 오스카·몬텔리우스는 1903년 스톡홀름에서 출판한『동양과 유럽의 고대문화 제반 시기』첫 장에서 자신이 종합한 유형학 원리 및 약간의 실례에 대하여 전문적으로 논술하고「방법론」이라 하였다. 몬텔리우스의「방법론」은 1935년부터 중국에 널리 소개되기 시작하였고 그해에 정사허·호조춘 두 사람이『학술세계』제1권 2~6기에 그들의 역본을 발표하였다. 제목은「고고학 연구법」으로 번역되었고 1936년, 세계서국(世界书局)에서 단행본으로 발행되었다. 1935년, 또 다른 하나의 역본은 등고의『선사 고고학 방법론』인데 1937년에 상무인서관에서 출판되었다.
10) Charles Leonard Woolley 저, 호조춘 역,『고고발굴 방법론』, 1935년 8월 제1판, 본문은 총 103쪽.
11) 상해시 박물관총서 병류(丙类) 제4종『고옥(古玉) 개설』, 하마다 고사쿠 저, 호조춘 역, 중화서국, 1930년.
12) 1936년 상무인서관에서 '중산문고(中山文库)'를 발행하였는데 이는 호조춘이 영국 실증주의 사학가 헨리·토마스·버클리(Henry Thomas Buckle, 1821-1861)의 명작『영국문화사』(상)를 다시 번역한 것이다.

3. 지연(地緣)과 파벌(派系)

고고팀 학자들은 출신이나 배경이 서로 달라 몇 개 파벌로 나누어졌다. 물론 이에 대하여 누구도 논의하지 않았지만 사실상 매우 의미있는 문제이다. 왜냐하면 이로 인해 그들의 기회, 운명, 그리고 역사의 갈림길에서의 선택 등이 다르기 때문이다.

역사언어연구소 고고팀은 주로 창시자인 부사년, 이제, 동작빈을 중심으로 이루어졌기 때문에 이 세 사람을 중심으로 세 개의 파벌이 형성되었다.

세 사람의 관계를 살펴보면 다음과 같다. 부사년은 역사언어연구소의 창시자이고 이제와 동작빈에게 지우지은知遇之恩의 인물이다. 이제와 동작빈은 부사년 덕분에 기회를 얻고 성과를 이룩할 수 있었으며 명예도 얻었다. 중요한 것은 이 세 사람이 절대 종속적인 관계가 아니라는 것이다. 역사언어연구소의 업적은 모두 같이 이룩한 것이며, 이제와 동작빈은 역사언어연구소의 명성을 날리는 데 결정적인 공헌을 하였다. 이제와 동작빈은 학술명망이 높아지면서 상응한 사회적 직위를 얻게 되었다. 이제는 장기간 중앙박물원 준비사무소 주임직을 맡았으며 위 세 사람 모두 중앙고물보관위원회 위원이었다. 동작빈과 이제는 전후하여 역사언어연구소 대리 소장직을 맡기도 했다.13) 부사년이 역사언어연구소에서 절대적인 권위를 갖고 독단적으로 관리하였지만 지위에 있어서 세 사람은 대체로 평등하였다고 할 수 있다. 그들은 친밀한 합작관계였지만 연구소 업무와 사적인 일로 자주 충돌이 생기기도 하였다. 특히 동작빈은 연구소 설립 초기에 부사년과 이제보다 지위가 낮았으며 팀원들보다 한 급 낮은 편집원이었지만 실력도 있고 운도 좋았다. 그는 은허에서 대량 발견된 갑골문에 대한 연구로 국내외에 명성을 날렸으며 이제보다 명성이 더 높았다.

---

13) 부사년이 타계한 후, 동작빈과 이제가 전후하여 역사언어연구소 소장직을 맡았다.

하지만 성격이 불같은 부사년과 맞지 않아 사직서를 몇 번 썼고 이에 대하여 부사년은 속수무책이었다.[14] 역사언어연구소에서 동작빈의 위치는 사실상 갑골학이 역사언어연구소의 학맥에서의 위치와 같았다. 비록 역사언어연구소가 선호하는 중점이 고고발견이기는 하지만 갑골학은 전통에 기초한 새 학문으로서 그 영향력이나 범위가 고고발견보다 훨씬 더 크기 때문이다.

역사언어연구소는 사실상 매우 폐쇄적인 학술단체였다. 제1대 창시자들은 동지同志의 결합이었지만 제2대의 가입자는 대체로 제1대 혹은 친구의 학생들과 친지들이었다.[15] 외부인들은 대단한 배경이 있지 않으면 우연한 기회에 들어온 사람이었다. 고고팀의 성원은 거의 다 부사년, 동작빈과 이제가 초빙한 사람들이었다. 그중, 이제와 연관이 있는 사람이 제일 많았고 강했으며 그 다음 동작빈, 곽보균 등 하남적 인사들 그리고 부사년 순이었다.

이제가 초빙한 사람은 주로 청화대학과 남개대학 시절의 제자들이었다. 청화대학 제자들 중 가장 중요한 사람은 양사영이었는데 그는 경력과 출신이 좋았다. 양사영은 이제의 연고자는 아니었지만 그가 고고활동에

---

14) 1935년 4월, 동작빈은 이혼 후 '한 여학생을 추구하였는데, 맹진(孟真)과 제지(济之)에게 미리 말하지 않고 그 학생을 장덕(彰德)에 데리고 갔으며, 역사언어연구소 사무서에 머물러 있었다.' 동작빈이 안양(安阳)에 갔을 때 신분은 중앙고물보관위원회 감찰위원이었다. 결국 부사년은 대노하여 자신이 관리를 철저히 못한 탓이라고 하면서 중앙연구원에 사직서를 제출하였다. 동작빈도 단호하게 사직을 요구하였다. 정문강(丁文江)은 '지금 상황에서 학술연구를 하려면 꼭 기관에 몸담고 있어야 하는데 그런 기관에 들어간다는 게 어디 그리 쉬운가? 그러니 누구든 사직한다는 말을 쉬이 하지 말게.'라고 좋은 말로 권유하면서 경고하였다. 반광철(潘光哲), 「정문강과 역사언어연구소」, 두정승 · 왕범삼 주필, 『새로운 학술의 길 – 역사언어연구소 70주년 기념문집』, '중앙연구원' 역사언어연구소, 1998년, 392~394쪽 참조.
15) 두정승, 「역사언어연구소의 과거, 현재와 미래」, 『학술사와 방법학에 대한 반성: '중앙연구원' 역사언어연구소 70주년 학술회의 논문집』, '중앙연구원' 역사언어연구소, 2000년, 10쪽.

종사하게 된 데는 이제의 힘이 컸다. 청화대학 제자로 또 오금정이 있었다. 오금정은 이제가 청화연구원 시기에 지도했던 유일한 고고학 연구생으로, 역사언어연구소 초기 고고사업에 대한 공헌이 매우 컸다. 그 외에 연배가 좀 낮은 기연패16)와 하내가 있었는데 하내와 이제의 관계는 부사년보다 가깝지는 않았다. 그리고 '10형제' 중 맏이인 이경담17)은 이제가 남개대학에서 교직생활을 할 때의 학생이었다.

동작빈을 비롯한 하남적 학자들은 은허발굴 시 맺은 지연관계로 그 수가 꽤 많았다. 그중 가장 중요한 인물은 곽보균과 석장여, 유요, 왕상이었다.

---

16) 기연패(1910~1939)는 자가 패창(霈苍)이며, 기천민(祁天民)이라고도 불렀다. 본적은 산동 익도(益都)이며 제남에서 출생하였고 만족(满族)이다. 1929년에 청화대학에 입학하여 1933년에 졸업하였으며 중앙연구원 역사언어연구소 보조원으로 초빙되었다. 그 후 현장고고에 전념하면서 은허발굴작업을 책임졌고 수준이 높은 학술논문들을 써냈다. 1937년, 항일전쟁이 발발한 후, 연안에 갔으며 같은 해 중국공산당에 가입하였다. 1938년 초에 신강에 파견되어 항일민족통일전선 사업에 종사하였으며 신강대학(新疆学院) 비서 겸 교육학과 주임을 맡았다. 기연패는 '항일대학(중국인민항일군사정치대학교(中国人民抗日军事政治大学)의 약칭)'을 본보기로 삼고 교풍을 정돈하여 신강대학의 면모를 새롭게 바꾸어놓았다. 그리하여 신강대학은 '두번째 항일대학'으로 불리게 되었다. 1939년 봄, 기연패는 하미(哈密区) 지역 교육국 국장을 맡았으며 모택민(毛泽民)이 주도하는 화폐제도개혁에 참여하였다. 같은 해 12월 22일 하미에서 병으로 타계하였다.

17) 이경담(1899~1946), 자는 순일(纯一), 안휘 서성(安徽舒城) 사람이다. 청화대학 고등과(高等科)에 들어갔다가 나중에 남개대학에 입학하였다. 이제의 강의를 수강한 적이 있으며 1923년에 졸업하였다. 1933년 가을, 처음으로 은허발굴에 참여하였고 같은 해, 역사언어연구소에서 보조원으로 일하였다. 그 다음해에는 왕상(王湘)과 같이 수현(寿县)에서 조사작업을 하였다. 1936년 가을, 영성(永城)에서 조률대(造律台)·왕루(王楼)·흑고퇴(黑孤堆)·조교(曹桥) 등 유적을 발굴하였다. 그 다음해 봄에 곽보균(郭宝均)과 같이 휘현(辉县)에서 발굴작업을 주도하였다. 1941년 봄, 중경에서 군사위원회 사업위원회 합작사(合作社) 부책임자직을 맡았으며 후에 미도(弥渡)에 가서 전면(滇缅) 철도 재무처 총무주임을 맡았다. 1942년에 계림(桂林) 군사위원회 사업위원회 계림준비사무소 제1과 과장 및 강서 대유 신성(江西大分新城) 군사위원회 사업위원회 19사업소 1급 회계 감사직을 맡았다. 전쟁이 끝난 후, 이제의 부름을 받고 중앙박물원 준비사무소에서 전문 설계원으로 일하다가 1946년 12월 병으로 세상을 떴다.

곽보균과 왕상은 모두 남양南阳 사람으로, 곽보균은 동작빈의 초등학교 동창이었고, 왕상은 동작빈의 사촌동생이었다. 두 사람은 은허 제1차발굴부터 모두 참여하였는데 경력이 풍부하고 업무수준도 대단하였으며 공헌도 컸다. 유요와 석장여는 중앙연구원과 하남성 정부의 협의하에 실습생의 명의로 은허발굴에 참여하였는데 업무능력이 뛰어나 역사언어연구소에 연구생으로 채용되었으며 나중에 고고팀에 없어서는 안 될 인물이 되었다.[18]

하남고적연구회가 설립된 후, 곽보균은 책임자가 되어 이곳을 거점으로 하여 한 고향사람(남양) 윤환장尹焕章,[19] 조청방赵青芳[20] 등 많은 인력을 끌어 모았다. 이 과정에 적지 않은 사람들이 참여했다가 중도에 퇴출하였다.

---

18) 역사언어연구소 서류: 원(元)159-6, 본 연구소에서 하남대학교(河南大学)에 보낸 편지이다. 편지는 안양 은허발굴팀에 파견된 실습생들의 성적 평가서로 학생들의 성적증명서가 한장 첨부되어 있었다. 1931년 12월 24일.
증명서의 내용은 다음과 같다.
중명서
본 발굴팀은 안양 소둔촌 및 후강(后冈) 두 곳에서 발굴작업을 하였는데 하남대학교 실습생 유요와 석장여 군은 처음부터 끝까지 참여하였다. 유물의 조사와 점검, 유적의 관찰 등은 신중하고 엄밀하게 진행되었으며 기록과 작도(作图)도 매우 분명하였다. 지난 번 작업과 비교해 보면 큰 진보가 있으며 본 발굴팀에 적지 않은 도움이 되었다. 성적이 우수함을 특히 증명하는 바이다. (동작빈, 양사영, 20년 12월 19일)
19) 윤환장(1909~1969), 하남 남양(河南南阳) 사람이며 하남대학교에서 공부한 적이 있다. 1929년부터 전후하여 중앙연구원 역사언어연구소 사학조, 중앙박물원 준비사무소에서 일했다. 공화국이 창립된 후, 남경박물원 보관부 주임, 화동문물작업대 부대장, 강소성문물관리위원회 위원직 등을 역임하였다. 93학사 사원이며 증소율(曾昭燏)과 합작하여 '호숙문화(湖熟文化)'라는 명칭을 가장 먼저 제기하였다. 『화동 신석시시대 유적』(학습과생활출판사, 1955년) 등 저서가 있다.
20) 조청방, 하남 남양 사람이다. 1932년, 하남고적연구회에 참가하였고 1939년 중앙박물원 준비사무소에서 일했다. 중화인민공화국 창립후, 남경박물원 고고부 주임, 부팀원, 부원장직을 역임하였다. 1956년 중국공산당에 가입하였으며 하남 준현(河南浚具)의 위국묘(卫国墓)·사천 팽산(四川彭山)의 암묘(岩墓) 등 발굴작업에 참가하였다. 안휘 수현(安徽寿县) 채후묘(蔡侯墓)·남경 북음양영(北阴阳营) 유적·소주 월성(苏州越城)과 연수 삼리돈(涟水三里敦) 서한묘(西汉墓) 등 발굴작업을 주도하였다. 1956년 처음으로 '청련강(青莲岗)문화'라는 명칭을 제기하였다.

역사언어연구소에 들어간 사람들은 거의 모두 부사년과 연관이 있었지만 그가 직접 끌어 들인 사람은 많지 않았다. 20세기 30년대 초, 호적이 북경대학 총장으로 당선되면서 부사년은 유력한 조수가 되어 북경대학 업무에 참여하였다. 그리고 사학과를 책임지고 이른바 '엘리트주의'를 시작하였으며, 잠재력이 있는 졸업생들을 선발하여 고고팀을 비롯한 역사언어연구소 각 팀에 배치하였는데 그중에 고거심,[21] 호후선 등이 있었다.

이러한 인재 인입방식은 제1대와 제2대 간에 심각한 의존관계를 형성하였다. 내부의 등급질서가 엄격하였고 대우와 급여에도 차이가 많았으며 독단적인 관리와 도제제도(学徒制)를 실시하였다.

1930년, 역사언어연구소에서 중화교육문화기금 이사회에 보낸 서신 및 비망록에 의하면 직원들의 월급 기준은 전임 팀원이 400원, 편집원이 240원, 조리원이 120원 혹은 80원, 서기원이 25원 내지 30원이었다.[22] 왕상과 같이 현장 제1선에서 작업하는 일꾼들은 1929년 10월부터 12월까지 월 10원을 받았고 1930년 1월부터 5월까지는 조금 인상되어 월 16원을 받았다.[23]

---

21) 고거심(1909~1991), 자는 효매(晓梅), 하북 안신(河北安新) 사람이다. 1931년 북경대학 예과(預科)에서 역사학과 정과(正科)에 입학하였으며 1935년, 졸업 후에 역사언어연구소에 들어가 제12차 은허발굴 즉 후가장(侯家庄) 서북강(西北冈) 제3차 발굴에 참여하였다. 항일전쟁시기 오금정(吳金鼎)이 주도하는 천강고적고찰팀에서 조사와 발굴작업을 진행하였고, 1949년에 역사언어연구소를 따라 대만으로 건너가서 연구소 인원이 되었다. 1954년, 서북강 발굴작업의 대장 양사영이 타계한 후, 고거심이 명을 받고 스승 양사영의 미완성고인 서북강 보고를 정리하였는데 성과가 뛰어났다. 1966년에 오금정은 '중앙연구원' 원사 칭호를 수여받았으며 1973년에는 역사언어연구소 소장직을 맡았다. 역사언어연구소 서류, 원 258-1, 본 연구소에서 중화교육문화기금 이사회에 보낸 편지 및 비망록. 1930년 3월 31일.
22) 역사언어연구소 서류, 원 258-1, 본 연구소에서 중화교육문화기금 이사회에 보낸 편지 및 비망록. 1930년 3월 31일.
23) 역사언어연구소 서류, 고(考) 1-1-58, 〔오득(悟得)〕동작빈. 1930년 5월 10일. '오득'은 동작빈의 생질인 왕상(王湘)을 말한다.

배경이 다른 세 부류의 사람들은 서로 다른 개성과 특징을 갖고 있었으며 역사언어연구소에서 기회와 지위가 많이 달랐다. 부사년과 이제쪽 사람들은 기회가 좋아 오금정, 우도천于道泉 등은 국비로 유학할 수 있었지만 하남고적회 인원들은 기회가 별로 없어 자립의식이 강했다. 그리하여 1949년 대변동 시기, 그들은 서로 다른 선택을 하게 되었다. 부사년파, 이제파의 대부분 사람들은 대만으로 건너갔고, 하남적 학자들은 동작빈 을 제외하고 모두 대륙에 남았는데 원로인 곽보균도 여기에 포함되었다.[24)

4. 사회계층과 출신

역사언어연구소의 고고학자들은 대부분 출신이 별로 좋지 않았다. 다음과 같은 몇 사람은 그나마 조금 괜찮은 상황이었다. 역사언어연구소 지도자인 부사년은 몰락한 관료지주 가정 출신이었고, 이제는 중하층 관료지주 가정 출신으로 부친이 청나라 말기에 잠깐이나마 경관京官직을 맡은 적이 있었다. 양사영의 부친인 양계초는 청말민초 문화계와 정계의 거장이었고 기타 사람들은 대부분 출신이 빈천하였다. 동작빈은 어린 시절 집이 가난하여 학업을 중단하고 다른 사람과 합작하여 학원을 꾸려 학생들을 가르치고 서점도 운영하였다. 곽보균은 유복자로서 조모, 모친 손에서 자랐다. 포목점으로 생계를 유지하였는데 가난한 생활을 면치 못하였다.

---

24) 곽보균은 자신이 대만에 가지 않은 원인 중의 하나가 바로 이 기회를 빌어 부사년의 규제에서 벗어나 보려는데 있다고 말하였다. 그는 부사년과 같은 해외파들이 줄곧 자신을 무시한다고 생각하였다. 곽보균은 고고팀의 원로였지만 1940년까지 여전히 편집원으로 있었다.

석장여는 농촌의 한 소지주 가정에서 태어났다. 그외 사람들도 출신이 대부분 이와 비슷하였다.

총괄적으로 말하면, 역사언어연구소의 고고학자들은 모두 가난한 가정 출신이었지만 찢어지게 가난한 것은 아니었다. 집안에 여력이 조금 있어 고등교육을 받을 수 있었으며 운명을 바꿀 수 있는 기회가 있었다. 이들은 보통 사회 하층으로부터 지위가 상승한 새로운 지식인들이었는데 이 점은 나진옥 등 구세대 금석학자들과 근본적인 구별이 있다. 금석학 연구에 종사한 구세대 연구자들은 대부분 사회상층 출신들이었기 때문에 어느 정도 경제실력, 사회적 지위가 있었고, 또한 고물을 즐기면서 고증학에 종사할 수 있는 여가가 있었지만 현장작업은 그들의 신분이나 일관적인 생활풍격에 어울리지 않았다. 일반 소지식인들은 이러한 기회나 여건이 거의 없었다. 과학고고학의 흥기는 새로운 지식인들이 현장작업을 위해 헌신할 것을 요구한 동시에 그들이 신분상승을 할 수 있게 하였고 혹은 생계라도 유지할 수 있게 하였다.25) 중화중화민국 시기 중국에 현장 고고 학자들이 나타나게 된 것은 2차 대전 후, 서양 중산계급의 흥기로 고고학이 번영하게 된 것과26) 매우 유사하다. 고고학자와 전통 금석학자들의 신분지위가 달랐기 때문에 고고학과 전통 금석학은 서로 다른 풍격과 개성을 가지게 되었다. 역사언어연구소 고고학자들의 신분이 고도로

---

25) 석장여는 초등학교 교사일 때 월급을 15원 받았는데 이는 당시 초등학교 교사의 평균 수입이었다. 나중에 유요와 같이 역사언어연구소 고고팀에서 연구생으로 공부할 때는 월 수입이 50원이었고, 그 후 역사언어연구소에 들어가 정식 연구원, 즉 최하급의 보조원이 되었을 때 수입은 150원 정도로, 당시 초등학교 교원의 10배였다고 한다. 하지만 역사언어연구소의 고급직원인 이제는 월 수입이 400원으로 이미 사회의 상류에 속하였다. 사회적 지위도 마찬가지였다. 곽보균은 원래 하남성 교육청의 비서로 일하다가 후에 역사언어연구소에 들어가 중앙고물보관위원회 위원이 되었고 사회 유명인사 대오에 들어서게 되었다.

26) (미) 사블로프 등 저, 진홍파(陈洪波) 역, 「미국 취락 고고학의 역사와 미래(美国聚落考古学的历史与未来)」, 『중원문물(中原文物)』 2005년 제4기, 54~62쪽.

일치했던 것은 고립된 현상이 아니라 청나라말 중화중화민국 시기 학술계층구조의 전면적인 변화와 밀접한 연관이 있었다.

천신만고 끝에 육성해 낸 중국의 제1대 과학고고학자 단체는 1938년, 전쟁으로 인해 장사에서 해체될 위기에 처하게 되었다. 이 시기 은허 작업이 본격적으로 시작되었고 전국적 범위에서 고고활동이 금방 시작되었기 때문에 많은 자료들이 정리되지 않아 중국의 현장고고학은 신속하게 발전할 수 없었다.

여기서 잠깐, 장사에서 이름난 식당인 '청계각(淸溪閣)'에서 발생한 사건을 언급하고자 한다. 왜냐하면 그 역사적 의의가 크기 때문이다. 이 사건을 통해 우리는 중국의 고고학과 고고학자들의 애국심과 민족의 한(恨)의 근거를 찾아볼 수 있다. 역사적 진실 앞에서는 변명과 해석이 소용없다. 중국의 고고학자들은 강한 민족정서를 갖고 있었으며 그러한 정서는 민족투쟁을 거치면서 더욱 견고해졌다.[27]

---

27) 역사언어연구소 고고팀 연구원들은 모두 양성진 고고발굴의 중요성에 대하여 잘 알고 있었으며 발굴자인 유요가 집필하는 발굴보고에 큰 기대를 걸고 있었다. 이는 유요 자신도 마찬가지였다. 유요는 장사에서 와요촌 발굴보고 초고를 불철주야로 보충 수정하고 있었다. 유요는 수기의 맨 마지막 주해에 그 시대 중국고고학자들의 목소리를 기록하였다.

영별이다. 7년간 고락을 같이 나누었던 고고사업이여! 고고사업에 발을 들여 놓은 첫 해는 적들이 동북을 난폭하게 짓밟는 때였다. 가슴속의 모순은 분노의 불길로 타올라 안심하고 학술사업에 몰두할 수 없었다. 하소연을 개인의 생활에도 영향을 주어 극도로 이성적인 분석을 거쳐서야 겨우 모순되는 감정을 내리 누르고 잠시동안 '고고생활'에 안주할 수가 있었다. 지금 적들의 광란은 더욱 심해져 나라와 가족이 망하는 비극이 생기게 되었으며 이 비극의 주인공은 바로 우리들이다. 우리는 나라가 망하고 망국의 노예가 되는 것을 차마 지켜보고만 있을 수 없다. 심리적 모순은 하루하루 깊어가고 더 이상 몰두하여 글을 쓸 수 없다. 나는 고고학을 사랑하고 고고학에 심취해 있는 사람이다. 조금이라도 가능성이 있으면 나와 7년이나 같이 해 온 오랜 친구를 버리지 않을 것이다. 그러나 나는 나라를 더 사랑하고 세세대대로 살아온 고향을 더 사랑하기에 그저 보고 있을 수만은 없다. 본인의 힘이 한계가 있고 또한 위험천만한 일인줄을 너무나도 잘 알고 있지만 나는 한치의 두려움과 망설임도 없다. 전문은 모두 3쪽으로 '중앙연구원' 역사언어연구소에 소장되었다.

1937년 12월 12일, 남경이 함락되고 대학살이 발생하였다. 국민들은 놀라움과 분노를 금치 못하였다. 일본군의 다음 공격목표는 장사였다. 역사언어연구소는 새로운 거점을 찾지 못한 상황에서 안전을 고려하여 연구소 인원을 분산시키기로 하였다. 거취 여부는 다음과 같은 선결원칙을 따랐다. 만약 집이 점령구역에 있지 않으면 집에 돌아가고, 점령구역에 있다면 연구소를 따라가되 장소는 아직 미정이다. 연구소를 따라갈 마음이 없을 경우, 각자는 편한 대로 한다. 원칙을 정한 후, 각 조별로 토론하게 하였는데 그 결과, 이제, 동작빈, 양사영 세 사람은 움직이지 않고 '10형제'는 여러 곳에 분산시키기로 하였다. 맏이 이경담은 안휘 사람인데 고향이 함락되지 않았으므로 집에 돌아가고, 둘째 석장여는 하남 낙양 사람인데 고향이 중국 군의 세력권에 있었으므로 집에 돌아가기로 하였다. 셋째 이광우는 하북 사람인데 고향이 함락되지 않았지만 고고팀의 고물관리원이었으므로 돌아갈 수 없었다. 넷째 유요는 하남 활현滑县사람인데 형님[28]을 따라 연안에서 항일전쟁에 참가한 후 이름을 윤달尹达이라고 고쳤다. 기연패는 산동 제남 사람인데 고향이 점령당했으므로 중경에서 글을 가르치는 부친에게로 갔다가 나중에 역시 연안으로 갔다. 왕상은 하남 남양 사람인데 고향이 함락되지 않았지만 장사의 일부 대학생들을 따라 항일전쟁에 참가하기로 결정하였으며, 아홉째 고거심은 하북 보정 사람인데 고향이 함락되어 연구소를 따라 갔다. 막내 반각은 고물을 중경에로 운반하라는 명령을 받았으므로 역시 떠나지 않았다. 이렇게 10형제 중 4명만 남고 6명은 역사언어연구소를 떠났는데 모두 고고팀의 주력들이었다.[29]

장광직, 「20세기 후반의 중국고고학」, 『고금론형』창간호(1998년), 39쪽 재인용.

28) 윤달의 형님 조의민(赵毅敏, 1904−2002)은 중국 공산당 간부로 모스크바 동양대학교 제8분교의 총장직을 맡고 있었다. 중화인민공화국 창립 후 여러 요직을 역임하였으며 만년에는 중국 공산당 중앙고문위원회 위원, 중국 공산당 중앙규율검사위원회 부서기직을 맡았다.

29) 『석장여선생 방문 기록』, '중앙연구원' 근대사연구소, 2002년 188∼189쪽.

석장여의 기억에 따르면 토론을 마친 후, 그들은 같이 '청계각'에 갔는
데 거기에는 '10형제' 외에 이제, 동작빈, 양사영 등 세 사람과 호점규胡占
奎, 왕문림王文林, 위선신魏善臣, 이련춘李连春[30] 등 고고팀을 따라다니던
기공이 몇명 있었다. 당시 모두들 감정이 북받쳐 술도 통쾌하게 마셨다.
그들은 '중화민국 만세'라고 소리높이 외치면서 첫 잔을 비웠고, 두 번째
잔은 '중앙연구원 만세', 세 번째 잔은 '역사언어연구소 만세', 네 번째 잔
은 '고고팀 만세', 다섯 번째 잔은 '은허발굴팀 만세', 여섯 번째 잔은 '산동
고적연구회 만세', 일곱 번째 잔은 '하남고적회 만세', 여덟 번째 잔은 '이
(제)선생의 건강을 위하여', 아홉 번째 잔은 '동(작빈) 선생의 건강을 위하
여', 열 번째 잔은 '양(사영)선생의 건강을 위하여', 열한 번째 잔은 '10형제
의 건강을 위하여'라고 외치며 열 잔을 비웠다. 이렇게 만취하도록 술을
마시고 가슴아픈 이별을 하였다. 그들 중의 많은 사람들이 그 이후로 다
시 만나지 못하였다.[31]

10형제 중, 역사언어연구소를 떠났던 6명의 운명은 서로 달랐다. 석장
여는 여기저기 전전하다가 운좋게 다시 고고팀에 들어왔고 그 후 다시 떠
나지 않았다.[32] 윤환장은 중화인민공화국 창립 후에도 계속 고고사업에

---

30) 역사언어연구소 고고팀에는 뛰어난 기술자들이 많았다. 그들은 보통 풍부한 현장
　　경험과 탁월한 발굴기술을 장악하고 있어 현장고고실천에 큰 기여를 하였다. 하지
　　만 학력이 낮아 한평생 대우와 지위가 낮은 기술공밖에 할 수 없었으므로 생활에
　　보장이 없었다. 중국고고학사에서 기술자들은 고고학자들만큼 역사가 유구하고
　　역할이 컸지만 그들을 기억하는 사람은 없었다.
31)『석장여선생 방문 기록』, '중앙연구원' 근대사연구소, 2002년 190쪽.
32) 항일전쟁이 발발한 후, 역사언어연구소에서 내린 결정에 의하면, 무릇 1937년 8월
　　1일 전까지 연구소에 도착하지 않은 사람은 잠시 그만두어야 한다. 역사언어연구
　　소 서류, 잡(杂)5-4-11, 부사년이 오상상(吴相湘)에게 보낸 편지, 1937년 9월 14
　　일 참조.
　　1938년 3월 10일, 석장여는 계속 섬서(陝西)에서 조사를 진행하였다. 극도로 힘든
　　상황에서 그는 역사언어연구소 지도자들에게 편지를 써 연구소에 복귀할 것을 요
　　청하였다. 역사언어연구소 서류, 곤(昆)14-29, 석장여가 이제, 양사영, 동작빈에게

종사하여 탁월한 성과를 이룩하였다. 유요는 혁명가가 되었고 기연패는 항일전쟁 기간 신강 하밀에서 세상을 떴다. 이경담은 항일전쟁이 승리한 후, 병으로 사망하였으며 왕상은 그 후 더는 고고사업에 종사하지 않았다.

　전쟁기간, 역사언어연구소도 중국의 기타 학술기관과 마찬가지로 극히 심각한 재난에 직면하여 학술연구뿐만 아니라 생존까지도 문제가 되었다. 학술팀이 안정되지 못하였는 바 위에서 언급한 몇 사람 외에도 고고팀의 골간인 오금정, 곽보균과 호후선도 여러 가지 원인으로 역사언어연구소를 떠났다.[33]

　보낸 편지 참조. 그 내용은 다음과 같다.

　학생이 은허발굴작업에 참가한 지 여러 해가 되었는데 아직도 잘 정리되지 않은 문제들이 많습니다. 책임감을 절실히 느끼고 작업장소를 바꿔 못다한 책임을 다하려고 합니다. 다만 작업장소가 어디인지도 모르고 이 작업을 완성할 기회가 있을지도 잘 모르겠습니다. 부디 지시해 주십시오. 1938년 3월 10일.

　다행히 이제는 동의하였고, 석장여는 운좋게 이제의 편지를 받고 곤명에 돌아가 복귀하였다. 이제는 또 왕상도 불러 연구소에 복귀하라고 하였지만 유감스럽게도 모종의 원인으로 왕상은 돌아오지 않았다. 이제는 부사년의 동의를 얻고 이 두 사람을 불렀다. 역사언어연구소 서류, 고2-131, 부사년이 이제에게 쓴 편지, 1938년 4월 10일 참조.

33) 여기에는 개인적인 원한도 들어 있다. 예를 들면 곽보균과 오금정의 모순, 호후선과 역사언어연구소의 모순과 갈등 등이다. 역사언어연구소 서류 참조.

　1. 이(李)13-11-1, 곽보균이 부사년에게 보낸 편지. 문박원(博院)에서 복무하는 2년 동안 극심한 모욕에 시달리다 보니 떠나지 않을 수 없게 되었습니다. 연구소로 돌아가 옛 일을 계속하고 싶지만 당시 형세에서 허락되지 않아 사직하고 고향에 돌아가기로 결심하였습니다. 1500원의 여비를 빌려주신다면 원저리(宛抵里)에 돌아가 밭을 팔아 갚도록 하겠습니다. 만약 유중(渝中)의 여러 기관에서 필묵이 필요하다면 저 또한 그 일을 할 수 있을 것 같으니 형님께서 유의해 주시기 바랍니다. 1941년 1월 4일.

　2. 이 60-1-6, 이제가 부사년에게 보낸 편지. 저는 참으로 호복림(胡福林)이 혐오스럽습니다. 그가 항의한 몇 가지에 대해 유효한 답을 줄 수 있을지 언로(彦老)께 물어야 할 것 같습니다. 사림에 호복림같은 사람이 있다는 것은 인간쓰레기가 하나 더 늘어나는 것과 같다고 생각하는데 존의는 어떠하신지요? 1941년 7월 30일.

　호복림은 호후선을 말한다. 두 사람의 모순은 주로 호후선이 역사언어연구소를 떠난 후에 쓴 글에서 비롯되었는데, 호후선이 연구소에서 아직 공개 발표하지 않은 중국고고학의 아버지 이제는 중국에서 어렵게 육성한 고고팀이 전쟁의 피해를 입은 것에 대하여 비통해하고 분개하였다. 그는 1940년 여름에 편집을 마쳤지만 1947년 3월에 이르러서야 출판된『중국고고학보』(원래의『현장 고고학보』) 제2책의「머리글」에서 다음과 같이 적고 있다.

다음의 통계를 보자. 6편의 조사보고 저자 중에서 이미 두 사람이 타계하였고 직업을 바꾼 이가 두 명이다. 석장여, 고거심 두 사람만이 지금까지 그 자리를 지키고자 노력하고 있는데 그들도 전쟁으로 인해 건강이 안 좋아졌다. 타계한 사람은 기연패군과 이경담군이다. 여기에 이 두 사람의 사적을 첨부한다. 이처럼 큰 손실은 앞으로 화합회의를 할 때, 배상사항으로 나열할 수 있는가? 만약 그렇게 할 수 있다면 배상으로 그 손실을 미봉할 수 있는가? 맥아더가 인솔하는 동맹군 총부가 어떻게 대처하든간에 전쟁으로 인한 중국의 막대한 손실에 도의적이고 법률적인 책임을 져야 할 것이다. …… 현장고고 작업은 최근 회복될 기미가 전혀 보이지 않는다. 하지만 고고팀 활동은 계속하지 않을 수 없다. 현장작업원들이 집에서 책을 읽고 채 완성하지 못한 보고서를 쓰는 외에 고고학에 관한 글도 쓴다면 고고학에 큰 공헌을 하게 될 것이다.[34]

맥아더는 중국고고학의 손실을 안중에 두지 않을 수 있지만, 일본 침략자들이 중국의 고고학자들에게 갖다 준 재난은 그들이 중국인에게 준 아픔과 고통과 마찬가지로 영원히 쉽게 없어지지 않을 것이다.

제13차 은허발굴 자료를 인용하였던 것이다. 비록 사서(私信)에서 이제는 격하게 분노했지만, 훗날 호후선 선생은 여전히 이제 등 스승과 선배들을 존경하였으며, 여러번 글을 써서 애도의 뜻을 표시하였다.

34) 이제,『중국고고학보』제2집 서문, 1947년 3월 24일.

부록2: 몬텔리우스 고고 유형학 사상이 중국에서의 전파

스위스 고고학자 오스카 · 몬텔리우스의『동양과 유럽의 고대문화의 여러 시기(东方和欧洲的古代文化诸时期)』[1]에서「방법론」은 서양근대고고학에서 유형학연구와 관련된 가장 중요한 경전으로 동서양에 큰 영향을 미쳤다. 중국고고학에서의 유형학방법은 몬텔리우스의 사상에서 기원하였다고 한다. 그 전파과정에 대해서 자세한 논증이 없으므로 본고에서 관련된 자료들을 정리하여 간단히 소개하고자 한다.

몬텔리우스의 저서는 일본 고고학의 창시자인 하마다 고사쿠(濱田耕作)에 의해 일본에 소개되면서 동양에 전파되었다. 하마다 고사쿠는 1913년부터 1916년까지 영국 런던대학교 고고대학에서 고고학의 거장인 피트리Sir Flinders Petrie교수 밑에서 서양 고고학 이론을 학습하고 이집트 고고학을 전공하였다. 피트리의 뒤를 이어 런던대학교 교사직을 계승한 휠러Mortimer Wheeler 교수는 하내의 지도교수였다. 하내는 유학시절 후반에 예루살렘에 거주하고 있는 피트리를 만나뵌 적이 있다. 따라서 하내와 하마다 고사쿠는 동문이고 하마다가 하내보다 훨씬 일찍 입문하였음을 알 수 있다.[2] 하마다는 일본에 돌아가서 유럽 각국 특히 영국 고고학의 이론과 방법을 전파시켰는데 유럽에서 가장 중요시되고 있는 몬텔리우스의 방법도 포함되었다.

---

1) Montelius,O. 7.1903~1923.
2) 유정(치正),「하마다 고사쿠와 동양 고고학의 교토학파(濱田耕作与东洋考古学京都学派)」,『남방문물』2010년 제1기, 142쪽.

하마다의 저서 중에서 가장 중요한 것은 1922년초에 출판된『고고학에 대한 통론』인데, 그중 방법론에 관한 첫번째 부분은 주로 몬텔리우스의「방법론」을 발췌 번역한 것이었다. 1932년, 하마다 고사쿠는 몬텔리우스의「방법론」전문을 일본어로 번역하여『고고학 방법론』[3]이라는 제목으로 출판하였다.

서양의 학술문화는 주로 일본을 경과하여 중국에 전파되었으며 근대 일본이 중국에 준 영향은 매우 크다. 예를 들면, 20세기 초기, 중국 학술계의 거장들인 장병린, 양계초, 왕국위, 나진옥 등이 수용한 서양의 학술문화는 그들이 일본에 있을 때 일본어 번역서를 통하여 배운 것이다.[4] 서양의 현대 고고학도 역시 가장 먼저 일본을 통하여 중국에 전파되었는데 주로는 일본 유학생 혹은 일본과 밀접한 관계가 있는 학자들에 의해 전파될 수 있었다.[5] 몬텔리우스의 저서「방법론」이 하마다 고사쿠에 의해 번역되어 중국에 전파된 것 역시 마찬가지이다.

하마다 고사쿠의『고고학에 대한 통론』의 영향을 받고 제일먼저 출판된 책은 프랑스에서 유학하고 온 장봉張风이 쓴『고고학』[6] 교과서이다. 장봉은 책머리에 성명을 발표하고 책을 쓰게 된 경과를 자세히 설명하였다.

> 이 책은 일시적으로 어느 한 곳에서 씌어진 것도 아니고 한 사람에 의해 씌어진 것도 아니다. 2,3년간 상해 지역의 기남(暨南), 복단(复旦), 대하(大夏), 지지(持志) 등 대학교에서 강의하면서 동서양의 고고

---

3) 채봉서(蔡风书),『중일 고고학의 역사(中日考古学的历程)』, 제로서사(齐鲁书社), 2005년, 64쪽.
4) 이학근(李学勤) 주필,『20세기 중국 학술대전 · 고고학 박물관학권(20世纪中国学术大典●考古学博物馆学卷)』, 복건교육출판사, 2007년, 계선림(季羡林) 서1.
5) 진성찬,『중국 선사고고학사 연구 1895-1949』, 생활 · 독서 · 신지삼련서점, 1997년, 36~42쪽.
6) 장봉(张风) 편,『고고학』, 국립기남대학교문학원(国立暨南大学文学院), 1930년.

학, 선사시대사 등 여러 저작을 번역 및 참조하여 편집한 것이다. 처음 에는 요강으로 집필하여 강의하였고, 후에는 대리강사가 계속하여 집 필하였으며 그 후에는 정앙지(程仰之), 문야학(闻野鹤) 두 선생이 차 례로 참여하였다. 정군이 강의할 때 목록에 따라 편찬하였고 후에 문 군이 하마다 고사쿠의『고고학에 대한 통론』을 중역(转译)하여 완성 하였다. 마지막에 장봉이 보완하여 지금의 모습을 갖추게 되었다.

이 책과 관련된 세 사람은 모두 이름난 학자이다. 장봉(1887~1966), 자 는 천방天方이고 절강 가선嘉善 사람으로 일찍 프랑스에서 유학한 적이 있 으며 고고에 관심을 갖고 오월사지吳越史地연구회 활동에참여한 적이 여 러 번 있다. 정앙지, 즉 정경(程憬, 1903~?)은 청화대학교를 졸업하였으 며 후에 중국 고대신화연구로 이름을 날렸다. 문야학 즉 문유(闻宥, 1901~ 1985)는 문물고고와 민족언어학자로 유명하다. 상무인서관에서 편집으 로 일한 적이 있으며 국내에서 처음으로 고대 청동북(铜鼓) 관련 연구를 시작하였고 자남字喃, 이문彝文과 강어羌语에 관한 연구를 개척하였다.

이 책은 1928년경부터 시작하여 일부 대학교의 고고학 교과목 강의자 료로 쓰였고 몇 사람의 손을 거쳐 편찬되었다. 1930년 말에 정식으로 출 판되었으며 모두 135쪽이다. 비록 본론이 120여 쪽밖에 안 되지만 격식 을 잘 갖추었으며 내용이 선진적이고 서양 현대고고학 지식에 대하여 매 우 상세하고 완벽하게 소개하였다. 아마 중국에서 제일 처음으로 현대 서 양의 고고유형학과 지층학 지식을 체계적으로 소개한 책일 것이다. 참고 목록에는 세계에서 가장 선진적인 고고학 저서들을 많이 나열하였는데[7]

---

7) 참고목록 부분에서 외국서적 14가지를 열거하였는데 다음과 같다. 1.『고고학의 연 구법 및 그 목적』(W. Flindes Petrie, *Methods and Aims In Archaeology*. London. 1905), 2.『고고학의 가치와 그 연구법』(W. Deonnd, *L'Archeologie, Le valeur, Les methodes*. Paris. 1912), 3.『고고학 연구의 목적과 그 방법』(J. De Morgan, *Les Recherches Archeolo-gique, Leur Buts Et Leur procedes*. Paris. 1906) 4.『고고학 발굴 방법』(G. Boni,

장봉, 정경, 문유는 출신과 경력으로 볼 때, 이러한 논저들을 접할 수 있는 여건을 갖추었고, 외국어 능력도 구비하였다.

책 내용을 보면 유럽 판본의 원서에서 직접 인용한 것도 있고 일본어 저서에서 옮겨온 것도 있다. 책은 총 5편으로, 고고학의 여러 방면에 대하여 논술하고 있다. 그중 네 번째 '연구'편 제2장 '특수한 연구법'에서는 지층학과 유형학(저서에서는 층위학과 형식학이라고 함) 등 방법에 대하여 논술하고 실례를 들어 몬텔리우스(저서에서는 망텔라스로 번역함)의 방법에 대하여 중점적으로 설명하였다. 제3장은 '시대의 결정(時代的決定)'인데 상대적, 절대적 연대의 정의 및 시대 구분 방법에 대하여 논술하면서 피트리(글에서는 부타리라고 함)의 순서단대법(글에서는 가수假數법이라고 함)에 대하여 중점적으로 소개하고 이집트의 도자기(도자기) 변화표 시도로 설명하였다.

장봉은 '문군이 하마다 고사쿠의『고고학에 대한 통론』을 번역하여 이 책이 완성되었다'고 했지만 충분한 설명을 가하지는 않았다. 문유가 하마다 고사쿠의『고고학에 대한 통론』의 번역작업에 참여한 것은 저서를 완성하는 데 결정적이었다. 저서는 주로 하마다의 저작을 참고하여 집필되

Metoodo'nell Espolazioni Archeologiche. Roma. 1913) 5.『동양 및 유럽의 고대문화기』제1책 방법편(O. Montelius, Die *Altern Kultoperioden In Orient und In Europa Stock-A.1m*. 1903. 1 Die methde) 6.『고고학』(F. Roepp, *Archaologie*. Sammuing Goecsehen. 1911) 7.『고고학 교본 제1권』(H. Bulle, *Handbach Der Archaologie Munchea*. 1913) 8.『고고학 교본』(J. Dechelte, *Munnel D'Archeologie, Prehistorique, Celtique Et Gallo Romnie*. Paris. 1908) 9.『고전적과 고고학』(D. G. Hogarth. *Authority And Archaeology*. London. 1899) 10.『선사시대』(Lord Aoebury, *Prehistoric Times*. London.1913) 11.『유럽 원사』(Sophus Muller. *Urgeschichte Europas*. Strassburg. 1905) 12.『인류와 자연 및 원사』(M. Hoernes. *Natuiund Urgeschichte Des Menschen*. Wier & Leipzig. 1900) 13.『인류 원사』(M. Hoernes. *Urgeschichte Der Menachhoit*. Sammulung Goeschen. 1905) 14.『19세기 고고학 발견사』제1책(A. Mechaelis, *Die Archaeologisichen Entdekungen Des Neunzehate Handuets Leipzig*. 1905).

었는데 격식과 내용이 하마다 고사쿠의『고고학에 대한 통론』과 거의 일치한 것으로 보아 문유가 쓴 것임이 분명하다. 따라서 문유선생은 몬텔리우스 고고유형학을 중국에 소개한 첫 사람이다.

장봉의『고고학』이 정식으로 출판된 이듬해, 하마다 고사쿠의『고고학에 대한 통론』정식 역본이 나왔다. 1931년, 상무인서관에서 이 책의 완역본을 출판하였는데 역자는 저명한 미술역사가 유검화(俞劍華, 1895~1979)이다. 책의 중문 이름은『고고학 통론』[8]이었고 왕운오王云五가 주필하여 쓴『소백과전서』총서 중의 하나였다. 유검화가 한평생 저술한 문장은 거의 천만자에 달하는데 이 책의 분량이 제일 적다. 장봉의『고고학』과 비교해 보면 본문은 겨우 106쪽으로 편폭이 짧고 문유의 역문을 거의 그대로 옮기다시피 했음을 알 수 있다.

1932년, 몬텔리우스의『방법론』이 하마다 고사쿠에 의해 번역출판되었는데 제목은『고고학 연구방법』이다. 이 책은 일본 고고학계의 고서적으로, 얼마후 중국어로 번역되었다. 역자는 정사허鄭師許와 호조춘胡肇椿이다. 정사허와 호조춘의 역본은 1935년에『학술세계』제1권 2~6기에『고고학 연구법』이라는 제목으로 발표되었으며, 1936년에는 세계서국世界书局에서 같은 제목으로 단행본이 발행되었다.[9] 이 책은 하마다 고사쿠의 일본어 역문에 근거하여 번역한 것으로 일본어 역문의 서문, 범례 등을 부록하였다. 역문은 대체로 문유와 유검화의 정의, 문장을 그대로 사용하였다. 예를 들면, 유형학을 '형식학'이라고 한 것 등이다. 본문은 140쪽으로, 내용이 완전하였으며 총 498폭의 삽화도 모두 그대로 보유하였는데, 인쇄 제판이 힘들었던 연대에 이는 쉬운 일이 아니었다.

---

8) (일) 하마다 고사쿠 저, 유검화(俞劍華) 역,『고고학 통론』(소백과전서, 왕운오 주필), 상무인서관, 1931년.
9) (스웨덴) 몬텔리우스 저, 정사허 · 호조춘 역,『고고학 연구법』(상해시박물관총서), 상해세계서국, 1936년.

정사허(1897~1952)는 중화중화민국 시기의 이름난 학자로서 문물고고학방면에 많은 저술을 남겼으며 고고학사考古学社10) 회원이었다. 호조춘(1904~1961)은 20세기 20년대 말, 일본 도쿄 제국대학에서 하마다 고사쿠를 따라 고고학을 수년동안 배웠는데, 당시 전문 고고훈련을 받은 몇 명 안 되는 유학생 중의 한 사람이었다. 이 두 학자는 고고학의 고취자, 참여자로서 당시 영향력이 비교적 컸던 고고학 논저들에 대하여 잘 요해하고 있었다. 호조춘은 하마다 고사쿠의 제자로서 스승의 저서를 한권만 번역한 것이 아니었다.『고고학 연구법(考古学研究法)』외에도『지나고옥개설(支那古玉概说)』이라는 책이 있는데 매우 중요하다. 1932년, 하마다 고사쿠가 번역한 몬텔리우스의『고고학 연구법』이 일본에서 출판된 지 얼마 되지 않아, 정사허와 호조춘 두 사람은 약속이나 한듯 중문으로 번역하기 시작하였다. 절반 넘게 번역하였을 때, 우연한 기회에 서로 알게 되었고 그 후부터 합작하여 번역본을 완성하였다. 하지만 출판이 힘들어 1935년 여름에야 새로 발행한『학술세계』에 연재할 수 있었다.

정사허는 역서 서문에서 번역 경과와 배경을 밝혔다. 당시 많은 학자들의 일반 심리를 살펴볼 수 있는 한 단락을 인용하면 다음과 같다.

몬텔리우스 박사는 평생 괭이를 들어본 적도 없고 유물을 기술하고자 몰두해 본 적도 없다. 단지 시종일관 책상에 마주앉아 다른 사람들의 발굴 보고서를 자세히 대조분석하여 연대의 선후와 분포 변화를 추정하였으며 체계적이고 종합적인 연구를 진행하였다. 이 책은 몬텔

---

10) 중국 현대 고고학자와 금석학자들의 대중조직으로, 주로 고기물학에 대한 연구, 편집 및 중요한 자료들의 원활한 소통을 취지로 한다. 1934년 6월, 용경(容庚), 서중서(徐中舒), 동작빈, 상승조(商承祚) 등 12인의 제의하에 조직되었으며 그 해 9월 1일, 북평에서 창립되었다. 1937년, 항일전쟁이 발발하면서 활동이 정지되었다. 고고학사는 고고사 간행물 제1~6기를 출판하였고, 고고학사 연구원들이 다른 곳에서 발표한 저작들을 고고전집과 고고총서에 편집해 넣었다.『중국 대백과전서 · 고고학권』'고고학사' 표제어 참조.

리우스가 평생의 연구경험을 토대로 쓴 것이다. 가장 큰 성과는 저서에서 논한 '형식학(型式学)의 연구'이다. 하마다 고사쿠는 역본 서문에서 '…… 몬박사가 세상을 떠난 지 10년이 지났지만 책의 제1권에서 서술한 연구법보다 더 상세한 연구법은 아직 없다. 특히 형식학의 방법론이 매우 정확하고 세밀하다. 내가 고고학을 전공할 때, 이처럼 강렬한 인상을 받은 책은 더 이상 없었다.'고 밝혔다. 이로부터 우리는 몬텔레우스는 두뇌가 명석하고 뛰어난 견해를 가진 학자로 존경받을 만 하다는 것을 알 수 있다. 번역작업을 책임진 우리는 본 책의 출판과 더불어 고고사업에 뜻을 둔 우리나라 젊은이들 중에 하마다씨와 같은 권위있는 학자 한두 명이 나올 수 있기를 진심으로 바란다. ……

현대학술은 분업이 극히 세밀하다. 고고학도 현장작업자와 연구 전문가의 분업이 필요하다. 울리(吳理)는 『고고발굴 방법론』 제5장 『고고자료의 응용』에서 '당시 발굴한 자료들에 대한 견해 유무를 막론하고 현장 고고작업인원의 가장 중요한 책임은 자료에 대한 수집과 정리에 있다'고 하였다. 이는 괭이를 들고 직접 현장에서 작업하는 고고학자의 가장 큰 책임으로, 다른 것은 너무 엄격하게 요구할 필요가 없다는 뜻이다. 바꾸어 말하면, 이와 같은 자료들의 비교연구를 통해 결론을 유추하는 일은, 종합, 해석 능력이 있고 창조정신과 문학적 재질이 있는 역사학자들이 책임져야 한다는 것이다. 현장작업자들은 평생한 곳에 몰두하여 발굴, 정리하는데 그들이 얻을 수 있는 것은 부분적이기 때문에 연구까지 하라고 강요할 필요는 없다. 따라서 연구에 뜻을 두고 대량의 보고서를 수집하여 이미 기록되어 있는 역사상식을 풍부하게 해 줄 연구자가 따로 있어야 한다. 몬테리우스와 같은 사람이 필요한 것이다. 발굴과 연구는 따로 분담하고 상부상조해야 한다.[11]

이는 정사허가 『고고학 연구법』을 번역하면서 하마다 고사쿠의 영향을 받았고 중국에서도 하마다와 같은 학자가 나올 수 있기를 바라고 있음을 잘 보여준다. 가장 중요한 것은 정사허 등 학자들이 몬텔리우스에게서

11) (스웨덴) 몬텔리우스 저, 정사허 · 호조춘 역, 『고고학 연구법』(상해시박물관총서), 상해세계서국, 1936년 12월. 서문은 정사허가 썼다.

계발을 받아 현장실천의 기회가 없어도 고고학연구에서 위대한 성과를 이룩할 수 있다는 것을 알게 되었다는 점이다. 이는 정사허처럼 고고학을 매우 사랑하지만 현장작업의 기회가 없었던 학자들의 기대심리를 반영한 것이다. 당시 이러한 학자들이 적지 않았는데 고고학사에 상당수 집중되어 있었다. 전문직능을 나누는 문제에 있어서, 정사허는 조금도 주저하지 않고 중앙연구원 역사언어연구소의 고고학은 자료를 수집하는 괭이 고고학 부류에 넣어야 하며, 종합적인 연구는 난이도와 요구가 높기 때문에 현장작업보다 더 높은 차원에 속해야 한다고 하였다. 특히 집밖을 나서지 않는 역사학자들도 이와 같은 직책을 감당할 수 있다는 것에 정사허는 기대와 희열을 느꼈다.

이는 20세기 전후, 서양에서의 고고학 발전에 따른 직능분담에 대한 정사허의 인식을 보여준 것이다. 합리적인 부분이 있기는 하지만 당시 중국 고고학은 초기단계였기 때문에 이러한 분업은 현실적으로 거의 불가능하였다. 역사언어연구소 고고학의 특징에 대한 정사허의 이와 같은 인식은 『안양 발굴보고』 등에서 보여준 연구수준과 직접적인 관계가 있다. 이는 비교적 박약했던 역사언어연구소의 종합연구와 고고학 해석에 대한 반성이기도 하다.

중국 학자들이 몬텔리우스의 경전을 접할 수 있는 도경은 이외에도 또 있었다. 몬텔리우스의 『방법론』의 또 다른 중역본인 등고滕固의 『선사고고학 방법론』[12]은 1935년[13] 즉 정사허, 호조춘의 『고고학 연구법』이 출판된 해에 완성되었는데 1937년에야 출판되었다.

등고(1901~1941)는 저명한 미술역사가로 일본에서 문학과 예술사를 전공하고 석사학위를 취득하였다. 1929년에 독일 베를린대학에 가서 공

---

12) (스웨덴) 몬텔리우스 저, 등고 역, 『선사고고학 방법론』, 상무인서관, 1937년.
13) 서문을 쓴 시간은 1935년 2월이다.

부하였으며 1932년에 미술역사학 박사학위를 취득하였다. 그의 전공과 교육경력으로부터 볼 때, 그는 일본어와 독일어를 통달하고 하마다 고사쿠와 몬텔리우스의 저작도 접했을 것이다. 몬텔리우스의『방법론』을 중국어로 번역한 것은 결코 우연한 것이 아니었다.

등고는 고고학을 위해서가 아니라 예술사연구의 수요에 따라 이 책을 번역하였다. 역자 서문에서 그는 '선사시대 유물의 형태와 무늬장식 연구에 있어 몬텔리우스 박사의 '방법론'은 의의있는 계시가 아닐 수 없다. 요즘 우리나라 학자들이 고대 이기彝器를 연구함에 있어 문자 외 꽃무늬도 연구하고 있다. 이러한 풍조가 지금 막 시작되었으니 본 저서를 번역하여 이 방면에 종사하는 분들이 참고할 수 있도록 하고자 한다.'14)고 하였다. 등고는 착안점을 기물의 무늬장식에 두었는데 이는 고고연구와 밀접한 관계가 있으면서 또 다른 점이 있다. 따라서 부동한 수요를 가진 학자들이 이를 통하여 학문하는 방법을 찾을 수 있게 함으로써, 몬텔리우스의 유형학 방법이 널리 적용될 수 있음을 보여주었다.

서문에서 등고는 간략한 언어로 몬텔리우스의 유형학 연구의 핵심을 제시하였는데 이는 그가 몬텔리우스의 사상에 대하여 잘 이해하고 장악하였음을 설명한다.

> 이 방법론이 바로 체제학(体制学)의 실례이다. 몬텔리우스는 이탈리아와 북유럽의 금속도끼와 자귀, 단검과 장검, 이탈리아와 희랍 및 북유럽의 바늘을 나열하고 비교하여 그 연대와 위치, 형식의 차이를 밝혔다. 또한 북유럽의 청동기, 이탈리아의 도자기의 형태와 무늬장식, 그 원류와 발전과정의 원인을 탐색하였다. 마지막으로 이집트, 아시리아, 페키니아와 희랍의 연꽃무늬장식의 발전과정을 제시하였으며 고전적인 종엽식 무늬의 형성과 이오니아(伊沃尼亚)의 기둥머

---

14) (스웨덴) 몬텔리우스 저, 등고 역, 『선사고고학 방법론』, 상무인서관, 1937년, 역서 (译序).

리(柱头)가 연꽃 기둥머리에서 변화된 과정에 대해서도 상세히 분석하였다.[15]

이 책은 편폭이 매우 짧아 본문이 90쪽밖에 되지 않는다. 둥고는 가능하게 독일어본을 번역하였기 때문에 문유 등의 역문을 따르지 않았을 것이다. 그가 고고학의 시각으로 다루지 않고 미술사의 시각에서 다루었기 때문에 그의 번역은 새로운 모습을 보여주었는데 정의와 용어 등이 관습적으로 사용하던 고고학술용어와 달랐다. 예를 들면, '선사시대' 개념이 당시 널리 알려졌는데 둥고는 '선사'로 번역하였다. 유형학이라는 가장 중요한 용어는 앞서 3부의 저작에서는 모두 '형식학'으로 번역하였는데 둥고는 '체제학'[16]으로 번역하였다. 상대 연대와 절대 연대 이 두 개념은 '상대적인 연대'와 '절대적인 연대'로 번역하였다. 그 외에도 매우 많은데 다 일일이 열거할 수 없다. 고고학의 시각에서 보면, 과거에 이룩한 성과를 받아들이지 않았기 때문에 좋은 역본이라 할 수 없다. 하지만 이 역본의 뚜렷한 장점은 무늬장식의 변화과정이 매우 유창하고 이해하기 쉽게 번역되었다는 점이다. 이는 예술사 연구에서 둥고가 교양이 깊었음을 보여준다. 매 단락 뒤에는 역자의 주해를 간단하게 달아 놓아 원문에 대한 독자들의 이해에 도움을 주었다. 몬텔리우스의『방법론』과 관련된 몇 권의 역서에서 둥고의 역본이 영향력이 가장 컸으며 가장 많이 거론되었다.

상술한 저서들을 정리해보면, 20세기 30년대 즉 1930년부터 1937년까

---

15) 같은 책.
16) 이 책의 5쪽 주해 4에서 저자는 자신의 번역법에 대하여 특별히 설명하였다. 역자주: Typus는 보통 '유형(类型)' 혹은 '형식(型式)'으로 번역되며 물품의 조형과 무늬장식을 가리킨다. 역자는 혜강금부(嵇康琴赋)에서 '체제와 풍류는 서로 답습하지 않는다(体制风流莫不相袭)'고 하면서Typus은 '체제(体制)'라 하고,Stil은 '풍류(风流)'라고 하는 것이 적합하다고 하였다. 전자는 실질적인 측면을 가리키고 후자는 정신적인 측면을 가리킨다. 때문에Typus를 '체제'로, Typologie는 '체제학(体制学)'으로 번역하였다.

지 몬텔리우스의 『방법론』을 직접 혹은 간접적으로 중문으로 번역한 역본이 4가지나 있었다. 이는 특정된 시대배경과 일정한 관계가 있다. 20세기 2,30년대, 중국에서 서양의 저서를 중국어로 번역하는 붐이 일었는데 상해를 중심으로 많은 외국저서들이 번역되었다. 그중 대부분이 일본어로 번역되었다.[17] 상술한 4가지 역서는20세기 2,30년대에 '서양의 저서를 중문으로 번역(西书中译)'한 결과물로 모두 상해에서 출판되었다. 이 시기 중국 학술계에서는 서양 고고저서에 대한 번역 붐이 일었는데 상술한 저서 외에도 『동양문화의 여명』,[18] 『고고발굴 방법론』,[19] 『고물연구』[20] 등 고고학 역서들이 나타났다.

몬텔리우스의 저서와 관련된 4가지 역본을 보면, 당시 학술계가 몬텔리우스의 사상과 방법에 대하여 잘 장악하고 있었음을 알 수 있다. 결국 몬텔리우스의 유형학 사상과 방법은 문물고고를 연구하는 중국 학자들에게 영향을 미쳤다.

그런데 이상하게도 중화중화민국 시기 중국고고학자의 관련 저서에서 몬텔리우스의 『방법론』 역본을 인용한 흔적은 찾아보기 어렵다. 진성찬은 '당시 중국고고학계에 끼친 (몬텔리우스의 『방법론』) 중문역본의 영향에 대해서 연구해 볼 필요가 있다. 이 책을 인용한 상황을 보면 영향력이 그리 뚜렷한 것 같지 않다. 하지만 많은 학자들은 중국고고학의 유형학은 몬텔리우스의 방법론에서 계발을 받았음을 믿어 의심치 않는다.'[21]고

---

17) 추진환(邹振环), 「서양 저서 중역 역사의 명작시대가 상해에서 형성된 원인 및 그 문화적 의의(西书中译史的名著时代在上海形成的原因及其文化意义)」, 『복단학보』(철학사회과학부문) 1992년 제3기, 87~93쪽.
18) (일) 하마다 고사쿠 저, 왕복천(汪馥泉) 역, 『동양문화의 여명(东方文化之黎明)』, 상해어명서국, 1932년.
19) (영) 울리(C. L. Wooley) 저, 호조춘 역, 『고고발굴 방법론(考古发掘方法论)』, 상무인서관, 1935년.
20) (일) 하마다 고사쿠 저, 양련(杨炼)역, 『고물연구(古物研究)』(사지소총서(史地小丛书)), 상무인서관, 1935년.

지적하였다. 중화중화민국 시기 고고서적과 간행물 자료가 한정되어 있고 일부 고고학자들이 관련 자료에 대하여 비교적 완벽하게 논술한 점으로 미루어 보면[22] 고고학계에서 이 역본들에 대해 익히 알고 있었던 것은 사실이다. 유위초의 기억에 따르면 소병기선생은 20세기 50년대에도 몬텔리우스 저서의 역본을 몇 번이나 열독하였다고 한다.[23] 위에서 언급한 저서들은 널리 보급되었는데 역사가 오래된 대학교와 과학연구기관 도서관(실)에서 쉽게 찾아볼 수 있다. 아마도 중화중화민국 시기에 사들이고 전해 온 것이라 생각한다. 비록 인쇄량은 표기되어 있지 않지만 당시 인쇄량과 발행량이 많았을 것으로 추측된다.

몬텔리우스의 역서는 은연중에 중국 고고계에 변화를 줌으로써 당시 세계적으로 유행하는 고고유형학 방법을 장악하도록 하였다. 이와 같은 방법을 장악하고 성과를 거두려면 제1선의 고고학자들이 실천을 통해 시도해 보아야 한다. 유일한 대표 인물이 바로 소병기선생이다. 유위초는 '소병기는 북유럽 학자들이 창립한 고고유형학 이론을 중국고고학의 실제와 결부시켜 성공적으로 중국화를 실현함으로써 우리나라 고고유형학의 기초를 마련하였다.'[24]고 평가하였다.

『고고학 연구법』의 역자 정사허는 '이 책의 출판으로 고고사업에 뜻을 둔 청년들 중에서 하마다씨와 같은 권위적인 학자가 한두 명 나왔으면 좋

---

21) 진성찬·마사중(믁思中), 「몬텔리우스와 중국고고학」, 중국사회과학원 고고연구소에서 편집한 『21세기 중국고고학과 세계 고고학』에 수록, 중국사회과학출판사, 2002년, 686~695쪽.

22) 예를 들면, 정사허와 유요는 각각 당시 중국고고학 저서의 출판상황에 대하여 종합적으로 논술한 적이 있다. 정사허의 논술은 『고고학 연구법』 역본의 서문에서 찾아 볼 수 있고, 유요의 논술은 서평－「고고학 연구법」(1934년9월 『출판주간』 제96기에 게재, 유허곡(치虛谷)이라는 서명을 썼음.)에서 찾아 볼 수 있다. 이 글은 유요가 집필하고자 했던 고고학 저서에 대한 소개였는데 결국 책은 써내지 못하였다.

23) 유위초, 「고고학의 중국꿈」, 『독서』 1998년 제8기, 77쪽.

24) 같은 책.

겠다'고 했던 소망을 소병기가 실현시켜 준 셈이다. 왜냐하면 소병기가 걸어 온 길이 바로 그러했기 때문이다.

20세기 30년대에 몬텔리우스의 저서가 일본을 통해 또는 직접 유럽에서 번역되어 전파되면서 소병기를 대표로 하는 중국의 학자들은 유럽 고고연구의 핵심기술을 학습할 수 있었다. 따라서 지층학 외에 고고학의 기타 방법들도 발전하기 시작하였으며 중국 근대 고고학은 새로운 단계에 진입하게 되었다. 이러한 공로는 묵묵히 받침돌이 되어 준 문유, 정사허, 호조춘 등 번역자들에게 돌려야 할 것이다. 오늘날 중국 근대 고고학의 발전사를 살펴보면서 우리는 결코 이들을 잊어서는 안 된다.

제7장 중화중화민국 시기 중국
—— 과학고고학의 특징과 역사 유산

본 장에서는 역사언어연구소 고고팀이 성립되고부터 중국에서 떠날 때까지 약 20년간의 활동에 대하여 평가하고 그 특징과 학술사, 사회사에서 갖는 의의와 한계성에 대하여 고찰해 본다.

1. 역사언어연구소 고고학의 기본 특징

역사언어연구소 고고학은 탄생 시기와 사상적 근원의 복잡성으로 말미암아 뚜렷한 시대적 특징을 띠게 되었으며 서양의 근대 고고학과 다른 발전의 길을 걷게 되었다. 역사언어연구소 고고학은 학문에서의 지위, 연구 방법과 가치 취향 등에서 뚜렷한 특징을 지니고 있다.

1) 국가학술과 집단연구

민국 시기, 역사언어연구소가 여러 고고 단체의 선두에서 전 세계가 주목하는 성과를 거두게 된 것은 국민정부에서 국가의 힘으로 학술연구를 추진시켰기 때문이다. 당시 역사언어연구소 고고학은 모든 지원을 다 받았는데 이는 국내의 기타 연구기구들이 따라 갈 수 없는 조건이었다. 이 과정에서 공헌이 가장 큰 사람은 바로 역사언어연구소의 책임자 부사년인데, 그는 '국가가 숭상하는 학술을 돋보이게 해야 한다'고 했던 자신의 구상을 실현하게 되었다.

역사언어연구소가 '집단'이라는 현대화 조직방식을 취하여 고고연구에서 큰 성과를 거둔 점[1]에 대하여 이미 앞에서 서술한 바 있다. '집단연구'의 방식이라는 것은 역사언어연구소 고고팀의 분업과 합작을 가리킬 뿐만 아니라, 역사언어연구소 외의 여러 분야의 전문가들이 참여하여 여러 학과들 간에 합작이 이루어졌음을 말한다.

역사언어연구소 고고학자들은 자신들의 노력으로 학술연구의 새로운 패러다임이 성숙되고 확립될 수 있게 하였다. 민국 초기에 시작된 학술에서의 역사적 변혁, 예를 들면, 금석학에서 고고학으로, 서책지식에서 현장조사로, 관리귀족에서 자산계급과 소자산계급 지식인으로, 개인연구에서 집단연구로 전환하면서 역사언어연구소 시기에 이르러 완성되고 향상되었다. 역사언어연구소의 학자들은 전 시기 지질학자들의 전통을 계승하면서[2] 서재에서 현장으로 나갔고 금석학을 뛰어넘어 새로운 영역을 개척하였으며 새로운 방법을 도입하였는데 이는 혁신적이었고 그 영향력이 대단하였다.

---

1) 부사년은 집단방식에 대하여 다음과 같이 해석하였다. 개인적으로 역사학과 언어학을 연구하는 것은 더는 쉬운 일이 아니다. 자료를 구하려면 도서관이나 학회, 단체의 도움을 받아야 한다. 또한 같은 연구 환경에서 서로 도와주고 이끌어 주어야 하며, 서로 정정해 줄 수 있어야 한다. 개인적인 연구는 점차 어려워지고 의미를 잃게 되어 모든 일은 집단의 힘으로 해결해야 할 것이다. 혹은 몇 사람이 하나의 테마를 위해 합작할 수 있고 혹은 규모가 큰 시스템 연구를 위해 합작할 수 있다.
부사년, 「역사언어연구소 사업의 취지」, 「부사년전집」 제3권 참조, 호남교육출판사, 2003년, 12쪽.
2) 하내, 「5.4운동과 중국 근대고고학의 흥기」, 「고고」, 1979년 제3기, 2704쪽.

물론 그들이 새로운 연구 방법을 개척한 것은 아니지만, 새로운 방법을 발전시키고 그것을 토대로 많은 성과를 거두었기 때문에 본보기가 될 수 있었다. 5 · 4운동 이후, 새로운 사상의 영향을 받은 지식인들은 현장조사와 자연과학의 방법에 대한 중요성을 알고 있었지만 어렵고 힘들다는 이유로 회피하거나 심지어 배척하기까지 하였다.

말로는 과학이라고 하면서 실제로는 문학에 종사한 것이 신문화운동의 보편적인 현상이었다.3) 하지만, 역사언어연구소의 고고학자들은 고생을 두려워하지 않고 신세대 학자들의 자질과 용기, 결의를 보여줌으로써 지식인들의 귀감이 되었다.

2) 학문분야에서 역사학의 지위

20세기 90년대, 서양 고고학 사조의 영향을 받은 국내 학술계는 중국 고고학의 학술적 지위(즉 중국고고학이 역사학에 속하는 것인지 인류학에 속하는 것인지)에 대하여 토론을 벌였다. 그 결과 대부분의 고고학자와 역사학자들이 중국의 고고학은 역사학에 속한다는 공통된 인식을 가지게 되었다.4)

---

3) 나지전, 「국학과 역사학을 지향한 '색선생'」(走向国学和史学的"賽先生"), 「근대사연구」, 2000년 제3기, 59~94쪽.

4) 이에 관한 글로는 장관직(张光直)의 「고고학과 중국 역사학」(「고고와 문물」1995년 제3기), 엄문명(严文明)의 「21세기를 향해 가는 중국고고학」(「문물」1997년 제11기, 67~71쪽), 장충배(张忠培)의 「중국고고학의 세기의 회고와 전망(中国考古学世纪的回顾与前瞻)」(「문물」1998년 제3기, 27~36쪽), 북경대학 고고문물박물관대학(北京大学考古文博学院), 「고고학과 중국 역사의 재구성」(「문물」2002년 제7기, 75~81쪽), 주봉한(朱凤瀚)의 「중국고고학과 역사학의 관계를 논함」(「역사연구」 2003년 제1기, 13~22쪽.) 등이 있다.

학자들은 여전히 고고학의 지위에 대한 하내 등 구세대 학자들의 일관적인 견해를 고수하였는데[5] 사실상 이런 견해는 든든한 역사적 기반 위에 세워진 것이었다.

조휘趙輝는「중국고고학과 중국 역사의 재구성」이라는 책에서 이 문제에 대하여 자세히 설명하였다. 그는 20세기 20년대에 안특생이 중국고고학의 서막을 열었다고 주장하였다. 사실상, 19세기 말부터 외국의 시찰단과 탐험대가 이미 중국에서 현장조사를 시작하였는데 그중에는 고고학자들도 적지 않았다. 그런데 왜 20세기 20년대, 중국에서의 안특생의 고고연구를 시작으로 학자들이 관심을 보였고, 중국의 고고학을 연구하기 시작하였는지에 관한 문제는 단지 고고학 자체의 문제만은 아니다. 안특생이 중국에서 연구를 하는 동안, 중국 역사학계는 역사에 대하여 깊이 반성하고 있는 중이었다. 문헌 연구를 하는 역사학자들은 옛 것을 타파하는 것은 쉬운 일이지만 새로운 체계를 세우는 일은 그리 쉽지 않다는 것을 인식하였다. 이에 대하여 왕국유는 '지하에 묻혀있는 실물과 책에 적혀있는 글로 증명해야 한다'고 하면서 역사연구에 있어서 지하문물의 중요성을 학술계에 알렸다. 안특생은 앙소문화의 발견과 중화中華 상고문화에 대한 연구를 통하여, 선사시기 역사는 고고학을 통해 구축할 수 있다고 하였다. 따라서 중국 학술계에서는 고고학이라는 외래의 학문을 받아들이게 되었으며 중국역사를 재구성하는 일은 몇 세대 고고학자들의 노력으로 오늘날까지 계승발전할 수 있었다.[6]

---

5) 하내의 견해는 다음과 같다. "고고학과 역사과학(광의적인 의미의 역사학)의 주요 구성 요소는 고고학과 역사학이다. 이는 마치 자동차의 두 바퀴와 같은 바, 어느 한 쪽도 소홀히 해서는 안 된다".「고고학」,「중국 대백과전서 · 고고학권」, 중국대백과전서출판사, 1986년, 1~21쪽.
6) 북경대학 고고문물박물관대학(조휘 집필),「고고학과 중국역사의 재구성」,「문물」2002년 제7기, 75~81쪽.

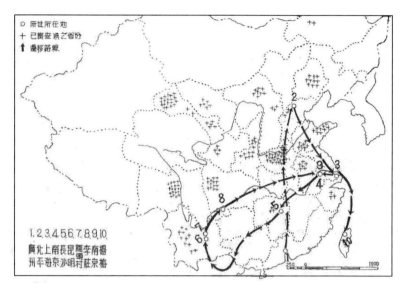

그림28 1928~1950년 역사언어연구소 고고팀의 이동노선과 조사 노선
(석장여의 「고고연표」, '중앙연구원' 역사언어연구소, 1952년 참조)

안특생과 같은 서양 고고학자들의 초기 고고가 현장조사라는 자연과
학의 특징을 가졌다면, 역사언어연구소의 고고학은 시작될 때부터 역사
학에 속한 것으로 나중에 중국고고학의 전통이 되었다.

장광직은 새로운 고고학과 전통적인 역사학 및 고기물학古器物学의 분
과가 결합하는 데 있어서 은허 발굴이 매우 중요한 역할을 하였다고 말한
바 있다. 은허는 역사시기 유적이다. 갑골문과 청동기 명문銘文과 같은 풍
부한 문자자료가 은허에서 출토되었고 고기물학자들이 소장한 많은 청
동기 역시 은허에서 도굴한 문물들이었다. 때문에 은허 연구는 고고학의
방법으로 서술해야 하며 또한 전통 역사학과 고기물학의 범위에서 다루
어져야 한다. 그래야만 고고학은 인문과학과 새로운 중국 전통역사학의
분과가 될 수 있고, 전통적인 중국 역사학이 새로운 생명을 얻을 수 있는

것이다. 이런 까닭에 중국에서 고고학은 국가 연구소와 박물관은 물론 대학교에서도 역사학과에 속하게 되었다.[7]

사실상, 역사언어연구소의 고고학연구는 첫 시작부터 중국의 고대사 문제해결에 뜻을 두었었다. 부사년과 이제는 고고학의 지위 정립에 대하여 확실한 인식을 갖고 있었다. 특히 이제는 미국에서 교육을 받았지만 아메리카 고고학이 역사학과 분리되는 경향에 대해서는 단호하게 반대하였다. 그는 '현장조사를 하는 고고학자는 자연과학의 방법으로 인류역사에 관한 자료를 수집, 정리하여 역사학자들이 채택할 수 있도록 해야 하는데 이 양자는 불가분의 관계이다. 하지만 현대적인 연구조직이 있는 국가들에서 고고와 역사를 서로 다른 학과로 분류하고 연관이 없는 것으로 취급하였기 때문에 역사학은 정객들의 정치적 수단으로 이용되고 고고학 발전은 제한적일 수밖에 없었다. 역사와 절연된 고고학은 큰 발전이 있을 수 없다. 이처럼 부자연스럽게 분리시키는 현상이 중국에서는 없어지기를 바란다.'[8] 중국고고학의 대부─이제는 자신은 순수한 고고학자가 아닌 역사학자라고 칭하였었는데[9] 그의 평생 소원은 중국의 상고시대 역사를 재건하는 것이었다.[10]

고고학은 인류학이라는 북미의 견해와 달리 중국의 학자들은 고고학은 역사학이라고 여겼기 때문에 양자 사이에 차이가 생기게 되었다. 중국의 고고학은 흔히 묘사와 서술에 제한되었고 사물이 발전하는 배후의 동인을 탐색하는 데 고심하지 않았다. 역사언어연구소는 연구를 통하여

7) 장광직, 「고고학과 중국 역사학」, 「고고와 문물」 1995년 제3기, 8쪽.
8) 이제, 「<현장조사 고고보고> 편집취지」, 「이제문집」 권1, 상해인민출판사, 2006년, 332쪽.
9) 장광직, 「이제선생의 고고학 연구에 대한 생각」, 「이제문집」, 상해인민출판사, 2006년, 대서(代序)2.
10) 이제, 「중국 상고사의 재건 및 관련 문제(中國上古史之重建工作及其問題)」, 「이제문집」 권1, 상해인민출판사, 2006년, 353~360쪽.

인간의 행위와 사회 발전의 법칙을 총화하려는 시도를 전혀 하지 않았으며, 이 또한 고고학의 임무가 아니라고 여겼다. 20세기 말, 장광직은 근10년 이래 왜 학자들이 '중국 문명의 기원은 무엇일까'라는 문제를 '중국 문명은 어디에서 왔을까'로 해석하려고 하고, 문명이전 시기의 사회 생산문명의 원동력에 대해서 토론하지 않았는지 제의한 적이 있다.[11] 당대 중국 고고학의 이와 같은 태도는 사실상 근 한 세기의 학술전통을 체현한 것으로서, 이는 바로 중국에서는 고고학이 역사학이라고 보았기 때문이다.

3) 과학주의 원칙

역사언어연구소는 '과학주의'를 주장하면서 새로운 학술의 길에 들어섰다. 그들은 중국의 학술은 세계학술에 참여해야 하며 학술의 '과학화'가 바로 그 선결조건이라고 보았다. 과학주의는 역사언어연구소 고고학의 가장 주된 특징의 하나이다.[12]

부사년은 「취지」(旨趣)에서 과학적인 사고는 근대 서양인들만의 특권이 아니라고 하면서, 중국의 전통학문 중에도 과학적인 요소들이 있다고 밝혔다. 이는 '정임(亭林), 백시(百诗)의 유훈을 계승한다'[13]는 뜻으로, 5 · 4운동 시대의 사람들의 일반 정서를 반영하였을 것이다. 역사언어연구소 고고학의 주요한 사상과 방법은 중국의 근대 계몽시기처럼 일본에서 온 것이 아니라, 주로 유럽과 미국에서 왔다. 그 과정에서 유학생들이 큰

---

11) 진성찬, 「중국 선사시대 고고학사 연구1895–1949」, 생활●독서●신지식삼련서점, 1997년, 장광직 「서문」.
12) 나지전, 「국학과 역사학을 지향한 '색선생'(走向国学和史学的"赛先生"), 「근대사 연구」, 2000년 제3기, 59~94쪽.
13) 부사년, 「역사언어연구소의 사업 취지」, 「부사년전집」제3권, 호남교육출판사, 2003년, 8~12쪽.

역할을 하였는데14)초기에는 미국 하버드대학교에서 공부한 이제와 양사영, 후기에는 영국 런던대학교에서 공부한 오금정과 하내이다. 역사언어연구소의 고고학자들은 서양의 한학계, 고고학계와 밀접한 교류가 없었지만 이를 통해 지식을 보급하고 혁신할 수 있었다. 결론적으로 말하자면, 역사언어연구소의 고고학이 서양에서 배울 수 있었던 것은 제1차 세계대전 전후의 지식이고, 20세기 20년대 중기 이후에 나타난 서양의 새 조류에 대해서는 잘 알지 못하였다. 따라서 중국의 고고학은 서양의 고고학과 점점 멀어지게 되었다. 연구 패러다임으로 보면, 중국의 고고학은 문화역사 고고학으로 귀결할 수 있지만15) 서양의 동류의 연구와는 너무 큰 차이가 있었다.16)

서양의 근대과학이 역사언어연구소 과학주의의 유일한 사상원천인 것은 아니다. 고고학의 주요한 이론과 방법은 서양에서 왔지만 그것은 단순 모방이 아니라 중국의 전통학문과 서양의 현대지식이 결합된 것이었다.

근대 고고학이 중국의 전통 고기물학古器物学이나 금석학金石学을 계승

---

14) 유럽, 미국과 일본에 유학을 갔다고 해서 서양 사상의 영향을 받을 수 있는 것은 아니다. 그것은 개인의 성격, 경험, 교육배경과도 연관되는데 강유위와 양계초가 그 예이다. 일본에서 망명한 10여 년, 양계초는 새로운 사상과 지식을 받아들였지만 강유위는 그렇지 않았다. 이에 대하여 양계초는 '강유위는 선입견이 너무 강하고 양계초는 너무 선입견이 없다'고 자술하였다. (양계초, 「청대학술개론 · 유가철학」, 천진고서출판사, 2004년, 80쪽.) 이외 전현동(钱玄同)은 일본에 수년간 있었지만 일본과 일본 사람에 대해 안 좋은 감정이 있었고 배운 것이 하나도 없었으며 만나는 사람도 장태염(章太炎)과 같은 중국사람이었다. 유럽과 미국에서 유학한 사람들도 전현동과 비슷하였다. 국내에서 성공한 유학생들 중 서양의 지식을 전부 받아들인 사람이 거의 없었고 대다수는 일부 혹은 비판적으로 받아들였다.

15) B. G. Trigger, *A History of Archaeological Thought*. Cambridge, Cambridge, University Press, 1989. p10.

16) 진순은 이제의 서음촌 현장조사를 예로 들면서 "서음촌에서 이제가 사용한 고고학 방법은 서양의 진화고고학(进化考古学)도 아니고 제일 선진적인 문화역사고고학도 아니다. 이는 분명 이제의 교육배경과 연관된다."고 하였다. 진순, 「중국고고학 80년」, 「역사교육문제」, 2003년 제1기, 33~45쪽.

한 것이라는 데 대하여 많은 사람들이 공통된 인식을 가지고 있었다. 하내는 중국 근대 고고학의 기원은 다음과 같은 두 가지라고 하였다. 하나는 18세기부터 20세기 초까지 중국 학자들이 북송北宋시기에 시작된 금석학金石學을 계승발전시켰으며 새로 출토된 고기물古器物을 이용하여 대량의 정리, 연구작업을 하였다는 것이다. 다른 하나는 서양 자본주의국가의 과학이다. 은허에서의 현장조사를 시작으로 근대고고학이 중국에서 탄생할 수 있었다.[17]

장광직은 전통 고기물학古器物學, 서양고고학과 마르크스주의의 역사유물론은 당대 중국고고학의 학술 근원이며 각각 부동한 시기에 중국에 들어왔다고 하였다.[18] 중화중화민국 시기에는 전통 고기물학과 서양고고학이 주된 위치를 차지하였다. 전통 고기물학을 개혁하고 받아들여 새로운 지식체계의 한 부분이 되게 하는 것은 중국고고학 연구에서 없어서는 안 될 작업이다. 중국에는 인용할 만한 문헌자료가 매우 많았기 때문에 고기물학 연구에 있어서 장광직이 말한 문화의 상대성相對性 연구가 가능하였다. 이는 중국만이 갖고 있는 우월한 조건이었다. 하지만 고대기물古代器物이라는 명칭은 송나라 시대부터 학자들이 주관적으로 모호하게 명명한 것으로 체계적이지 않기 때문에 현대 고고학 연구에는 적합하지 않다. 현대의 고고학자들은 고대의 명칭과 객관적인 형식을 결부시켜 고대 청동기 등 기물을 분류하고자 시도하였다. 최초로 그 시도를 한 사람은 이제이며, 또한 가장 주된 작업을 한 사람도 이제였다.[19]

역사언어연구소 고고의 가장 큰 특징은 과학사상을 추앙하고 과학방법을 강조한 것이다. 이는 '중국에서 과학사상을 추진시키는 일에 평생

---

17) 하내, 「중국고고학의 회고와 전망」, 「하내문집」(상), 사회과학문헌출판사, 2000년, 141쪽.
18) 장광직, 「고고학과 중국 역사학」, 「고고와 문물」, 1995년 03기, 2쪽.
19) 같은 책, 4쪽.

힘써야 한다'20)고 말했던 이제의 공훈과 업적이다. 구체적인 내용은 이미 앞에서 자세히 기술한 바 있다.

4) 민족주의 입장

청나라 말부터 멸망의 위기에서 나라를 구하고 생존을 도모하는 것이 시대의 주제가 되었고 지식인들이 선구자가 되었다. 1903년, 일본에서 공부한 호남湖南 유학생은 스스로 자신에게 '과연 어떤 학문이 중국의 4억 동포를 위기로부터 구할 수 있을까'라고 묻기도 하였다.21) 중화중화민국 시기 지식층에서 주류 학자들은 현대 민족 경쟁에서의 학술의 역할에 대하여 자각하고 있었다. 즉, 학술은 '한 나라의 명예와 긍지'(왕국유의 말)라고 하였다. 역사언어연구소는 자신들의 학술이 상아탑 속의 학술이라고 자처했지만 사실상 민족주의 사상이 매우 뚜렷하였다. 부사년은 독일 민족주의 역사학의 영향을 많이 받았다. 19세기 독일 학술계의 공동의 임무는 민족국가의 정체성 구축이었다. 20세기 중국에도 비슷한 수요가 있었는데 이는 역사언어연구소의 학술 발전에 큰 영향을 주었다.22) 게다가 고고학과 민족주의는 자연스러운 관계인데 중국의 고고학 역시 예외가 아니었다. 장광직은 20세기 전반기의 중국고고학에 대하여 '1950년 전의 중국고고학의 가장 큰 특징은 민족주의였다……'고 하였다.23)

---

20) 유문쇄(刘文锁), 「이제를 논함」, 「고고」, 2005년 제3기, 86~94쪽.
21) 나지전, 「문명의 재건을 시도하다: 호적전」(再造文明的尝试:胡适传(1891~1929), 중화서국, 2006년, 23쪽.
22) 허탁운(许倬云), 「부맹진선생의 역사학 이념의 기원(傅孟真先生史学观念的来源)」, 「허탁운자선집」(许倬云自选集), 상해교육출판사, 2002년, 349~362쪽.
23) 장광직, 「20세기 후반기 중국고고학」, 「고금논형」 창간호(古今论衡创刊号), 1998년, 39쪽. 아래에 '1950년 후부터는 중국의 정치형세와 같이 변화, 발전한 것이 그

중화민국 시기 고고학의 가장 주된 특징이 민족주의라고 한 것은 중일 민족전쟁이라는 시대적 배경과 갈라놓을 수 없다. 장광직은, 유요처럼 직접 전쟁터에 나가 일본침략자에 저항한 사람이 있는가 하면 고고학자들처럼 민족주의 고고학 연구를 통해 저항한 사람도 있다고 하였다. 물론 민족주의 고고학은 전 세계 모든 국가에 다 있는 것으로, 가장 흔히 볼 수 있는 것이 '문명의 기원'과 같은 주장이었다. 20세기 30년대에 '우리 문명이 더 일찍 있었다'고 주장하는 글들이 나왔는데 예를 들면 칼 비숍Carl Bishop과 이제는 「고물」(*Antiquity*) 잡지에서 서로 다른 견해를 밝혔고, 하마다 고으사그(濱田耕作)는 「동아시아 문명의 서광」(东亚文明的曙光)(1930)이라는 글을 썼다.[24] 장광직은 또 하병체何炳棣의 저서－「동방의 발상지」(东方的摇篮The Cradle of the East)와 부사년의 저서－「동북사강」东北史纲을 예로 들었다. 장광직은 「동방의 발상지」는 민족주의 관련 연구에서 가장 뛰어났으며 일반 학술연구의 범위를 벗어났다고 말하였다. 1932년에 출판된 「동북사강」은 항일전쟁 초기 만주국滿洲国이 성립되자 저자가 격앙된 감정으로 쓴 것이기 때문에 정치적 주장이 학술의 신중성에 영향을 주었음이 명백하다.[25]

제국주의 열강과의 전쟁은 고고학의 민족주의 경향을 더 강화하였고 의식적 또는 무의식적으로 '서양중심론'을 고수한 서양학자들의 태도도 중국의 고고학자들에게 큰 충격을 주었다. 민족주의는 역사언어연구소의 선사시기 연구, 하夏문화 탐색, 은상殷商문화 연구 등 여러 시기에서 구체적으로 드러났다.

신석기 시대에 '중국문화 서래설'中国文化西来说과 '중국인 서래설'中国人

특징이다.'라고 적었다.

24) 같은 책.

25) 「동북사강」을 쓴 목적의 하나는 동북이 옛날부터 중국의 영토였음을 전 세계에 증명함으로써 일본 만주국의 분열 언론을 반박하기 위해서였다. 이제는 「동북사강」의 영문개요를 써서 발표하였다.

西来说의 영향으로 용산문화를 발견하게 되었고 '중국 선사시기 문화의 동서 이원설'(中国史前文化东西二元说)이 생겼으며 이는 오랜 기간 중국 사전학史前学을 통치하는 권위적인 사상이 되었다.[26] 진성찬은 '중국문화 서래설'이 역사언어연구소에 미친 영향에 대하여 자세히 정리하고 정확하게 논술하였다. 그는 중국의 신석기시대 고고학 연구는 중국 문명의 기원을 탐색하는 1세대 고고학자들의 심리변화 과정을 보여주었다고 하였다.[27] 물론, '중국문화 서래설' 또는 '중국인 서래설'에 대하여 강렬한 반응을 표한 것은 고고학계뿐만 아니라 중국 지식층의 보편적인 정서를 보여준 것이다. 하지만, 역사언어연구소 고고학자들은 감정적으로만 학술 연구를 대한 것이 아니라 매우 신중하였다.

하夏나라 문화를 연구함에 있어서 중국의 학자들은 선사 시기 역사관을 한층 더 발전시켜 하문화 관련 문제를 민족의 존엄과 연관시켰다. 서견徐坚은 지난 세기 하문화 연구의 첫 30년을 예로 들면서 초기 중국고고학의 이른바 '국가주의(nationalism)'의 경향에 대하여 분석하였다. 새롭게 나타난 중국의 고고학은 20세기 20년대부터 40년대까지, 중국의 고대 역사를 확인하는 데 황급히 응용되었다. 그 전형적인 예가 바로 이른 시기 하문화 고고에 대한 연구 즉 역사 기록을 통해 하왕조 고고학의 면모를 살펴보는 것이었다. 최초의 연구방식은 다음과 같은 패턴으로 설명할 수 있다. 고고학 자료에서 은상문화보다 더 이른 시기의 문화층을 찾고 문화현상을 종합한 후, 문헌에 기록된 하문화와 비교, 분석하였다. 따라서 전후하여 앙소문화 및 용산문화를 문헌에 기록되어 있는 하문화와 비교, 대조하였다. 부사년은 용산문화 자료를 바탕으로 「이하동서설」(夷夏东西说)을 발표하여 고대 중국 문화의 동서东西 영역에 대하여 체계적으로

---

26) 진성찬, 「중국 선사시대 고고학사 연구1895－1949」, 생활●독서●신지식삼련서점, 1997년, 205~226쪽.
27) 같은 책, 서론부분.

설명하였다. 하문화 문제에 있어서 부사년의 태도는 매우 명확하였다. 부사년은 하문화가 서양에서 유래되었다는 견해를 배척하지 않았지만 중국문명의 특징은 중국 동부의 농업문명으로부터 온 것이라고 여겼다. 부사년의 이분이론二分理论은 일원설一元说에서 다원설多元说로 발전한 것으로 보기보다는 스스로 중국의 민족주의를 지켜낸 결과라고 하는 것이 더 나을 것이다.[28]

은상문화 연구에 있어서도 역사언어연구소의 민족주의 정서는 매우 강하였다. 이제는 「중국 상고사의 재건 및 그에 따르는 문제」(中国上古史之重建工作及其问题)에서 예를 들어 서양 학자들의 편견에 대하여 강력히 비판하였는데 그 중 가장 전형적인 것이 비숍에 대한 비판이다. 비숍은 1933년을 전후하여, 런던의 「고물」(Antiquity) 잡지에 「중국의 신석기시대」(中国之新石器时代)라는 글을 발표하였고, 1940년에는 「원동문화의 시초」(远东文化之原始)를 발표하였다. 전자의 경우 만약 중국의 신석기시대 문화와 유럽의 신석기시대 문화를 비교해 본다면, 중국의 문화는 매우 빈약할 뿐만 아니라 거의 다 외국에 이미 있는 것들이라고 하였다. 예를 들면 유럽에는 소, 염소, 면양, 돼지, 개가 있었지만 중국에는 돼지와 개만 있었다고 하면서 가축, 가금에 대하여 살펴보았다. 또 닭은 미얀마에서 왔고 보리, 기장도 역시 원산지가 중국이 아니라고 하였다. 후자에서는 북극 근처 구역을 둥그런 원으로 획분했을 때, 공통적인 몇 가지 문화 현상 즉 혈거穴居, 복궁复弓 등이 존재했으며 중국에도 있는 것으로 보아 모두 북방에서 유래되어 온 것임을 알 수 있다고 하였다. 청동기시대의 차전车战, 판축版筑 등은 중국보다 1000여년 앞선 시기에 이미 서양에 있었다고 하였다. 비숍은 따로 자세한 설명을 하고 싶지 않다고 하면서

---

28) 서견(徐坚), 「하문화 탐색: 20세기 초 중국 국가주의 고고학」, 「한학연구」, 제18권 제1기(총 제35기), 2000년6월, 291~307쪽.

사실을 열거하는 것만으로도 중국의 초기 문화는 서양이나 혹은 북방에서 온 것으로, 중국 사람들이 발명하거나 발전시킨 것은 전혀 없다고 하였다. 비숍의 글은 원래 미국 스미소니언 연구원(Smithsonian Institution)에서 발표했는데 후에 영국 잡지에서 옮겨 실었다. 이는 비숍의 주장이 미국인들의 생각을 대표할 뿐만 아니라 유럽인들의 인정도 받았음을 보여준다.29) 중국문화에 대한 서양의 이러한 학술 태도는 매우 보편적이었다. 물론 '학술'을 바탕으로 하였다는 점을 부정하지는 않지만 그 해석에 있어서는 서양문화 중심론의 영향을 받았고 열거된 증거들도 전반적으로 전반적으로 객관적이지 않았으며 선명한 경향성을 띠었다고 볼 수 있다. 이런 이유로 이제 등 중국 학자들은 불만과 분노를 표출하게 되었던 것이다.

역사언어연구소의 고고학이 강한 민족주의 성격을 띠게 된 것은 당시 중국의 사상계와 국내외 정치 형세의 변화와 밀접한 연관이 있다. 20세기 초, 다수의 학자들은 고대 사회의 실물자료를 연구대상으로 한 고고학이 중국에 들어와, 고사변운동古史辨运动의 영향으로 인해 형성된 중국 고대사의 공백을 메워 줄 것이라고 여겼다. 신문화운동 시기에 시작된 고사변운동은 중국 고대사의 진실성에 회의를 느끼고 부정적인 생각을 가지게 하였다. 뿐만 아니라 본래 학술에 속하는 계몽운동은 특정 시대에 중국 향토문화를 인식할 수 있도록 자극하였다. 문화를 구하고 나라를 구하려는 열정은 중국의 상고신사上古信使 재건에 대한 학술적 열망으로 표현되었다. 건전한 민족의식은 진실하고 믿을 만한 역사에 기반을 두어야 한다. 신사信史를 세우기 위한 첫 걸음은 바로 고고학을 발전시키는 것이었다. 멸망의 위기로부터 나라를 구하는 것이 계몽보다 더 중요하다는

---

29) 이제, 「중국 상고사의 재건 및 관련 문제」, 「이제문집」 권1, 상해인민출판사, 2006년, 357~358쪽. 본문은 저자가 1954년 1월 1일, 대만대학 법학과 '채혈민선생 87세 탄신 기념회(蔡孑民先生87岁诞辰纪念会)'에서 한 학술 강연이다.

인식30)이 있었기 때문에 민족주의 고고학이 탄생하게 되었는데, 이는 고고학이 강한 의식형태의 영향을 받아 형성되었음을 보여준다. 서견은 이를 '국가주의 고고학'이라고 하였다. 국가주의 고고학의 주요한 관심과 구체적인 과제는 특정된 의식형태의 '학술'주장에 직접 응하는 것인데 그중에서 가장 흔한 과제가 특정된 민족이나 국가의 문화 특징과 독창성에 대하여 논증하는 것이다. 민족과 국가에 따라 국가주의 고고학이 주목한 대상은 다르지만 나라의 태동(萌生) 단계나 지역 문화 특징의 형성 단계에 대하여 주목했다는 점은 공통된 특징이다.31) 이와 같은 국가주의는 민족주의나 애국주의의 또 다른 표현이다.

5) 자유주의 정신

이른바 '자유주의'라는 것은 역사언어연구소가 중앙연구원 산하의 현대 학술기관으로서 국민정부와 종속관계에 있었지만, 역사언어연구소의 주요 지도자들은 시종 국민당 정권과 거리를 두고 있었다는 것이다.

역사언어연구소는 시종일관 과학학술과 민족문화에 관하여 연구하였을 뿐이지 정치 의식형태의 도구가 되지는 않았다.

고고팀은 역사언어연구소의 주요 구성부분으로서 역시 이와 같은 특성을 가지고 있다. 따라서 중국의 고고기구와 단체는 독립적인 자유주의 지식인들로 이루어지게 되었으며 이는 전통이 되었다. 고고학자들은

---

30) 혹자는 5 · 4시기, 중국 사상계의 주류는 계몽과 멸망의 위기로부터 나라를 구하는 것이라고 하였다. 이택후(李澤厚), 「계몽 및 멸망의 위기로부터 나라를 구하는 사명감」, 「중국 현대사상사론」, 생활•독서•신지삼련서점, 2008년, 823~866쪽.
31) 서견, 「하문화탐색: 20세기 초 중국 국가주의 고고학」(追尋夏文化:二十世紀初的中国国家主义考古学), 「한학연구」, 제18권 제1기(총 제35기), 2000년 6월, 291~307쪽.

다른 일에 전혀 관심을 두지 않고 자기들만의 공간에서 학술에 몰두하였다.[32] 예를 들면, 호후선은 20세기 50년대 대규모의 비판이 있을 때, 당시 학자들의 심경을 토로하면서 '어릴 때 가난하였지만 분발하여 북경대학에 입학하였고 중앙연구원에 들어가 큰 발전을 이룩했다. 학술에서의 명리를 추구하였기 때문에 정치에서 이탈하였고 강의를 열심히 하지 않았다. 호적, 부사년의 영향을 받아 학생들에게 학보를 읽히거나 공부에만 매달리게 하면서 정치는 논하지 않았다.[33] 물론 이는 정치운동 과정에서 했던 말이기 때문에 진심에서 우러나온 말은 아니겠지만 전부 믿을 수 없는 것은 아니다.

부사년을 대표로 하는 자유주의 학자들은 일부러 국민당 정권으로부터 독립하거나 '거리를 유지한다'고 말하였다. 항일전쟁 시기, 국민정부는 한때 모든 공직자들이 국민당에 참가할 것을 요구하였지만 조사 결과 역사언어연구소에는 국민당 당원이 한 명도 없었다.[34]

그들은 신흥 자산계급 지식인으로서 국민정부라는 새로운 정권에 큰 기대와 소속감을 가졌다. 또한 당시 중화민족과 제국주의 간의 모순이 사회의 주요모순이었는데 이는 지식인들이 국민당 정권의 부패통치에 대한 반대를 약화시켰다. 복잡한 역사 속에서 사람들은 각자 서로 다른 선택을 할 수 있다. 이제의 정치와 인생에 대한 태도는 역사언어연구소 고고팀에서 가장 대표적이었는데 이에 대하여 이미 설명한 바 있다.

---

32) 실제로 중화중화민국 시기 국내의 사회모순은 극대화되었고 정치 형세가 매우 복잡하였다. 국가와 민족의 운명은 생사의 갈림길에 들어섰고 갈수록 사람들의 비난을 받게 되었으며 점점 주류를 잃어가게 되었다.

33) 갈검웅 편, 「담기양일기」(譚其驤日记), 문회출판사(文汇出版社), 1998년, 377쪽.

34) 역사언어연구소 서류: 곤3-37, 본 서한 총 사무소, 1939년 9월 1일, 곤3-39, 본소 함 총 사무소, 1939년 11월 20일. 그후 설득을 통해 6명이 참가의사를 밝혔다.

2. 학술과 사회에 미친 과학고고학의 영향

역사언어연구소 고고학의 업적과 범례는 학술과 사회에 매우 큰 영향을
미쳤다. 중국 역사를 기록하는 방식과 중국인들의 역사관을 개변시켰을 뿐
만 아니라 새로운 학과와 연구방식이 확립될 수 있게 하였다. 역사언어연
구소 고고학의 공헌은 학술과 사회 두 방면으로부터 평가할 수 있다.[35]

왕국유는 고고학은 현대 역사학에 있어서 대변혁이라고 평가하였다.
우선, 새로운 자료가 증가되었다. 고고조사를 통해 얻은 자료는 갑골문,
돈황문헌, 내각대고內閣大庫 서류보다 더 많았다. 그후 역사언어연구소 시
기에 이르러 고고학은 중국의 학술에 더 큰 역할을 하였고 20세기의 가장
눈부신 학문의 하나가 되었다.

역사언어연구소는 중화중화민국 시기 가장 중요한 학술 기지로, 중국
근대 학술사에서 최고의 지위에 있었다. 역사언어연구소의 최고의 성과
는 고고연구였고 연구 범례, 이룩한 성과 등으로 볼 때, 선두적 역할을 하
였다. 학술 전통으로 보면, 역사언어연구소는 중국 과학 고고학의 전통을
개척하였다. 고고학은 중화중화민국 시기 학술의 근대화 발전의 구성부
분으로, 규칙을 만들어주고 중국고고학 발전에 기초를 닦아 주었다. 이러
한 성과는 당시의 시대배경을 떠나서 운운할 수 없다. 비록 서양 고고학
의 발전에 비해 거리가 있기는 하지만 중화중화민국 시기 계속되는 전쟁
으로 나라가 망하고 백성들이 가난에 허덕이고 경제가 쇠락한 상황에서
이룩한 성과였다는 점을 잘 명기해야 한다.

청나라 말, 민국초기부터 지식인들은 근대 고고학의 의의에 대하여 인
식하고 많은 시도를 해보기 시작하였다. 외국단체와 개인들도 중국에서

---

35) 물론 학술과 사회는 서로 영향을 주고 서로 침투하며 상부상조하는 관계이다. 학술
계 역시 사회의 구성부분에 속한다.

현장조사를 많이 하였다. 특히 1921년, 앙소촌仰韶村에서의 안특생의 발굴연구는 중국고고학의 시초라고 볼 수 있다.36) 하지만 중국고고학의 학술적 기원과 발전으로 볼 때, 근대 고고학을 진정한 학과로 발전시키고 과학적인 고고전통을 만든 것은 중앙연구원 역사언어연구소 고고팀이다. 오늘날 중국 대륙의 고고학이나 대만의 고고학은 모두 역사언어연구소 고고팀의 연구로부터 시작되었다. 따라서 1928년 중앙연구원 역사언어연구소 고고팀의 성립과 처음으로 진행한 은허발굴은 중국고고학의 탄생을 알리는 중요한 표지라고 할 수 있다.37) 중국고고학 연구 발전단계의 첫 30년에서 가장 중요한 것은 은허발굴이었다. 은허발굴은 중국 최초의 고고발굴은 아니지만 중국고고학 전통의 근원이라는 점은 의심할 바 없다.38)

부사년은 새로운 학술의 길을 개척하였는데 그 중요한 구성부분이 바로 고고학이었다. 고고학은 서양에서 새로운 방법을 배워 온 유학생들이 개혁을 통해 이루어 낸 새로운 학술로서 중국의 전통적인 학문과 많이 달랐다. 1936년, 이제가 말한 것처럼 '현장조사는……진정한 학술이고, 철학적인 기초가 있고 역사적 근거가 있으며 과학적인 훈련도 있고 실제 설비도 있다.'39) 역사언어연구소는 새로운 인재를 찾고 실학을 중시하면서 신학술의 길을 개척하였고, 여러 가지 자원을 통합적으로 이용하여 큰 성과를 이룩하였다. 결국 20세기 중국에서 가장 빛나는 학문의 하나가 되었으며 이로 인해 중국의 전통적인 학문은 새로운 장을 열게 되었다.

---

36) 진성찬, 「중국 선사시대 고고학사 연구1895-1949」, 생활•독서•신지식삼련서점, 1997년, 76~184쪽.
37) 「중국 대백과전서 · 고고학권」, 중국 대백과전서출판사, 1996년, 690쪽. 「중국고고학 약사」, 표제어.
38) 서건, 「하문화 탐색: 20세기 초 중국 국가주의 고고학」(追尋夏文化:二十世紀初的中国国家主义考古学), 「한학연구」, 제18권 제1기(총 제35기), 2000년 6월, 291~307쪽.
39) 이제, 「<현장고고에 대한 보고> 편집 취지」(<田野考古报告>编辑大旨), 「현장고고에 대한 보고」 제1권, 중앙연구원 역사언어연구소, 1936년.

장충배는 중국의 고고학 학과 형성에서 역사언어연구소가 이룩한 공헌에 대하여 평가한 바 있다. 그는 20세기 2, 30년대의 고고학을 회고해 보면, 중국고고학이 시작될 때부터 역사 연구를 목적으로 하였고 안양발굴부터는 고대사 재건을 목표로 하였다고 하였다.

　　동시에 발굴, 정리, 연구 실천을 통하여 층위학層位学과 유형학類型学의 기초를 확립하기 시작하였고, 현장조사에서 유물의 퇴적 특성에 맞는 발굴기술을 장악하였으며 자연과학자들도 연구에 참여할 수 있도록 하여 매우 큰 성과를 이룩하였다고 하였다. 당시 중국 학자들이 현장조사를 통해 장악한 층위학層位学과 유형학類型学, 발굴기술 등은 그 당시 외국학자들이 중국 국내에서 진행했던 고고연구보다 수준이 더 높았고 세계 고고학의 선진 대열에 들어섰다고 하였다. 한마디로, 학과 실천의 이론, 방법, 기술과 구체적인 연구성과로 보면, 20세기30년대에 이미 초보적으로 중국고고학의 체계가 확립되었다. 따라서 50년대 초에 북경대학 역사학과에 고고학 전공을 설치하고 2, 30년대에 현장조사에 참여했던, 중국 대륙에 남은 학자들을 교수로 임용하였다. 그들은 50년대 초, 신중국고고학의 선도자들로 30년대에 형성된 학문을 학생들에게 전수하였으며 여러 세대의 고고학자들을 양성해냈다. 요컨대, 신중국의 고고학은 30년대에 세워진 빛나는 전통을 이어왔고 30년대의 중국고고학은 오늘날까지 중국고고학의 중요한 기틀이 되었다.[40]

　　역사언어연구소 고고팀이 효과적으로 조직하고 연구하였기 때문에 중화중화민국 시기 중국고고학 연구의 범례가 되었고 전국적인 범위에서 시범을 보여주게 되었다. 당시 각 고고단체와 개인들이 역사언어연구소의 방법으로 성과를 거두었는네 이는 학술계 동류 연구의 기초와 출발점이 되었다. 그중에서 가장 유명한 양저문화良渚文化의 발견과 연구는 역사

40) 장충배, 「중국고고학의 과거, 현재와 미래에 대한 사고」, 「중국고고학—역사의 진실에 가까워지는 길」(中国考古学——走近历史真实之道), 과학출판사, 1999년, 102쪽.

언어연구소 용산문화 연구의 영향을 받았다. 이제는 '좋은 기풍이 널리 퍼지면서 다른 학술기관들에서도 열광하고 있다. 서호西湖 박물관이 항주 양저에서 흑도자기 유적을 발굴한 것은 과히 칭찬할 만한 일이다'라고 말하였다.41) 역사언어연구소에서 출판한 중국의 첫 고고 보고서「성자바위」는 시흔경施昕更이 양저문화를 연구하는 데 가장 중요한 지침서가 되었고「양저」42) 보고서는 대체로「성자바위」의 격식을 따랐다.43)

현장조사 고고학에서 이룩한 성과와 방법은 중국 고대사 연구에 대하여 훨씬 더 혁신적이었다. 이제는 1934년 이전의 10여 년간, 구세대 역사학자들은 삼황오제 전설을 믿고 있었는데 신세대 역사학자들은 그 전설을 의심하였을 뿐이었고, 고대사 몇 권에 기록된 것을 근거로 모두 하나의 대상을 선택하였다고 말한 적이 있다. 고고학자들이 땅 밑에서 실물을 발굴해 내면서 역사학계의 풍조가 바뀌게 되었다.44)

역사언어연구소 고고를 대표로 한 중국고고학의 성과는 중국인들의 역사관과 세계관을 개변시켰으며 매우 큰 역사적 의의를 가진다.

이 점은 이제의 서술을 통해서 알 수 있다. 1934년, 이제는「중국고고학의 과거와 미래」(中国考古学之过去与将来)라는 글에서 10여 년간의 노력을 거쳐 이룩한 중국고고학의 성과는 전반 사회 사조에 영향을 주었다고 언급하였다. 그는 10여 년 사이에 사람들의 역사관이 변했다고 하였다. 10년 전만 해도 삼황오제를 믿었는데 지금은 상황이 달라져 시골의 초등학생들도 '석기시대'石器时代라는 명사를 알고 있다고 하였다. 삼황오

---

41) 이제,「중국 고기물학의 새로운 기초」,「이제문집」권1, 상해인민출판사, 2006년, 340쪽.
42) 시흔경,「양저-항현 제二구역 흑도자기 문화유적에 관한 초보적인 보고」(良渚—杭县第二区黑陶文化遺址初步报告), 절강성 교육청, 1938년.
43) 왕심희(王心喜),「소인물이 큰 문화를 발견하다」(小人物发现大文化),「화하고고」(华夏考古), 2006년 제1기, 102~109쪽.
44) 이제,「중국고고학의 과거와 미래」,「고고쇄담」(考古琐谈), 하북교육출판사, 1998년, 127~137쪽.

제에 대한 미련을 버리지 못하였지만 석기시대, 동기시대가 대표하는 사상의 실재를 인정할 수밖에 없었다.[45] 20세기 20년대부터 고고학 관련 자료와 연구 성과가 역사책 특히 영향력이 큰 교과서에 실리게 되면서 사람들의 역사관이 달라졌으며 더 나아가 민족주의 정서에 영향을 받게 되었다.[46] 현장조사를 통해 대폭 증가된 역사자료를 보면서 사람들은 선사시대, 원사시대原史時期의 역사에 대하여 새롭게 인식하게 되었다. 사실상 고고학의 성과가 전통적인 중국 역사를 재건한 것이다. 지난 시기 문화에 대한 시간과 공간의 틀이 세워졌을 뿐만 아니라 사회 경제와 사회조직 등 방면의 내용을 자세히 이해할 수 있게 되었다.

3. 비평과 반성

오늘날의 시각에서 보면, 역사언어연구소의 고고학은 그 시대적 제한성 등으로 인해 다음과 같은 몇 가지 부족한 점 가지고 있다.

1) 서양 고고학의 발전추세에서 소원해졌다.

비록 중국 과학 고고학의 주된 사상은 서양에서 배워 왔다고 하지만 사실상 상대적으로 폐쇄된 상황에서 독립적으로 발전하였다. 역사언어연구소에서 가장 최초로 영입한 인재―이제와 양사영도 하버드대학에서 돌아온

---

45) 같은 책.
46) 유초 작, 장청(章淸) 지도, 「민족주의와 중국 역사기록」, 복단대학 박사논문, 2005년, 76~96쪽.

후 서양의 학술계와 직접 교류할 기회가 거의 없었다. 장기간의 전란속에서 중국의 교육 문화사업은 낙후되었고 국제 학술계와의 교류에 한계가 있었기 때문이다.

이처럼 상대적으로 폐쇄된 환경에서 역사언어연구소의 고고학은 자신만의 길을 걷게 되었다. 국제 학술계의 새로운 성과를 충분히 받아들이지 못하였고 서양의 선진적인 기술과 이론에 대하여 별로 아는 것이 없었기에 국제 학술 주류와 교류할 수 없었다. 따라서 비교적 낮은 단계의 연구를 하고, 장기간 자료수집만 하였기 때문에 이론면에서 성과를 거두지 못하였다. 이는 지도사상에 원인이 있었을 뿐만 아니라 세계 학술추세와 단절되었기 때문이다.

먼저 기술방법의 문제이다. 그린·다니엘(格林·丹尼尔)은 금세기 선사 고고학의 가장 뛰어난 성과는 고고학이 과학으로서 자리를 잡은 것이라고 하였다. 발굴, 조사, 분석 등의 기술이 크게 발전하였다는 말이다.[47] 발굴기술도 매우 정밀하였다. 예를 들면, 유명한 도미투스(鸟尔) 발굴에서는 심지어 '극히 작은' 거문고의 연구를 통하여 '시바황후하프(示巴皇后竖琴)'(시바는 지금의 에티오피아)의 모양을 복원할 수 있었다. 제로드(加罗德) 교수는 팔레스타인 구석기 시대의 사냥꾼의 골반에 남겨진 나무 창에 의한 작은 구멍에 근거하여 나무 창을 복원하였다. 사람들은 점차 현대 지층학의 발굴원칙을 파악하였다. 조사기술이 극히 발달하여 공중에서 풍선과 비행기를 이용하여 촬영하는 방법이 유적조사에 널리 쓰였다. 항공航空고고가 중요한 분과가 되었고 수중(水下)고고도 전개되었다. 분석기술이 발달하였고 매우 성숙되었다. 고고자료에 대한 분석 외에 지리분포와 생태 환경 연구에서도 큰 진척을 가져왔다. 고고학자들은 시간이

---

47) (영) 그린·다니엘(格林·丹尼尔) 저, 황기후(黃其煦) 역, 「고고학 150년」, 문물출판사, 1987년, 282쪽.

지날수록 토양, 화분花粉, 금속, 석기, 동식물 무리에 대한 자연과학가들의 분석보고에 의존하게 되었다.[48] 위와 같은 기술방법들은 부분적으로 진행된 것도 있지만 대부분 역사언어연구소 고고팀에서 할 수 없는 것이었는데 이는 여러 가지 조건의 제한을 받았을 뿐만 아니라 정보에 어두웠기 때문이다.

하지만, 역사언어연구소 고고학과 서양 고고학의 가장 큰 차이는 고고학 해석에 관한 것이다. 제1차 세계대전 후부터 20세기 40년대까지 서양 고고학은 성숙단계에 들어섰고 주요 성과는 고고학 문화의 시간과 공간의 구조를 만들고 더 나아가 인류사회를 전면적으로 복원하기 위해 과학적인 기틀을 마련한 것이다. 고고학이 성숙단계에 들어섰음을 보여주는 또 다른 표지는 고고자료의 종합연구에 대하여 이론적으로 해석함으로써 역사과학으로서의 목표를 명확히 하였다는 점이다. 즉 고고연구를 통하여 인류사회의 발전규칙을 밝혔다.[49] 20세기 상반기에 서양 고고학 범례의 변혁은 매우 신속하였다. 차일드(柴尔德) 등 고고학자들은 대량의 고고 자료에 근거하여 종합 연구에서 중대한 성과를 이룩하였다. 문화역사 고고학은 점차 진화고고학을 대체하여 주류가 되었다. 다니엘은 고든 · 차일드의 「유럽문명의 서광」(欧洲文明的曙光)은 '선사 고고학 발전의 새 출발'이라고 하였다. 「유럽문명의 서광」과 차일드의 기타 작품들은 20세기 전반기의 선사 고고학에 새로운 연구 범례를 제공해 주었기 때문에 고고학에 대한 대변혁이라 여겨졌던 것이다. 전 세계 고고학자들은 바로 이 범례를 받아들였고 유럽에서는 20세기 50년대까지 계속 사용되었다.[50] 중국의 고고학은 이 과정에 참여하지 못하였을 뿐만 아니라 심지어 국제 학술계에서 있었던 변혁에 대하여 아는 것이 하나도 없었다. 30년대 중기에

---

48) 같은 책, 282~304쪽.
49) 양건화(杨建华), 「외국 고고학사」, 길림대학출판사, 1995년, 75쪽.
50) 진순(陈淳), 「고고학 이론」, 복단대학교출판사, 2004년, 72~73쪽.

이르러서도 중국의 고고학은 국제 고고학계의 변화에 예민하게 반응하지 않았으며, 문제를 보는 시각이 여전히 20세기 초 혹은 19세기 말 수준에 머물러 있었다. 이는 부사년과 이제가 영국에서 유학 중인 하내를 지도한 것으로부터 미루어 짐작할 수 있다.[51] 심지어 40년대 말까지도 중국의 고고학은 유형학의 탐색과 발전에 그쳤다. 하지만 이 시기 전파론傳播轮을 위주로 한 유형학 방법은 이미 서양 고고학에서 그리 중요하지 않았고 그것을 대체한 것은 고고학 문화의 연구 등 새로운 모델이었다. 50년대 후부터 서양 고고학에는 더 많은 변화가 생겼다. 예를 들면, 탄소14측년(碳十四測年) 등 중요한 기술과 새로운 고고학 사조가 생겨났으며 고고학의 변화와 발전이 매우 빨랐다. 하지만 중국고고학의 사고방식은 3, 40년대의 수준에 머물러 있었다. 중국의 고고학은 서양의 경제, 과학기술과 큰 격차가 있었던 것처럼 서양 고고학과의 차이가 점점 더 커졌다. 이는 장기간 국제적 교류가 없었던 점과 밀접하게 연관된다.

중화중화민국 시기 중국의 고고학은 장기간 자료를 수집하는 초보 단계에 있었고 고고학 해석에서 큰 성과가 없었다. 진순은 20세기에 과학 고고학이 중국에 들어온 후, 중국의 고고학이 현장조사에서 자부할 만한 성과를 거두었지만 여전히 원시자료의 발견과 축적이었다고 말하였다. 현대과학으로서의 중국고고학은 역사조건의 제약과 전통문화의 영향을 받아 발전이 순조롭지만은 않았다. 중국고고학이 질책을 받게 된 주된 원인은 고고 자료를 수집만 하고 자료에 담겨있는 사회문화정보에 대하여 깊이있게 다루지 않았다는 점이다. 이로 인해 많은 문외한과 대중들이 고고학을 상아탑 속의 학문이라고 생각하였다. 따라서 연구수준을 향상

---

51) 앞에서 지적했듯이 부사년, 이제가 편지로 하내와 공부에 관해 이야기를 나눈것을 보면, 두 사람은 차일드(柴尔德)에 대하여 아는 것이 매우 적었음을 알 수 있다. 이는 또한 두 사람이 하내에게 피트리(皮特里)가 개척한 이집트 고고학파를 따라 공부하라고 한 주된 원인이다.

시키고 원시자료에 내포된 사회문화정보를 다듬고 해독함으로써 대중들이 이해할 수 있는 역사지식으로 전환시키는 것이 고고학의 큰 과제가 되었다.[52] 이러한 비판은 한 세기 이래 중국고고학에 대한 비판이었을 뿐만 아니라 중화중화민국 시기 역사언어연구소 고고학에 대한 비판이었다. 물론 당시의 역사적 조건을 떠나서 평가하면 안 된다. '황금10년'黃金十年 동안, 제한된 인력을 전부 현장발굴과 조사에 투입시켰는데, 1937년부터 1949년까지 연속되는 전쟁으로 인해 연구단체가 산산이 흩어지게 되면서 남은 사람들은 현장조사를 할 수 없었다. 이처럼 어려운 환경에서는 일부 자료에 대한 정리 작업을 할 수밖에 없었던 것이다. 기반이 약한 상황에서 큰 성과를 바라는 것은 너무 지나친 요구이다.

2) 동·서양 고고학 가치관의 차이

서양 고고학의 발생과 같은 역사 변화에 신속하게 반응하지 못한 것, 또는 자료수집과 같은 낮은 단계의 연구에 머무르게 된 것은 정보가 단절되었기 때문이기도 하지만 가장 중요한 것은 바로 학술의 가치관에서 쌍방이 근본적으로 차이가 있었기 때문이다.

역사언어연구소 내지는 중국 학술계까지도 고고학을 독립적인 사회과학으로 보지 않고 중국 역사학의 도구로 취급해 왔다. 부사년은 '고고학은 역사학의 일부분이다'라고 하면서[53] 자신의 글 「취지」(旨趣)에서 더 구체적으로 설명하였다. 그는 '근대의 역사학은 사료학으로서, 자연과학이 우리들에게 제공한 모든 방법을 이용하여 정리 가능한 역사자료를

---

52) 진순, 「중국고고학80년」, 「역사교학문제」, 2003년 제1기, 33~45쪽.
53) 부사년, 「고고학의 새로운 방법」, 「부사년전집」 제2권, 호남교육출판사, 2003년, 88쪽.

모두 정리한다'고 하였다. 고고학은 바로 그 구체적인 방법중의 하나이다. '현대 역사학 연구에는 이미 여러 가지 과학적인 방법들이 집중되어 있다. 지질, 물리, 고고, 생물, 기상氣象, 천문 등은 모두 역사를 연구하는 학자들에게 방법을 제공해 주었다'.[54] 부사년은 역사학의 주된 내용은 사료학이며 고고학은 역사학에 자료를 제공해주는데, 그 기능은 자료수집이며 해석은 모두 '공론(空论)'이라고 하였다. 역사언어연구소에 있어서 고고학은 그저 새로운 역사학에 새로운 자료를 정리해주는 이른바 '새로운 방법'일 뿐이었다.

3) 역사언어연구소 고고의 과학주의 경향에 대한 반성

역사언어연구소 설립 당시, 신문화운동新文化运动의 세례로 인해 과학 사상은 상층 지식인들의 주류가 되었다. 서양에서 유학하고 온 신세대 학자들은 국내의 중요한 학술기구와 대학교에서 책임자가 되었고 과학적인 방법과 규칙, 체제 그리고 과학적인 사상을 보급하기에 힘썼다. 과학적인 사상은 역사학에서 구체적으로 체현되었는데 바로 실증방법을 극력 제창 하였다는 것이다. 20세기 30년대를 전후로, 부사년, 고힐강을 대표로 하는 과학주의 역사학은 중국 역사학계의 주류학파가 되었고 사료파史料派는 전통이 되어버렸다.[55] 학술실천을 추진하고 사회정세가 변함에 따라 과학이라고 표방하는 '사료파'의 약점이 점차 드러나면서 많은 비판을 받게 되었다.

---

54) 부사년, 「역사언어연구소 작업의 취지」, 「부사년전집」 제2권, 호남교육출판사, 2003년, 3~12쪽.
55) 왕이민(王尔敏), 「20세기 비주류 역사학과 역사학자」(20世纪非主流史学与史家), 광서사범대학교출판사, 2007년, 자서(自序).

구양철생歐阳哲生은 역사언어연구소의 학술취지에 대하여 다음과같이 종합하였다. ① 역사학 즉 사료학을 강조하였기 때문에 새로운 역사 자료의 발굴과 이용을 중요시하고 각종 사료에 대한 교감校勘과 비교를 중요시하였다. ② 역사학의 실증성을 강조하였다. '하나의 자료로 하나의 물품을 만들 수 있고 10개의 자료로 10개의 물품을 만들수 있지만 자료가 없으면 아무것도 만들 수 없다(一分材料出一分货,十分材料出十分货,没有材料便不出货)'. 따라서 역사자료를 정리함에 있어서 보충하지 않고 있는 그대로(存而不补), 해석을 가하지 않고 증명을 해야 한다(证而不疏)고 하였다.

③ 역사연구는 특수사례, 구체적인 문제로부터 착수해야 한다고 강조하였다. 작은 것으로부터 큰 것을 보아내고 문제를 발견하면 등록하고, 사료의 근거가 충분하면 해결해야 하는데 거창하고 적절하지 않은, 실속이 없는 거시적 연구는 하지 않는다. ④ 역사연구에서 언어의 작용을 중요시하였다.[56)

부사년이 제창한 신역사학은 역사학이 바로 사료학이라고 주장하였다. 부사년은 자료를 처리하는 문제에 있어서 '우리는 분석과 해석을 반대한다. 자료를 잘 정리하기만 하면 사실이 뚜렷해질 것이다. 하나의 자료로 하나의 물품을 만들 수 있고 10개의 자료로 10개의 물품을 만들 수 있지만 자료가 없으면 아무것도 만들 수 없다. 두 가지 사실 사이에는 일정한 거리가 있는데 그 두 가지를 연결시키려는 생각은 다소 허용할 수 있지만 추론을 하는 것은 매우 위험한 일이다. 가능하다고 가정한 것을 당연한 것으로 여기는 것은 성실하지 못한 표현이다. 때문에 우리는 보충하지 않고 있는 그대로(存而不补) 자료를 정리하고, 해석을 가하지 않고

---

56) 구양철생(歐阳哲生), 「호적선생과 중앙연구원 역사언어연구소」, 두정승, 왕범산 주필, 「신학술의 길-역사언어연구소 70주년 기념문집」,'중앙연구원' 역사언어연구소, 1998년, 227쪽.

증명(证而不疏)을 하는 방식으로 자료를 처리한다. 자료에 있는 것은 조금도 남기지 않고 살피고, 자료가 없는 것은 절대 초과하여 논하지 않는다'고 주장했다.[57)

'역사자료를 제공한 사람이 아니라면 말을 많이 하지 않고, 역사자료를 제공한 사람이라면 말을 적게 하지 않는다.'[58)고 한 것은 자료처리에 있어서 역사언어연구소의 주된 지도사상이다. 이에 대하여 이제와 부사년은 공통된 인식을 가지고 있었다.[59)

앞에서 말했듯이, 역사언어연구소 고고연구의 지도 사상은 서양 고고학 변혁의 주류에서 벗어났던 것이다. 그 이유는 고고연구소가 믿고 기댔던 신역사학 사상은 유럽에서 이미 낙오했기 때문이다. 부사년은 유럽에서 유학할 때 파리학파(巴黎学派), 독일 랑크역사학(德国兰克史学)의 영향으로 서양 제1차 세계대전 이전 시기의 사상을 배웠지만 역사언어연구소가 설립될 때 이미 세계적인 시대 추세는 변하기 시작하였다. 귀국 후, 부사년은 신사학, 예를 들면, 자연과학처럼 정확한 역사학 등을 제창하였다.

---

57) 부사년, 「역사언어연구소 작업의 취지」, 「부사년전집」 제2권, 호남교육출판사, 2003년, 3~12쪽.
58) 부사년, 「역사언어연구소 작업의 취지」, 「부사년전집」 제3권, 호남교육출판사, 2003년, 51쪽.
59) 두정승은 역사언어연구소에서 이제가 부사년과 비슷한 학문사상을 가지고 있다고 하였다. (두정승, 「무에서 유로의 지향과 사업─부사년의 역사학 혁명과 역사언어연구소의 창립」)(无中生有的志业──傅斯年的史学革命与史语所的创立), 두정승, 왕범산 주필, 「신학술의 길─역사언어연구소70주년 기념문집」, '중앙연구원' 역사언어연구소, 1998년, 30쪽). 이는 아마 두 사람의 교육배경이 같았던 것과 연관이 있을 것이다. 이 두 사람은 진정한 자연과학자는 아니었지만 많은 지식을 접하였기 때문에 과학에 대한 인식이 비슷하였다. 그들은 1세대 유학생 호적보다 과학에 대하여 더 잘 파악하고 이해하고 있었다. 과학방법을 제창한 호적 등은 인문학 교육만 받았기 때문에 과학에 대한 이해와 인식이 표면에 머물러 있었고 말만 하고 실천은 거의 없었다. 부사년과 이제는 좀 더 진보를 했다고 하지만 초기의 얕은 수준에 머물렀기 때문에 편파적이라는 비난을 면치 못하였다.

비록 중국에서는 새로운 사상이었지만 서양에서는 이미 지나간 과거였다.[60] 이른바 '역사학이 사료학'이라고 하는 것은 사실을 말하고 쓸데없는 말을 많이 하지 않으며 공론을 반대하는 것이다. 이는 프랑스 파리한학(法国巴黎汉学)과 비슷하였지만 당시 흥기한 사회과학방법(예를 들면 유물주의 역사관(唯物主义史观)으로 역사를 연구함)과 많이 달랐기 때문에 그 연구는 시대에 어긋나는 결함이 있었다.[61] 고고학도 마찬가지였는데 예를 들면, 중국고고학계가 매우 중요시했던 유형학 연구는 사실상 19세기 말에 잠시 흥했던 진화고고학을 토대로 발전하였다. 하지만 제1차 세계대전 이후에 형성된 20세기 신조류를 대표한 고고학 문화를 중심으로 하여 진행한 총괄적인 연구는 중국에 별로 큰 영향을 미치지 않았다.

부사년은 '역사언어학을 생물학, 지질학과 같은 학과로 만들어야한다'고[62] 했다. 헉슬리(赫胥黎)의 관점에 따르면 역사학, 고고학, 지질학, 고생물학과 천문학은 모두 '역사의 과학'에 속하는 것으로 수학, 물리, 화학과 많이 다르기 때문이었다.[63] 하지만, 당시 부사년의 견해를 반대하는 사람도 있었는데 예를 들면, 남고학파南高学派는 역사학은 과학적인 면이 있을 뿐만 아니라 비과학적인 면도 있다고 하면서 일정한 조건하에서 과학적 방법을 채용해야지 무조건 그 위대함을 보여줘야 하는 것은 아니라고 하였다. 부사년이 역사학을 과학으로 본 것, '공론을 하지 않고' '역사관을 급히 세우지 않는' 견해는 역사언어연구소의 발전을 저해하였다. 고고학의

---

60) 두정승, 「역사언어연구소의 익우 심강백」(史语所的益友沈剛伯), 두정승, 왕범삼 주필, 「신학술의 길 – 역사언어연구소70주년 기념문집」, 중앙연구원 역사언어연구소, 1998년, 432~433쪽.

61) 구양철생, 「부사년의 학술사상과 역사언어연구소 초기의 연구사업」, 「문사철」(文史哲), 2005년 제3기, 123~130쪽.

62) 부사년, 「역사언어연구소 작업의 취지」, 「부사년전집」 제2권, 호남교육출판사, 2003년, 3~12쪽.

63) 나지전, 「국학과 역사학을 지향한 '색선생'」, 「근대사연구」, 2000년 제3기, 59~94쪽.

견지에서 본다면, 중화인민공화국 창립 후 소병기가 진행한 사회문화연구와 같은 것은 역사언어연구소에서 발전하기 어려웠고 곽말약처럼 고고자료를 이용하여 사회를 연구할 기회도 없었다. 부사년은 사회과학을 역사관으로 보는 것에 반감을 가졌기 때문에 고대사회 연구에서 이룩한 곽말약의 성과를 평가하는 데는 매우 한계가 있었다.[64] 이런 취지에서 고고학을 포함한 역사언어연구소의 학술연구는 과학성을 강조했지만 사변성思辨性이 부족한 특징을 띠게 되었다.[65]

역사언어연구소가 제창한 과학역사학이 종합 연구 등 방면에서의 부족한 점과 상아탑식의 연구방식은 마르크스주의 역사학, 전통적인 역사학에 발전 공간을 주었다. 따라서 20세기 30년대의 민국 역사학계는 과학역사학이 주된 위치를 차지했던 국면에서 벗어나 3자가 병립하는 구도가 되었다. 즉, 역사언어연구소가 대표한 과학역사학, 곽말약이 대표한 마르크스주의 역사학과 유이치柳诒徵가 대표한 전통적인 역사학(传统史学)이 병립하게 되었던 것이다. 그 중에서 과학역사학과 마르크스주의 역사학의 기세가 가장 컸다.[66]

---

64) 상병, 「만청민국의 국학연구」(晚清民國的国学研究), 상해고적출판사, 2001년, 80쪽.
65) 사실상 역사언어연구소의 학술방법은 서양의 영향을 많이 받았다. 역사언어연구소에서 '비난을 받으면서도 좇았다(谤亦随之)'는 점이 전통 학자들의 비판을 받았는데 그 원인의 하나가 바로 방향이 어긋났다는 것이다. 문제를 가지고 자료를 찾는 것은 본래 유럽, 미국 한학자들이 자주 저지르는 잘못이다. 망망대해와 같은 고서속에서 문제를 발견하기는 어려운 일이다. 일가언을 이루고자 유서(类书)에서 테마를 찾고 새로운 자료로 새로운 문제를 찾으며 그 다음, 다른 학과와 문화에 대한 문제의식을 가지고 기존의 해석 방식을 모방한다면 결국은 위험한 길을 걸을 수 있다. 왕국유는 '세심하게 자료를 읽고 문제를 찾아야지 문제를 가지고 자료를 찾아서는 안 된다'고 주장하였다. 문제의식을 가지고 외재해 있는 해석 방식으로 연구를 진행한 것은 근대 중국의 학술의 폐단을 야기시켰다. 상병, 「만청민국의 국학연구」 참조, 상해고적출판사, 2001년, 277~279쪽.
66) 1935년, 고힐강은 학술발전을 회고하면서 다음과 같이 말하였다. 1921년, 그가 고대사를 따질 때 중국의 고고는 금방 시작되었다. '이런 일에 관심을 가진 사람이 거의 없으며 땅밑에서 역사자료를 파낼 수 있다는 것을 사람들은 모른다. 그때 유물

특히, 마르크스주의 역사학(馬克思主义史学)은 사회적 이론이 분명하고 완벽하여 시대 발전의 요구에 부합되었기 때문에 역사언어연구소의 비체계적이고 자잘한 연구와 대조되면서 새시대의 경향을 대표할 수 있어서 많은 젊은 학생들이 따르게 되었다.[67]

중국 과학고고학이 탄생하게 된 것은 부사년이 역사학을 실천했기 때문이다.[68] 이른바 '과학적'인 태도는 고고학에서 드러나는데 자료의 발굴과 정리를 최고 위치에 놓고 종합적인 연구를 중시하지 않았다. 장광직은 자신의 스승 이제에 대하여 가차없는 비판을 하였다. 이제는 가장 훌륭한

역사관(唯物史观)도 중국에 들어오지 않았고 역사 연구가 사회를 분석하는 것과 같다는 것을 누가 생각이나 할 수 있었겠는가 ! …… 그 후 고고학의 발전 속도가 매우 빠르고 유물역사관도 기세 드높게 몰려왔다'. 고고학과 유물역사관은 신자료와 신방법을 대표한 것으로, 이 두 가지를 추종하는 사람들이 생기면서 과학 역사학과 마르크스주의 역사학 두 유파가 형성되었다. 나지전「국학과 역사학을 지향한 '색선생'」참조,「근대사연구」, 2000년 제3기, 59~94쪽.

67) 윤달(尹达)은 곽말약의「중국 고대사회 연구」(中国古代社会研究)(상해련합서점, 1930년)가 자신의 청년시기에 영향을 주었다고 이야기한 바 있다. 1931년의 어느 날, 윤달은 개봉 노천 책방에서 곽말약의 책을 사게 되었다. "1927년 대혁명이 실패한 후, 백색 테러가 전국을 뒤덮었고 많은 청년 지식인들은 방황하고 어찌할 바를 몰라하였다. 그들은 중국 혁명에 대하여 점차 신념을 잃어가게 되었고 중국 사회의 발전 법칙과 추세에 대하여 어리석은 생각까지 하게 되었다. 해답이 절박한 이때 곽말약선생의「중국 고대사회 연구」가 출판되었다. 책에서는 중국에 씨족사회와 노예사회가 있었는데 이는 중국 사회 발전도 일반적인 사회 발전의 법칙에 어긋나지 않았음을 증명하였으며 동시에 미래의 발전추세를 밝혀주었다. 책은 예리한 문학적 방법으로 지루한 중국 고대사회를 생생하고 풍부하게 썼기 때문에 당시 청년 지식인들에게는 마치 강심제와 같았다."(윤달,「곽말약과 고대사회 연구」,「윤달사학론저선집」(尹达史学论著选集), 인민출판사, 1989년, 415쪽). 물론 이는 곽보균에 대한 과분한 칭찬이기는 하지만, 20세기 30년대 중국 청년들의 생각이 정확하였음을 보여준다.

68) 1951년, 동작빈선생은 역사언어연구소의 성과를 총결지으면서 '역사언어연구소 23년 동안 이룩한 성과에는 이윤(赢余)도 있고 외상(外欠)도 있다. 이 장부는 여러 사람들의 것인 것 같지만 실제로는 맹진(孟真)선생의 명의로 기입해야 한다.'라고 말하였다. 동작빈의「학술에 있어서 역사언어연구소의 공헌」,「대륙잡지」(大陆杂志), 제2권 제1기(1951), 1~6쪽.

자료를 얻었지만 체계적인 이론으로 정리하지 못하였고, 자료에서 결정적인 문제를 틀어쥐었지만 문제들 사이의 체계적이고 유기적인 연관성에 대하여 명확하게 끄집어 내지 못하였다. 이러한 풍조는 서양 고고학의 신조류와 위반되었지만 중국 과학고고학이 폐쇄적으로 발전했기 때문에 학과 전통으로 오늘날까지 영향을 주고 있는 것이다.

종합하면, 신역사학의 틀에서 관찰해야만 역사언어연구소 고고학 특징이 형성된 경위와 형성원인을 더 깊이 이해할 수 있다. 역사언어연구소 고고학연구는 중국 현대 학술사에서 천지 개벽의 큰일로 부사년 등이 신역사학을 창립하는 데 가장 유력한 수단이었고 극심한 재난 속에서 중국의 학술연구를 추진시키는 데 가장 큰 공헌을 하였다. 시대적 제한성으로 인해 여러 가지 부족한 점이 있었지만 서양고고학의 선진적인 성과를 받아들였을 뿐더러 중국의 전통적인 학문과 결합시켜 특색있는 중국 과학고고학이 되었다는 것이다. 그 시대에 형성된 이 학과의 여러 가지 특징들은 학술전통의 계승으로 오늘날까지도 중국고고학의 발전에 영향을 주고 있다.

과거에 대한 정리는 사람들로 하여금 더 확실하게 오늘을 알게 하고 미래를 파악할 수 있게 한다.

참고문헌

중문참고서

1. 台湾"中央研究院"历史语言研究所所藏档案。

2. (瑞典)安特生著、袁复礼译:≪中华远古之文化≫,≪地质汇报≫ 第五号,
    1923年。

3. 李济:≪西阴村史前的遗存≫,清华学校研究院丛书第三种,1927年。

4. 李济主编:≪安阳发掘报告≫ 第一期,中央研究院历史语言研究所, 1929年。

5. 李济主编:≪安阳发掘报告≫ 第二期,中央研究院历史语言研究所, 1930年。

6. 张凤编:≪考古学≫,国立暨南大学文学院, 1930年12月。

7. 郭沫若:≪中国古代社会研究≫,上海联合书店,1930年。

8. (日)滨田耕作著,俞剑华译:≪考古学通论≫,商务印书馆,1931年。

9. 李济主编:≪安阳发掘报告≫第三期,中央研究院历史语言研究所, 1931年。

10. ≪庆祝蔡元培先生六十五岁论文集≫(上册), 中央研究院历史语言研究
    所, 1933年1月。

11. 李济主编:≪安阳发掘报告≫第四期, 中央研究院历史语言研究所, 1933年。

12. 卫聚贤:≪中国考古小史≫,商务印书馆,1933年。

13. ≪城子崖——山东历城县龙山镇之黑陶文化遗址≫, 中国考古报告集之
    一, 中央研究院历史语言研究所, 1934年。

14. 裴文中:≪周口店洞穴层采掘记≫, 地质专报乙种第七号, 1934年。

15. ≪庆祝蔡元培先生六十五岁论文集≫(下册), 中央研究院历史语言研究
    所, 1935年1月。

16. 古物保管委员会:≪古物保管委员会工作汇报≫, 大学出版社, 1935年。

17. (英)吴理著,胡肇椿译:≪考古发掘方法论≫,上海商务书局,1935年。

18. (瑞)孟德鲁斯著, 郑师许、 胡肇椿译:≪考古学研究法≫,上海世界书局,
    1936年。

19. 李济主编:≪田野考古报告≫第一期,中央研究院历史语言研究所,1936年。

20. 卫聚贤:≪中国考古学史≫,商务印书馆,1937年。

21. (瑞)蒙特留斯著,滕固译:≪先史考古学方法论≫,商务印书馆,1937年。

22. 施昕更:≪良渚——杭县第二区黑陶文化遗址初步报告≫,浙江省教育
    厅,1938年。

23 吴金鼎、曾昭燏、王介忱:≪云南苍洱境考古报告≫,中央博物院筹备
    处,1942年。

24. 石璋如:≪晋绥纪行≫,独立出版社,1943年。

25. 尹达:≪中国原始社会≫,作者出版社,1943年。

26. 李济主编:≪中国考古学报≫第二册,中央研究院历史语言研究所,1947年。

27. 李济主编:≪中国考古学报≫第三册,中央研究院历史语言研究所,1948年。

28. 苏秉琦:≪斗鸡台沟东区墓葬≫,陕西考古发掘报告第一种第一号,北平
    研究院史学研究所,1948年。

29. 裴文中:≪中国史前时期之研究≫,商务印书馆,1948年。

30.≪中国考古学报≫第四册,中国科学院历史语言研究所,1949年。

31. 石璋如:≪"中央研究院"历史语言研究所考古年表≫,"中央研究院"历史
    语言研究所,1952年9月。

32. 胡厚宣:≪殷墟发掘≫,学习生活出版社,1955年5月。

33. 中国科学院考古研究所:≪考古学基础≫,科学出版社,1958年7月。

34. 梁思永:≪梁思永考古论文集≫,科学出版社,1959年10月。

35. 夏鼐:≪考古学论文集≫,科学出版社,1961年1月。

36. 李济:≪感旧录≫,台湾传记文学出版社,1967年版。

37. 孔昭明:≪卜辞通纂附考释≫,台湾大通书局,1976年5月。

38.≪中国考古学文献目录(1949-1966)≫,文物出版社,1978年12月。

39. 尹达:《新石器时代》,生活·读书·新知三联书店,1979年2月。

40. 顾颉刚编:《古史辨》第一册,上海古籍出版社,1982年3月。

41. 中国社会科学院考古研究所编:《考古工作手册》,文物出版社,1982年12月。

42. 《王国维遗书》,上海古籍书店,1983年9月。

43. 中国考古学会编:《中国考古学年鉴》(1984-2006)》,文物出版社。

44. 贾兰坡、黄慰文:《周口店发掘记》,天津科技出版社,1984年4月。

45. 中国社会科学院考古研究所:《新中国的考古发现和研究》,文物出版社,1984年5月。

46. 苏秉琦:《苏秉琦考古学论述选集》,文物出版社,1984年6月。

47. 吴浩坤、潘悠:《中国甲骨学史》,上海人民出版社,1985年12月。

48. 张光直:《考古学专题六讲》,文物出版社,1986年1月。

49. 《中国大百科全书•考古学卷》,中国大百科全书出版社,1986年8月。

50. (英)格林•丹尼尔著,黄其煦译:《考古学一百五十年》,文物出版社,1987年7月。

51. 苏秉琦主编:《考古学文化论集》(一),文物出版社,1987年12月 。

52. 苏秉琦主编:《考古学文化论集》(二),文物出版社,1989年9月 。

53. 中国社会科学院历史研究所编:《尹达史学论著选集》,人民出版社,1989年9月 。

54. 张光直 `李光谟编:《李济考古学论文选集》,文物出版社,1990年6月。

55. (德)C.W.西拉姆著,刘迺元译,《神祇·坟墓·学者》,生活·读书·新知三联书店,1991年4月。

56. 北京大学考古系资料室编:《中国考古学文献目录(1900-1949)》,文物出版社,1991年7月。

57. (加)布鲁斯·炊格尔:《时间与传统》,生活·读书·新知三联书店,1991年5月。

58. 中国历史博物馆考古部编: ≪当代国外考古学理论与方法≫, 三秦出版
　　　社, 1991年7月。

59. ≪中国大百科全书•文物博物馆卷≫, 中国大百科全书出版社, 1993年1月。

60. 唐德刚译注: ≪胡适口述自传≫, 华东师范大学出版社, 1993年4月。

61. 苏秉琦主编: ≪远古时代≫(≪中国通史≫第二卷), 上海人民出版社,
　　　1994年6月。

62. 李光谟编: ≪李济与清华≫, 清华大学出版社, 1994年11月。

63. 傅振伦: ≪傅振伦文录类选≫, 学苑出版社, 1994年。

64. 中国社会科学院考古研究所编著: ≪殷墟的发现与研究≫, 科学出版社,
　　　1994年。

65. 杨建华: ≪外国考古学史≫, 吉林大学出版社, 1995年8月。

66. 王汎森、杜正胜编: ≪傅斯年文物资料选辑≫, 台北: 傅斯年先生百龄纪
　　　念筹备会, 1995年12月。

67. 岳玉玺编: ≪傅斯年选集≫, 天津人民出版社, 1996年2月。

68. 俞伟超: ≪考古学是什么——俞伟超考古学理论文选≫, 中国社会科学出
　　　版社, 1996年3月。

69. 中国社会科学院考古研究所编: ≪考古学的历史·理论·实践≫, 中州古
　　　籍出版社, 1996年5月。

70. ≪中国现代学术经典·李济卷≫, 河北教育出版社, 1996年8月。

71. 李光谟: ≪锄头考古学家的足迹——李济治学生涯琐记≫, 中国人民大学
　　　出版社, 1996年9月。

72. ≪中国现代学术经典·董作宾卷≫, 河北教育出版社, 1996年10月。

73. 王宇信、方光华、李健超: ≪中国近代史学学术史•考古学≫, 中国社会
　　　科学出版社, 1996年10月。

74. 严文明: ≪走向21世纪的考古学≫, 三秦出版社, 1997年1月。

75. 陈星灿: ≪中国史前考古学史研究1895－1949≫, 生活·读书·新知三
　　　联书店, 1997年6月。

76. 臧振华编辑:≪中国考古学与历史学之整合研究≫,台北:"中央研究院"历史语言研究所,1997年7月。

77. 王为松编:≪傅斯年印象≫,学林出版社,1997年12月。

78. 李济:≪考古琐谈≫,湖北教育出版社,1998年2月。

79. 北京大学考古学系编著:≪迎接二十世纪的中国考古学国际学术讨论会论文集≫,科学出版社,1998年4月。

80. ≪中国考古学文献目录(1971-1982)≫,文物出版社,1998年6月。

81. (美)费正清编:≪剑桥中华民国史(1912-1949年)≫,中国社会科学出版社,1998年7月。

82. 杜正胜、王汎森主编:≪新学术之路——历史语言研究所七十周年纪念文集≫,台北:"中央研究院"历史语言研究所,1998年10月。

83. ≪"中央研究院"历史语言研究所七十年大事记≫,"中央研究院"历史语言研究所,1998年10月。

84. "中央研究院"历史语言研究所:≪传承与求心:"中央研究院"历史语言研究所简介≫,1998。

85. 李泽厚:≪中国思想史论≫,安徽文艺出版社,1999年1月。

86. 张忠培:≪中国考古学:走近历史真实之道≫,科学出版社,1999年6月。

87. 罗志田:≪权势转移——近代中国的思想、社会与学术≫,湖北人民出版社,1999年7月。

88. 张光直:≪考古人类学随笔≫,生活·读书·新知三联书店,1999年7月。

89. 张光直:≪中国青铜时代≫,生活·读书·新知三联书店,1999年9月。

90. 张光直:≪中国考古学论文集≫,生活·读书·新知三联书店,1999年9月。

91. 杨建华:≪外国考古学史≫,吉林大学出版社,1999年12月。

92. ≪夏鼐文集≫,社会科学文献出版社,2000年9月。

93. "中央研究院"历史语言研究所七十周年研讨会论文集编辑委员会:≪学术史与方法学的省思:"中央研究院"历史语言研究所七十周年研讨会论文集≫,台北:"中央研究院"历史语言研究所,2000年12月。

94. 罗志田主编：《20世纪的中国:学术与社会•史学卷》，山东人民出版社，2001年1月。

95. 《中国考古学文献目录(1983－1990)》，文物出版社，2001年3月。

96. (美)顾定国：《中国人类学逸史》，社会科学文献出版社，2001年8月。

97. 桑兵：《晚清民国的国学研究》，上海古籍出版社，2001年10月。

98. 王汎森：《中国近代思想与学术的系谱》，河北教育出版社，2001年11月。

99. 李济：《安阳》，河北教育出版社，2002年1月。

100. 杨宝成：《殷墟文化研究》，武汉大学出版社，2002年2月。

101. 张光直著、印群译：《古代中国考古学》，辽宁教育出版社，2002年2月。

102. 《石璋如先生访问记录》，"中央研究院"近代史研究所，2002年4月。

103. 李学勤、郭志坤：《中国古史寻证》，上海科技教育出版社，2002年5月。

104. 许倬云：《许倬云自选集》，上海教育出版社，2002年8月。

105. 中国社会科学院考古研究所编著：《21世纪中国考古学与世界考古学》，中国社会科学出版社，2002年12月。

106. 《石璋如院士百岁祝寿论文集:考古、历史、文化》，台北：南天书局，2002年。

107. 冯天瑜等编著：《中国学术流变》，华东师范大学出版社，2003年2月。

108. 陈淳：《考古学的理论与研究》，学林出版社，2003年3月。

109. 罗志田：《裂变中的传承——20世纪前期的中国文化与学术》，中华书局，2003年5月。

110. 查晓英作,罗志田指导：《从地质学到史学的现代中国考古学》，四川大学硕士论文，2003年5月。

111. 吴少珉、赵金昭主编：《二十世纪疑古思潮》，学苑出版社，2003年7月。

112. 田旭东：《二十世纪中国古史研究主要思潮概论》，中华书局，2003年8月。

113. 罗志田：《近代中国史学十论》，复旦大学出版社，2003年8月。

114. 欧阳哲生主编：《傅斯年全集》，湖南教育出版社，2003年9月。

115. 沈颂金：《考古学与二十世纪中国学术》，学苑出版社，2003年11月。

116. 中国社会科学院考古研究所编著:《中国考古学·夏商卷》,中国社会科学出版社,2003年12月。

117. (美)托马斯·库恩 著,金吾伦 `胡新译:《科学革命的结构》,北京大学出版社,2004年4月。

118. 陈淳:《考古学理论》,复旦大学出版社,2004年8月。

119. 余英时:《文史传统与文化重建》,生活·读书·新知三联书店,2004年8月。

120. 章清:《"胡适派学人群"与现代中国自由主义》,上海古籍出版社,2004年4月。

121. 阎文儒:《中国考古学史》,广西师范大学出版社,2004年5月。

122. (英)科林·伦福儒、保罗·巴恩著,中国社会科学院考古研究所译:《考古学:理论、方法与实践》,文物出版社,2004年10月。

123. 张忠培:《中国考古学:走向与推进文明的历程》,紫禁城出版社,2004年11月。

124. 余英时:《现代危机与思想人物》,生活·读书·新知三联书店,2005年1月。

125. (英)柯林武德著,陈静译:《柯林武德自传》,北京大学出版社,2005年1月。

126. 汪荣祖:《史家陈寅恪传》,北京大学出版社,2005年3月。

127. 张忠培:《中国考古学:九十年代的思考》,文物出版社,2005年7月。

128. 葛兆光:《思想史研究课堂讲录:视野 `角度与方法》,生活·读书·新知三联书店,2005年4月。

129. (英)马修·约翰逊著,魏峻译:《考古学理论导论》,岳麓书社,2005年12月。

130. (英)肯·达柯著,刘文锁、卓文静译:《理论考古学》,岳麓书社,2005年12月。

131. 李卉、陈星灿编:《传薪有斯人——李济、凌纯声、高去寻、夏鼐与张光直通信集》,生活·读书·新知三联书店,2005年12月。

132. 葛兆光:《中国思想史》,复旦大学出版社,2005年12月。

133. 《傅斯年与中国文化:傅斯年与中国文化国际学术研讨会论文集》,天

津古籍出版社, 2006年 3月。

134. 罗志田: ≪再造文明的尝试——胡适传(1891－1929)≫, 中华书局, 2006
年 6月。

135. ≪李济文集≫, 上海人民出版社, 2006年 8月。

136. 李学勤主编: ≪20世纪中国学术大典——考古、 博物馆卷≫, 福建教育
出版社, 2007年 1月。

137. 王尔敏: ≪20世纪非主流史学与史家≫, 广西师范大学出版社, 2007年 1月。

영문참고서

138. Chang, K. C., *The Archaeology of Ancient China*, Yule University Press, 1984.

139. Daniel, G., *A Short History of Archaeology*, Thames and Hudson, 1981.

140. Li Chi, *An Yang*, Washington University Press, 1977.

141. Loeive, M. & Shaughnessy E. L., *The Cambridge History of Ancient China*,
Cambridge, Cambridge University Press, 1999.

142. Trigger, B. G., *A History of Archaeological Thought*, Cambridge, Cambridge,
University Press, 1989.

143. Wang Fan-shen, *"Fu Ssu－Nien: An Intellectual Biography"*, A dissertation
of Princeton University, 1993; Also Fu Ssu-nien: *A Life in Chinese
History and Politics*, Cambridge University Press, 2001.

후 기

이 책을 통해 내가 하고자 했던 것은 하나의 이야기였다. 책을 쓰면서 이야기를 잘 엮기 위해 많은 노력을 기울였는데, 독자들이 책을 읽고 어느 정도 얻은 것이 있었기를 바랄 뿐이다.

내가 하고자 했던 이야기는 한 시대를 열어간 중국인들의 이야기이다. 이들은 지극히 힘든 시대를 살아가면서 세상과 가장 동떨어진 학문에 매진하였으며, 그 결과 세인들의 주목을 받게 되었는데 이들이 바로 역사언어연구소 고고학 연구팀이었다. 나는 책에서 그들의 창업과정을 다루었다.

내가 감히 그들의 이야기를 할 수 있다는 것은 거의 월권에 가까운 일이다. 왜냐하면 역사연구소가 지금도 활발하게 연구활동을 하고 있으며, 이들 중의 많은 사람들이 오히려 이야기할 수 있는 충분한 자격을 가지고 있기 때문이다. 하지만 세상일이란 누구도 예측하기 어려운 것으로, 우연찮게 내가 이들의 이야기를 다루게 되었는데, 단지 앞으로 더 훌륭한 책이 나올 수 있도록 작은 밑거름이 되기를 바랄 뿐이다.

이 책은 나의 박사학위논문을 다시 보완한 것이다. 2006년, 상해 복단대학교에서 진순陳淳교수님 밑에서 박사공부를 시작한지 일년이 지난 때였다. 그때 나는 브루스 트리거Bruce Trigger의『고고학사상사 (A History of Archaeological Thought)』를 읽으면서 중국의 고고학 사상사에 대해 엮어볼 생각을 하게 되었다. 하룻강아지 범 무서운 줄 모른다고 나는 학위논문 제목으로 책 이름을 정하게 되었는데, 고고학을 전공하는 박사과정대학원생이었던 나에게는 전혀 불가능한 일이라고 해도 과언이 아니었다. 집필하는 과정에 입장차이 또는 학문적인 태도 면에서 큰 차이를 느끼게 되었다. 처음에는 중국고고학의 현황에 대한 비평 또는 반성에 대해 다루려고 했으나 많은 자료들을 접하면서 '학문적인 수양에 따른 동정심'이 생기게 되었고 따라서 최초의 선입견을 버리게 되었는데 이는 결코 학문적인 이성이 아닌 순수한 감성에 의한 것이었다.

내가 책에서 다룬 많은 학문 선배들은 자칫하면 목숨도 잃을 수 있는 험악한 환경에서도 분발하여 잡초더미 속에서 중국고고학의 초석을 마련하였다. 이들을 부정하고 비판한다는 것은 죄악과 다를 바 없다. 엄격히 말하면 학문적인 연구와 개인의 감정은 결코 뒤섞어서는 안 되는 것이지만 나로서는 어떻게 할 수 없었다. 억지로 글을 써 내려가기는 했으나 마음은 점점 더 불안해졌다. 하지만 졸업논문심사에서는 최종적으로 매우 쉽게 통과되었다. 두 분의 외부 심사위원님들께서는 매우 감동적인 평어를 남겨주셨으며, 답변위원회 진성찬陳星灿 교수님의 아낌없는 격려를 받게 되었을 뿐만 아니라 수정 후 출판하라는 제안까지 받게 되었다.

졸업 후, 나는 중국 광서사범대학교에 취직하게 되었고, 무릉도원 같은 계림에서 몸과 마음의 휴식을 얻게 되었다. 그 뒤로 학위논문을 보완하여 중국 사회과학기금 프로젝트를 따내게 되었고, 연구경비가 마련되자 박사과정에서 꿈꾸었던 것을 이뤄보고 싶었다. 주변의 많은 사람들의 권유로 나는 대만에 있는 역사언어연구소로 찾아가 대량의 자료를 검색하였다. 그리고 조심스럽게 역사언어연구소 사이트에 기록되어 있는 메일주소대로 장진화藏振华선생께 편지를 올리게 되었다. 사실 나는 그 때 간자체로 해외에 편지를 보내게 되면, 받는 이의 컴퓨터에서 대부분의 글자가 깨진다는 사실을 모르고 있었다. 하지만 그럼에도 불구하고 선생께서는 자비로움을 베풀어 회답해 주셨으며, 그 뒤로 자주 연락을 주고받게 되었으며 진성찬선생의 추천을 받아 대만에 갈 수 있게 되었다.

　대만의 중앙연구원 역사언어연구소에서 나는 2개월 넘게 머물면서 추억할만한 일들도 많이 겪었다. 연구소에서 수많은 자료를 열람하고, 논문에 필요한 자료들을 찾아 보완하였으며, 역사사실에 부합되지 않는 부분들을 찾아 수정하였다. 뿐만 아니라 새로운 학술사상들도 접할 수 있었다. 원고 집필이 끝난 후, 장진화 선생은 나에게 자료들을 읽으면서 학술사를 바꿀 수 있는 부분을 발견하였는가를 물으셨는데 그때 나는 없었다고 대답했다. 하지만 나중에 다시 생각해보니 꼭 그런 것만은 아니었다. 적어도 개인적으로는, 역사언어연구소가 대륙에서 이룩한 고고학 성과에 대해서는 지금까지 많이 저평가되었으며, 핵심적 기술의 발명권에 대해서도 기존의 평가에는 불합리한 부분들이 많았음을 인정한다. 하지만 본인의 자격제한으로 이러한 내용들을 충분하게 표현할 수 없었다. 이 부분은 학문적인 권위가 높은 분들에게 금후의 숙제로 남기도록 한다.

이 책에는 학문적으로 남다른 특별한 학문사상이 적혀있지는 않지만 사실논거가 확실하고 전반 구조의 논리성은 구비하였다고 인정한다. 뿐만 아니라 전문성이 강한 논문과는 달리, 비교적 이해하기 쉬운 표현방법을 을 취했는데, 이는 독자들이 쉽게 이해할 수 있도록 하기 위함이었다.

본 도서의 출판은 광서사범대학교 우수학술도서 출판계획에 선정되었으며 출판비를 지원받아 광서사범대학교 출판부에서 출판되었다. 이 자리를 빌어 본 도서의 편집을 위해 노고를 마다하지 않은 이모군李茂軍 책임편집에게 감사의 인사를 드린다. 뿐만 아니라 집필과정에서 많은 격려와 필요한 제의를 해 주신 절강성 문물고고학연구소 방향명方向明 연구원에게도 감사의 인사를 올리는 바이다.

저자 2010년 9월 26일
대북 역사언어연구소 문물관 611호 연구실에서

중국 과학 고고학의 흥기

1928년~1949년 역사언어연구소 고고학사

초판 1쇄 인쇄일	2015년 10월 18일
초판 1쇄 발행일	2015년 10월 19일

지은이	진홍파
옮긴이	이영남
펴낸이	정진이
편집장	김효은
편집/디자인	김진솔 우정민 박재원
마케팅	정찬용 정구형
영업관리	한선희 이선건 최재영
책임편집	우정민
인쇄처	월드문화사
펴낸곳	국학자료원 새미 (주)
	등록일 2005 03 15 제25100-2005-000008호
	서울특별시 강동구 성안로 13 (성내동, 현영빌딩 2층)
	Tel 442-4623 Fax 6499-3082
	www.kookhak.co.kr
	kookhak2001@hanmail.net

ISBN	979-11-86478-49-3 *93900
가격	34,000원

本书受到中华社会科学基金 （Chinese Fund for the Humanities and Social Sciences)资助出版
본 도서는 중화사회과학기금 연구비 지원을 받아 출판되었습니다.